DESIGNKLASSIKER

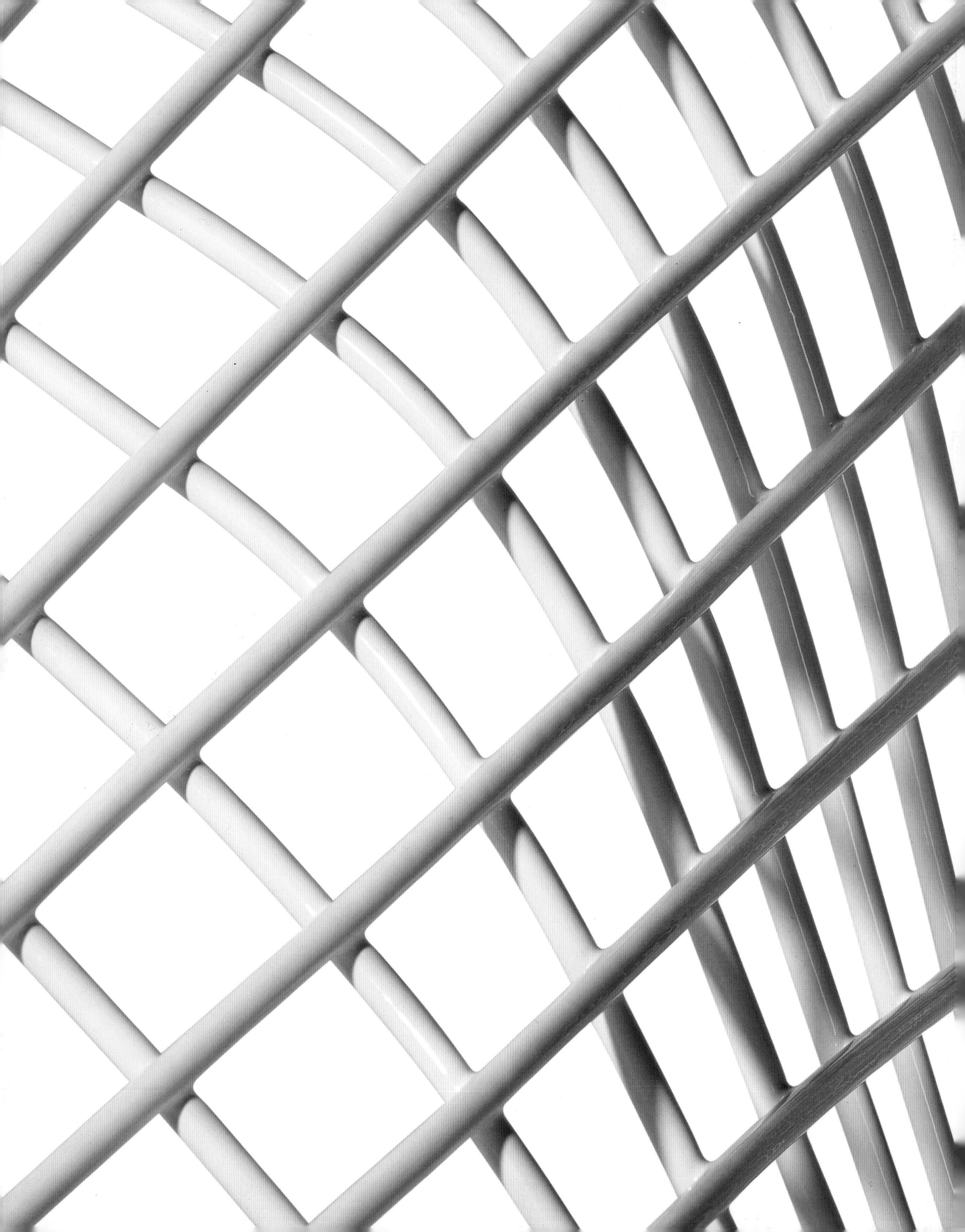

DESIGNKLASSIKER
Vom Barcelona-Sessel bis zum iPad

INHALT

Design ist überall — 6

1860–1919

Bugholzstuhl Modell 14 Michael Thonet	14
Tapete mit Früchten William Morris	16
Silberne Teekanne Christopher Dresser	20
Schweizer Armeemesser Karl Elsener	22
Moët & Chandon-Plakat Alphonse Mucha	24
Tiffany-Lampe Clara Driscoll, Louis Comfort Tiffany	26
Stuhl Hill House Charles Rennie Mackintosh	28
Besteck Josef Hoffmann, Wiener Werkstätte	30
Elektrischer Wasserkocher Peter Behrens	32
Rot-blauer Stuhl Gerrit Rietveld	34

1920–1929

Parfümflakon L'Élégance René Lalique	38
Silberkanne Johan Rohde	40
AGA-Herd Gustaf Dalén	42
Dobrolet-Plakat Alexander Rodtschenko, Warwara Stepanowa	44
Bauhaus-Plakat Joost Schmidt	46
Beistelltisch E1027 Eileen Gray	50
Sessel Cité Jean Prouvé	52
Nord-Express-Plakat A.M. Cassandre	54
Liegesessel LC4 Le Corbusier, Charlotte Perriand, Pierre Jeanneret	56
Sessel Barcelona Ludwig Mies van der Rohe	58

1930–1939

Kaffeebereiter Moka Express Alfonso Bialetti	62
U-Bahn-Streckenplan London Harry Beck	64
Ericsson-Telefon DHB 1001 Jean Heiberg, Christian Bjerknes	68
Anspitzer Raymond Loewy	70
Schreibtischlampe Anglepoise® George Carwardine	72
Ekco-Radio AD65 Wells Coates	74
Vase Savoy Alvar Aalto	76
Kodak Bantam Special Walter Dorwin Teague	78
Volkswagen Käfer VW 38 Ferdinand Porsche	80
Leuchter Knuten Josef Frank	84
Sessel B.K.F. Antonio Bonet, Juan Kurchan, Jorge Ferrari Hardoy	86

1940–1954

Radio Emerson Patriot Norman Bel Geddes	90
Zeitschrift Harper's Bazaar Alexei Brodowitsch	92
Tupperware Earl Silas Tupper	96
Vespa Corradino D'Ascanio	98
Penguin-Taschenbuch-Cover Jan Tschichold, Edward Young	102
Couchtisch Isamu Noguchi	104
Vase Fazzoletto Paolo Venini, Fulvio Bianconi	106
Wanduhr Atomic George Nelson	108
Dekostoff Calyx Lucienne Day	110
Logo des Festival of Britain Abram Games	114
Platte aus Birkenholz Tapio Wirkkala	116
Geschirr Kilta Kaj Franck	118
Sessel Diamond Harry Bertoia	120
Besteck Pride David Mellor	122
Fender Stratocaster Leo Fender	124
Sucherkamera M3 Leica Camera AG	128
Hocker Butterfly Sori Yanagi	132

DK

London, New York, Melbourne, München und Delhi

Autor **Philip Wilkinson**

Programmleitung Jonathan Metcalf
Redaktionsleitung Andrew Macintyre
Programmmanager Liz Wheeler
Cheflektorat Stephanie Farrow
Lektorat Angela Wilkes
Redaktion Anna Kruger, Hugo Wilkinson
Bildredaktion Lee Griffiths, Gillian Andrews
Gestaltung und Satz Phil Gamble
Art Director Phil Ormerod
Herstellung Lucy Sims, Mandy Inness
Umschlaggestaltung Jess Bentall, Manisha Majithia, Sophia M.T.T.

Für die deutsche Ausgabe:
Programmleitung Monika Schlitzer
Projektbetreuung Andrea Göppner
Herstellungsleitung Dorothee Whittaker
Herstellungskoordination Claudia Rode
Herstellung Sophie Schiela

1955–1959

Plakat Der Mann mit dem goldenen Arm Saul Bass	136
Citroën DS Flaminio Bertoni	138
Vase Apple Ingeborg Lundin	142
Phonosuper SK4 Dieter Rams, Hans Gugelot	144
Nähmaschine Mirella Marcello Nizzoli	148
Tisch Tulip Eero Saarinen	150
Lounge Chair 670 und Hocker Charles und Ray Eames	152
Wanduhr Max Bill	156
Schrifttype Helvetica Max Miedinger	158
Sessel Das Ei Arne Jacobsen	162
Leuchte PH Artischocke Poul Henningsen	164
Besteck Mono-a Peter Raacke	166
Austin Seven Mini Alec Issigonis	168
Cadillac Serie 62 Harley Earl	172
Stuhl Panton Verner Panton	176

1960–1979

Stehleuchte Arco Achille und Pier Giacomo Castiglioni	180
Moulton-Fahrrad Alex Moulton	182
Stoff Unikko Maija Isola	186
Klapptelefon Grillo Marco Zanuso, Richard Sapper	188
Kodak Instamatic 33 Kenneth Grange	190
Schreibmaschine Valentine Ettore Sottsass, Perry A. King	192
Revolving Cabinet Shiro Kuramata	196
Beogram 4000 Jacob Jensen	198
Schreibtischlampe Tizio Richard Sapper	200
Stuhl Wiggle Frank Gehry	202
Piktogramme Olympische Spiele München Otl Aicher	204
Geschirr Suomi Timo Sarpaneva	206

1980–1995

Bücherregal Carlton Ettore Sottsass, Memphis-Gruppe	210
Zeitschrift The Face Neville Brody	212
Wasserkessel 9093 Michael Graves	214
Sessel Wood Marc Newson	216
Rollstuhl Carna Kazuo Kawasaki	218
Bücherregal Bookworm Ron Arad	220
Deckenleuchte 85 Lamps Rody Graumans, Droog Design	222
Sessel Vermelha Fernando und Humberto Campana	224
Staubsauger Dyson DC01 James Dyson	226
Schrifttype Verdana Matthew Carter	228

1996 BIS HEUTE

Regalsystem Brick Ronan und Erwan Bouroullec	232
Sessel Fjord Relax Patricia Urquiola	234
Leuchte Garland Tord Boontje	236
Sofa Lover Pascal Mourgue	238
Stapelhocker Miura Konstantin Grcic	240
Tischleuchte Evolute Matali Crasset	242
Stuhl Spun Thomas Heatherwick	244
Apple iPad Jonathan Ive, Apple Industrial Design	246
Stuhl Masters Philippe Starck	248
Register	250
Dank	255

Bibliografische Information der Deutschen Bibliothek
Die Deutsche Bibliothek verzeichnet diese Publikation in der Deutschen Nationalbibliografie; detaillierte bibliografische Daten sind im Internet über http://dnb.ddb.de abrufbar.

Titel der englischen Originalausgabe:
Great Designs

© Dorling Kindersley Limited, London, 2013
Ein Unternehmen der Penguin Random House Group

© der deutschsprachigen Ausgabe by
Dorling Kindersley Verlag GmbH, München, 2014
Alle deutschsprachigen Rechte vorbehalten

Übersetzung Wiebke Krabbe
Lektorat Doortje Cramer-Scharnagl

ISBN 978-3-8310-2638-8

Printed and bound in China

Besuchen Sie uns im Internet
www.dorlingkindersley.de

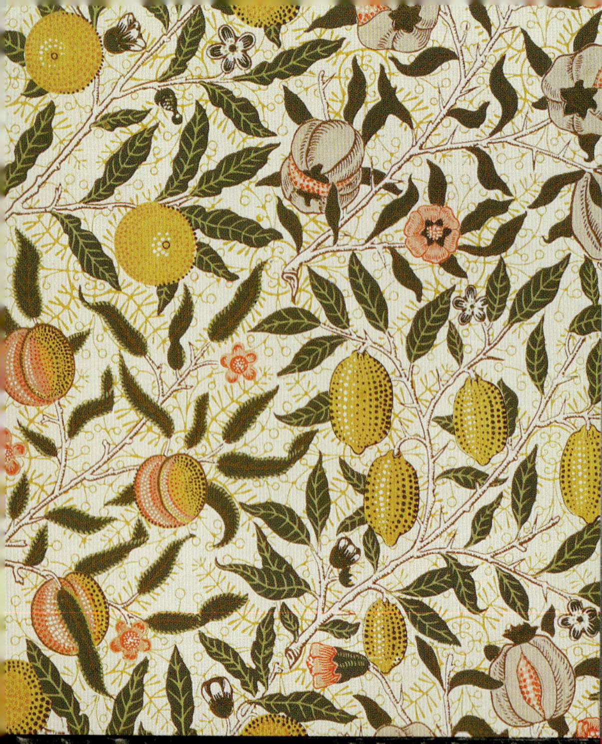
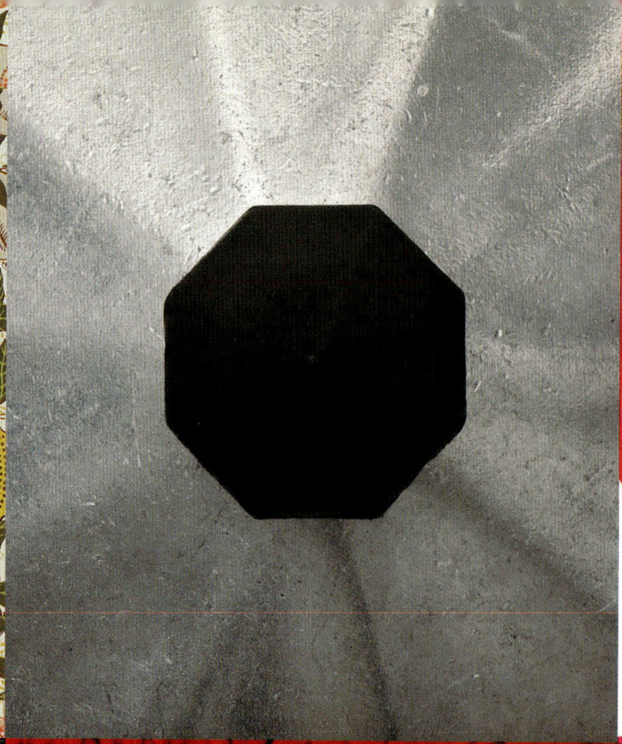
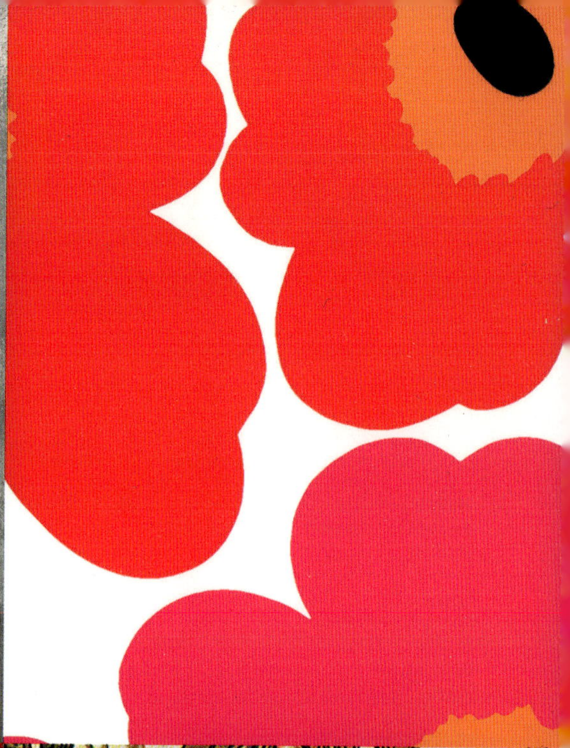
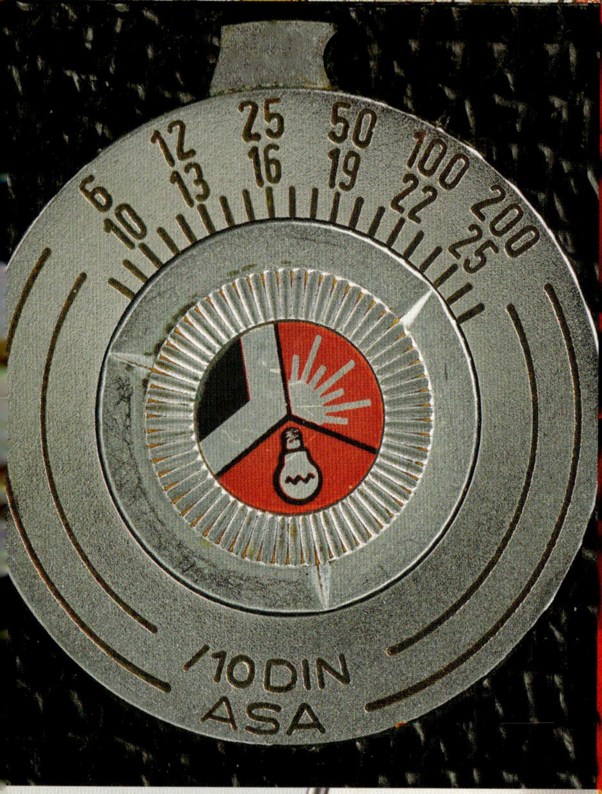
6 12 25 50 100 200
10 13 16 19 22 25
/10 DIN
ASA
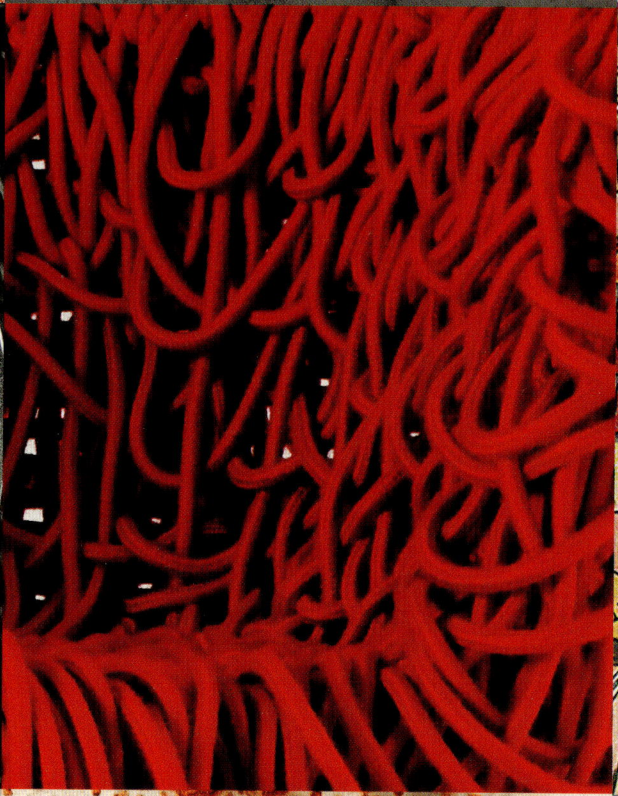
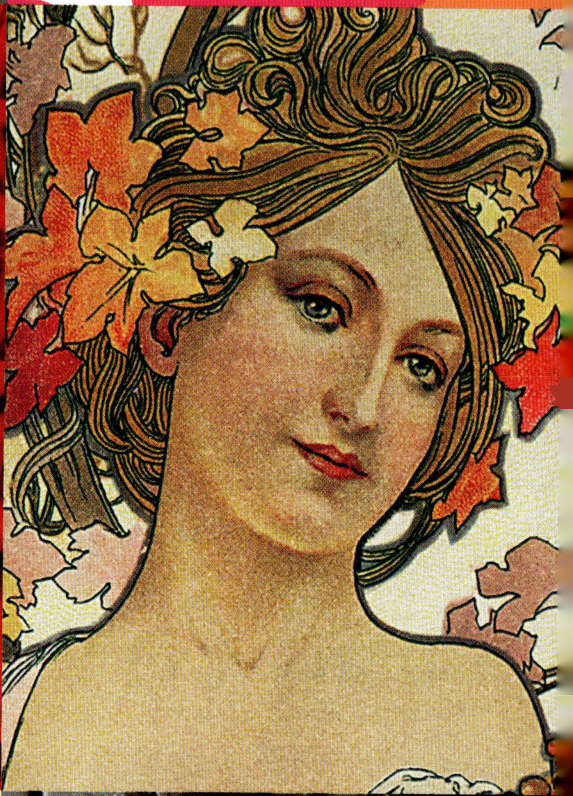
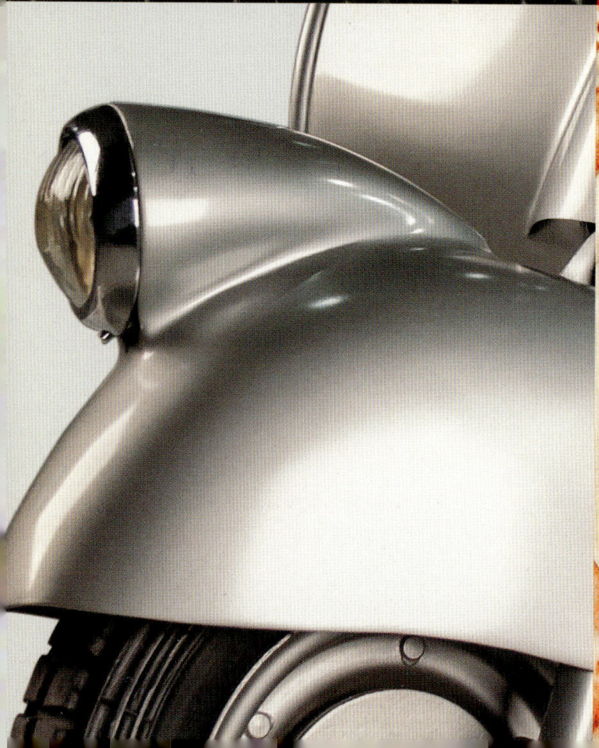
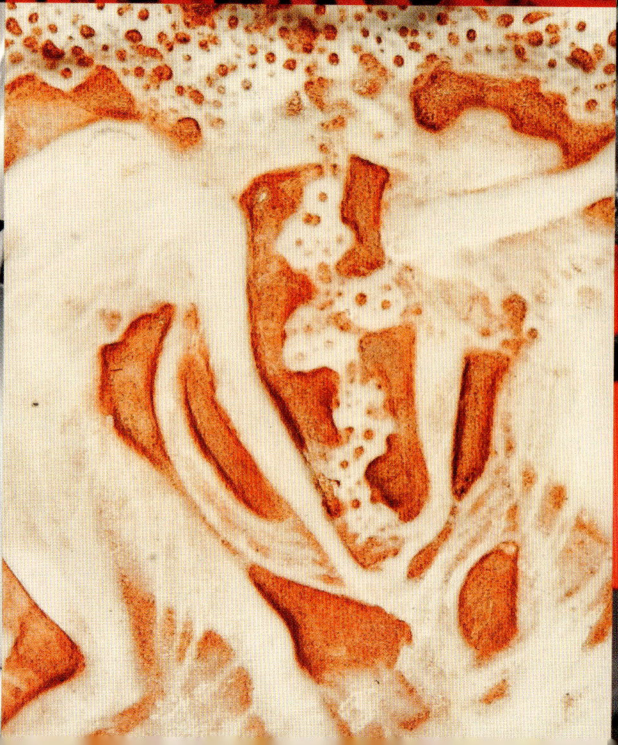
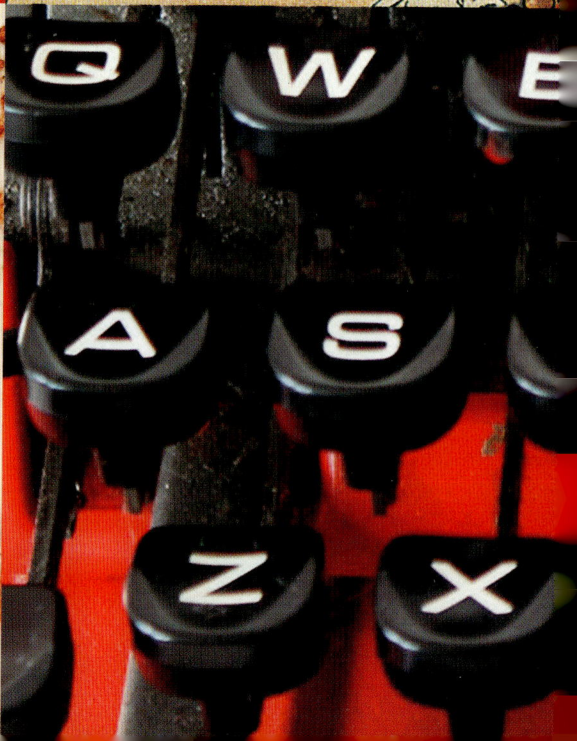
Q W E
A S
Z X

Design ist überall

Design gehört zu unserem Alltag. Fast alles, was uns zu Hause oder am Arbeitsplatz umgibt, hat ein Designer geschaffen. Ob Tisch oder Kamera, Fahrrad oder Computer: Jemand hat genau durchdacht, wie es aussehen soll, wie es funktionieren soll, und aus welchen Materialien es bestehen soll. Jemand hat Skizzen, Zeichnungen und Anweisungen für die Fertigung zu Papier gebracht. So entstehen heute fast alle Produkte. Designer gestalten unsere Umgebung bis ins kleinste Detail. Damit gehören sie zu den einflussreichsten Menschen der Welt.

Der Beruf des Designers entstand allmählich im Laufe des 18. und 19. Jh. mit der Entwicklung der Industrie. Vorher waren die meisten Gebrauchsgegenstände von Handwerkern hergestellt. Während der industriellen Revolution wurden immer mehr Dinge in Fabriken produziert, und man beschäftigte Designer, die Entwürfe und Modelle entwickelten, die dann maschinell geformt, geschnitten, zusammengesetzt und behandelt wurden. Mit dem steigenden Wohlstand des Bürgertums wuchs auch die Nachfrage nach Möbeln, Leuchten und Besteck für Haushalte und Büros. So entwickelte sich ab dem Ende des 19. Jh. die erfolgreiche Partnerschaft von Designern und Produktionsbetrieben.

Manche Designer lehnten die Massenproduktion anfangs ab, aber die meisten sahen sie als Chance, nützliche und zugleich attraktive Dinge aus modernen Materialien mit neuen, schnelleren Produktionsmethoden kreieren zu können. Die fruchtbare Zusammenarbeit von Design und Produktion bescherte uns innovative technische Geräte, entworfen beispielsweise von Peter Behrens für AEG oder von Dieter Rams für Braun, verschiedenste Sitzmöbel wie dem Sessel Barcelona von Mies van der Rohe oder großartige Autos wie den Citroën DS oder den Mini.

Die Wahrnehmung von Design ist sehr individuell, kann aber durch Wissen geschärft werden. Je mehr man weiß, desto genauer schaut man hin, und desto mehr Interessantes oder Erfreuliches entdeckt man. Dieses Buch präsentiert eine Auswahl der berühmtesten Designklassiker der letzten 150 Jahre, vom klassischen Bugholzstuhl von Thonet bis zu den neuesten Kreationen von Thomas Heatherwick, Jonathan Ive und Philippe Starck. Es zeigt die wesentlichen Merkmale jedes Modells, erklärt den Einsatz von Form, Material, Farbe und Technik und liefert faszinierende Einblicke in die Geschichten und Menschen hinter den Produkten. Gutes, bezahlbares Design ist überall. Wer die Gründe und Hintergründe seiner Entstehung kennt, kann es mit größerer Wertschätzung betrachten.

DESIGN IST ÜBERALL

AEG Wasserkocher, Peter Behrens, 1908

Radio Emerson Patriot, Norman Bel Geddes, 1940

Sessel Barcelona, Ludwig Mies van der Rohe, 1929

Design: Die Geschichte

Am Ende des 19. Jh. arbeiteten viele Designer eng mit Herstellern zusammen und entwarfen Produkte für die Massenfabrikation. Die frühen Industriedesigner waren häufig nicht bekannt, wohl aber ihre Produkte, etwa das Schweizer Armeemesser, das 1897 von Karl Elsener entworfen wurde. Zu den wenigen professionellen Designern gehörte der Architekt Peter Behrens, der wegen seiner vielfältigen Entwürfe für das deutsche Unternehmen AEG im frühen 20. Jh. als erster »echter« Industriedesigner gilt. Ob es einen Wasserkocher, ein Logo oder eine ganze Fabrik zu entwerfen galt: Behrens war der Mann dafür. Die Art, wie er sich den Anforderungen der Massenproduktion anpasste, war wegweisend für die nachfolgenden Generationen von Designern.

KUNST UND TECHNOLOGIE

Die Herausforderung für die frühen Designer bestand darin, die Ideen und Talente des Künstlers mit den Materialien und Produktionstechniken der Industrie in Einklang zu bringen. In den 1920er-Jahren gelang den russischen Konstruktivisten der Brückenschlag zwischen Kunst und Technologie. Sie schufen ausdrucksstarke Werke mit modernem Aussehen, von Grafik bis zu Textilien. Bereichert wurde die vielschichtige Bewegung durch die Werke international renommierter Künstler und Designer wie Alexander Rodtschenko und El Lissitsky. Auch im 1919 gegründeten Bauhaus lernten Künstler, Design mit modernen Industriekonzepten zu verbinden. Das Credo des Bauhauses war eine funktionelle, minimalistische Herangehensweise, die Wert auf »Ehrlichkeit« der Materialien legte – also darauf, ihren Charakter ungeschönt zu präsentieren, statt ihn unter Farbe oder Dekoration zu verstecken. Als das Bauhaus von den Nationalsozialisten 1933 zur Selbstauflösung gezwungen wurde und seine Lehrer andere Wirkungsorte suchten, nahm sein internationaler Einfluss noch zu.

In Frankreich propagierten derweil moderne Designer wie die Architekten Le Corbusier und Charlotte Perriand die Idee, dass sich die Form der Funktion unterzuordnen habe. Sie schufen Möbel aus Stahlrohr und anderen neuen Industriematerialien. Die amerikanischen Designer Raymond Loewy und Norman Bel Geddes wählten einen anderen Weg. Sie verwendeten Industriematerialien wie neue Kunststoffe für moderne, stromlinienförmige Produkte in knalligen Farben. Weil ihnen die Methoden der Massenproduktion und ein großer Markt zur Verfügung standen, konnten sie modernes Design einem breiten Publikum präsentieren und zur Demokratisierung von Design beitragen. Bei aller Zweckmäßigkeit legten sie Wert auf das Aussehen ihrer Produkte. Die stromlinienförmigen Autos, die Elektrogeräte und Büroutensilien der 1930er- und 1940er-Jahre versprachen den Konsumenten eine rosige Zukunft voll gewagter neuer Formen, leuchtender Farben und modernster Technologie.

NACHKRIEGSDESIGN

Nach dem 2. Weltkrieg war den Designern bewusst, dass ein Neubeginn nötig war. Manche, darunter der Deutsche Dieter Rams, knüpften an die klassische Moderne an. Minimalistisches Design, eine kleine Farbpalette und sorgfältig gestaltete Schalter und Regler sind typisch für die Entwürfe, die er für Braun entwickelte. Andere setzten auf weiche, elegante Rundungen, etwa Sori Yanagi mit dem Hocker Butterfly oder Charles und Ray Eames mit dem Lounge Chair.

Auch die nationale Identität schlug sich oft im Design nieder. Deutsche Designer tendierten zum Funktionalismus, italienische dagegen setzten auf organische Formen und leuchtende Farben. In England erwarben sich beim Festival of Britain (1951) Designer wie Lucienne Day und Kenneth Grange internationalen Ruhm. Skandinavische Designer knüpften an ihre heimischen

Handwerkstraditionen an und schufen Produkte in eleganten, klaren Formen – etwa Glas der finnischen Firma Iittala oder die weich gerundeten Möbel von Arne Jacobsen.

Mit dem Einfluss der Pop Art gewannen in den 1960er-Jahren leuchtende Farben im Design die Oberhand. Der zurückhaltende Funktionalismus musste experimentellem, gewagtem Design weichen. Popkultur, steigendes Konsumverhalten und zunehmende Kaufkraft der jüngeren Generation trugen ihren Teil zu diesem Trend bei. Der Einfluss der Pop Art erfasste alle Bereiche, von Stoffen über Leuchten bis zu Plastikmöbeln. Radikale Produkte wie der Austin Mini und das Moulton-Fahrrad brachten den Geist des Jahrzehnts auf den Punkt und tauchten in vielen Modeaufnahmen und zeitgenössischen Filmen auf.

GEGENBEWEGUNG ZUR MODERNE

Auch die Postmoderne, eine Bewegung des späten 20. Jh., setzte auf provokante, schrille Farben. Designs wie das Bücherregal Carlton von Ettore Sottsass vereinten freche Farben und ungewöhnliche Formen und stellten überkommene Vorstellungen darüber, wie Möbel auszusehen hätten, auf den Kopf. Postmodernes Design war weder streng funktionell noch weich und organisch, sondern verspielt, provokant und überraschend. Anders als die Vertreter der Moderne griffen Designer der Postmoderne gern Motive und Ornamente der Vergangenheit auf, mal klassische, mal »junge« aus den 1950er-Jahren, und integrierten sie kurzerhand in ihre Entwürfe. Durch diese bewusste Unberechenbarkeit lösten sich die Designer der Postmoderne vom Einfluss der klassischen Moderne, den viele Menschen als dominant und im Hinblick auf die kreative Vielfalt auch gelegentlich als einengend empfunden hatten.

DIGITALES DESIGN

Heute stehen Designern mehr Materialien, Farben und Produktionsmethoden zur Verfügung als je zuvor. Die Verarbeitungsmöglichkeiten von Plastik haben zur Entwicklung innovativer Geräte wie dem Dyson-Staubsauger, neuartiger Möbel und leichter, tragbarer digitaler Geräte geführt. Die Computertechnologie hat das Design in verschiedener Weise vorangebracht: von digitaler Datenübermittlung über computergestütztes Design bis hin zu neuen Produktionstechniken. Trotz dieser technischen Fortschritte sind die Grundlagen des Designs seit 100 Jahren die gleichen. Designer analysieren die Wünsche der Kunden und Benutzer, suchen kreative Lösungen und entwickeln attraktive, zweckmäßige Produkte, die sich mit verfügbaren Technologien zu angemessenen Preisen herstellen lassen. Dabei gehen sie an jedes Produkt mit denselben Prinzipien und derselben Kreativität heran wie seit jeher. Wir können uns also darauf freuen, dass auch in Zukunft einfallsreiches und großartiges Design unseren Alltag bereichern wird.

»Anders zu sein ist einfach, besser zu sein sehr schwierig.«

JONATHAN IVE

DESIGN: DIE GESCHICHTE 11

Austin Seven Mini, Alec Issigonis, 1959

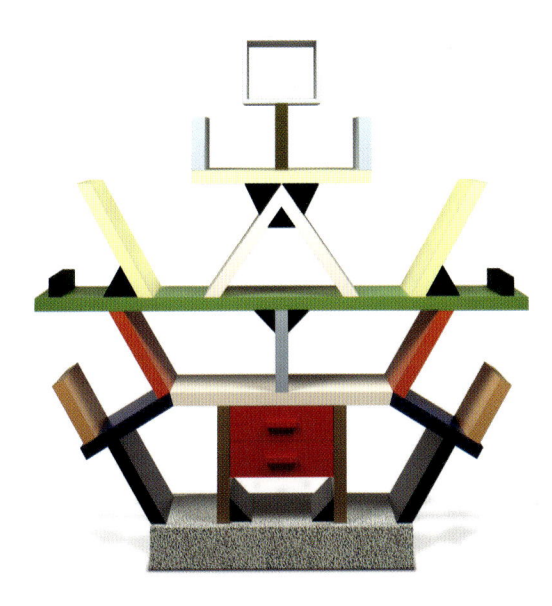

Bücherregal Carlton, Ettore Sottsass, 1981

Sessel Vermelha, Fernando und Humberto Campana, 1993

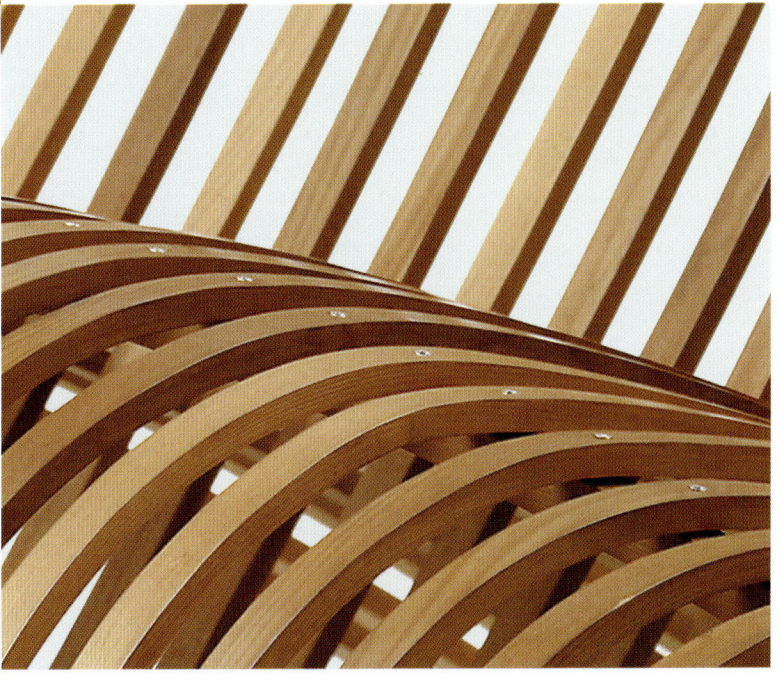

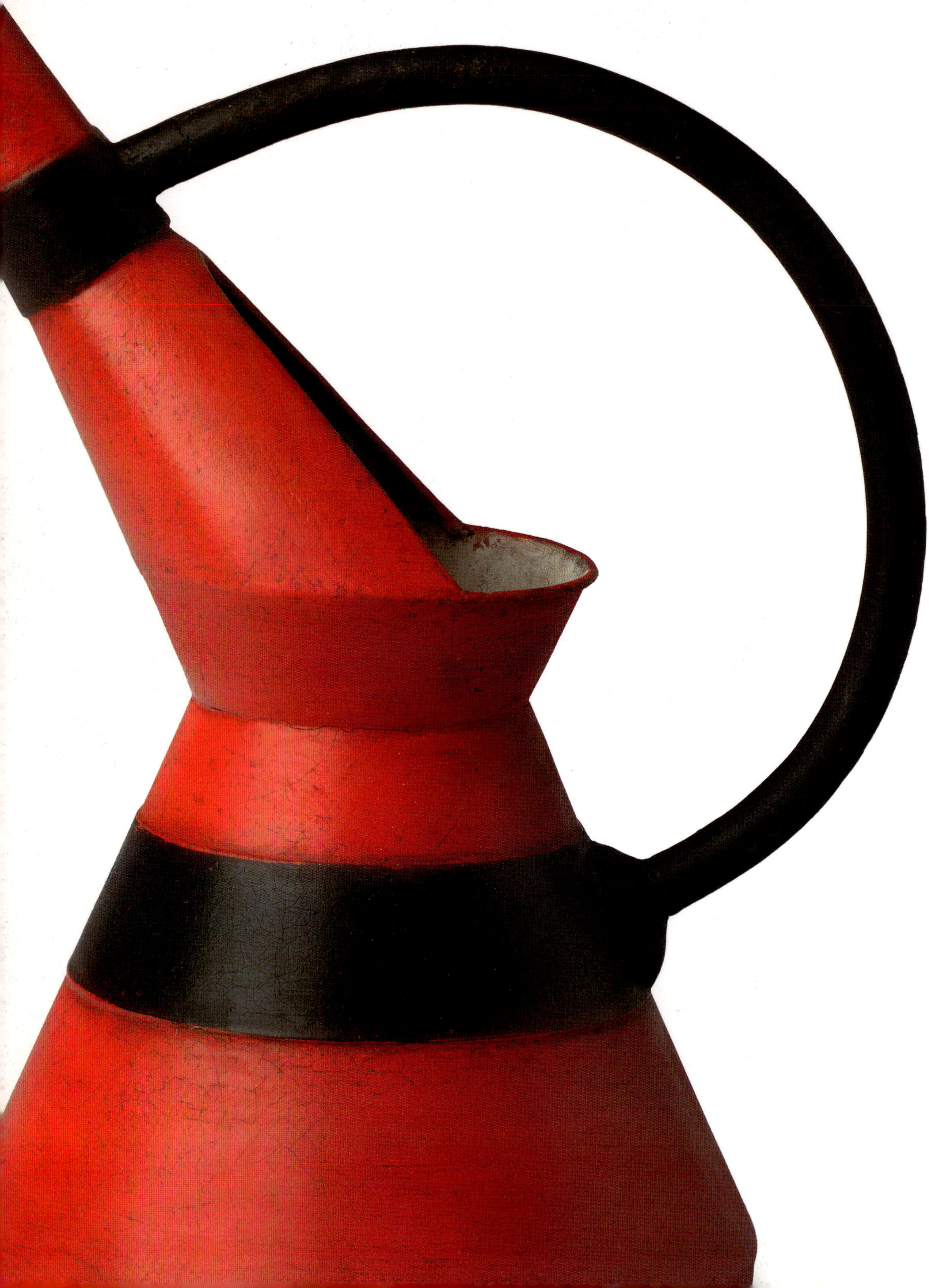

1860–1919

- **Bugholzstuhl Modell 14** Michael Thonet
- **Tapete mit Früchten** William Morris
- **Silberne Teekanne** Christopher Dresser
- **Schweizer Armeemesser** Karl Elsener
- **Moët & Chandon-Plakat** Alphonse Mucha
- **Tiffany-Lampe** Clara Driscoll, Louis Comfort Tiffany
- **Stuhl Hill House** Charles Rennie Mackintosh
- **Besteck** Josef Hoffmann, Wiener Werkstätte
- **Elektrischer Wasserkocher** Peter Behrens
- **Rot-blauer Stuhl** Gerrit Rietveld

1860-1919

Bugholzstuhl Modell 14

1859 ▪ MÖBEL ▪ BUCHE UND PEDDIGROHR ▪ ÖSTERREICH

MICHAEL THONET

Maßstab

Der Thonet-Bugholzstuhl Nr. 14 mit seinen sanft geschwungenen Kurven ist eines der erfolgreichsten Möbelstücke aller Zeiten. Ab etwa 1860 waren diese Stühle in Cafés und Bistros in ganz Europa zu finden, und weil sich die vorgefertigten Teile leicht zusammenbauen ließen, wurde er auch bald weltweit exportiert.

Stuhl Nr. 14 war ein Entwurf von Michael Thonet, der auch das bahnbrechende Herstellungsverfahren entwickelte: Das Gestell aus massivem Buchenholz wurde heißem Dampf ausgesetzt, um es in Form biegen zu können. Zuvor waren Rundungen an Holzmöbeln nur mit Säge oder Schnitzeisen zu erzeugen gewesen. Durch das Dampfbiegeverfahren wurde es möglich, die elegante Rundung der hinteren Beine und der Rückenlehne aus einem einzigen Stück Holz zu biegen. Zwei Vorderbeine, ein Verstärkungsbogen für die Lehne und ein Ring für die Sitzfläche vervollständigten den Stuhl. Verbunden wurden die Teile nicht mit Leim oder Zinkungen, sondern mit Schrauben. Der Stuhl war elegant, stabil und leicht zusammenzubauen – und so erfolgreich, dass zwischen 1859 und 1930 etwa 50 Mio. Stühle produziert wurden. Der Stuhl, der auch Architekten wie Le Corbusier begeisterte, verhalf dem Unternehmen zu weltweitem Ruhm. Bald brachten andere Hersteller Variationen des Stuhls auf den Markt, doch das Originalmodell wird mit gewissen Modifikationen noch heute produziert.

Die Stärke der Rückenlehne variiert entsprechend den Stabilitätsanforderungen.

Die Sitzfläche schließt bündig mit dem Rahmen ab.

Peddigrohr macht den Stuhl leicht.

Leicht gespreizte Beine verbessern die Standfestigkeit.

MICHAEL **THONET**
1796-1871

Der deutsche Tischler Michael Thonet gründete 1819 in Boppard am Rhein eine Möbeltischlerei und begann um 1830 mit Biegeverfahren zu experimentieren. Seine frühen Entwürfe fanden in Wien großen Anklang. Er produzierte Möbel für den kaiserlichen Hof, entwarf aber auch Modelle für den Massenmarkt. 1853 übergab er das Unternehmen an seine fünf Söhne. Sie begannen 1859 in ihrer Fabrik in Koryčany (Mähren) mit der Produktion des Modells 14. Die Firma, die noch immer den Namen ihres Gründers trägt, produziert bis heute schöne und elegant geformte Möbel.

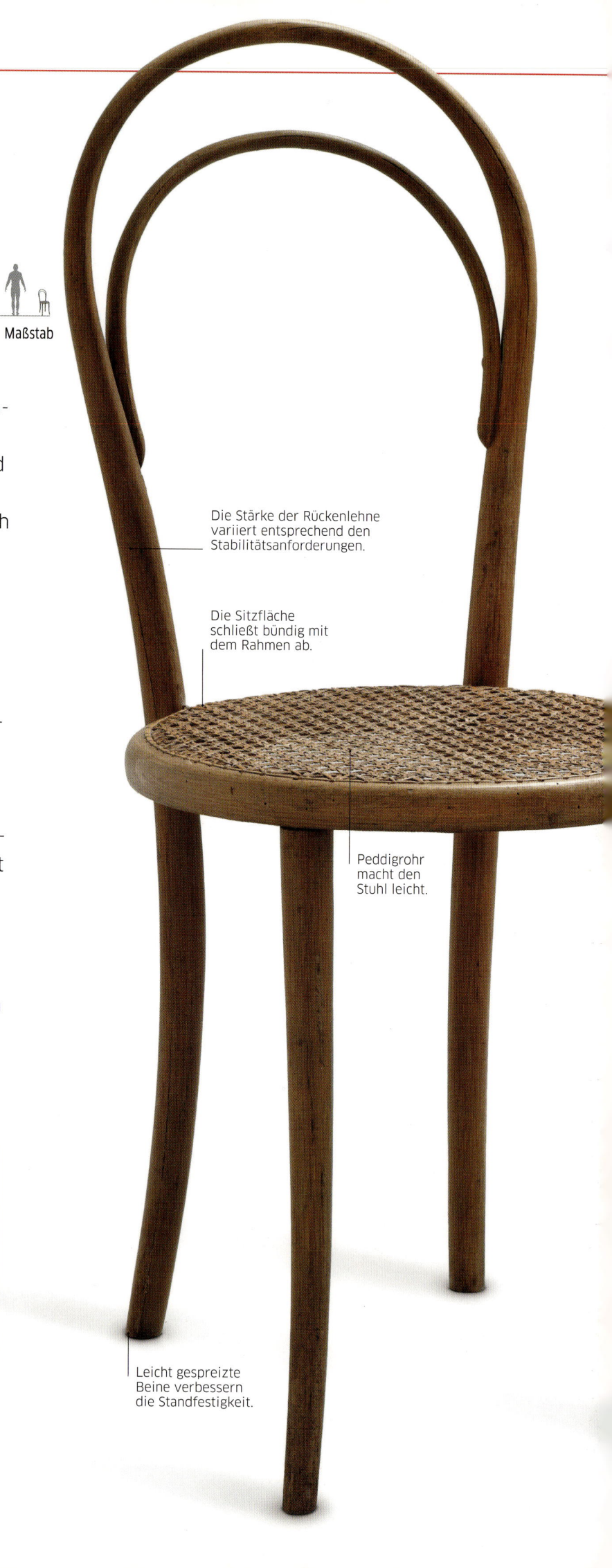

BUGHOLZSTUHL MODELL 14 ■ MICHAEL THONET

Im Detail

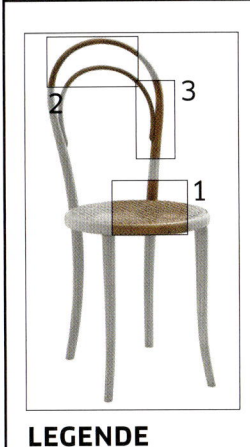

LEGENDE

▶ **SITZ** Die Sitzflächen der frühen Stühle dieses Modells bestanden meist aus Rohrgeflecht. Es war bequem und leicht und wurde von Cafébesitzern aus praktischen Gründen geschätzt: Verschüttete Flüssigkeit tropfte einfach auf den Boden, wo sie leicht aufzuwischen war.

▶ **RÜCKENLEHNE** Die gebogene, verstärkte Lehne bietet dem Rücken des Benutzers genug Halt. Sie bildet einen Kontrast zu den reich verzierten Stuhllehnen, die im 19. Jh. gängig waren. An der gebogenen Lehne ließ sich der Stuhl leicht anheben und tragen.

▲ **VERBINDUNG** Die Einzelteile, hier Lehne und Verstärkungsbogen, sind mit Schrauben verbunden und lassen sich leicht zusammenbauen. Weil Einzelteile und Schrauben flach verpackt werden konnten, war der Transport kostengünstig.

STICHWORT DESIGN

Das Unternehmen Thonet produzierte eine große Bandbreite von Bugholzmöbeln, darunter Stühle, Tische, Waschtische und Wiegen. Es gab viele Variationen der Grundmodelle, bei denen Bugholz für tragende Teile und Dekorationen verwendet wurde. Besonders elegant waren die Schaukelstühle, die durch verschiedene Bugholzverstrebungen und -verzierungen wie kunstvolle, aber leichte Kurven-Kompositionen aussahen. Ein besonders komplexes Modell war der Schaukel-Liegestuhl (unten) aus extralangen Bugholzelementen, die mit ihren fließenden Schwüngen die Formensprache des Jugendstils vorausnahmen.

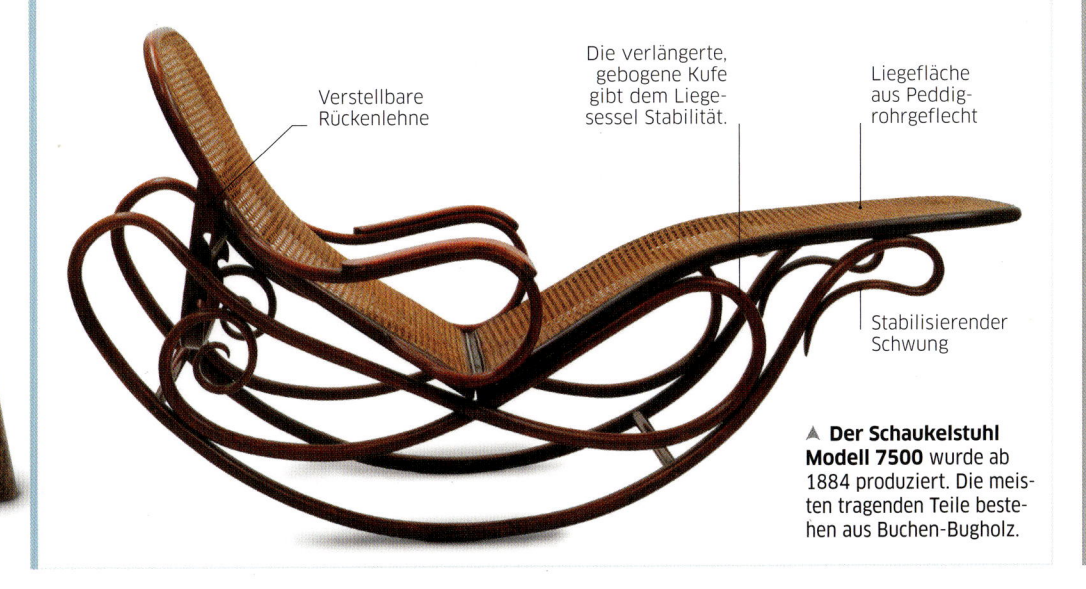

Verstellbare Rückenlehne

Die verlängerte, gebogene Kufe gibt dem Liegesessel Stabilität.

Liegefläche aus Peddigrohrgeflecht

Stabilisierender Schwung

▲ **Der Schaukelstuhl Modell 7500** wurde ab 1884 produziert. Die meisten tragenden Teile bestehen aus Buchen-Bugholz.

STICHWORT PRODUKTION

Zur Herstellung der Bugholzstühle wurden eigens angefertigte Eisenformen auf standfesten Füßen verwendet. Fabrikmitarbeiter pressten vorgeformte, in heißem Dampf erhitzte Holzteile in diese Formen, in denen sie etwa 20 Stunden bei 70 °C trockneten. Nachdem das Unternehmen 1856 ein Patent auf die Produktion von Bugholzmöbeln erhielt, wurden weitere Fabriken gegründet und die Firma exportierte Möbel in alle Welt. 1869 erlosch das Patent, doch das Unternehmen war inzwischen bestens etabliert und konnte seine internationale Erfolgsgeschichte fortsetzen.

▲ **Thonet-Fabrik, um 1857** Zu zweit biegen die Arbeiter erhitztes Holz mithilfe von Metallformen.

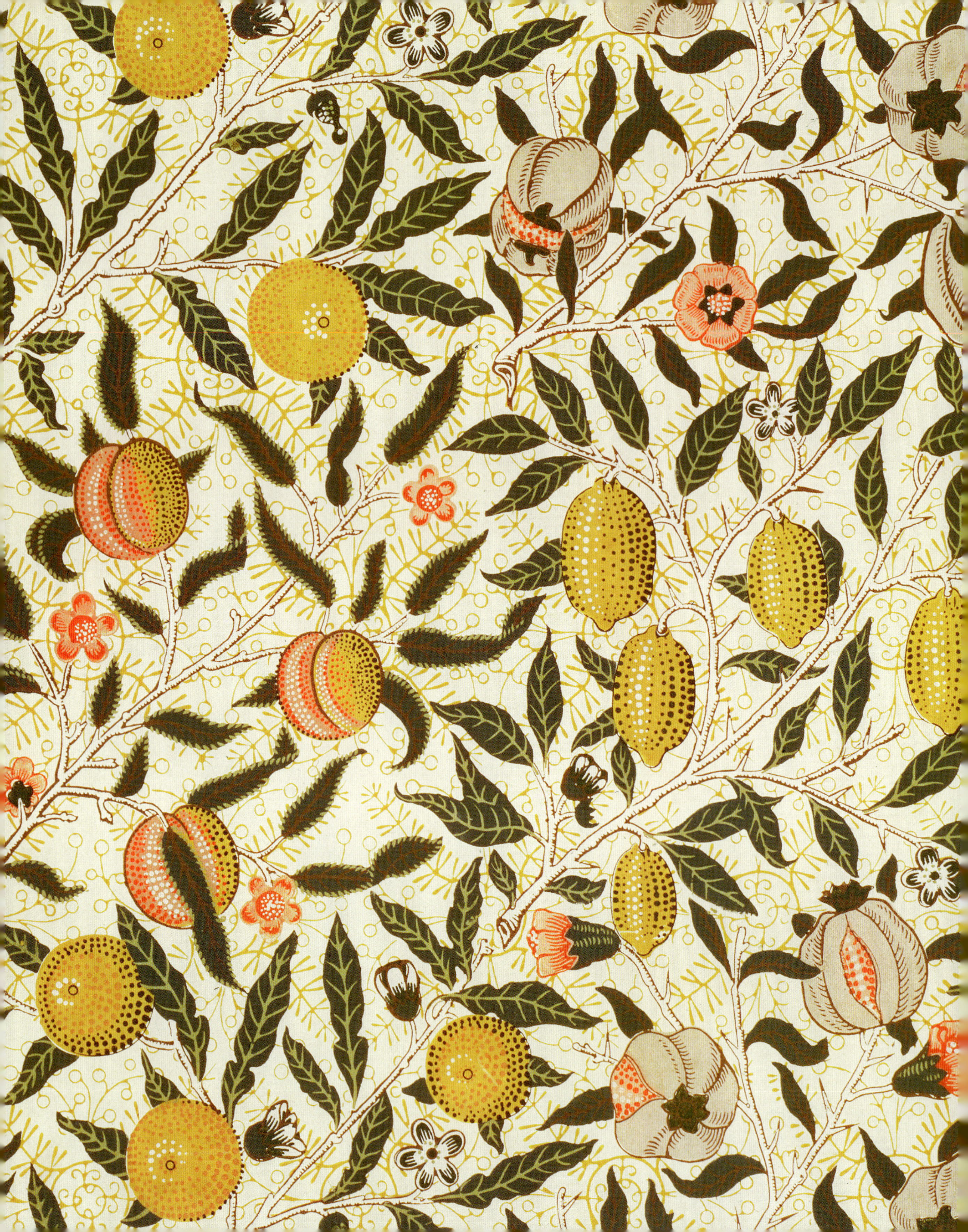

Tapete mit Früchten

1862–1866 ▪ TAPETE ▪ BLOCKBEDRUCKTES PAPIER ▪ GROSSBRITANNIEN

WILLIAM MORRIS

William Morris war ein vielseitiger Künstler und Autor, der durch seine Möbel und Buntglaskreationen ebenso berühmt wurde wie durch seine Schriften zu verschiedenen Themen, von Naturschutz bis Sozialismus. Zu seinen bedeutendsten Werken gehört eine Reihe von Tapeten, die er zwischen etwa 1860 und 1870 entwarf. Eines der frühen Muster zeigt Granatäpfel, Orangen, Limetten und Pfirsiche mit Laub, Blüten und Früchten. Es unterschied sich grundlegend von den damals modernen viktorianischen Tapeten, weil das stilisierte Muster einen hellen Hintergrund hatte und auf Schattierungen, die es plastisch wirken ließen, verzichtete.

Wie die Präraffaeliten und der berühmte Autor und Kunstkritiker John Ruskin knüpfte Morris an Motive aus vorindustrieller Zeit an, vor allem aus dem Mittelalter, in dem Künstler die Schönheit der Natur in den Mittelpunkt stellten und Handwerkergilden alles – vom Stuhl bis zur Kathedrale – von Hand bauten. Die Früchte, Blüten und Blätter seiner Tapete zeichnete Morris nach realen Vorbildern, orientierte sich aber auch an Holzschnitten in Herbarien aus dem 16. Jh. und Darstellungen auf mittelalterlichen Wandteppichen.

Seine blockbedruckten Tapeten waren zu viktorianischer Zeit nicht beliebt und für die meisten Leute überdies zu teuer. Erst nach 1890 sah man seine Textilien und Tapeten häufiger in den Häusern der wohlhabenden Mittelschicht. In den 1970er-Jahren erlebten diese Muster eine Renaissance. Einige werden noch heute produziert. Sie zeugen von Morris' gestalterischem Talent und der Zeitlosigkeit von Naturmotiven.

> »Dulde in deinem Haus nur Dinge, die nützlich sind oder die du als schön empfindest.«
>
> **WILLIAM MORRIS**

▶ **Entwürfe** Morris fertigte zuerst Aquarellskizzen seiner Motive an, um die Anordnung der Formen und die Rapporte auszuarbeiten. Dieser Entwurf für das Früchtemuster (rechts) zeigt ausdrucksvolle Motive, die teilweise aus Morris' Teppichen stammen. Die Oliven im unteren linken Viertel wurden für die Tapete nicht übernommen. Morris arbeitete oft mit Künstlerkollegen zusammen. Experten haben entdeckt, dass an dieser Zeichnung auch der Architekt Philip Webb, der eng mit Morris zusammenarbeitete, mitgewirkt hat.

WILLIAM **MORRIS**

1834–1896

William Morris begann an der Universität Oxford ein Theologiestudium, um Priester zu werden, begeisterte sich jedoch für mittelalterliche Bauten und sattelte auf Architektur um. 1861 war er Mitbegründer der Firma Morris, Marshall, Faulkner & Co. (später bekannt als Morris & Co.). Das Unternehmen entwarf und fertigte Stoffe, Teppiche, Möbel, Buntglas, Metallgeschirr und dekorative Objekte. Alle waren sorgfältig gestaltet und mit traditionellen Techniken aus hochwertigen Naturmaterialien hergestellt. Morris entwarf viele Muster persönlich, vor allem für Tapeten und Teppiche. Er verfasste zahlreiche Gedichte und politische Schriften und trat für den Sozialismus und die Bedeutung traditioneller Handwerkskunst ein. Einige seiner Werke wurden von Hand in seinem eigenen Verlagshaus Kelmscott Press gedruckt.

1860–1919

Im Detail

LEGENDE

▼ **PFIRSICH** Die Farbvariationen der Pfirsichhaut werden durch viele verschiedene Rosa-, Grün- und Hellbrauntöne dargestellt. Der Farbauftrag in kleinen Tupfen vermittelt einen Eindruck der weichen Oberfläche und der fließenden Farbübergänge. Die Furche in der gerundeten Form wird durch eine kräftigere, dunkle Linie angedeutet.

▼ **GRANATAPFEL** Etwa ein Viertel des Musters besteht aus Granatäpfeln, durch deren Risse die rot glänzenden Kerne zu sehen sind. Morris wusste durch sein Studium mittelalterlicher Schriften, dass der Granatapfel ein uraltes Symbol für das ewige Leben ist, und dass seine zahlreichen Kerne für Fruchtbarkeit stehen. Diese Früchte spielen in dem Tapetenmuster, das gelegentlich als Granatapfelmuster bezeichnet wird, eine bedeutende Rolle.

▲ **ZWEIG UND BLATT** Während sich die dunkelgrünen Blätter deutlich vom hellen Hintergrund abheben, ist der Zweig wie eine Federzeichnung nur als Kontur dargestellt. Die Umrisse der schlanken, verästelten Zweige steuern ein wichtiges Form- und Texturelement bei. Das abgeschnittene Ende wirkt realistisch und wurde vermutlich nach einem natürlichen Vorbild gezeichnet.

TAPETE MIT FRÜCHTEN ▪ WILLIAM MORRIS

4

▲ **BLÜTE** Morris liebte mittelalterliche illuminierte Manuskripte, alte Holzschnitte und Wandteppiche. Die Form dieser Granatapfelblüte basiert eher auf solchen Quellen als auf einem natürlichen Vorbild. Die Bedeutung der Blüte für das Tapetenmuster beruht hauptsächlich auf ihrer Funktion als belebender Farbtupfer. Botanische Genauigkeit spielt hier eine untergeordnete Rolle.

ZUM KONTEXT

Morris' Firma produzierte zahlreiche Tapeten mit botanischen Motiven, meist Blüten und Blättern. Manche Muster entwarf Morris selbst, andere stammten von befreundeten Künstlern wie Kate Faulkner oder von seiner Tochter May. Obwohl alle Muster detailreich sind, wirken sie im Vergleich zu den viktorianischen Tapeten dieser Zeit doch eher schlicht und grafisch. Den Rapport verbarg Morris durch die geschickte Anordnung von Ornamenten. Auch durch die Beschränkung auf ein Muster setzte er sich vom Zeitgeschmack ab. Damals war es üblich, mehrere Muster zu verwenden – eins bis zur Scheuerleiste, eins für die obere Wand, eins als Fries und eventuell noch ein weiteres als Bordüre oder Einrahmung. Morris bevorzugte ein einziges Muster von der Fußleiste bis zur Decke. So waren auch die Wände in seinen eigenen Häusern, beispielsweise im Kelmscott Manor (unten), tapeziert.

▲ Tapeten und Wandteppiche von Morris im Kelmscott Manor

5

▲ **ZITRONE** Die Gruppe von Zitronen zeigt die Vermischung von Realismus und Stilisierung. Die Formen mit dem gekrümmten Stiel und der typischen Ausbuchtung an der Spitze sind realistisch gezeichnet. Die Struktur der Schale andererseits ist durch viele helle und dunkle Punkte dargestellt – eine äußerst abstrahierte Wiedergabe.

STICHWORT DESIGN

Morris' gestalterische Ideen wurden von anderen englischen Handwerkern und Designern des späten 19. Jh. aufgegriffen. Der Kunstkritiker John Ruskin brachte die Qualität von Kunst mit den sozialen Bedingungen, unter denen sie entstand, in Zusammenhang. Unter seinem Einfluss lehnten zeitgenössische Designer mechanisierte Methoden ab. Sie meinten, dass Handwerksarbeit nicht nur hochwertige Produkte hervorbrachte, sondern auch die Gesellschaft verbessern könne. Dieser Gruppe, die als Arts-and-Crafts-Bewegung bekannt wurde, gehörten der Architekt C.F.A. Voysey sowie Kunsthandwerker wie C.R. Ashbee und Lewis F. Day an. Sie setzten auf Handwerkskunst, hochwertige Naturmaterialien und Naturmotive. Manche taten sich zu Gilden zusammen, etwa Ashbee's Guild of Handicraft, die verschiedene Produkte von Möbeln bis Buntglas in hoher Handwerksqualität herstellte.

◄ **Eichen-Sideboard** Der Tischler Ernest Gimson zog 1893 nach Gloucestershire, wo er zusammen mit Sidney Barnsley edle, zweckmäßige Möbel in interessanten Formen baute. Die beiden Handwerker setzten auf traditionelle Verarbeitungstechniken, ausgesucht schöne Materialien und klare, elegante Linien.

1860–1919

Silberne Teekanne

1880 ▪ TAFELSILBER ▪ VERSILBERTES METALL UND EBENHOLZ ▪ GROSSBRITANNIEN

CHRISTOPHER DRESSER

Maßstab

1879 begann der Designer Christopher Dresser mit der Gestaltung einer Serie versilberter Teekannen. Die Entwürfe, die er für James Dixon and Sons in Sheffield schuf, waren ihrer Zeit weit voraus. Im 19. Jh. hatte Geschirr meist bauchig runde Formen mit Dekoren nach historischen Vorbildern. Dressers Teekannen dagegen waren Musterbeispiele klarer, unverzierter Formen. Das auffälligste Modell ist diese Teekanne in Form eines auf der Spitze stehenden Quadrates mit einer quadratischen Öffnung in der Mitte. Füße und Griff sind schnurgerade und in Winkeln von 90 und 45 Grad am Korpus angesetzt, sodass die Kanne mit ihrer geometrischen Form eher einem Stück aus der Moderne um 1930 ähnelt als einem Objekt aus den 1880er-Jahren.

Dressers Ästhetik war teilweise von der eleganten Schlichtheit des japanischen Designs beeinflusst. Bei dieser Kanne kam seine Begeisterung für klare, abstrakte Formen und Muster hinzu. Seiner Beobachtung der Natur entstammte die Überzeugung, dass schlichte Formen und klare Funktion Grundbestandteile von Schönheit sind. Seine innovativen Entwürfe beruhten auch auf pragmatischen Aspekten. Einige Elemente, wie Griff und Halterung, wurden für verschiedene seiner Kannen verwendet, was die Produktionskosten senkte. Dresser berücksichtigte die Herstellungsmethoden der noch jungen Industrie in seinem Design und wird darum manchmal als Europas erster Industriedesigner bezeichnet. Seine ungewöhnlichen Entwürfe wurden aber nicht in Großserien hergestellt. Sie blieben wohlhabenden Schichten vorbehalten, die sie wegen ihrer unkonventionellen Formen, ihrer glänzenden Oberflächen und ihres originellen Aussehens schätzten.

Der Deckel ist voll in die quadratische Form integriert.

Die Mittelöffnung ist ein sehr innovatives Element.

CHRISTOPHER **DRESSER**

1834–1904

Christopher Dresser wurde in Glasgow geboren und besuchte die Government School of Design in London. Er spezialisierte sich auf Botanik und vertrat die Ansicht, dass Designer Pflanzenformen stilisieren und abstrahieren sollten, statt sie exakt zu kopieren. Er entwarf Tapeten, Textilien, Keramik und Metallgeschirr. Aufgrund seines Interesses für japanische Kunst reiste er nach Japan. In der Folgezeit wurden seine Entwürfe minimalistischer und geometrischer. Dresser arbeitete für zahlreiche Hersteller. Sein Einfluss auf das britische Design dauerte lange über seinen Tod hinaus an.

SILBERNE TEEKANNE ■ CHRISTOPHER DRESSER

STICHWORT **DESIGN**

Die Objekte, die Dresser um 1880 entwarf, sind auf das Wesentliche reduziert. Ein Toastständer besteht aus einer Reihe gerader Linien. Teekannen können quadratisch, zylindrisch oder kugelrund sein, andere Objekte sind aus Kegeln zusammengesetzt. Diese Geometrie ist durchaus zweckmäßig: Alle Bestandteile sind klar zu erkennen und der Benutzer sieht sofort, wo der Griff endet und der Korpus beginnt. Es wird nicht versucht, die Ansatzstelle zu verstecken. Selbst praktische Dinge wie eine Gießkanne (rechts) sah Dresser unter geometrischen Aspekten. Ein halbkreisförmiger Griff verbindet die zwei Kegelstümpfe von Korpus und Tülle.

▲ **Emaillierte Gießkanne**

Im Detail

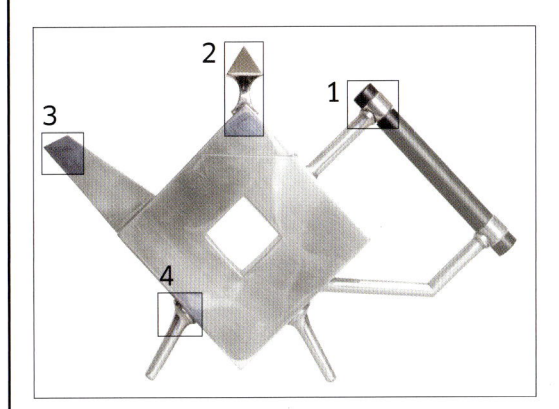

LEGENDE

Ebenholz sieht edel aus und ist praktisch, weil es relativ kühl bleibt.

Der abgewinkelte Griff korrespondiert mit der Form des Korpus.

▲ **GRIFF UND HALTERUNG** Zwei breite Metallringe halten den Ebenholzgriff, der exakt parallel zum Korpus montiert ist. Diese Verbindungsstellen sind ein gutes Beispiel für die Zweckmäßigkeit, die typisch für Dressers Design ist.

◄ **DECKELKNAUF** Der Deckel lässt sich dank Form und Größe des Knaufs leicht abnehmen. Während viktorianische Teekannen meist runde Knäufe hatten, entschied sich Dresser für eine Pyramide, deren Umriss in der Seitenansicht mit der dreieckigen Form des Deckels korrespondiert.

▲ **TÜLLE** Der Winkel der geraden, schlichten Tülle bildet ein Gegengewicht zum Griff auf der anderen Seite der Kanne. Die glatte, gerade Öffnung hat keine Schnaupe und ist so konstruiert, dass sie sauber gießt. Sie besteht, wie der Korpus der Kanne, aus poliertem Silber.

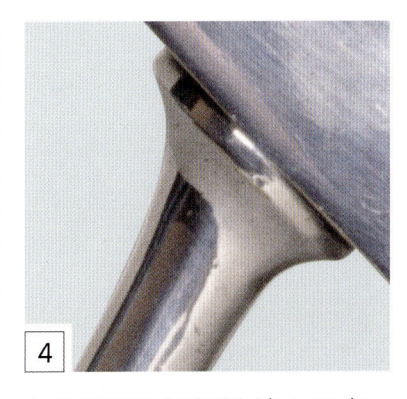

▲ **FUSS UND ANSATZ** Die gespreizten Füße sind am Ansatz zum Korpus leicht verbreitert. Ihr runder Querschnitt lockert die strenge Geometrie etwas auf. Dennoch unterscheiden sie sich durch ihre schlichte Form radikal von den typischen Schnörkeln viktorianischen Geschirrs.

»Maximale Wirkung mit minimalen Mitteln.«

Christopher Dresser

1860–1919

Schweizer Armeemesser

1897 ■ PRODUKTDESIGN ■ STAHL UND HARTHOLZ ■ SCHWEIZ

KARL ELSENER

Maßstab

Das multifunktionale Schweizer Armeemesser mit seinen roten Kunststoffgriffschalen ist heute für Millionen von Menschen der Inbegriff des Taschenmessers. Dabei hatte Karl Elsener in den 1890er-Jahren, als er mit der Produktion begann, einen sehr spezifischen Markt im Auge und ahnte nicht, dass diese Messer einmal in alle Welt exportiert werden würden. 1891 begann Elseners Firma mit der Herstellung von Messern für die Schweizer Armee. Damals benutzten die Soldaten Messer mit dunklen Holzgriffschalen und allen notwendigen Werkzeugen: Messerklinge, Schraubendreher zum Zerlegen des Gewehrs und Dosenöffner. Elsener dachte über Verbesserungen nach und setzte eine spezielle Feder ein, die es ermöglichte, Klingen und Werkzeuge auf beiden Seiten unterzubringen. Sein Offiziersmesser hatte zwei Messerklingen, einen Schraubendreher, eine Ahle (zum Stechen von Löchern), einen Dosenöffner und einen Korkenzieher. Das Design erfüllte alle Anforderungen und war außerdem variabel. In den Folgejahren produzierte Elseners Firma ähnliche Messer mit anderen Funktionen für verschiedene Zwecke wie Camping oder Jagd: die ersten Werkzeug-Sets für die Hosentasche.

Schraubendreher für Schlitzschrauben

Große Messerklinge

Rot, die Hintergrundfarbe der schweizerischen Flagge

Ahle

Kleine Klinge für feinere Schnitte

Griff zum Herausziehen des Dosenöffners

Ahle wird in diese Nische eingeklappt.

Befestigungsbügel

KARL **ELSENER**

1860–1918

Der Schweizer Karl Elsener spezialisierte sich nach seiner Ausbildung zum Messerschmied auf Rasiermesser und chirurgische Instrumente. 1884 gründete er den Schweizerischen Messerschmiedverband, um in der strukturschwachen Region südlich von Genf Arbeitsplätze zu schaffen. 1891 war der Verband (später Victorinox) einer der beiden Messerhersteller für die Schweizer Armee. Seit Elseners Tod ist die Firma in den Händen seiner Nachkommen geblieben.

Im Detail

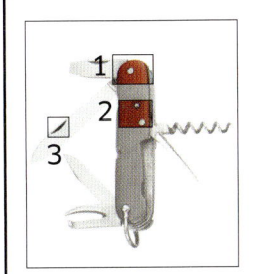

LEGENDE

▶ **ABGERUNDET** Die Enden und alle Kanten sind abgerundet. Dadurch liegt das Messer gut in der Hand und hat keine scharfen Ecken, mit denen man hängenbleiben kann oder an denen sich der Stoff der Hosentasche durchscheuert.

◀ **NIETEN** Stahlnieten halten Klingen, Feder und Griffschalen zusammen und dienen gleichzeitig als Drehpunkte für die Werkzeuge. Beim ursprünglichen Modell sind die Nieten auf den Außenseiten der Griffschalen zu sehen – ein Beispiel für rein funktionales Design.

▼ **KERBE FÜR DEN DAUMENNAGEL** Die beiden Messerklingen, der Schraubendreher und die meisten anderen Werkzeuge haben eine kleine Kerbe, die in der Mitte tiefer und an einer Seite leicht gerundet ist. Sie macht es einfach, die Werkzeuge mit dem Daumennagel herauszuklappen.

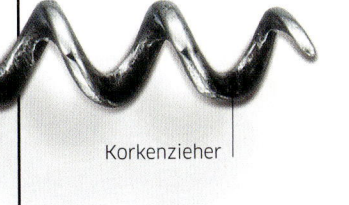

Korkenzieher

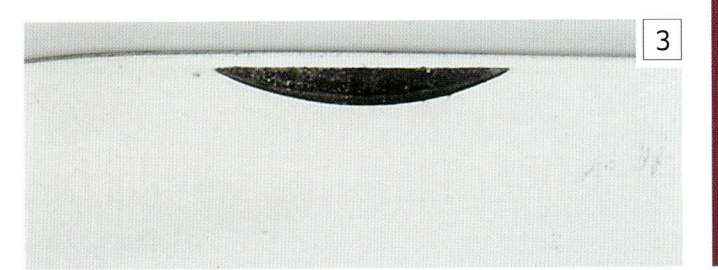

ZUM KONTEXT

Zu Beginn des 20. Jh. zeigten Elseners Offiziersmesser das typische Wappendekor mit Kreuz, das sich an die Schweizer Flagge anlehnte. Neue Produkte waren das »Cure-pied« mit einem Hufkratzer und ein preiswertes Messer für Studenten. 1909 benannte Elsener die Firma zu Ehren seiner verstorbenen Mutter in Victoria um. Ab 1921 hieß die Firma Victorinox, zusammengesetzt aus Victoria und dem französischen Begriff für Edelstahl, *acier inoxydable* oder kurz *inox*, aus dem nun die Klingen und Werkzeuge hergestellt wurden.

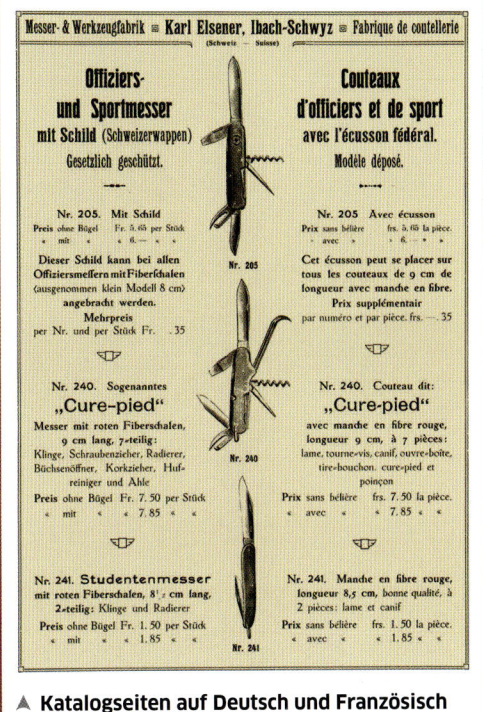

▲ Katalogseiten auf Deutsch und Französisch

STICHWORT DESIGN

Heute gibt es eine Vielzahl von Schweizer Armeemessern mit Edelstahlklingen für verschiedene Benutzer. Das Modell Spartan verfügt über ähnliche Werkzeuge wie das ursprüngliche Soldatenmesser. Für alle, die mehr Werkzeug brauchen, gibt es beispielsweise das Modell Huntsman mit Säge und Schere. Modelle der Serie Swiss Champ sind besonders reich bestückt, beispielsweise mit verschiedenen Klingen, Feilen, Sägen, Zangen und sogar einer Lupe. Die meisten Modelle haben an einem Ende Öffnungen, in denen ein Zahnstocher und eine Pinzette verstaut sind. Durch raffiniertes Design ist es gelungen, mehrere Funktionen wie Schraubendreher, Flaschenöffner und Abisolierer in einer »Klinge« zu vereinen. Das Unternehmen Wenger, das 2005 von Victorinox aufgekauft wurde, produzierte ebenfalls verschiedene Modelle und Ausführungen des Schweizer Armeemessers.

▲ Modell Spartan

▲ Modell Huntsman

▲ Modell Swiss Champ

Moët & Chandon-Plakat

1899 ▪ GRAFIK ▪ FARBLITHOGRAFIE ▪ FRANKREICH

ALPHONSE MUCHA

Maßstab

Muchas Plakate zählen zu den berühmtesten Beispielen des Jugendstils, einer revolutionären Kunst- und Designrichtung, die in den 1890er-Jahren Europa erfasste. Mit seinen Arbeiten für Firmen wie die Kellerei Moët & Chandon wandte sich Mucha vom Historismus des 19. Jh. ab. Er bevorzugte einen organischen Stil mit fließenden Linien und kunstvoll verzierter Schrift. Seine Motive zeigen schöne junge Frauen, oft in fließenden Gewändern, umgeben von Blumen und Laub und eingerahmt von sinnlich geschwungenen Linien.

Dieses Plakat für eine Champagnerwerbung ist besonders bemerkenswert. Die schlanke, schwarz konturierte Gestalt der Frau hebt sich vor einem stilisierten »Rundbogenfenster« mit länglichen Segmenten ab. Es bildet einen raffinierten Rahmen für die Schriftzüge des Firmennamens und des Produkts. Farbenfrohe, stilisierte Blätter und Blüten im Hintergrund lenken die Aufmerksamkeit auf die Gestalt. Viele von Muchas Plakaten waren, wie dieses, im extremen Hochformat gedruckt, was die Eleganz des Frauenmotivs noch verstärkt. Die Plakate waren sehr beliebt und Mucha wurde von verschiedenen großen Firmen beauftragt. Er gestaltete auch Plakate für die Schauspielerin Sarah Bernhardt und die Tänzerin Loïe Fuller. Die Motive, die in vielen europäischen Großstädten hingen und oft in Zeitschriften abgedruckt wurden, machten Mucha und seinen Stil bald auch in den USA bekannt. Seine frischen Farben und der virtuose Umgang mit ausdrucksvollen Linien und Schwüngen standen um die Wende zum 20. Jh. hoch im Kurs. Für viele war der Jugendstil gleichbedeutend mit *le style Mucha*.

ALPHONSE MUCHA

1860–1939

Mucha wurde in Mähren geboren (damals Teil des österreichisch-ungarischen Kaiserreichs). Er begann seine Laufbahn als Theatermaler am Ringtheater in Wien. 1887 zog er nach Paris, wo er sich als Druck- und Grafikkünstler etablierte. Er produzierte viele Jugendstil-Plakate und unternahm für Auftraggeber wie Sarah Bernhardt auch Abstecher ins Schmuckdesign. 1922 kehrte er in seine Heimat, die inzwischen unabhängige Tschechoslowakei, zurück und konzentrierte sich auf das »Slawische Epos«, einen Zyklus aus 20 großen Bildern mit Motiven aus der Geschichte der Tschechen und anderer slawischer Völker. Für sein Heimatland entwarf Mucha auch Banknoten und Briefmarken.

Im Detail

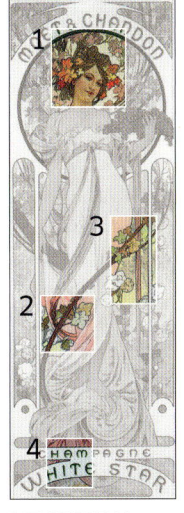

LEGENDE

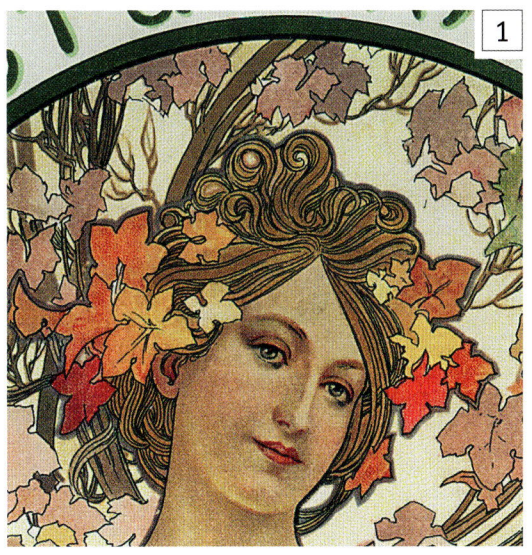

◀ **GESICHT UND RAHMEN** Das Gesicht der jungen Frau ist im Gegensatz zum Detailreichtum von Haaren und Laub recht einfach gezeichnet. Ihr Kopf, die gerundeten Schultern und die Oberarme werden von dem Kreisornament eingerahmt.

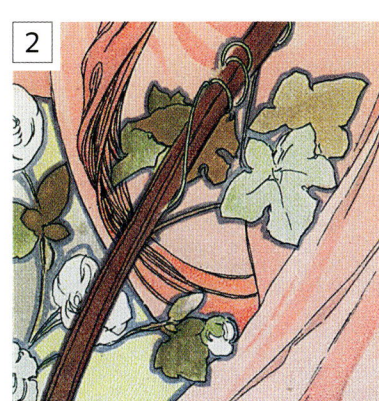

▶ **BLÄTTER** Wie viele von Muchas Frauenfiguren ist auch diese von locker verteilten Blättern und Zweigen umrahmt, die sich um den Körper winden und mit ihm zu verschmelzen scheinen. Dieser Kunstgriff lässt an alte Metamorphose-Mythen denken, etwa die Legende der Nymphe Daphne, die in einen Lorbeerbaum verwandelt wird.

▲ **SCHRIFT** Wie viele andere Jugendstilkünstler experimentierte auch Mucha mit Schrift. Statt traditioneller Typografie wählte er häufig ausdrucksstarke, schwungvolle Buchstaben wie dieses A und M mit nach innen gekrümmten Linien.

◀ **KURVEN UND GERADE LINIEN** Den schwungvollen Linien von Kleid und Zweigen stehen als Kontrast die eher strengen senkrechten Konturen der Rahmenelemente gegenüber.

ZUM **KONTEXT**

Von 1890 bis 1910 prägte der Jugendstil alle Bereiche der Dekoration in Europa, von Gläsern bis zu künstlerischer Grafik. Die organischen, eleganten Kurven waren in vielen Zeitschriften zu sehen, zierten erlesenen Schmuck für die Reichen ebenso wie die Eingänge zur Pariser Metro. Architekten wie der Belgier Victor Horta und der Franzose Hector Guimard griffen den Stil ebenso begeistert auf wie Designer wie der Amerikaner Louis Comfort Tiffany (siehe S. 26–27).

▲ **Pariser Metro-Eingang, gestaltet von Guimard**

STICHWORT **DESIGN**

Als 1881 das Wiener Ringtheater abbrannte, verlor Mucha seine Stellung als Theatermaler. Seinen bekannten grafischen Stil entwickelte er in den 1890er-Jahren in Paris, als er Plakate für Werbung und Dekoration schuf. Das Plakat Tierkreis (rechts) entstand ursprünglich als Kalenderillustration und enthält, wie viele seiner Motive, den Kreis als Gestaltungselement. Mucha fertigte zuerst mit Bleistift, Tusche und Aquarellfarbe eine Skizze in Originalgröße. Hier hat er vermutlich die Umrisse von Kopf, Haaren und Schmuck und die Positionen der Tierkreiszeichen festgelegt und dann die Einzelheiten ausgearbeitet, ehe das Motiv zum Druck auf einen Lithostein übertragen wurde.

▶ **Tierkreis**, Alphonse Mucha, 1896

1860–1919

Tiffany-Lampe

1900–1910 ▪ BELEUCHTUNG ▪ BUNTGLAS, KUPFER UND BRONZE ▪ USA

CLARA DRISCOLL, LOUIS COMFORT TIFFANY

Der amerikanische Künstler und Designer Louis Comfort Tiffany gründete 1885 in New York seine Tiffany Glass Company. Seine eleganten, farbenfrohen Produkte aus Glas wurden schnell berühmt, doch der endgültige Durchbruch gelang ihm mit Lampenschirmen, die er um 1898 zu produzieren begann. Diese teuren, handgemachten Stücke waren bald bei progressiven Innenarchitekten und Hausbesitzern beiderseits des Atlantiks begehrt. Das Design der Schirme knüpfte an den Ästhetizismus des 19. Jh. an, die organischen Blütenformen und die reiche Dekoration dagegen an den Jugendstil (siehe S. 24–25)

Tiffanys Lampenschirme waren ähnlich aufgebaut wie Buntglas-Kirchenfenster. Akkurat zugeschnittene Stücke aus farbigem Glas wurden zu abstrakten Mustern oder stilisierten Naturmotiven wie Blumen oder Libellen aneinandergefügt und mit Kupferstreifen zusammengelötet. Die Lampen wurden in den Werkstätten von Hand aus Favrile-Glas zusammengesetzt, einem speziellen Glas mit irisierendem Schimmer, für das Tiffany ein Patent besaß. Jahrelang nahm man an, dass Tiffany selbst, der eng mit seinen Künstlern zusammenarbeitete, die Lampen schuf. Inzwischen ist aber bekannt, dass die Designerin und Kunsthandwerkerin Clara Driscoll einen maßgeblichen Beitrag zu ihrer Entstehung leistete.

CLARA DRISCOLL
1861–1944

Clara Driscoll absolvierte ihre Ausbildung an der Designschule in Cleveland (Ohio, USA) und an der Metropolitan Museum Art School in New York. Um 1888 trat sie in die Tiffany Glass Company ein, leitete bald eine Gruppe von Glasschneiderinnen und blieb über 20 Jahre im Unternehmen. Da die Firmenakten in den 1930er-Jahren vernichtet wurden, wusste man nichts über Driscoll. Erst 2005 entdeckten Forscher Briefe mit detaillierten Beschreibungen ihrer gestalterischen Arbeit an den Tiffany-Lampen. Damit wurde bekannt, dass ihr eine Schlüsselrolle bei der Gestaltung berühmter Muster wie Libelle, Wisteria und Päonie zukam.

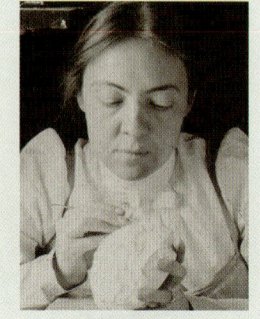

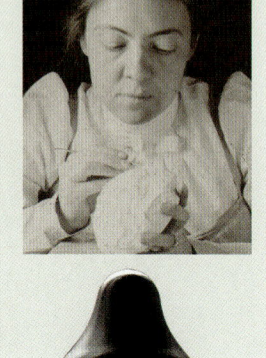

Eine Bronzekappe mit einem kleinen Zierknauf aus Metall hält die zahlreichen Kupferstreifen zusammen.

▲ Gesamtansicht

STICHWORT DESIGN

Tiffany produzierte viele Lampenserien, doch weil alle von Hand gefertigt wurden, war jede ein Unikat. Selbst einfache Modelle mit Schirmen in geometrischen Mustern aus Quadraten, Ovalen und Dreiecken bestanden aus Glas in verschiedensten schillernden Farben. Komplexere Arbeiten waren die naturalistischen Lampenschirme mit Blüten, Schmetterlingen oder Pfauenfedern.

Es gab auch Modelle aus einem einzigen Stück Favrile-Glas. Dieses irisierende Glas hatte Tiffany zusammen mit seinem aus England stammenden Geschäftsführer Arthur J. Nash entwickelt. Nash erzeugte Farben wie sattes Blau und Rot, zartes Gold und Gelb und das berühmte Perlmuttweiß durch Zugabe verschiedener Chemikalien zum Glas. Das Favrile-Glas gab den Lampen ihren besonderen Charakter. Weil die Formeln für die Farben ein gut gehütetes Geheimnis waren, konnte kein anderes Unternehmen Leuchten mit ähnlich elegantem Schimmer produzieren.

▲ **Blaue Lampe** mit Schirm und Fuß aus Favrile-Glas

»Farbe ist für das Auge, was Musik für das Ohr ist.«

LOUIS COMFORT TIFFANY

Farbstarke Zentren lockern die Blüten optisch auf.

Das Licht dringt hauptsächlich durch den unteren Teil des Schirms.

Im Detail

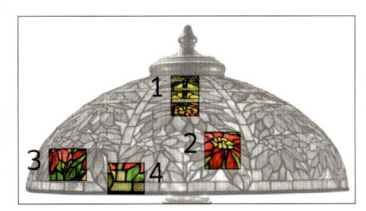

LEGENDE

▶ **GERADLINIGES MUSTER** Im oberen Bereich wechselt sich ein Muster aus Reihen von Rechtecken mit Stielen und Blättern ab. Dieser Teil in ruhigen Farben und Formen bildet einen guten Hintergrund für die farbenfrohen Blüten darunter. Solche Kombinationen aus organischen und geometrischen Elementen sind auf vielen Tiffany-Lampen zu finden.

◀ **BLÜTE** Akkurat zugeschnittene Stücke aus rotem Glas bilden die strahlenförmig angeordneten Blütenblätter. Die Formen wurden mit Schablonen auf Glas übertragen und von den Glasschneiderinnen mit speziellen Zangen zugeschnitten. Durch die marmorierten Farben und den Schimmer des Glases ist jeder Lampenschirm ein Unikat.

▶ **BLATT** Intensive rote Blüten und Blätter in der Komplementärfarbe Grün heben sich vom goldgelben Hintergrund ab. Die Farbvariationen der einzelnen Glasstücke lassen die lebhafte Palette dennoch natürlich wirken und geben der Lampe in ein- und ausgeschaltetem Zustand den Charakter des Handgefertigten.

▶ **UNTERER RAND** Die Blüten und Blätter sind weitgehend von einem geraden, geometrischen Rand eingefasst, auf den nur einige Blattspitzen ragen. Andere Tiffany-Lampen haben einen unregelmäßig geformten Rand, der dem Verlauf der Blatt- und Blütenkonturen des Musters folgt.

Stuhl Hill House

1903 ▪ MÖBEL ▪ SCHWARZ LACKIERTES HOLZ ▪ GROSSBRITANNIEN

CHARLES RENNIE MACKINTOSH

Maßstab

Einen der ungewöhnlichsten Stühle des 20. Jh. entwarf der schottische Architekt und Designer für das Hill House, das er nahe der schottischen Stadt Glasgow 1903 für den Verleger Walter Blackie gebaut hatte. Wie viele von Mackintoshs Möbeln besteht auch der Stuhl aus schwarz lackiertem Holz. Sein auffälligstes Merkmal ist der hohe Leiterrücken, der bis zum Boden hinabreicht. Ähnliche Stühle entwarf Mackintosh für verschiedene schottische Interieurs und für Einrichtungen, die er in England und bei der Wiener Secession ausstellte. Er verwendete diese Art Stühle an Esstischen, die sie mit ihren hohen Lehnen in eine intime Insel verwandelten oder als dekorative, eindrucksvolle Einzelstücke mit Blickfangwirkung in Fluren oder Schlafräumen, wo sie oft mit den architektonischen Merkmalen der Gebäude korrespondierten. Der Stuhl Hill House wurde speziell für die Schlafzimmereinrichtung in Walter Blackies Haus entworfen. Vor dessen hellen Wänden kommt seine klare, strenge Linienführung gut zum Ausdruck. Alle Teile sehen gerade aus, die Sprossen der Lehne sind aber aus Bequemlichkeitsgründen gerundet. Das Design basiert auf Zusammenspiel und Ausgewogenheit von Senkrechten, Waagerechten, Rechtecken und Quadraten. Es erinnert an den grafischen Stil der Wiener Secessionisten, den Mackintosh sehr bewunderte, und an lineares japanisches Design. Wegen seines extremen Kontrastes zu den damals üblichen viktorianischen Polstermöbeln kann man den Stuhl auch als modernes, abstraktes Kunstwerk betrachten, das seiner Zeit weit voraus ist.

Das Leitermuster setzt sich bis zum Boden hin fort. Es verstärkt nicht nur die optische Wirkung des Stuhls, sondern auch seine Stabilität.

Der helle Sitz bildet einen spannungsvollen Kontrast zum dunklen Holz.

Die schlanken Beine passen gut zu den anderen Elementen des Stuhls.

Die Querstreben heben sich vor einer weißen Wand besonders gut ab.

CHARLES RENNIE MACKINTOSH

1868–1928

Charles Rennie Mackintosh, geboren in Glasgow, ging bei einem Architekten in die Lehre, besuchte die Glasgow School of Art und arbeitete dann – zunächst als technischer Zeichner – für die dortigen Architekten Honeyman & Keppie. Dort lernte er Herbert McNair kennen, der ebenfalls Zeichner war. Zusammen mit den Schwestern Margaret und Frances Macdonald entwickelten sie eigene Projekte und wurden als »The Glasgow Four« bekannt. 1896 gewann Mackintosh einen Designwettbewerb der Glasgow School of Art, und 1897 wurde er mit der Gestaltung einer Reihe von Teestuben beauftragt. 1900 erregte er mit Einrichtungs- und Möbelentwürfen für die 8. Ausstellung der Wiener Secession Aufsehen. Er heiratete Margaret Macdonald und bearbeitete einige Projekte mit ihr gemeinsam. Als 1913 die Auftragslage schlechter wurde, verließ er Glasgow und verbrachte den Lebensabend mit Aquarellmalerei.

Im Detail

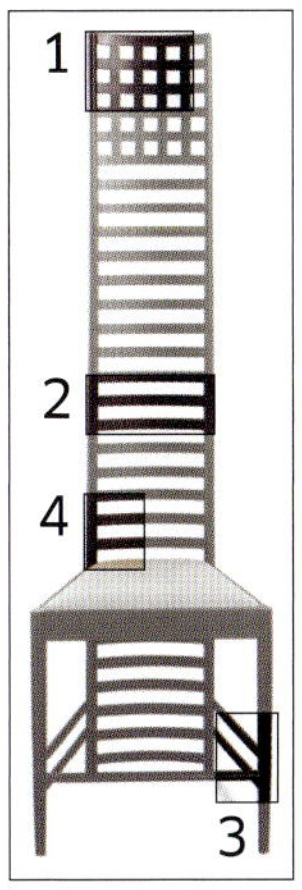

LEGENDE

▶ RASTERMUSTER Der obere Bereich der Lehne (etwa ein Viertel ihrer Gesamthöhe) besteht aus einem Raster aus gleichmäßigen Quadraten. Dieses Muster ist ein wiederkehrendes Element in vielen von Mackintoshs Entwürfen.

▲ LEITER-LEHNE Die schlichte Sprossenlehne orientiert sich an einfachen »ländlichen« Stühlen mit einfachen Querlatten in weiten Abständen an. Mackintosh hat die Lehne verlängert und Sprossen mit quadratischem Querschnitt in engeren Abständen angeordnet. Dadurch bekommt der Stuhl einen ausgeprägt geometrischen Charakter.

▲ AUFRECHT Das schwarz lackierte Holz, das Mackintosh für den Stuhl gewählt hat, ähnelt dem Material japanischer Lackmöbel. Der Stuhl ist im Vergleich zu anderen Mackintosh-Möbeln schlank. Er wurde für das Schlafzimmer des Hill House entworfen und sollte sich von dessen weißen Wänden gut abheben.

◀ SEITENSTREBEN Der Stuhl besteht aus Leisten mit relativ kleinem Querschnitt. Zur Stabilisierung der Beine hat Mackintosh seitlich je ein Paar Streben eingebaut. Sie passen zur Leiterform der Lehne und sorgen auch dafür, dass das Design kohärent wirkt.

STICHWORT **ARCHITEKTUR**

In seinen Gebäuden kombinierte Mackintosh traditionelle und moderne Elemente. Im Hill House mit der traditionell verputzten Fassade findet man eine innovative Einrichtung. Besonders beeindruckend sind Bibliothek und Diele mit Täfelung und Türen aus dunklem Holz, das große, luftige Wohnzimmer und das elegante Schlafzimmer. Hier steht der Hill House Chair zwischen zwei weißen Kleiderschränken. Die Wiederholung des Rastermusters auf verschiedenen Möbeln verleiht dem Raum einen einheitlichen Stil.

▲ **Schlafzimmer,** Hill House

STICHWORT **DESIGN**

Mackintosh was als Architekt ebenso erfolgreich wie als Designer. Viele seiner bemerkenswerten Interieurs entsprangen der Zusammenarbeit mit seiner Frau Margaret Macdonald, die mit großem Erfolg Textilien, Buntglas und Grafiken gestaltete. Mackintoshs beste Arbeiten entstanden im Auftrag von Kunden wie Walter Blackie, der ihm den Bau und die Einrichtung seines Hauses anvertraute. Einige von Mackintoshs Möbelentwürfen, etwa für die Glasgow School of Art, für Kate Cranstons Tearooms in Glasgow oder für Hill House, waren so erfolgreich, dass sie in Serie produziert wurden. Der ungewöhnliche Stuhl Argyle mit der hohen, von einem Oval gekrönten Lehne entstand für einen von Kate Cranstons Tearooms. Er gehört zu Mackintoshs berühmtesten Entwürfen und ist wegen des Kontrastes zwischen geraden Linien und Kurven unverwechselbar. Der Stuhl Willow, ebenfalls für eine Teestube gestaltet, zeigt ein interessantes Muster aus einander schneidenden Senkrechten und Waagerechten.

▶ **Stuhl Argyle,** 1897

Besteck

1904 ▪ TAFELSILBER ▪ VERSILBERTES METALL ▪ ÖSTERREICH

JOSEF HOFFMANN, WIENER WERKSTÄTTE

Dieses Besteck wirkt in seiner strengen Schlichtheit beinahe karg. Stilistisch wendet es sich radikal von den traditionellen Bestecken des 19. Jh. ab, die mit Muscheln, Fächern, Schwüngen oder anderen Ornamenten reich verziert waren. Josef Hoffmann fand solche Ornamente überflüssig und zog es vor, sich auf elegante Linien und ein angenehm ausgewogenes Gewicht zu konzentrieren.

Hoffmann, der in Mähren geboren war und als Architekt und Designer in Wien Karriere machte, war eine Schlüsselfigur der Wiener Secession und Mitgründer der Wiener Werkstätte, zweier bedeutender, progressiver Künstlergemeinschaften. Wie seine Berufskollegen legte auch Hoffmann bei der Produktion von Alltagsgegenständen wie Stühlen, Leuchten und Bestecken Wert auf hochwertige handwerkliche Verarbeitung. Seine Entwürfe betonten Linienführung und Struktur und besaßen oft markante geometrische Formen. Bei diesem schlichten, eleganten Besteck sind Funktionalität und Qualität des Designs gut zu erkennen. Die Löffel sind großzügig gerundet, die Gabeln verbreitern sich zu den Zinken hin kaum. Beide liegen gut in der Hand und sehen auf dem Tisch attraktiv aus.

Maßstab

Beim Fischmesser wurde auf die übliche Verbreiterung der Klinge verzichtet.

WIENER WERKSTÄTTE

Josef Hoffmann (1870–1956) und Koloman Moser gründeten 1903 die Wiener Werkstätte mit dem Ziel, schlichte, aber hochwertige Produkte für den Haushalt zu fertigen. Sie knüpften an die Tradition von Designern wie William Morris (siehe S. 17) an und legten Wert auf handwerkliche Qualität. Das Design war von den Idealen der Wiener Secession beeinflusst. Anfangs herrschten geradlinige Formen und einfache, abstrakte Muster vor, aber nach 1910 entstanden reicher verzierte Entwürfe, die einen breiteren Markt ansprachen. 1905 waren in der Wiener Werkstätte etwa 100 Arbeiter beschäftigt, die Metallwaren, Möbel und anderes herstellten. Aufgrund der Weltwirtschaftskrise wurde die Werkstätte 1932 geschlossen.

▲ **Dieses Gruppenfoto** zeigt Josef Hoffmann (ganz links) und Koloman Moser (ganz rechts), die Gründer der Wiener Werkstätte, sowie den Künstler Gustav Klimt (stehend, dritter von links) und andere Mitglieder der Wiener Secession.

Dessertgabel **Gabel** **Fischmesser** **Buttermesser** **Messer**

BESTECK ■ JOSEF HOFFMANN, WIENER WERKSTÄTTE 31

Im Detail

LEGENDE

▶ **LÖFFELWÖLBUNG** Die breite elliptische Rundung der Löffel geht nahtlos in die Griffe über. Wegen der ungewöhnlich breiten Form lässt sich der Löffel bequem seitwärts zum Mund führen.

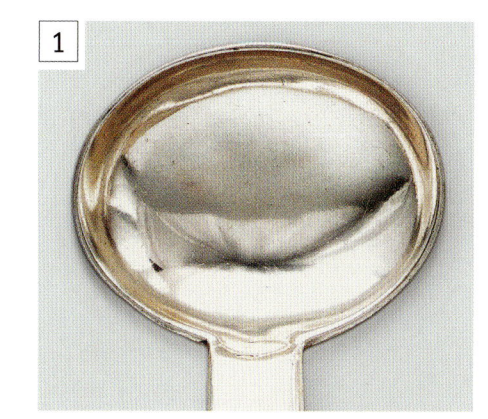

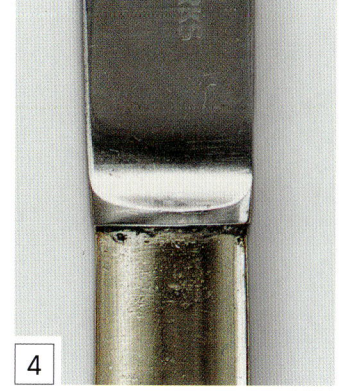

▶ **GABELZINKEN** Beide Gabeln haben schlichte, schmale Köpfe, die nur geringfügig breiter als die Griffe sind. Durch die langen, eleganten und recht eng zusammenstehenden Zinken wirken die Gabeln geradlinig und modern.

▲ **MESSERGRIFF** Am Übergang zwischen Messer und Griff befindet sich eine leichte Wölbung. Sie verdeckt den Ansatz der Klinge, verstärkt die Verbindungsstelle von Griff und Stahlklinge und verhindert, dass die Hand des Benutzers unbeabsichtigt auf die Klinge gleitet.

◀ **GRIFFE** Während traditionelles Besteck dieser Zeit meist reich verzierte Griffenden hatte, sind die Griffe von Hoffmanns Besteck ganz schlicht. Die leichte Abschrägung sieht elegant aus und liegt angenehm in der Hand.

Die Proportionen des Kaffeelöffels entsprechen denen der größeren Modelle.

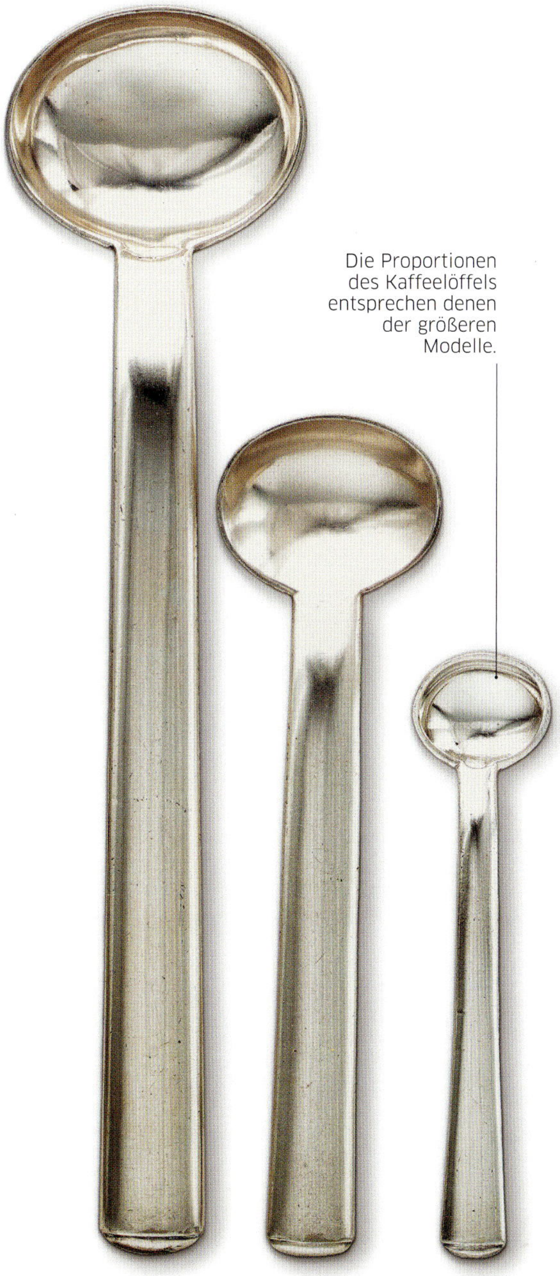

Suppenlöffel   **Teelöffel**   **Kaffeelöffel**

ZUM KONTEXT

1897 löste sich eine Gruppe Wiener Künstler von der Wiener Akademie. Sie protestierten damit gegen die altmodischen Ansichten der Akademie und vor allem gegen die Weigerung, Werke ausländischer Künstler auszustellen. Diese Abspaltung, die zeitgleich mit ähnlichen Prozessen in München und Berlin stattfand, wurde als Wiener Secession bekannt. Führende Figuren waren der Künstler Gustav Klimt, aber auch Designer und Architekten wie Josef Hoffmann, Koloman Moser und J.M. Olbrich. Sie bauten ein Ausstellungsgebäude und gaben eine Zeitschrift mit dem Titel *Ver Sacrum* (Heiliger Frühling) heraus, die ihre Arbeiten und Ideen und auch Produkte der Wiener Werkstätte vorstellte. Die Secessionisten wollten bildende und angewandte Kunst miteinander in Einklang bringen. Das Spektrum ihrer Werke reichte von Klimts dekorativen Gemälden bis zu Mosers ausdrucksstarken Grafiken. Ihr innovativer, weit gefasster Kunstbegriff beeinflusste viele österreichische Architekten und Künstler.

◀ **Ausstellungshaus der Wiener Secession**
Der von J.M. Olbrich entworfene und 1898 errichtete Bau diente als Hauptsitz der Wiener Secession. Im Vergleich zur traditionellen Architektur der Stadt war dieser Bau mit seiner kantigen Form, den Ornamenten auf der Fassade und der durchbrochenen Kugel auf dem Dach ebenso radikal wie modern.

Elektrischer Wasserkocher

1908 ▪ PRODUKTDESIGN ▪ VERNICKELTES MESSING UND PEDDIGROHR ▪ DEUTSCHLAND

PETER BEHRENS

1909 brachte das deutsche Unternehmen AEG den ersten elektrischen Wasserkocher auf den Markt – ein früher Schritt zur »Elektrifizierung« der modernen Küche. Das klassische Modell, entworfen von dem vielseitigen Architekten Peter Behrens, hatte einen Metallkorpus mit abnehmbarem Deckel, einen hitzebeständigen Griff und einen Stromanschluss. Stilistisch stellte es die Weichen für viele Wasserkocher des 20. Jh.

Der Kessel entstand aufgrund eines praktischen Problems. Als um 1900 Elektrizität in die Haushalte einzog, kam es morgens und abends zu Verbrauchsspitzen, aber tagsüber war der Verbrauch gering. Firmen wie AEG begannen, elektrische Haushaltsgeräte zu entwickeln, mit denen die tagsüber verfügbare Energie genutzt werden konnte. Eines davon war der elektrische Wasserkocher, mit dem sich zu jeder Tageszeit ohne großen Aufwand Wasser erhitzen ließ. Er war klein, preiswert, und sein Design verband traditionelle Elemente mit modernen Details. Seine klassische Form und der Deckel wirkten auch auf Benutzer vertrauenerweckend, die der neuen Technologie skeptisch gegenüberstanden.

Behrens war ein Vorreiter des modernen Industriedesigns. Er selbst sagte: »Design ist nicht die Dekoration zweckmäßiger Formen. Es geht darum, Formen zu gestalten, die dem Charakter des Objekts gerecht werden und die neue Techniken sinnvoll nutzen.«

- Deckelknopf im Stil traditioneller Topfknöpfe
- Korpus aus außen vernickeltem, innen verzinntem Messing
- Massiver Metallboden

PETER **BEHRENS**

1868–1940

Peter Behrens studierte Malerei. Beeinflusst wurde er vom Jugendstil und den Werken deutscher Sezessionisten. 1900 schloss er sich einer Künstlerkolonie in Darmstadt an, wo er sein eigenes Haus entwarf und baute. 1907 gründete er mit Berufskollegen den Deutschen Werkbund, der sich zum Ziel gesetzt hatte, die Qualität des deutschen Industriedesigns zu verbessern. Im gleichen Jahr wurde er zum »künstlerischen Beirat« der AEG berufen, war in der Folgezeit in fast allen Bereichen der Gestaltung tätig und prägte damit den gesamten Auftritt des Unternehmens. Walter Gropius, Ludwig Mies van der Rohe (siehe S. 58) und Le Corbusier (siehe S. 56) arbeiteten zu Beginn ihrer Laufbahn unter dem einflussreichen Behrens.

ELEKTRISCHER WASSERKOCHER ■ PETER BEHRENS

Im Detail

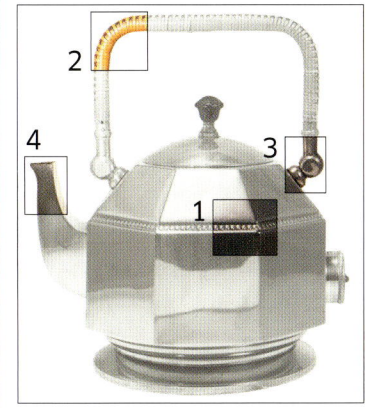

LEGENDE

▶ **KORPUS** Die schlichte Achteckform des Kessels wird nur durch einen dezenten Zierstreifen mit einem kleinen Kugelmuster aufgelockert. Es ähnelt der Dekoration früherer Kaffeekannen und Wasserkessel. Durch solche Details wirkte der Kessel vertraut und sprach auch Kunden an, die an elektrische Haushaltsgeräte noch nicht gewöhnt waren.

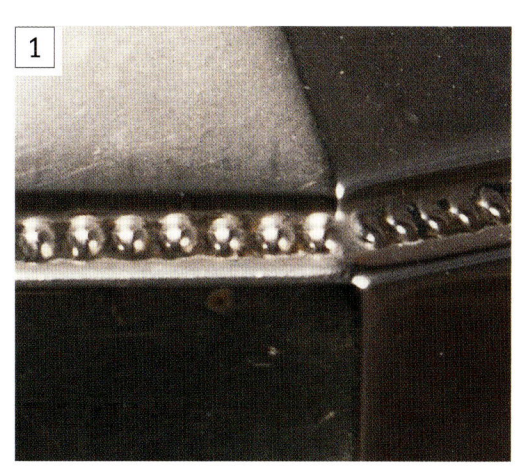

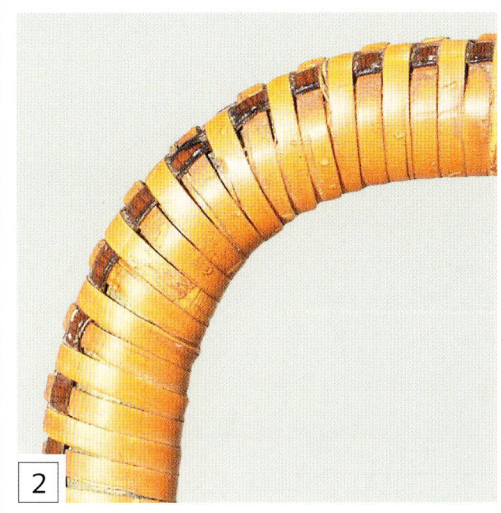

▲ **GRIFF** Der Griff ist mit Peddigrohr ummantelt. Es leitet Wärme schlecht und schützt dadurch die Hand des Benutzers. Außerdem verleiht es dem Kessel ein handgemachtes Aussehen. Höhe und Form des Griffs wurden unter praktischen Aspekten gestaltet. Hält der Benutzer den Griff an der Ecke fest, neigt sich der Kessel im richtigen Winkel, um Wasser auszugießen.

▲ **GELENK** Ein Metallgelenk verbindet die schräge Fläche des Korpus mit dem senkrechten Teil des Griffs. Das zweckmäßige Element könnte aus dem Maschinenbau stammen. Es ist ein Beispiel dafür, wie hier nüchterne funktionale Details geschickt ins Design einbezogen wurden.

▲ **TÜLLE** Wie bei traditionellen Kesseln ist die Tülle leicht erweitert, damit sie gut gießt. Gleichzeitig ist ihr kantiger Querschnitt auf den achteckigen Korpus abgestimmt. Selbst in diesem Detail ist die Mischung aus modernen und traditionellen Elementen zu erkennen.

STICHWORT **DESIGN**

Als die AEG Peter Behrens als Design- und Architekturberater engagierte, brach sie mit einer Tradition. Nie zuvor hatte ein Unternehmen eine einzige Person mit allen gestalterischen Aspekten des Unternehmens betraut – vom Design des Logos bis zur Architektur der Fabriken. Behrens wurde der Herausforderung gerecht. Er entwarf eine Vielzahl hochwertiger, zweckmäßiger Produkte, darunter Ventilatoren, Wasserkocher und Uhren. Designer und Auftraggeber waren sich der Bedeutung der Markenidentität durchaus bewusst, und Behrens gestaltete auch Werbematerial und Logos für das Unternehmen (rechts). Zuerst präsentierte er den Firmennamen in fließenden, schwungvollen Buchstaben, bis er schließlich 1912 zu schlichten Versalien mit Serifen in einem rechteckigen Rahmen fand. Dieses Logo verwendet die Firma nahezu unverändert bis heute. Zu Behrens' Zeit konnte die AEG zu Recht für sich in Anspruch nehmen, dass jedes ihrer Produkte ein Designerstück war.

1907

1908

1908

1912

Buchse zum Anschluss an das Stromnetz

Rot-blauer Stuhl

1917 ■ MÖBEL ■ LACKIERTES BUCHENHOLZ UND MULTIPLEX-SPERRHOLZ ■ NIEDERLANDE

GERRIT RIETVELD

Nur wenige Objekte bringen einen Moment in der Geschichte des Designs so gut auf den Punkt wie Gerrit Rietvelds rot-blauer Stuhl, dessen Sitz und Lehne aus Sperrholz frei zwischen den senkrechten und waagerechten Streben des Gestells zu schweben scheinen. Der Stuhl gilt als Ikone der avantgardistischen Bewegung de Stijl (der Stil). Sie verhalf nach dem Ersten Weltkrieg, als die Menschen mit Feuereifer ein neues Europa aufbauten, in den Niederlanden der Moderne zum Durchbruch.

Mit seiner Geometrie und den Primärfarben steht der Stuhl für die klare, harmonische Linie, für die sich die Vertreter von de Stijl einsetzten. Er ähnelt den Werken des Malers Piet Mondrian, einem der berühmtesten Vertreter der Bewegung. Der ursprüngliche Stuhl war jedoch aus naturfarbigem Holz gebaut, seine charakteristische Farbe bekam er erst um 1923. Um sich von überkommenen Stilvorstellungen zu lösen, hatte Rietveld einen extrem reduzierten und völlig ungewöhnlichen Stuhl entworfen, den er dennoch für praktisch hielt. Er hatte Holz in Standardmaßen verwendet, um eine Massenproduktion zu ermöglichen, doch der Stuhl wurde nie in großer Stückzahl hergestellt. Manchen Leuten war er zu geradlinig und zu streng, andere fanden den flachen Holzsitz unbequem. Rietveld widersprach nicht, sondern erklärte: »Eigentlich ist es kein Stuhl, sondern ein Manifest.« Noch heute steht er als Plädoyer dafür, Möbeldesign einmal unter anderen Gesichtspunkten zu sehen.

Die flache Sitzfläche ist von Hand mit blauer Hochglanzfarbe lackiert.

Das Gestell besteht aus Buchenkanthölzern in Standardabmessungen, die es bei jedem Holzhändler zu kaufen gibt.

GERRIT **RIETVELD**

1888–1964

Der holländische Architekt und Designer Gerrit Rietveld arbeitete schon im Alter von zwölf Jahren in der Möbeltischlerei seines Vaters mit. Später fertigte er Entwurfszeichnungen für einen Juwelier und besuchte Seminare des Architekten P.J.C. Klaarhamer. 1911 eröffnete er eine eigene Möbeltischlerei, und zwei Jahre später begann er, Beiträge im Journal von de Stijl zu veröffentlichen, die seine Arbeit einem breiteren Publikum bekannt machten. Neben Möbeln entwarf er auch Schrifttypen und arbeitete an Bauvorhaben wie dem Haus Schröder in Utrecht (siehe rechts) mit. Als Architekt schuf er individuelle Häuser für Einzelkunden, aber auch »Wohnmodule« für die Massenproduktion und Fertighäuser aus Stahlkonstruktionen und Betonplatten. Später wandte er sich anspruchsvollen Projekten zu, darunter Pavillons für internationale Ausstellungen, etwa den niederländischen Pavillon für die Biennale im Jahr 1954. Seine Reputation wuchs weiter und er erhielt Aufträge für prestigeträchtige Objekte wie die Gerrit Rietveld Academie und das Van Gogh Museum in Amsterdam. Letzteres wurde nach seinem Tod von seinen Mitarbeitern vollendet.

ROT-BLAUER STUHL ■ GERRIT RIETVELD   35

Im Detail

LEGENDE

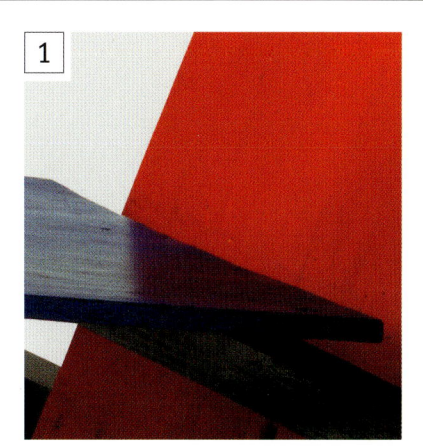

◄ **SITZ UND LEHNE**
Die beiden Platten aus farbig lackiertem Sperrholz berühren einander nicht. Ihr Winkel ist so bemessen, dass der Benutzer bequem sitzen soll. Sitz und Lehne sind mit verborgenen Winkeln und Schrauben am Gestell befestigt. Sie sehen aus, als würden sie unabhängig voneinander in der Luft schweben.

▲ **ARMLEHNE** Die gerade abgesägten Enden der Armlehnen und der übrigen Streben sind leuchtend gelb hervorgehoben. Sie scheinen anzudeuten, dass sich die Linien ins Unendliche fortsetzen. Auf den ersten Blick wirkt der Stuhl wie eine Sammlung von Quadraten und Rechtecken, ähnlich den Formen in den Gemälden Piet Mondrians.

▲ **VERBINDUNGEN** Die Kanthölzer des Gestells sind größtenteils überlappend oder auf Stoß verarbeitet. So kann auf komplizierte Zinkungen verzichtet werden, die nötig sind, wenn zwei Stücke Holz hirnholzseitig zusammentreffen. Die schwarzen Beine, Stützen und Querstreben sind unsichtbar durch zylindrische Holzdübel miteinander verbunden.

Die Rückenlehne hat einen Winkel von 30 Grad, den Rietveld als überaus entspannend erachtete.

Auf Dekorationen oder Füße an den Beinabschlüssen wird verzichtet.

STICHWORT **ARCHITEKTUR**

De Stijl trat für eine Kunst ein, die auf dem harmonischen Verhältnis von Ebenen und geraden senkrechten und waagerechten Linien sowie einer Palette aus Weiß, Schwarz und den Primärfarben basierte. Bei seinem innovativen Haus in Utrecht (unten) blieb Rietveld diesen Idealen treu. Die Fassaden sind weiß oder grau, die linearen Elemente in den Primärfarben gestrichen, und der ganze Bau basiert auf rechten Winkeln. Selbst die Fenster lassen sich nur im Winkel von 90 Grad zur Fassade öffnen. Das Haus hat die Grundform eines Würfels, der vielfach von vorspringenden Geschossböden und Stützpfeilern durchbrochen wird. Durch große Fenster und Schiebetüren sind die Innenräume variabel und sehr hell.

◄ **Haus Schröder,** Utrecht (Niederlande). Rietveld entwarf dieses Haus von bescheidener Größe 1923/24 zusammen mit seiner Auftraggeberin Truus Schröder-Schräder. Die Fußböden, Wände und Möbel im Inneren harmonieren mit der Geradlinigkeit und den Farben des Äußeren.

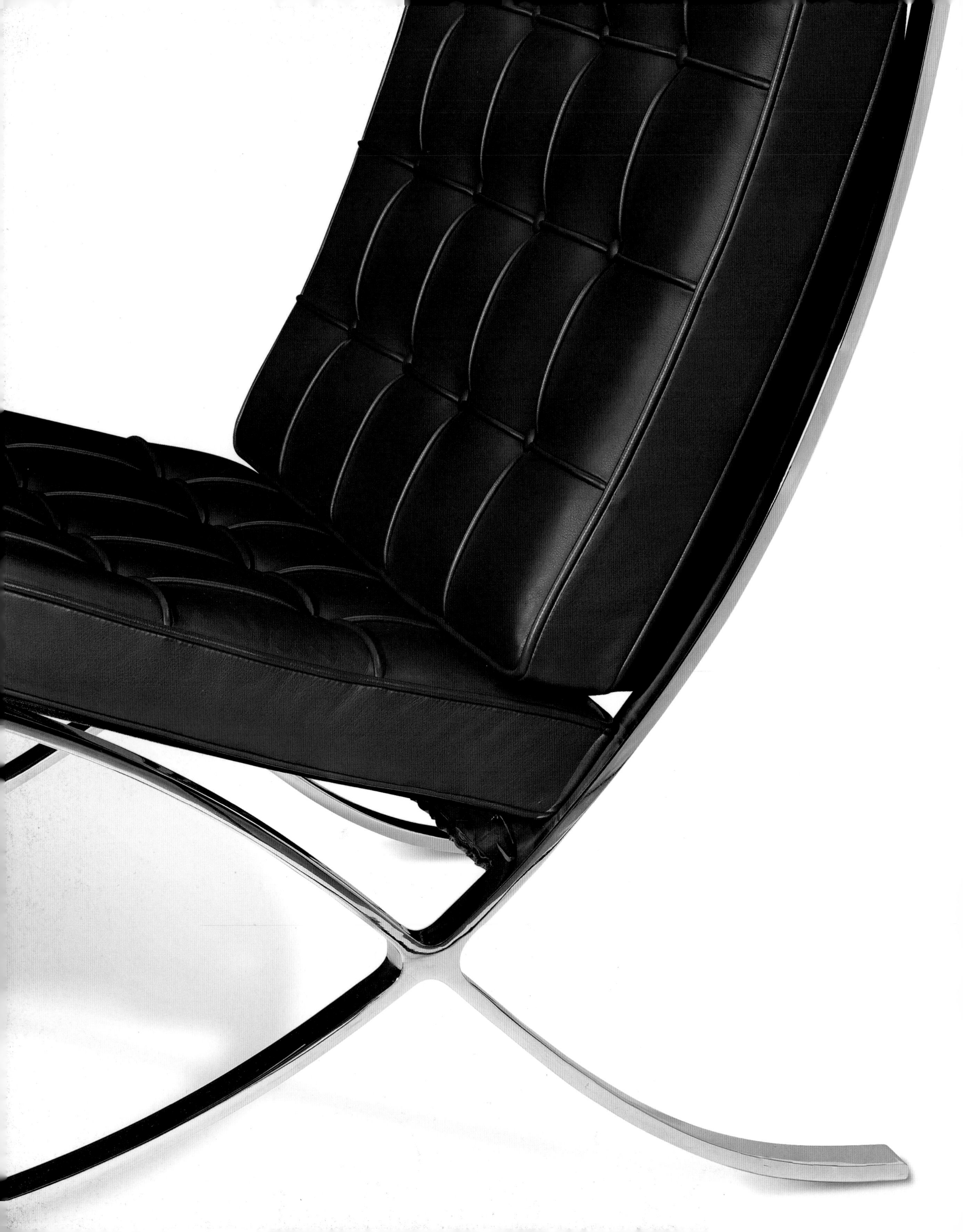

1920–1929

- **Parfümflakon L'Élégance** René Lalique
- **Silberkanne** Johan Rohde
- **AGA-Herd** Gustaf Dalén
- **Dobrolet-Plakat** Alexander Rodtschenko, Warwara Stepanowa
- **Bauhaus-Plakat** Joost Schmidt
- **Beistelltisch E1027** Eileen Gray
- **Sessel Cité** Jean Prouvé
- **Nord-Express-Plakat** A.M. Cassandre
- **Liegesessel LC4** Le Corbusier, Charlotte Perriand, Pierre Jeanneret
- **Sessel Barcelona** Ludwig Mies van der Rohe

Parfümflakon L'Élégance

1920 ■ GLASWAREN ■ SATINIERTES GLAS ■ FRANKREICH

RENÉ LALIQUE

Der Name René Lalique galt in der ersten Hälfte des 20. Jh. als Synonym für edle Produkte aus Glas. Vor allem seine Parfümflakons, darunter dieses satinierte Exemplar für den Duft L'Élégance von D'Orsay, sind typisch für seinen Stil. Lalique entwarf verschiedenste Glasobjekte, wie Vasen, Schmuck, Leuchten, Statuetten und sogar Uhren, doch seinen Ruhm verdankt er vor allem den Flakons, die er für verschiedene Parfümhersteller gestaltete. Er verwendete kein Kristall, sondern normales Glas, und wandte moderne Press- und Gussverfahren an. Allerdings verfeinerte er die industriellen Methoden, um sie der Zartheit seiner Produkte anzupassen. Die Formen wurden mit Wachsmodellen exakt ausgearbeitet, und das Glas erhielt durch sorgfältige Endbehandlung einen irisierenden Schimmer oder attraktive Farben.

Laliques Design spielt oft auf Tier- und Pflanzenformen an, manchmal – wie bei diesem Beispiel – auch auf Motive aus der Antike. Seine Interpretation der Motive ist jedoch ungewöhnlich. Diese rechteckige Flasche aus satiniertem Glas trägt ein flaches Relief zweier Figuren in transparenten Gewändern vor einem Hintergrund in Sepiabraun. Sowohl die Figuren als auch die eckige Flasche nehmen die Eleganz des frühen Art Déco voraus.

Stöpsel mit waagerechten Rippen

Die weichen Umrisse der Figuren stehen im Kontrast zur kantigen Form der Flasche.

RENÉ **LALIQUE**

1860–1945

Der berühmte französische Glashersteller Lalique begann seine Laufbahn als Schmuckdesigner. Zwischen ca. 1880 und 1890 arbeitete er für viele renommierte Pariser Juweliere. Manche seiner Schmuckstücke enthielten preiswerte Materialien wie Glas oder Emaille. 1908 beauftragte der Parfümhersteller François Coty Lalique mit der Gestaltung seiner Etiketten. 1909 eröffnete Lalique östlich von Paris eine Glasfabrik, in der er Flakons für Coty fertigte und mit neuen, dekorativen Glasprodukten experimentierte. In den 20er- und 30er-Jahren beschäftigte er sich auch mit Innenarchitektur und anderen Projekten und produzierte große Mengen Glas – von exklusiven Einzelstücken und Statuetten bis zu günstiger, aber hochwertiger Massenware. Auf der internationalen Ausstellung in Paris (siehe rechts) feierte er 1925 Triumphe und wurde zu einer führenden Figur des Art Déco.

PARFÜMFLAKON L'ÉLÉGANCE ■ RENÉ LALIQUE

Im Detail

LEGENDE

▶ STÖPSEL Laliques Parfümflakons wurden mit Glasstöpseln verschlossen. Dieser ist im gleichen Sepiabraun getönt wie die Flasche selbst. Die Kuppelform mit den waagerechten Rippen ist angenehm griffig und bildet einen Kontrast zur eher strengen, rechteckigen Form der Flasche.

▶ ZWEI GESICHTER Die Gesichter der Figuren liegen direkt unter dem Flaschenhals und erwecken den Eindruck, als sei dies nur ein flüchtiger Moment der nahen Begegnung während des Tanzes. Das elegante Bild spielt damit auf die romantischen Begegnungen an, die oft der Grund für den Kauf eines Parfüms sind.

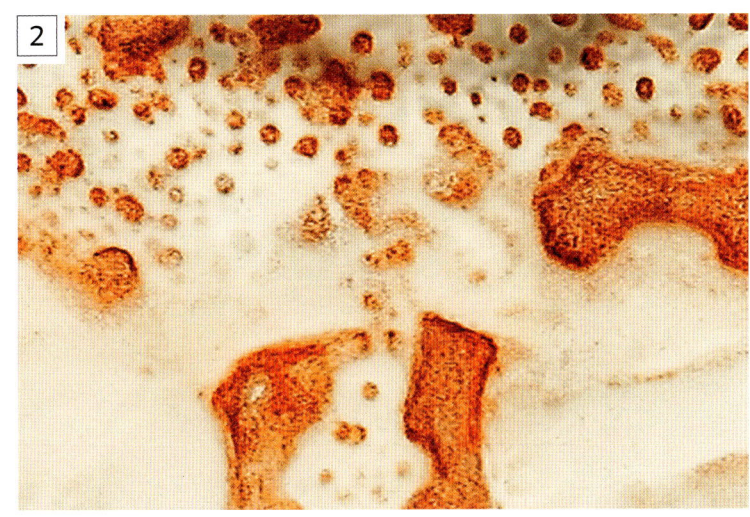

▲ FILIGRANE DETAILS Die stilisierten Blätter umgeben das tanzende Paar wie ein Rahmen. Um sie hervorzuheben, wurde zwischen den weißen Blättern und Zweigen Sepiafarbe mit großer Präzision aufgetragen.

STICHWORT DESIGN

Durch den Einsatz industrieller Fertigungsverfahren war Lalique in der Lage, eine große Bandbreite von Glasprodukten zu gestalten, darunter Kühlerfiguren, Uhrgehäuse, Utensilien für den Schminktisch sowie eine Vielzahl verschiedener Vasen und Parfümflakons. Für seine Briefbeschwerer und Kühlerfiguren wählte er oft interessante Tierformen, etwa eine Antilope (unten links). Seine Vasen und Flaschen wie die Modelle Delfin (unten) und Telline (unten rechts) bestanden oft aus klarem oder opalisierendem Glas mit flachen, reliefartigen Verzierungen, die manchmal durch farbige Lasuren betont wurden. Um die Wirkung zu verstärken, kehrte Lalique gelegentlich die Reihenfolge um, indem er intensiv gefärbtes Glas, z.B. in einem satten Rot oder Bernsteinbraun, mit weißer Lasur dekorierte.

ZUM KONTEXT

1925 fand in Paris die Exposition Internationale des Arts Décoratifs et Industriels Modernes statt. Die dekorativen Ausstellungsstücke mit auffälligen Motiven wie Blitzen oder Sonnenaufgängen waren typisch für den Stil der 1920er-Jahre. Der Stil, der später als Art Déco bekannt wurde, eroberte Hollywood und beeinflusste alle Teilbereiche des Designs, von Schmuck bis Architektur.

▲ **Briefbeschwerer Antilope**

▲ **Vase Delfin**

▲ **Parfümflakon Telline**

▲ **Art-Déco-Interieur** von Blanche-Jeanne Klotz

1920–1929

Silberkanne

1920 ▪ TAFELSILBER ▪ SILBER UND HOLZ ▪ DÄNEMARK

JOHAN ROHDE

Maßstab

Der abgeschrägte Hals geht nahtlos in den Griff über.

Ein sanfter Schwung bestimmt die Form des Korpus.

Der berühmte dänische Silberschmied Georg Jensen eröffnete 1904 seine Werkstatt in Kopenhagen. Er war im Alter von 14 Jahren bei einem Goldschmied in die Lehre gegangen und hatte danach Bildhauerei studiert. Seine frühen Arbeiten zeigen Einflüsse des Jugendstils (siehe S. 24–25), und der Arts-and-Crafts-Bewegung (siehe S. 16–19) mit ihrer Wertschätzung guter Handwerksarbeit. Als das Unternehmen wuchs, stellte Jensen Designer ein, die neue Ideen einbrachten. Einer davon war Johan Rohde, dessen Entwürfe schlanker und stilisierter waren als die Jensens. Eines von Rohdes schönsten Stücken ist diese Silberkanne von 1920 ein herausragendes Beispiel für die schlichte Eleganz des dänischen Designs in dieser Zeit.

Die Form der Kanne spielt auf die weichen Rundungen des Jugendstils an. Durch den Verzicht auf florale Ornamente basiert ihre Wirkung aber allein auf ihrer klaren Form. Zudem ist sie praktisch: Der bauchige Korpus mit flachem Boden ist standfest, der Griff liegt gut in der Hand und die Tülle gießt sauber. Rohde war dem Jugendstil entwachsen, hatte aber die eckigen Formen des Art Déco und der Moderne noch nicht aufgegriffen. Die Kanne lässt sich keinem Stil zuordnen, bringt aber Form und Funktion perfekt in Einklang und erfüllt damit die höchste Anforderung an gutes Design.

JOHAN **ROHDE**
1856–1935

Der dänische Designer, Bildhauer, Metallkünstler und Architekt Johan Rohde war Arzt, bevor er sich der Kunst zuwandte und zunächst Anatomieseminare für Künstler gab. 1904/05 entwarf er Tafelsilber für den eigenen Gebrauch und beauftragte Georg Jensen mit der Herstellung. Jensen war beeindruckt von dem Design, und schon 1906 gestaltete Rohde Produkte, die Jensen fertigte und vermarktete. Rohde lieferte zahlreiche Entwürfe für Jensen, darunter eine sehr erfolgreiche Bestecksserie mit dem Namen Konge (Acorn). Rohde entwarf auch Möbel, Textilien und verschiedene Produkte aus Metall.

Im Detail

LEGENDE

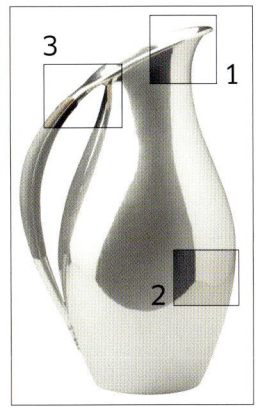

1 ◀ TÜLLE UND RAND
Der leicht ausgestülpte Rand schließt sich so organisch an die Tülle an, dass nicht zu erkennen ist, wo das eine endet und das andere beginnt. Auch der Übergang zwischen dem Korpus der Kanne und der Tülle ist weich und fließend.

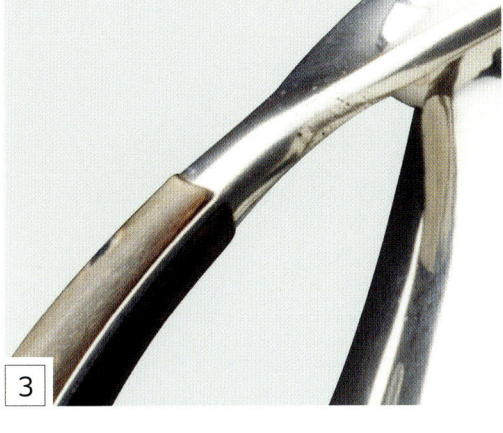

▲ 2 OBERFLÄCHE
Die makellos polierte Oberfläche der Kanne sieht edel und erlesen aus, passt aber in jeden Kontext. Neben antikem Geschirr fügt sich die spiegelblanke, schlichte Kanne ebenso stimmig ein wie neben modernem Besteck.

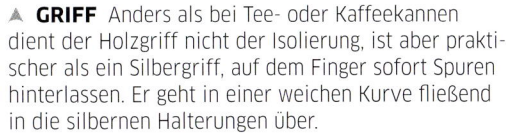

▲ 3 GRIFF
Anders als bei Tee- oder Kaffeekannen dient der Holzgriff nicht der Isolierung, ist aber praktischer als ein Silbergriff, auf dem Finger sofort Spuren hinterlassen. Er geht in einer weichen Kurve fließend in die silbernen Halterungen über.

STICHWORT **DESIGN**

Obwohl Georg Jensen seinen Designern gern freie Hand ließ und ihre Kreativität möglichst wenig einschränkte, kannte er auch seinen Markt. Er erkannte beispielsweise, dass die breite Öffentlichkeit Zeit brauchte, um die Schlichtheit des modernen Designs schätzen zu lernen. Darum ermutigte er seine Designer, traditionelle Elemente wie naturalistische Dekorationen aufzugreifen oder Bezug auf altbekannte Gefäßformen zu nehmen, um der Käuferschaft etwas Vertrautes zu bieten.

▲ **Wasserkanne Cosmos, 1925** Rohdes Kanne mit dem aufstrebenden, verzierten Griff und dem Dekor auf dem Korpus hat eine traditionellere Form als seine berühmte Silberkanne.

ZUM **KONTEXT**

Georg Jensen und andere dänische Designer reagierten auf den Wandel der Moden, doch statt sie sklavisch zu kopieren, entwickelten sie eigene Versionen der Stile, die sich im 19. und 20. Jh. herauskristallisierten. Unter dem Einfluss von Rohde und anderen ebbte der reich verzierte Jugendstil von 1900 (z. B. die birnenförmige Vase von Bing & Grøndahl, unten links) ab, und es setzten sich schlichtere Formen mit sparsamen Dekorationen durch (z. B. Harald Nielsens Kerzenhalter, unten). Nach 1920 wandten sich Designer wie Sigvard Bernadotte dem Art Déco zu und bevorzugten geometrische Muster (Cocktailshaker, unten) oder Naturmotive wie die Vögel in Arno Malinowskis Brosche mit rechteckigem Rahmen (unten rechts).

▲ **Birnenförmige Vase** Bing & Grøndahl, 1902

▲ **Kerzenhalter** Harald Nielsen, 1915

▲ **Cocktailshaker** Sigvard Bernadotte, um 1935

▲ **Brosche** Arno Malinowski, um 1930

AGA-Herd

1922 ▪ PRODUKTDESIGN ▪ EMAILLIERTES GUSSEISEN ▪ SCHWEDEN

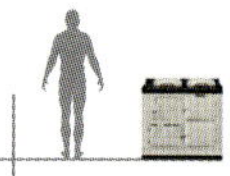

GUSTAF DALÉN

Maßstab

Seit der schwedische Ingenieur und Wissenschaftler Gustaf Dalén 1922 den AGA-Herd entwickelt hat, ist er zu einem Symbol ländlicher Gemütlichkeit geworden. Sein Äußeres aus emailliertem Gusseisen hat sich seitdem kaum verändert. Dalén erblindete infolge eines missglückten Experiments und entwarf während seiner Genesungszeit dieses energieeffiziente Haushaltsgerät, um seine Frau zu entlasten, die aufgrund seiner Behinderung nun zusätzliche Arbeiten übernehmen musste.

Der AGA war leichter zu bedienen als die meisten Herde dieser Zeit. Er konnte während der Wintermonate durchgehend betrieben werden, um das Haus zu heizen, Wasser zu erwärmen, Wäsche zu trocknen, zu kochen und zu backen. Die Temperatur der Herdplatten und Backöfen wurde durch ihre Entfernung zum Brenner bestimmt. Ein Ofen eignete sich zum Backen und Braten, der andere zum Warmhalten. Das Garen mit Strahlungswärme bewahrt das Aroma und beugt dem Austrocknen der Speisen vor. Der AGA wird seit 1929 in England aus schwerem Gusseisen hergestellt und hält Jahrzehnte. Heute gibt es Modelle mit moderner Regeltechnik, die mit Gas, Öl, Strom oder Festbrennstoffen betrieben werden können.

GUSTAF DALÉN
1869–1937

Gustaf Dalén war Chefingenieur der schwedischen Firma Aktiebolaget Gas-Accumulator (AGA). Er erfand ein Sonnenventil, das die Lampen von Leuchttürmen automatisch bei Einbruch der Dämmerung entzündete und am Morgen löschte, sodass diese ohne Personal auskamen. Er entwickelte ein Verfahren zur sicheren Lagerung von Acetylengas, verlor aber bei Tests von Gaszylindern das Augenlicht. 1912 wurde ihm der Nobelpreis für Physik verliehen. Obwohl er blind war, leitete Dalén das Unternehmen von 1909 bis zu seinem Tod.

Im Detail

LEGENDE

▶ **TÜR UND SCHARNIER** Ofentüren und Scharniere des AGA-Herds sind in einem Guss gefertigt. Die Scharniere schließen sich waagerecht nahtlos an die Türen an und werden in Ringe am Korpus des Herdes eingehängt. Die Tür ist in der Mitte über der Backofenöffnung dicker und am Rand, wo weniger Isolierung nötig ist, dünner.

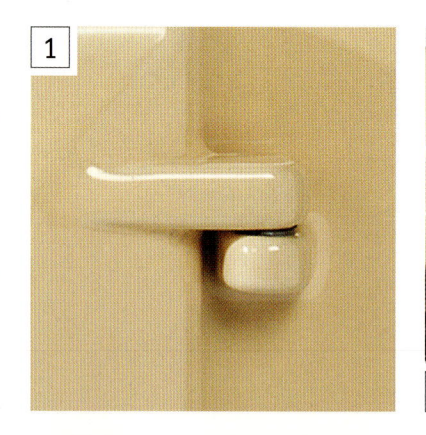

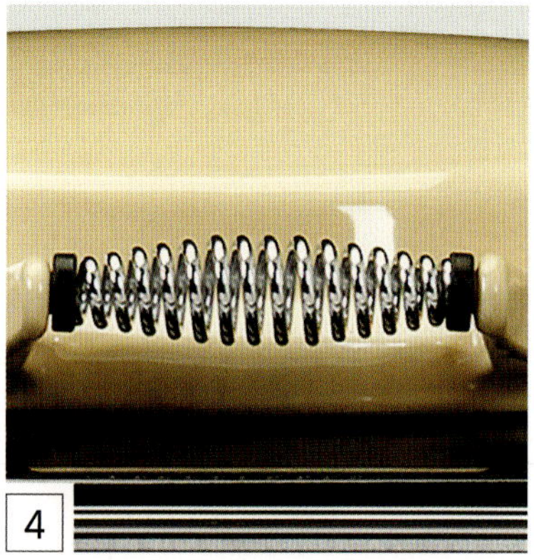

▶ **MARKENLOGO** Das AGA-Logo, ein ovaler Rahmen mit kursiven Buchstaben, ist gut sichtbar an der Vorderseite angebracht. Die Buchstaben stehen für Daléns Firma Aktiebolaget Gas-Accumulator. Heute werden AGA-Herde ausschließlich in England produziert. Inhaber des Markenzeichens ist die Firma AGA Rangemaster.

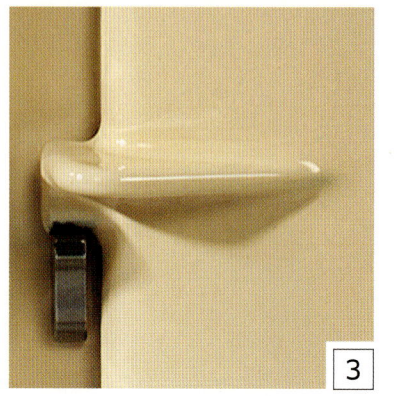

▲ **HERDPLATTENABDECKUNG** Die schweren, gewölbten Abdeckungen sind hinten mit Scharnieren und vorn mit Griffen zum Öffnen versehen. Sie verhindern Wärmeverlust. So sind die Kochplatten stets einsatzfähig, wenn der AGA brennt.

◀ **VERSCHLUSS DER OFENTÜR** Die Türverschlüsse sind sehr einfach gestaltet: Ein Vorsprung an der Tür fasst hinter einen Haken am Korpus. Zum Öffnen wird die Tür leicht angehoben, um den Vorsprung vom Haken zu nehmen.

AGA-HERD ■ GUSTAF DALÉN

Frühe Modelle besaßen einen Thermostaten zur Regelung der Ofentemperatur. Bei modernen Modellen wurde er als dekoratives Element beibehalten.

Handtuchstange

▼ **Nachbau eines AGA-Herdes aus den 1940er-Jahren**

Anzeige der Backofentemperatur

Die Kochplatten sind so groß, dass darauf zwei oder drei Töpfe stehen können.

Dobrolet-Plakat

1923 ▪ GRAFIK ▪ FARBLITHOGRAFIE AUF PAPIER ▪ UDSSR

ALEXANDER RODTSCHENKO, WARWARA STEPANOWA

Maßstab

Alexander Rodtschenko und Warwara Stepanowa zählten in den 1920er-Jahren zu den führenden Designern der UdSSR. Als Lenin Privatunternehmen in der Sowjetunion zuließ, startete die Luftfahrtgesellschaft Dobrolet eine Investment-Kampagne, für die das Designerpaar modernste Grafik lieferte. Ihr auffälliges Plakat mit sich überschneidenden Formen und dynamischen Winkeln setzt die Prinzipien des Konstruktivismus um, der moderne Technologie bereitwillig aufnahm und Kunst als Dienst an der Gesellschaft definierte. Die Dobrolet-Flotte bestand größtenteils aus Junkers-Flugzeugen. Eines davon nimmt, aufstrebend schräg platziert, die Mitte des Plakats ein. Umrahmt ist es von Slogans in klarer, moderner Schrift, die verkünden, dass jeder, der nicht in Dobrolet investiere, kein wahrer Sowjetbürger sei. Der Einfluss von Grafiken wie dieser reichte weit über die Grenzen der UdSSR hinaus und veranlasste auch westliche Designer, mit markanten, serifenlosen Buchstabenformen zu experimentieren.

DOBROLET-PLAKAT ■ ALEXANDER RODTSCHENKO, WARWARA STEPANOWA 45

Im Detail

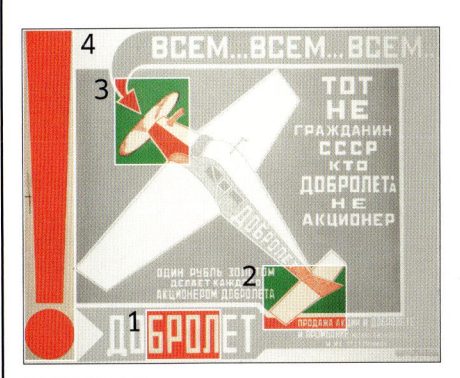

LEGENDE

◀ KANTIGE BUCHSTABEN
Die kyrillischen Buchstaben wurden konsequent eckig gestaltet, Kreise und Ellipsen erscheinen als Rechtecke, Bögen als gerade Linien. Die klare, moderne Schrift suggeriert, dass auch die Luftfahrtgesellschaft effizient und modern ist und Passagieren wie Investoren zeitgemäße Leistungen bietet.

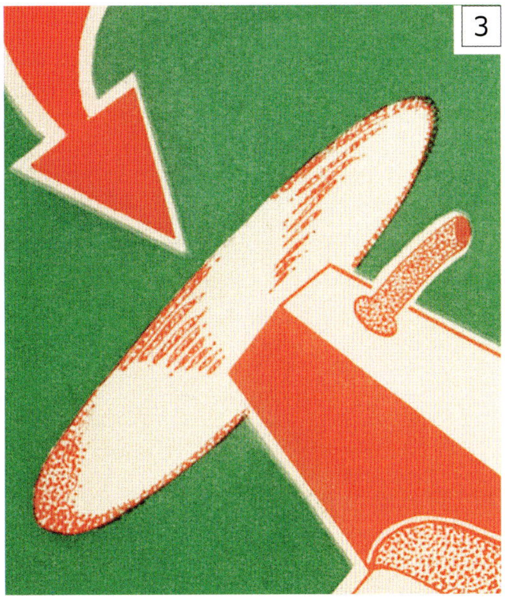

◀ PFEIL UND PROPELLER
Die Konstruktivisten verwendeten häufig Pfeile in ihren Plakaten, um die Aufmerksamkeit des Betrachters auf bestimmte Elemente zu lenken. Hier bildet der Pfeil die Spitze eines breiten roten Bandes, das wie ein Rahmen um das Motiv verläuft. Er zeigt auf den Propeller, den Blickfang des Bildes.

▶ AUSRUFEZEICHEN
Russische Grafikkünstler setzten gern große Ausrufezeichen ein, um Aufmerksamkeit zu erregen und auszudrücken, dass das Plakat eine wichtige Botschaft vermittelt. Hier ist das Ausrufezeichen Teil des roten Rahmens, der sich um das Motiv zieht.

▲ DIAGONALEN Durch die aufsteigende Bewegung des Flugzeugs ergeben sich im Motiv mehrere Diagonalen – Tragflächen, Rumpf, Heckflosse und Propeller –, die das Motiv sehr dynamisch wirken lassen. Die Diagonalen sind überwiegend weiß und heben sich von den großen Flächen in Rot und Grün gut ab.

RODTSCHENKO, STEPANOWA

1891–1956, 1894–1958

1910 besuchte der Maler, Designer und Fotograf Alexander Rodtschenko die Kasaner Kunstschule. Hier lernte er die Künstlerin Warwara Stepanowa kennen, die er später heiratete. Schon vor der Revolution von 1917 waren beide als avantgardistische Künstler bekannt. Nach 1917 konzentrierten sie sich auf »Kunst für das Volk«. Rodtschenko entwarf Grafiken für Plakate, Bücher und Filme, Stepanowa beschäftigte sich mit Grafik- und Textildesign sowie Theaterkostümen und Bühnenbildern. Rodtschenko war nach der Revolution auch an der Reorganisation von Schulen und Museen beteiligt.

ZUM KONTEXT

Die Bewegung des Konstruktivismus entstand in Russland nach der Revolution von 1917. Teilweise waren die Konstruktivisten von der strukturierten Geometrie früherer russischer abstrakter Kunst beeinflusst. Nach der Revolution nahmen die Künstler eine rationale, pragmatische Haltung ein. Sie sahen Kunst als Beitrag zum Aufbau der sozialistischen Gesellschaft. Besonders groß war der Einfluss der Bewegung auf die angewandten Künste wie Grafik, Architektur, Theater, Mode und Film. Einige Konstruktivisten wandten sich praktischen Projekten zu und entwarfen Kleidung oder Haushaltsgeräte wie Herde. Zu den bemerkenswertesten Produkten zählen Vladimir Tatlins Entwürfe für Arbeitskleidung und sein Modell für das Monument der Dritten Internationale (1919), ebenso wie die Grafiken von Rodtschenko und El Lissitzky sowie das Textildesign von Stepanowa und Liubov Popova, einer weiteren begabten Künstlerin. Der Einfluss der Bewegung hielt an, bis Stalin in den frühen 1930er-Jahren forderte, dass sich die Künstler dem sozialistischen Realismus zuwandten. Die Werke der Konstruktivisten wurden jedoch weiterhin im Westen ausgestellt und trugen, unter anderem durch ihren Einfluss auf die Designer des Bauhauses (siehe S. 46), maßgeblich zum Durchbruch der Moderne bei.

▲ **Vladimir Tatlin** steht neben einem Modell für sein Monument der Dritten Internationale (1919), das auch als Tatlin-Turm bekannt wurde.

Bauhaus-Plakat

1923 ▪ GRAFIK ▪ FARBLITHOGRAFIE AUF PAPIER ▪ DEUTSCHLAND

JOOST SCHMIDT

1923 erregte Joost Schmidt mit den markanten geometrischen Formen und der kantigen Schrift seines Plakats zur Ankündigung der ersten Bauhaus-Ausstellung Aufsehen. Das ausdrucksvolle, innovative Plakat machte eine unmissverständliche Aussage über die Identität des Bauhauses, das als radikale Kunstschule 1919 in Weimar von dem Architekten Walter Gropius gegründet worden war.

Unter Gropius' Führung strebte das Bauhaus an, Kunst und Technologie in Einklang zu bringen. Gropius hatte das Institut »staatliches Bauhaus« genannt. In Anlehnung an das Konzept der Arts-and-Crafts-Bewegung, in einer Art Gilde Architekten, Bildhauer und Maler zusammenzubringen, entwickelte das Bauhaus einen strengen, handwerksorientierten Lehrplan, der die Absolventen befähigen sollte, nützliche und schöne Alltagsgegenstände zu gestalten. Mit der Zeit gewannen Entwürfe, die sich für die Massenproduktion eigneten, an Wichtigkeit. Dies drückte sich im Design aus, das schlichter Zweckmäßigkeit mehr Bedeutung beimaß als dem dekorativen Aspekt.

Das Bauhaus stand von Anfang an im Konflikt mit den deutschen Autoritäten. 1923 wurde eine Ausstellung seiner Werke angeordnet, mit der es seine Existenz rechtfertigen sollte. Schmidts Plakat zeigt alle frühen Merkmale der »Neuen Typografie«, die das Bauhaus entwickelt hatte, um seine Identität zu präsentieren. Text in modernen Schrifttypen ist so in eine Komposition aus geometrischen Formen eingefügt, dass die wichtigsten Informationen – die Wörter Bauhaus, Ausstellung und Weimar – sofort ins Auge fallen.

Das Plakat war bereits gedruckt, als der Ausstellungstermin geändert wurde. Schmidt löste das Problem elegant, indem er zwei Aufkleber mit den neuen Terminen entwarf. Sie wurden auf rotes und weißes Papier gedruckt und einfach auf die fertigen Plakate geklebt.

Das ursprüngliche Bauhaus existierte nicht lange. Die Schule zog von Weimar nach Dessau um, dann nach Berlin, ehe sie 1933 unter den Nationalsozialisten geschlossen wurde. Trotz seiner kurzen Existenz war es jedoch eine der einflussreichsten Designschmieden der Welt.

▶ **ORIGINALPLAKAT**
Das Signet des Malers und Typografen Joost Schmidt ist auf dem Originalplakat in der oberen rechten Ecke zu finden.

DAS **BAUHAUS**

1919–1933

Das Bauhaus war nicht nur eine Schule für Kunst und Design, sondern ein Kollektiv begabter und einflussreicher Designer. Es wurde von dem Architekten Walter Gropius gegründet, 1928 übernahm Hannes Meyer die Leitung, 1930 folgte Ludwig Mies van der Rohe (siehe S. 58), beide ebenfalls Architekten. Berühmte Künstler wie Paul Klee und Wassily Kandinsky lehrten am Bauhaus. 1923 schloss sich der Maler und Fotograf László Moholy-Nagy der Schule an und trug dazu bei, dass der Massenproduktion mehr Beachtung geschenkt wurde.

Marcel Breuer (siehe S. 59) leitete von 1925 bis 1928 die Tischlerei und revolutionierte mit Stühlen aus Stahlrohr das Möbeldesign. Die Weberin Gunta Stölzl leitete die Textilwerkstatt und schuf innovative, abstrakte Stoffe. In der Metallwerkstadt entwickelten Marianne Brandt, Wilhelm Wagenfeld und Christian Dell viele erfolgreiche Design-Prototypen. Nach der Schließung des Bauhauses emigrierten viele seiner Schlüsselfiguren in die USA, wo sie Generationen junger Designer und Architekten beeinflussten.

▶ **Bauhaus-Designer** Marianne Brandt, Christian Dell, László Moholy-Nagy, Hans Przyrembel, Wilhelm Wagenfeld und andere

STAATLICHES **BAUHAUS**

AUSSTELLUNG 1923

ERÖFFNUNG VERSCHOBEN AUF 15·AUG 30·SEPT

WEIMAR

1920-1929

Im Detail

LEGENDE

▼ **AUSSTELLUNGSTERMIN** Als die Ausstellung 1923 verschoben wurde, entwarf Schmidt rote und weiße Aufkleber mit den neuen Terminen, die er eigenhändig auf die bereits gedruckten Plakate klebte. Der schräge rote Streifen mit dem Eröffnungsdatum 15. August gibt der Gesamtkomposition einen neuen Blickfang.

▲ **BILD UND SCHRIFT** Diese Art der Kombination aus Bild und Schrift ist ein gestalterisches Novum, das die Bauhaus-Designer entwickelten. Der Name der Schule – Staatliches Bauhaus – schmiegt sich um den auffälligen schwarz-roten Kreis. In dessen Mitte befindet sich das offizielle Symbol des Bauhauses, das von dem Maler Oskar Schlemmer gestaltet wurde.

▲ **GEOMETRISCHE FORMEN** Einfache geometrische Formen sind typisch für das Bauhaus-Design. Dort wurde gelehrt: »Die am besten fassbare Form ist die geometrische, deren Grundelemente der Kreis, das Quadrat, das Dreieck sind. In diesen drei Formelementen liegt jede mögliche Form keimhaft, sichtbar dem Sehenden – unsichtbar dem Nichtsehenden.« (Johannes Itten)

BAUHAUS-PLAKAT ■ JOOST SCHMIDT   49

ZUM KONTEXT

Im Bauhaus betrachtete man Typografie als »Werkzeug zur Kommunikation« und als künstlerische Ausdrucksform. Die Typografiewerkstatt experimentierte mit neuen Schriften und entwickelte kraftvolle, kompakte Buchstaben, die zum Symbol für die Identität der Schule wurden.

1925 gestaltete Herbert Bayer die schlicht-geometrische Schrift Universal (unten). Er verzichtete nicht nur auf Serifen, sondern auch auf Großbuchstaben. Die reduzierte, schmucklose Bauhaus-Typografie erhitzte zuerst die Gemüter der Kritiker, hatte aber letztlich dauerhaften Einfluss.

▲ AUSDRUCKSSTARKE DIAGONALEN Die abstrakte Komposition aus diagonalen Streifen und Kreissegmenten hebt die wesentliche Information, etwa das Wort »Ausstellung«, hervor. Dynamische, effektvolle Diagonalen sind typisch für den Stil des Bauhauses.

STICHWORT DESIGN

Im Bauhaus wurden erstmals Grundkurse in Kunst, Handwerk und Design abgehalten, in denen neue Studenten die Ziele der Schule und verschiedene Disziplinen kennenlernen konnten. Nachdem sie mit der Theorie des Bauhauses vertraut waren, besuchten die Studenten spezialisierte Werkstätten, etwa für Metallarbeiten, Tischlerei, Weberei, Keramik und Typografie (siehe oben). Ursprünglich hatte das Bauhaus die Wiederherstellung der Einheit von Kunst und Handwerk angestrebt. Der Schwerpunkt verlagerte sich aber bald auf die Entwicklung von Prototypen für die Massenproduktion. Das neue Ziel war die Einheit von Kunst und Industrie.

In allen Bauhaus-Werkstätten wurde Design auf das Wesentliche reduziert. Man experimentierte mit geometrischen Formen und neuen Materialien wie Stahlrohr und Sperrholz, um einfache, zweckmäßige Objekte zu entwickeln. Auf Dekoration wurde ganz verzichtet. In der Tischlerei entstanden minimalistische Möbel aus Industriematerialien, in der Metallwerkstatt schöne und moderne Objekte wie Leuchten und Geschirr, in der Textilwerkstatt Stoffe mit abstrakten Mustern für die Räumlichkeiten der Schule.

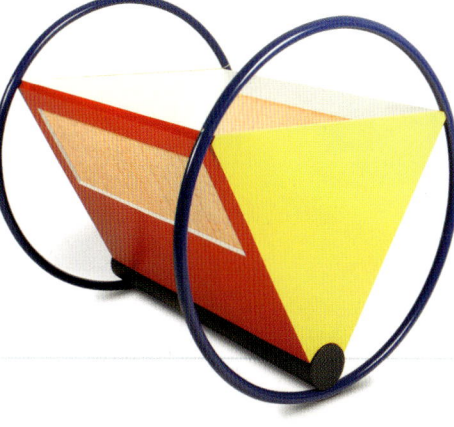

▲ FARBKONTRASTE Schmidt beschränkte sich auf die Farben Schwarz, Rot und Gelb. Dadurch und durch die klaren geometrischen Formen fällt das Plakat ins Auge und seine Information ist auf einen Blick zu erfassen. Das Studium der Farbtheorie gehörte zur Grundausbildung aller Bauhausstudenten. Durch die Verwendung bestimmter Farben und Formen präsentierte sich das Bauhaus auch nach außen.

▶ Bauhaus-Wiege Peter Keler entwarf diese farbenfrohe Wiege 1922. Den Anstoß gaben die Gemälde von Wassily Kandinsky, der am Bauhaus lehrte.

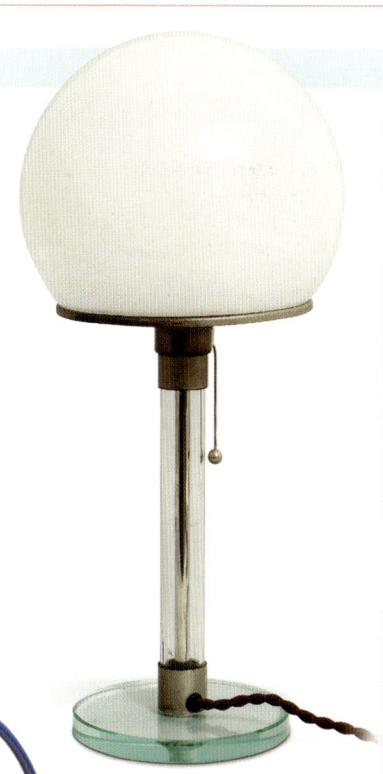

▲ Tischleuchte Wilhelm Wagenfelds Leuchte von 1924 ist aus einfachen geometrischen Formen in Metall und Glas aufgebaut. Runde Schirme dieser Art waren bislang zur Beleuchtung von Fabriken verwendet worden.

Beistelltisch E1027

1927 ■ MÖBEL ■ VERCHROMTES STAHLROHR UND GLAS ■ FRANKREICH

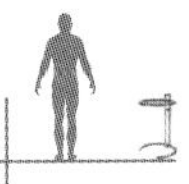

EILEEN GRAY

Als die in Irland geborene Möbeldesignerin und Architektin Eileen Gray mit ihrem Partner Jean Badovici ein innovatives Ferienhaus in Roquebrune-Cap-Martin in Südfrankreich baute, gestaltete sie auch alle Möbel und andere Einrichtungselemente. Sie war beeindruckt von den Stühlen, die Marcel Breuer (siehe S. 59) und seine Kollegen am Bauhaus aus Stahlrohr konstruierten, und verwendete selbst verchromtes Stahlrohr für mehrere Stücke, darunter einen kleinen Tisch für das Gästezimmer. Der schlichte Tisch besteht nur aus einigen Stahlrohren, die nahtlos verschweißt und glänzend verchromt wurden. Als Platte dient eine Glasscheibe, deren kreisrunder Rahmen mit dem Fuß in Form eines durchbrochenen Kreises korrespondiert. Die Verbindung zwischen diesen beiden runden Elementen bilden zwei aufrechte Stahlstützen, von denen eine die Glasplatte durchdringt. Der gesamte Tisch ist makellos verarbeitet.

Durch die Kombination aus Stahl und Glas wirkt der Tisch besonders leicht, er ist aber standfest und schwer genug, um seine Funktion zu erfüllen. Gray hatte bei dem Design eine ganz bestimmte Funktion im Sinn: Sie entwarf den Tisch für eine ihrer Schwestern, die gern im Bett frühstückte. Weil die »Beine« einseitig angebracht sind, lässt sich die Tischplatte leicht über das Bett ziehen. Für Grays relativ kleines Haus war der anpassungsfähige Tisch mit der höhenverstellbaren Platte praktisch, weil er mit niedrig eingestellter Platte auch als Beistelltisch benutzt werden konnte. Sie nannte den Tisch »E1027«, nach dem Haus in Roquebrune. Der anonym wirkende Name ist ein Code aus Zahlen und Buchstaben. Grays Initialen (E für Eileen und 7 für das G, den siebten Buchstaben des Alphabets) umschließen die Initialen von Jean Badovici (J und B, der zehnte und zweite Buchstabe des Alphabets).

Im Detail

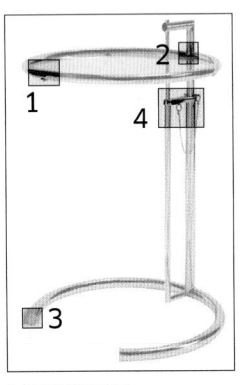

LEGENDE

▶ **TISCHKANTE**
Die Tischplatte aus Kristallglas liegt auf kleinen Winkeln, die an der Unterseite des Stahlringes befestigt sind. Der etwas erhöhte Ring aus Stahlrohr verhindert, dass Gegenstände von der glatten Tischplatte rutschen können.

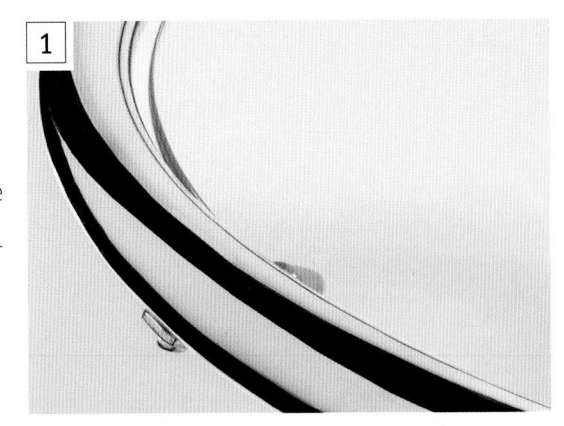

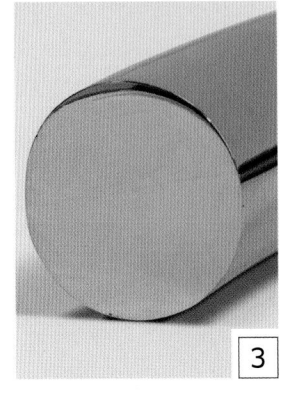

▶ **SCHWEISSNAHT**
Einer der bemerkenswertesten Aspekte des Tisches ist seine makellose Verarbeitung. Die Schweißnaht, die das Hauptstandbein mit dem Ring aus Stahlrohr verbindet, ist kaum zu erkennen.

▲ **HÖHENVERSTELLUNG** Zur sicheren Arretierung der Tischplatte in verschiedenen Höhen wird einfach ein Stift in Löcher im senkrechten Bein geschoben. Dies ist eine sehr einfache, aber funktionelle Lösung. Weil Gray sich bewusst war, dass ein Stift leicht verloren gehen kann, hat sie ihn mit einer Metallkette am Tischbein befestigt.

◀ **GESCHLOSSEN** Die Stahlrohrelemente des Tisches sind an den Enden sauber mit Kappen verschlossen. So sehen sie nicht aus wie Rohre, sondern wie massive Metallstangen. Der Tisch wirkt solider und standfester.

BEISTELLTISCH E1027 ■ EILEEN GRAY

Durch Zug an der Querstrebe lässt sich die Glasplatte in die Höhe ziehen.

STICHWORT **DESIGN**

Obwohl sie eine Zeitgenossin von modernen Designern wie Breuer und Le Corbusier (siehe S. 56) war, gehörte Eileen Gray keiner damaligen Künstlergruppe an. Sie stand einigen Ideen der Moderne kritisch gegenüber. Ihrer Meinung nach war ein Haus nicht nur eine »Maschine«, wie Le Corbusier es formuliert hatte, sondern sollte Herz und Seele ansprechen. Gray skizzierte ihre Ideen allein – und manchmal in Zusammenarbeit mit Jean Badovici – in zahlreichen Bleistiftzeichnungen. Sie entwickelte das Konzept eines kleinen Hauses mit flexiblen Räumen und Möbeln, die mehrere Funktionen erfüllen konnten, etwa den Tisch E1027 oder einen Schrank, der sich in einen Schreibtisch verwandeln lässt.

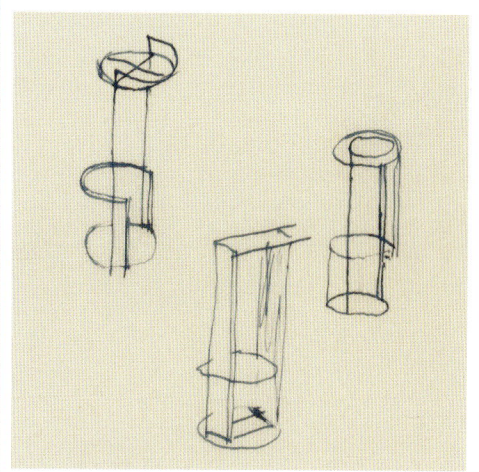

▲ **Entwurfszeichnungen von Eileen Gray** für Varianten eines höhenverstellbaren Tischs

EILEEN **GRAY**

1878–1976

Nach dem Kunststudium an der Slade School in London zog sie nach Paris und entwarf exklusive Lackmöbel. Ihre Interieurs und Möbel lehnten sich anfangs an das Art Déco an, wurden aber zunehmend moderner. Ermutigt von ihrem Partner, dem rumänischen Architekten und Autor Jean Badovici, wandte sie sich in den 1920er-Jahren der Architektur zu, entwarf Häuser für sich selbst, ein Atelier für Badovici und moderne Möbel für deren Ausstattung. Ihre Arbeiten zogen die Aufmerksamkeit von Le Corbusier (siehe S. 56) und anderen auf sich. Während des Zweiten Weltkriegs ging ein Großteil ihrer Zeichnungen verloren, und nach Kriegsende geriet ihr Werk allmählich in Vergessenheit. Erst in den 1970er-Jahren erwachte das Interesse erneut. Seitdem werden einige ihrer Entwürfe, darunter der Tisch E1027, wieder produziert.

Alle Stahlrohrteile sind glänzend verchromt.

ZUM **KONTEXT**

In Paris lernte Gray von einem japanischen Handwerker die Herstellung von Lackarbeiten. Obwohl dies eine sehr traditionelle Kunst ist, fand Gray durchaus moderne Einsatzmöglichkeiten. Besonders bemerkenswert waren ihre Paravents aus lackierten Holzplatten, die durch Metallstäbe verbunden sind. Durch die Konstruktion aus zahlreichen Platten waren die Wandschirme verstellbar. Im Aussehen ähnelten sie eher modernen, fast kubistischen Skulpturen als traditionellen Paravents.

> »Kreieren heißt, zuerst alles zu hinterfragen.«
>
> **EILEEN GRAY**

Die Öffnung im unteren Kreis ist groß genug, um sie um ein Bett- oder Sofabein zu schieben.

▶ **Paravent** aus lackiertem Holz und Metallstangen, 1922

Sessel Cité

1927 ■ MÖBEL ■ ABGEKANTETER STAHL, STOFF UND LEDER ■ FRANKREICH

JEAN PROUVÉ

1927 produzierte der französische Designer und Hersteller Jean Prouvé einen neuen Sessel für Studentenwohnheime in seiner Heimatstadt Nancy. Prouvé war gelernter Schmied, beherrschte aber auch die neuesten Verfahren zum Abkanten und Biegen von Stahl und setzte sie für sein ungewöhnliches Modell ein. Der Sessel mit dem stabilen Stahlgestell, dem Sitz mit Stoffbezug und den Armlehnen aus Lederstreifen war für jahrelangen, intensiven Gebrauch konzipiert. Die Konstruktion aus Kurven und geraden Linien wirkt ausgewogen, die Funktion steht im Vordergrund des Designs, das auf dekorative Elemente bewusst verzichtet. Bald wurden auch designbewusste Kunden außerhalb der Universität auf Prouvé aufmerksam.

Prouvés moderne Möbel unterschieden sich von denen seiner Zeitgenossen wie Ludwig Mies van der Rohe (siehe S. 58) und Le Corbusier (siehe S. 56). Ihre Möbel hatten minimalistische Formen, bestanden aber aus edleren Materialien wie verchromtem Stahl und Leder, die zu den modernen Interieurs passten. Prouvé hingegen war wichtig, dass seine Entwürfe zweckmäßig, strapazierfähig und leicht zu produzieren waren. Der Erfolg des soliden, sachlichen Sessels Cité verschaffte Prouvé Aufträge zur Gestaltung von Möbeln für Krankenhäuser, Behörden und Schulen. Durch seine innovativen Entwürfe brachte er die Moderne einem breiten Publikum nahe.

JEAN **PROUVÉ**
1901-1984

Jean Prouvé war der Sohn eines der Gründungsmitglieder der Art-Nouveau-Schule von Nancy. lehnte jedoch selbst reiche Verzierungen ab. Der Erfolg seiner zweckmäßigen Designs brachte ihm Aufträge zur Gestaltung strapazierfähiger Möbel ein, die er später in großen Serien selbst fertigte. Prouvé übernahm gesellschaftliche Verantwortung, indem er seine Kenntnisse der Stahlverarbeitung einsetzte, um Fertighäuser und Flüchtlingsheime zu bauen. Außerdem war er ein führender Hersteller von Vorhangfassaden für höhere Gebäude. Jahrelang gab er Seminare am Conservatoire des Arts et Métiers in Paris, die sehr beliebt waren.

Im Detail

LEGENDE

▶ **BEINE** Das Gestell des Sessels besteht aus längs abgekanteten Stahlblechstreifen. Sie sind nicht massiv, sondern bilden einen Kanal im Inneren. Dieser erhöht die Stabilität des Stahls und dient gleichzeitig als Führungsrille für den Lederstreifen, der die Armlehne bildet. Querriegel verhindern, dass der Lederstreifen aus seiner Führung rutscht.

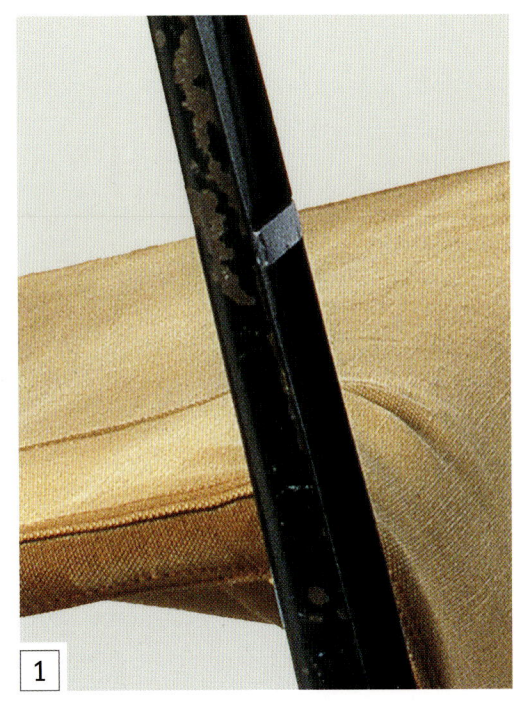

▲ **SITZAUFLAGE** Prouvé war aufgefallen, dass Sessel oft an der Stelle brechen, an der Sitz und Beine zusammentreffen. Außerdem war ihm bewusst, dass seine Sessel im Studentenwohnheim nicht geschont werden würden. Darum besteht die Sitzhalterung des Sessels Cité aus einem stabilen Stahlträger, der fest mit dem Rahmen verschraubt ist.

SESSEL CITÉ ■ JEAN PROUVÉ   53

STICHWORT **DESIGN**

Obwohl Prouvés Möbel meist elegant wirkten, war das Aussehen nur einer von mehreren Faktoren, die er bei der Arbeit an einem neuen Produkt bedachte. Wichtiger waren ihm die Funktion und vor allem die Umsetzbarkeit. Ein berühmter Ausspruch lautet: »Entwirf nie etwas, das sich nicht herstellen lässt.« Viele seiner Zeichnungen sind erhalten geblieben. Sie zeigen, wie intensiv er sich mit den Verbindungen von Einzelteilen beschäftigte, beim Sessel Cité beispielsweise mit der Verbindung von Rahmen und Sitzauflage oder der Art, wie der Lederstreifen durch den Kanal im Rahmen geführt wird. Prouvés Zeichnungen sind sehr klar und anschaulich. Er benutzte sie, um jeden Schritt des Herstellungsprozesses zu analysieren und um die Produktionsmethode genau zu beschreiben. Später unterrichtete er Designstudenten und fertigte mit Kreide ähnlich genaue Zeichnungen an der Tafel.

▶ **Arbeitsskizzen**, Jean Prouvé, ca. 1948

Hohe, gut stützende Rückenlehne mit Stoffbezug

Der Lederstreifen zieht sich um den gesamten Rahmen.

Die Linienführung von Armlehne und Sitzfläche ähneln einander.

Der Stahl ist abgekantet und bildet einen an drei Seiten geschlossenen Kanal.

Neben dem schwarz lackierten Grundmodell gab es auch Varianten in Rot und Beige.

NORD EXPRESS

A.M.CASSANDRE

LONDRES BRUXELLES
PARIS   LIEGE BERLIN VARSOVIE RIGA

Nord-Express-Plakat

1927 ▪ GRAFIK ▪ FARBLITHOGRAFIE AUF PAPIER ▪ FRANKREICH

A.M. CASSANDRE

In den 1920er-Jahren sorgte der Künstler A.M. Cassandre mit außergewöhnlichen Werbeplakaten in den Straßen von Paris für Aufsehen. Besonders dramatische, stilisierte Motive entwarf er für die Compagnie des Wagons-Lits, den Betreiber von Langstrecken-Nachtzügen wie dem Nord Express. Cassandre wählte einen sehr tiefen, seitlichen Blickwinkel, sodass sich die Lokomotive mächtig und turmhoch über dem Betrachter zu erheben scheint. Der geschickte Einsatz der Perspektive, verstärkt durch dynamische Diagonalen, vermittelt den Eindruck hoher Geschwindigkeit. Dampfkessel, Treibstangen, Rauchfahne und Telegrafendrähte sind auf den Fluchtpunkt gerichtet, der sich in der unteren rechten Ecke befindet. Die Lokomotive selbst ist aus grau schattierten Kreisen und Ebenen zusammengesetzt und zeigt den Einfluss kubistischer Maler wie Pablo Picasso und Juan Gris. Durch die Kombination solcher Effekte mit markanter Schrift schuf Cassandre einen neuen Stil der Werbekunst, den er auch auf Plakaten für Schifffahrtslinien und andere Kunden einsetzte. Sein moderner Stil ermutigte nach dem Ersten Weltkrieg auch andere Kunstler, in grafischer Hinsicht mehr zu wagen.

A.M. **CASSANDRE**
1901–1968

Adolf Jean-Marie Mouron studierte in Paris Kunst. 1922 nahm er den Namen A.M. Cassandre an und begann, Plakate zu gestalten, die Einflüsse von Kubismus und Surrealismus zeigen. Bald war er als Plakatkünstler und Schriftdesigner sehr gefragt. Er erhielt Aufträge von französischen und ausländischen Firmen, bis er im Zweiten Weltkrieg in der französischen Armee Dienst tat. Nach dem Krieg entwarf er Filmkulissen und ein Logo für Yves Saint Laurent. Er litt an Depressionen und beging 1968 Selbstmord.

Im Detail

LEGENDE

▶ **BLICKFANG SCHRIFT** Der Name des Zuges ist in sehr großen Buchstaben dargestellt. Cassandres Plakate gehörten zu den ersten, die so groß waren, dass man sie auch aus einem bewegten Fahrzeug lesen konnte. Wo die Buchstaben die Fluchtlinien schneiden, sind sie rot abgesetzt: ein geschicktes Mittel, um Aufmerksamkeit zu erregen.

▶ **REISEZIELE** Am unteren Rand des Plakats hat Cassandre einige Stationen eingefügt. Stilisierte Schienen in Form heller Streifen, auf denen die Namen von Großstädten in Großbuchstaben stehen, heben sich von dem grauen Hintergrund ab. Die Streifen treffen sich in Berlin und verzweigen sich dort nach Riga und Warschau.

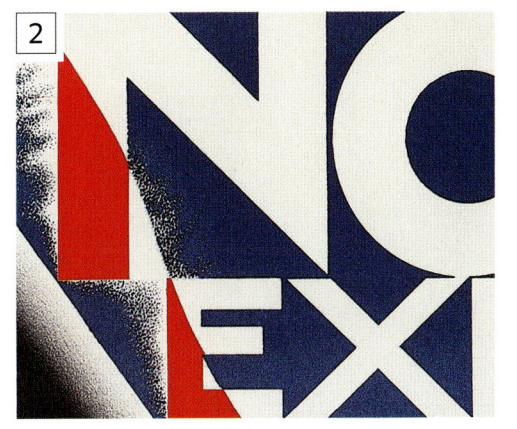

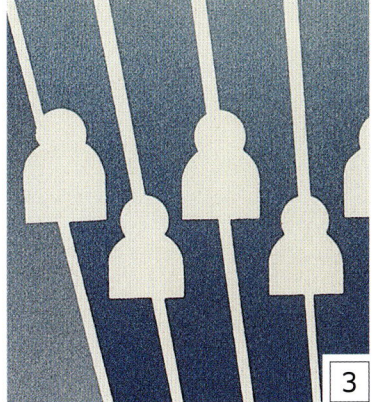

▲ **LOKOMOTIVE** Die stilisierte Darstellung der Räder und Treibstangen ist bemerkenswert. Die Räder sind in fast kubistischer Weise aufgelöst, die Treibstangen nur als weiße Striche angedeutet. Mehr Details wären bei einem schnell fahrenden Zug nicht zu erkennen.

◀ **ISOLATOREN** Die weißen Formen stellen Keramikisolatoren dar, die man oft an Telegrafenleitungen entlang der Bahnlinien sah. Die extrem steile Perspektive suggeriert, dass sich der Zug mit hoher Geschwindigkeit auf sein Ziel zubewegt.

Liegesessel LC4

1928 ▪ MÖBEL ▪ VERCHROMTES STAHLROHR UND LEDER ▪ FRANKREICH

LE CORBUSIER, CHARLOTTE PERRIAND, PIERRE JEANNERET

Maßstab

Le Corbusier war in erster Linie Architekt. Sein Pavillon de l'Esprit Nouveau für die Weltausstellung 1925 in Paris war ein Prototyp sparsamer Einrichtung und standardisierten Wohnens. Er bezeichnete das Haus als »Maschine zum Wohnen« und nannte Möbel »Haushaltsgeräte«. Für die Villa Maison la Roche in Paris beauftragte er Charlotte Perriand und Pierre Jeanneret mit dem Entwurf von Sesseln, die sich zum »Unterhalten, Entspannen und Schlafen« eignen. Das stromlinienförmige Modell LC4, das an die Chaiselongues des 18. Jh. anknüpfte, erfüllte diese Ansprüche und wurde zur Ikone modernen Möbeldesigns. Le Corbusier beschrieb den Liegesessel als »ultimative Entspannungsmaschine«, und tatsächlich hat er wegen seines Stahlrohrgestells Ähnlichkeit mit einem technischen Gerät. Die Wahl der Materialien war eine radikale Neuerung. Perriand kombinierte Stahlrohr, das bis dahin nur für Industrieprodukte verwendet wurde, mit schwarzem Glattleder. LC4 sah nicht nur gut aus, sondern bot durch seine durchdachte Konstruktion maximalen Sitzkomfort. Seit 1964 wird dieser Liegesessel ausschließlich vom italienischen Möbelhersteller Cassina produziert.

Verstellbare Nackenrolle

Untergestell mit abgeschrägten Auflagestreben für den Stahlrahmen

Der Stahlrahmen liegt lose auf dem Untergestell auf – seine Position lässt sich leicht verstellen.

CHARLOTTE **PERRIAND**

1903-1999

Charlotte Perriand trug als eine der einflussreichsten Möbeldesignerinnen der frühen Moderne dazu bei, dass das »Maschinenzeitalter« Einzug in die Wohnungen hielt. Die gebürtige Pariserin hatte sich mit Stahlrohrmöbeln bereits einen Namen gemacht, als sie sich Le Corbusiers Studio anschloss. Die Zusammenarbeit dauerte zehn Jahre. Von 1940 bis 1946 arbeitete Perriand in Japan und Vietnam, dann kehrte sie nach Paris zurück, arbeitete mit dem Designer Jean Prouvé (siehe S. 52) und wirkte an Le Corbusier's Unité d'Habitation in Marseille mit. Später gestaltete sie ein Chalet im Wintersportort Meribel, Räume der Vereinten Nationen in Genf und Büros der Air France in London, Paris und Tokio.

▲ **Charlotte Perriand** auf der Chaiselongue LC4

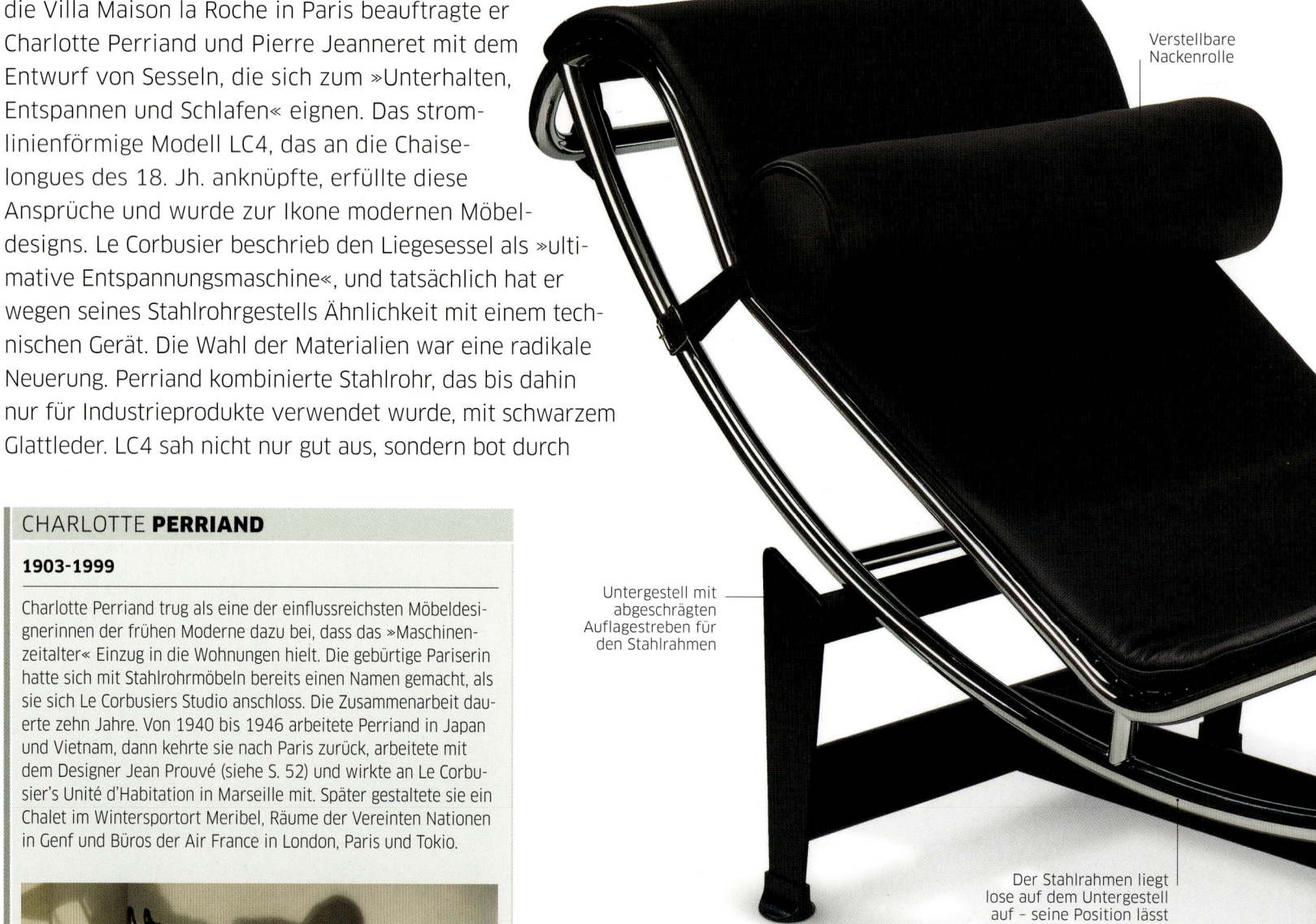

»Sessel sind Architektur, Sofas sind bourgeois.«
LE CORBUSIER

Im Detail

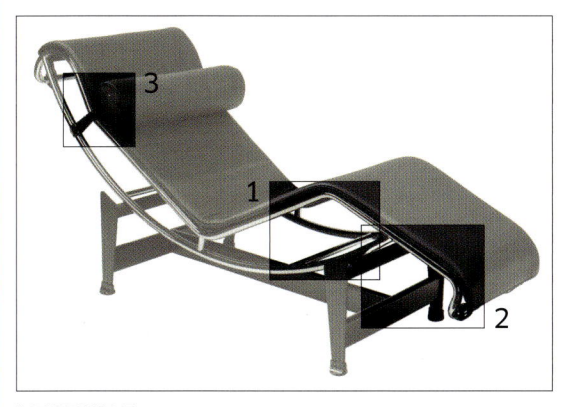

LEGENDE

▶ **GESTELL**
Traditionell wurde das Gestell größerer Möbelstücke unter der Polsterung verborgen. Beim LC4 dagegen ist es, ganz im Sinne der »Maschinenästhetik« der Moderne, komplett sichtbar. Der Stahlrohrrahmen und die schwarzen Stahlbeine sind Bestandteile des Designs.

◀ **STAHLROHR** Weich geschwungene, glänzend verchromte Stahlrohre bilden die Unterkonstruktion des Sitzes und die Kufen. Sie geben dem Sessel seine elegante Form. Stahlrohr eignete sich hervorragend für das Möbeldesign der Moderne, weil es stabil, formbar und leicht war, aber auch wegen seiner Assoziationen mit Maschinenbau und Massenproduktion. Stahlrohr ist sowohl zweckmäßig als auch minimalistisch – zwei Aspekte, die für Le Corbusier und seine Kollegen von besonderer Bedeutung waren.

◀ **NACKENROLLE**
Die Position der komfortablen, mit Leder bezogenen Nackenrolle lässt sich nach Bedarf verstellen. Solche Details beweisen, dass sich die Designer intensiv mit dem Sitzkomfort der Konstruktion befasst haben. Auch die Liegeposition ist stufenlos verstellbar. LC4 ist eines der ersten ergonomischen Möbelstücke und eignet sich auch für Benutzer mit Rückenbeschwerden.

Der Ledersitz ist auf verborgenen Federn montiert.

STICHWORT **ARCHITEKTUR**

Le Corbusier war einer der einflussreichsten Architekten des 20. Jh. Er kam in La Chaux de Fonds (Schweiz) unter dem Namen Charles-Edouard Jeanneret-Gris zur Welt, studierte Kunst und unternahm Reisen, bevor er sich in Paris niederließ und sein radikales Buch *Vers une Architecture* (Ausblick auf eine Architektur) publizierte. Später nahm er den Namen Le Corbusier an. Ab 1922 arbeitete er mit seinem Cousin Pierre Jeanneret zusammen und begann, Häuser zu entwerfen. Im Laufe der Zeit veränderte sich seine Arbeit drastisch – von frühen regional-traditionellen Häusern in der Schweiz bis zu seinen modernen Villen der 1920er-Jahre, etwa der berühmten Villa Savoye (unten) mit »freien Fassaden« aus nicht tragenden Wänden und mit offenen Grundrissen. Zu seinen späteren Werken gehören die nüchtern-funktionale Unité d'Habitation in Marseille (1946–1952) ebenso wie die Kapelle in Ronchamp (1950–1955).

▲ **Villa Savoye**, Poissy, Frankreich, 1928–1931

Sessel Barcelona

1929 ▪ MÖBEL ▪ VERCHROMTER STAHL UND LEDER ▪ DEUTSCHLAND

LUDWIG MIES VAN DER ROHE

Maßstab

Der Barcelona-Sessel des deutschen Architekten Ludwig Mies van der Rohe ist ein Möbelstück mit außerordentlich hohem Wiedererkennungswert. Mit seiner geradlinigen Form, dem minimalistischen Gestell und dem luxuriösen Lederpolster war er für moderne Wohnzimmer ebenso beliebt wie für die Lobbys prestigeträchtiger Bürogebäude. Der Sessel wirkt noch heute modern, obwohl er bereits 1929 für den deutschen Pavillon der Weltausstellung in Barcelona entworfen wurde. Dort dienten zwei dieser Sessel als Thronsitze für das spanische Königspaar.

Das Gestell des Sessels besteht aus stabilen, verchromten Stahlbändern, die in einer geschwungenen X-Form miteinander verschweißt sind. Zwei solcher Kreuze sind mit Querstreben verbunden, an denen mehrere Lederstreifen befestigt sind. Auf diesen liegen die dicken, rechteckigen, mit Leder bezogenen Sitz- und Rückenpolster. Mit ähnlich geformten, aber niedrigeren Gestellen konstruierte van der Rohe auch Hocker mit Lederpolstern und Beistelltische mit 2,5 cm dicker Glasplatte. Im Ausstellungspavillon mit Glas- und Marmorwänden und verchromten Säulen gaben diese Möbel ein eindrucksvolles Bild ab. Die geniale Leistung van der Rohes besteht aber nicht darin, einen auf das Wesentliche reduzierten Sessel geschaffen zu haben, sondern ein Design von zeitloser Eleganz, das noch heute jedes moderne Interieur aufwertet.

An den Stahl-Querstreben sind Lederstreifen befestigt.

Die Fußenden des Stahlgestells sind elegant verbreitert.

LUDWIG **MIES VAN DER ROHE**

1886–1969

Mies van der Rohe wurde in Aachen geboren, arbeitete im Steinmetzbetrieb seines Vaters mit und besuchte die Gewerbeschule. Als Lehrling lernte er verschiedene Bauprojekte kennen, ehe er nach Berlin zog. Dort arbeitete er mit dem Architekten Peter Behrens zusammen. Später entwarf er eine Reihe von bedeutenden Bauten der Moderne, darunter die Villa Tugendhat in Brünn (damals Tschechoslowakei). Das Design folgt meist seiner Maxime »Weniger ist mehr«. Auch die Möbel, die er für seine Häuser entwarf, trugen ihm Ruhm ein. 1930 wurde er zum Direktor des Bauhauses berufen. Nach dessen Schließung zog er in die USA, wo er weitere bedeutende Bauten wie das Seagram Building in New York schuf.

SESSEL BARCELONA ■ LUDWIG MIES VAN DER ROHE | 59

Im Detail

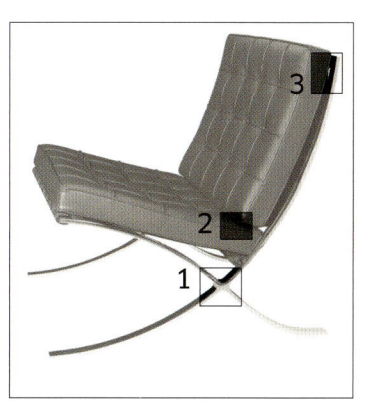

Lederpolster mit traditioneller Knopfpolsterung

LEGENDE

◀ **VERBINDUNG** Eine solide Schweißnaht verbindet die Stahlbänder an der Kreuzungsstelle und sorgt für die hohe Stabilität des Sessels. Das großzügige Gestell ist exzellent verarbeitet und recht schwer. Damit wollte van der Rohe vermeiden, dass der Sessel verschoben wurde, nachdem er ihn an den idealen Platz im Raum gestellt hatte.

▲ **POLSTERECKE** Die Paspelierung am Rand des Lederpolsters bildet einen geradlinigen Abschluss und betont die Rechteckform. Obwohl die Polster dick sind, wie man es von einem bequemen Sessel erwartet, besitzen sie einen ausgeprägt kantigen Charakter. Dadurch fügt sich der Barcelona-Sessel gut in die geometrische Architektur der Häuser der Moderne ein.

▲ **LEDERSTREIFEN** Als Auflage für die Sitz- und Rückenpolster wählte Mies van der Rohe Lederstreifen. Sie passen zum Leder der Polsterbezüge. Ihre Abstände sind so eng, dass sie guten Halt bieten. Außerdem vermitteln sie den Eindruck von Luxus und Qualität und sorgen dafür, dass der Sessel auch von hinten attraktiv aussieht, also frei im Raum stehen kann.

Das minimalistische Gestell ist unter den Polstern zu sehen.

ZUM KONTEXT

Durch seine frühe Zusammenarbeit mit Peter Behrens (siehe S. 32) und seine späteren Erfahrungen am Bauhaus (siehe S. 46) war Mies von der Rohe mit modernsten Ideen über Design und Architektur vertraut. Viele Designer der Moderne kombinierten bei ihren Möbelentwürfen traditionelle Materialien wie Segeltuch oder Leder mit Industrieprodukten wie Stahlrohr. Marcel Breuer, der am Bauhaus studiert hatte, setzte als einer der ersten Stahlrohr für einen Stuhl ein. Es heißt, seine Fahrradlenkstange habe ihn auf die Idee gebracht. Das Ergebnis war der Sessel B3, auch bekannt als Sessel Wassily (zu Ehren des Malers Wassily Kandinsky, der am Bauhaus lehrte). Er besteht aus einem kurvenreichen Stahlrohrgestell mit straff gespannten Segeltuchstreifen für Sitz, Rücken und Armlehne.

▲ **Sessel B3 Wassily, Marcel Breuer, 1925**

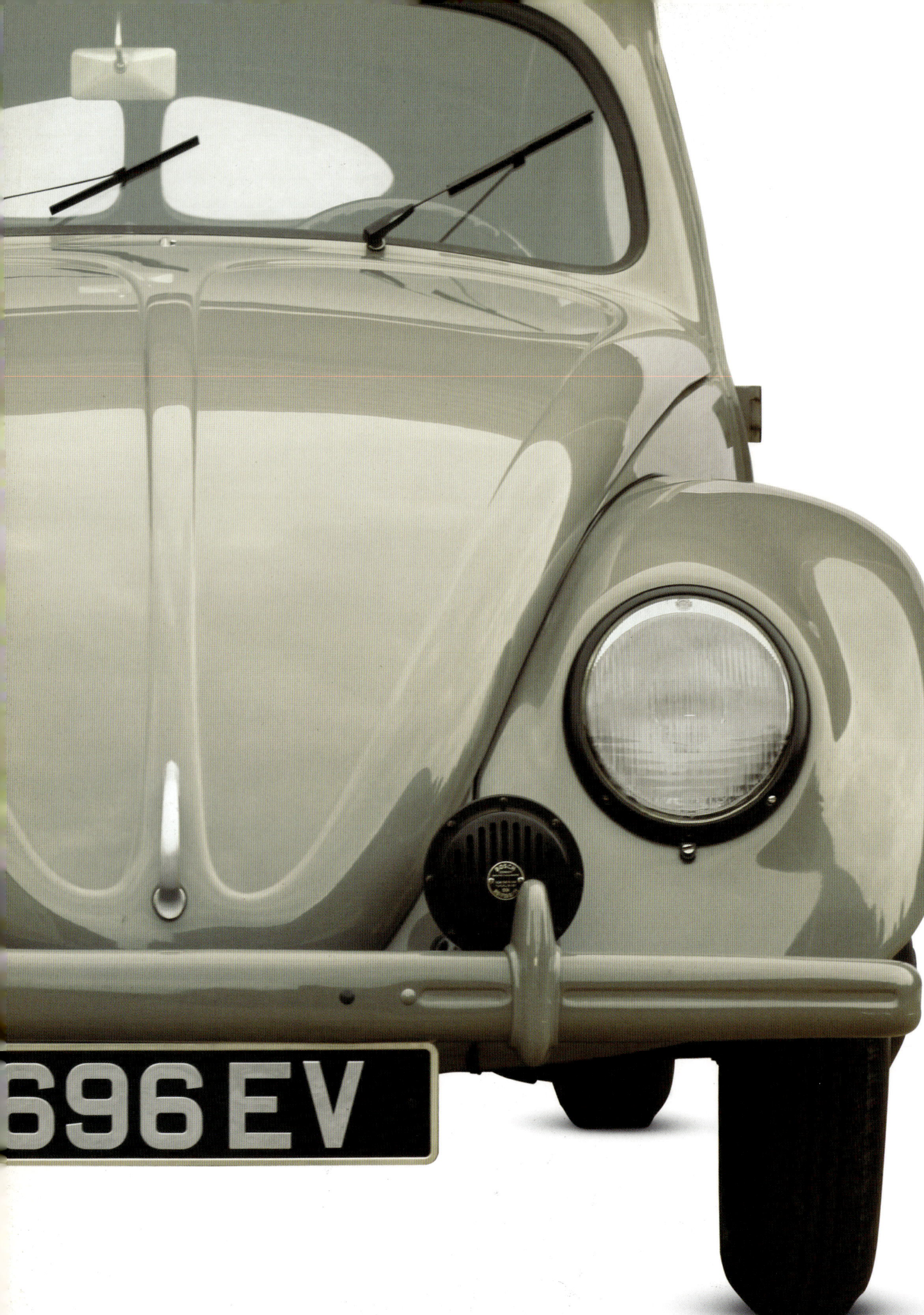
696 EV

1930–1939

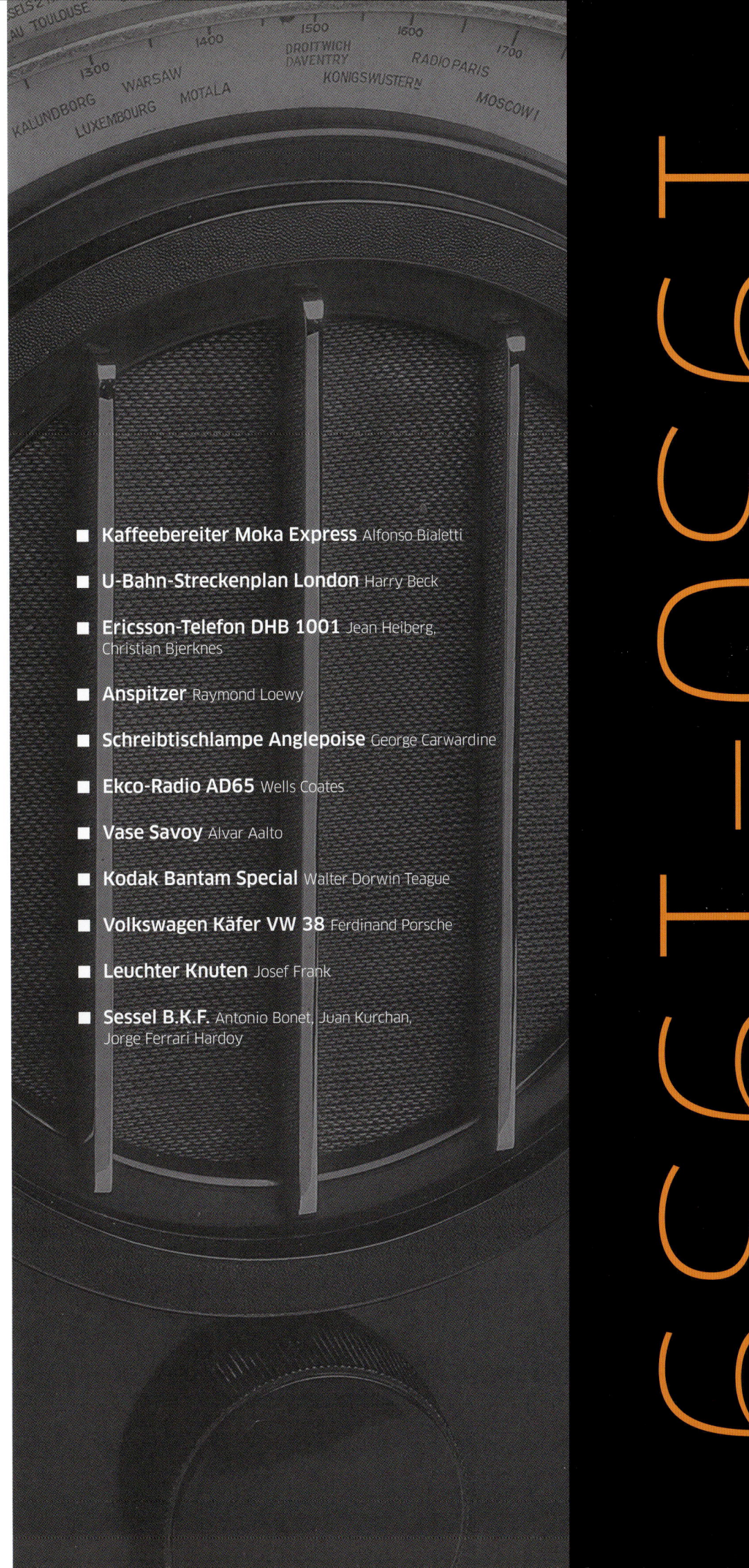

- **Kaffeebereiter Moka Express** Alfonso Bialetti
- **U-Bahn-Streckenplan London** Harry Beck
- **Ericsson-Telefon DHB 1001** Jean Heiberg, Christian Bjerknes
- **Anspitzer** Raymond Loewy
- **Schreibtischlampe Anglepoise** George Carwardine
- **Ekco-Radio AD65** Wells Coates
- **Vase Savoy** Alvar Aalto
- **Kodak Bantam Special** Walter Dorwin Teague
- **Volkswagen Käfer VW 38** Ferdinand Porsche
- **Leuchter Knuten** Josef Frank
- **Sessel B.K.F.** Antonio Bonet, Juan Kurchan, Jorge Ferrari Hardoy

Kaffeebereiter Moka Express

1933 ▪ PRODUKTDESIGN ▪ ALUMINIUM UND KUNSTSTOFF ▪ ITALIEN

ALFONSO BIALETTI

Zu Beginn des 20. Jh. begeisterten italienische Cafébesitzer ihre Gäste mit Espresso. Der starke Kaffee wurde mit einer Maschine zubereitet, die beinahe kochendes Wasser unter Druck schnell durch gemahlene Kaffeebohnen presste. Die ersten Espressomaschinen waren für den privaten Haushalt zu groß und zu teuer. Dann entwickelte der italienische Metallarbeiter Alfonso Bialetti das kompakte Gerät Moka Express, das einfach zu bedienen und für jedermann erschwinglich war.

Zusammen mit dem Ingenieur Luigi de Ponti entwickelte Bialetti ein Design, das den versilberten Kaffeekannen wohlhabender Haushalte ähnelte, mit seiner achteckigen Form aber auch dem in den 1930er-Jahren modernen Art-Déco-Stil entsprach. Der Kaffeebereiter bestand aus preiswertem Aluminium. Wenn die Kanne auf dem Herd erhitzt wurde, drückte eine raffinierte Innenkonstruktion das Wasser aus dem unteren Behälter durch das Kaffeepulver. Angeblich soll Bialetti auf die Idee gekommen sein, nachdem er einen Waschzuber mit einem mittig installierten Rohr gesehen hatte, durch das von unten heißes Wasser auf die Wäsche strömte. Der Verkauf lief anfangs schleppend an. Erst als der Moka Express nach dem Zweiten Weltkrieg aggressiver vermarktet wurde, stellte sich der Erfolg ein. Heute werden die Kaffeebereiter in alle Welt exportiert, und es heißt, dass 90 Prozent aller italienischen Haushalte einen Moka Express besitzen.

Maßstab

Hitzebeständiger Kunststoff ersetzte bei neueren Modellen die Hartgummiknöpfe früherer Kannen.

Das Scharnier am Ansatz des Griffs wurde erst spät hinzugefügt.

Der obere Behälter wird auf den unteren geschraubt.

Der robuste Boden ist widerstandsfähig gegen Hitze und Druck.

ALFONSO **BIALETTI**

1888–1970

Alfonso Bialetti wurde im Piemont in Norditalien geboren. Er arbeitete zehn Jahre lang in einer Aluminiumfabrik in Frankreich und kehrte nach dem Ersten Weltkrieg ins Piemont zurück, um einen eigenen Betrieb zu gründen. Die Idee für den Moka Express entstand in den 1920er-Jahren, doch erst nach mehrjähriger Entwicklungszeit wurde der Kaffeebereiter 1933 erstmals – zunächst nur regional – verkauft. Zu Beginn des Zweiten Weltkriegs produzierte Bialetti 10 000 Stück pro Jahr. Nach dem Krieg übernahm Bialettis Sohn Renato den Betrieb und erhöhte die Produktion dramatisch – auf 1000 Stück pro Tag.

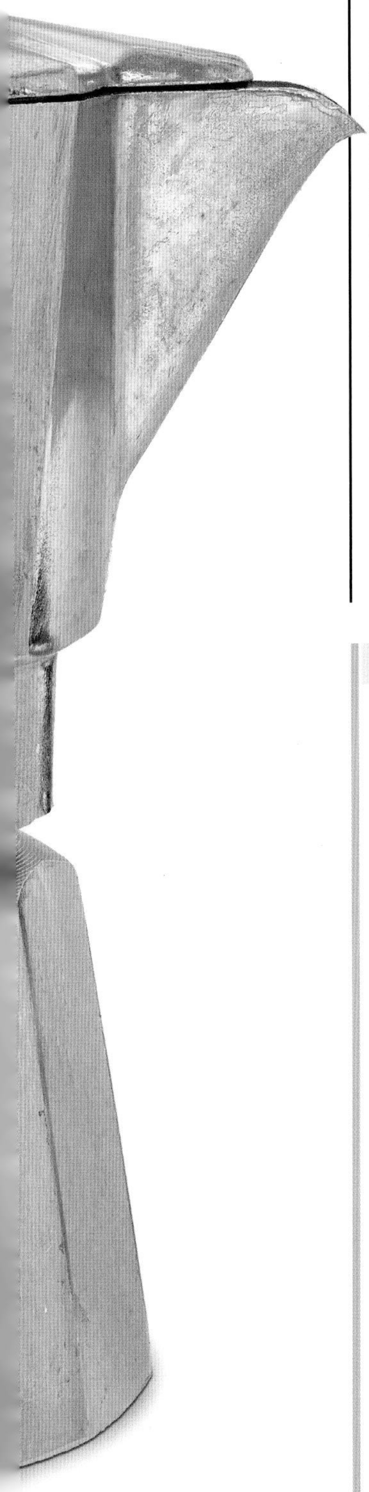

KAFFEEBEREITER MOKA EXPRESS ■ ALFONSO BIALETTI

Im Detail

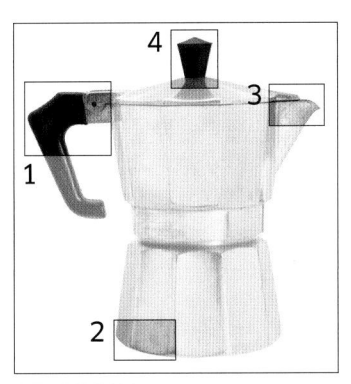

LEGENDE

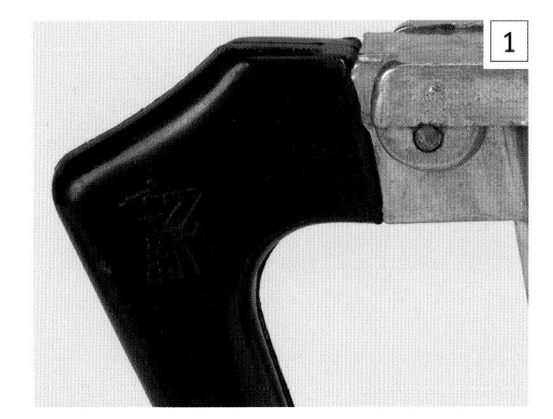

◄ **GRIFF** Beim Design des Griffs war darauf geachtet worden, dass er angenehm in der Hand liegt. Der abgeschrägte obere Teil dient als Daumenauflage, und die abgerundete, mit einem Vorsprung nach innen endende Innenseite des Griffs gibt den Fingern sicheren Halt. Der Abstand des Griffs zur Kanne ist so bemessen, dass die Finger nicht in Kontakt mit dem heißen Metall kommen.

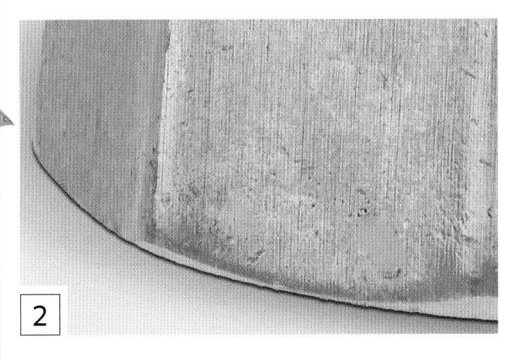

▲ **UNTERTEIL** Die achteckige Form des Unterteils ist eine Variante der traditionellen Kaffeekannen, die zu dieser Zeit in ganz Europa in bürgerlichen Haushalten verwendet wurden. Bialetti experimentierte lange, bis er die richtige Größe und Wandstärke gefunden hatte, die sicherstellte, dass das Gefäß dem Druck des im Inneren kochenden Wassers standhielt.

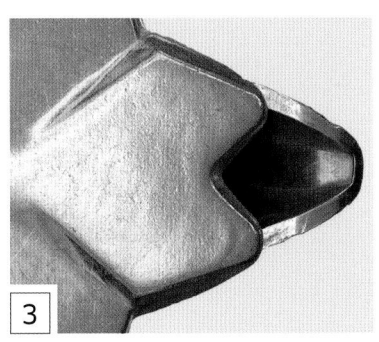

▲ **TÜLLE** Sie hat eine einfache Form mit dreieckigen Seiten und einem schmalen Gießrand. Der mit einem Scharnier befestigte Kannendeckel deckt die Tülle halb ab. Dadurch wird Wärmeverlust vermieden – ein Vorteil für Benutzer, die nicht den ganzen Kaffee sofort austrinken möchten.

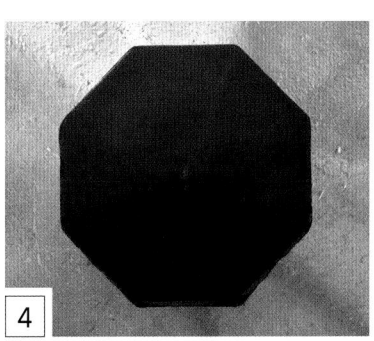

▲ **KNOPF** Wie der Korpus ist auch der Deckelknopf achteckig. Die Form passt ebenfalls zum Griff und zur dreieckigen Tülle des Kaffeebereiters. Obwohl die Kanne in ihrer Gesamtform an frühere Kaffeekannenmodelle anknüpft, sind Stilelemente des Art Déco zweifelsfrei zu erkennen.

STICHWORT **DESIGN**

Bialetti legte beim Design des Moka Express Wert darauf, dass er leicht zu benutzen und zu reinigen war. Außerdem nutzte er die Möglichkeiten des Materials Aluminium optimal aus. Der Kaffeebereiter besteht aus einem Unterteil, das mit Wasser gefüllt wird, und einem Oberteil, das den fertigen Espresso aufnimmt. Dazwischen liegt ein Filtersystem. Der Benutzer schraubt Ober- und Unterteil auseinander und füllt bis zur Höhe des Überdruckventils Wasser ins Unterteil. Der Filtertrichter wird eingesetzt und mit gemahlenem Kaffee gefüllt, dann werden die Teile wieder zusammengeschraubt und auf den Herd gestellt. Wenn sich das Wasser erhitzt, steigt es durch den Trichter mit Kaffeepulver nach oben. Ein gurgelndes Geräusch verrät, dass der Kaffee fertig ist.

Nach Bialettis Tod wurde am Moka Express nur eine einzige Veränderung vorgenommen. Der Kaffeebereiter trägt nun ein Logo in Form einer Karikatur seines Erfinders.

Deckel mit Scharnier
Filtersieb
Dichtung
Filtertrichter
Überdruckventil
Wasserbehälter

STICHWORT **PRODUKTION**

Während seines zehnjährigen Aufenthalts in Frankreich hatte Alfonso Bialetti eine Methode zur Herstellung von Gussaluminium mit wiederverwendbaren Formen kennengelernt. Er erkannte, dass sich das Verfahren zur Produktion leichter, stabiler Kaffeebereiter anbot. Die Unterteile des Moka Express wurden von Hand gegossen, um Stabilität und gute Verarbeitung zu gewährleisten. Bis heute werden die Kaffeebereiter nach derselben Methode hergestellt.

▲ **Unterteile** des Moka Express

U-Bahn-Streckenplan London

1931 ▪ GRAFIK ▪ DRUCK AUF PAPIER/KARTON ▪ GROSSBRITANNIEN

HARRY BECK

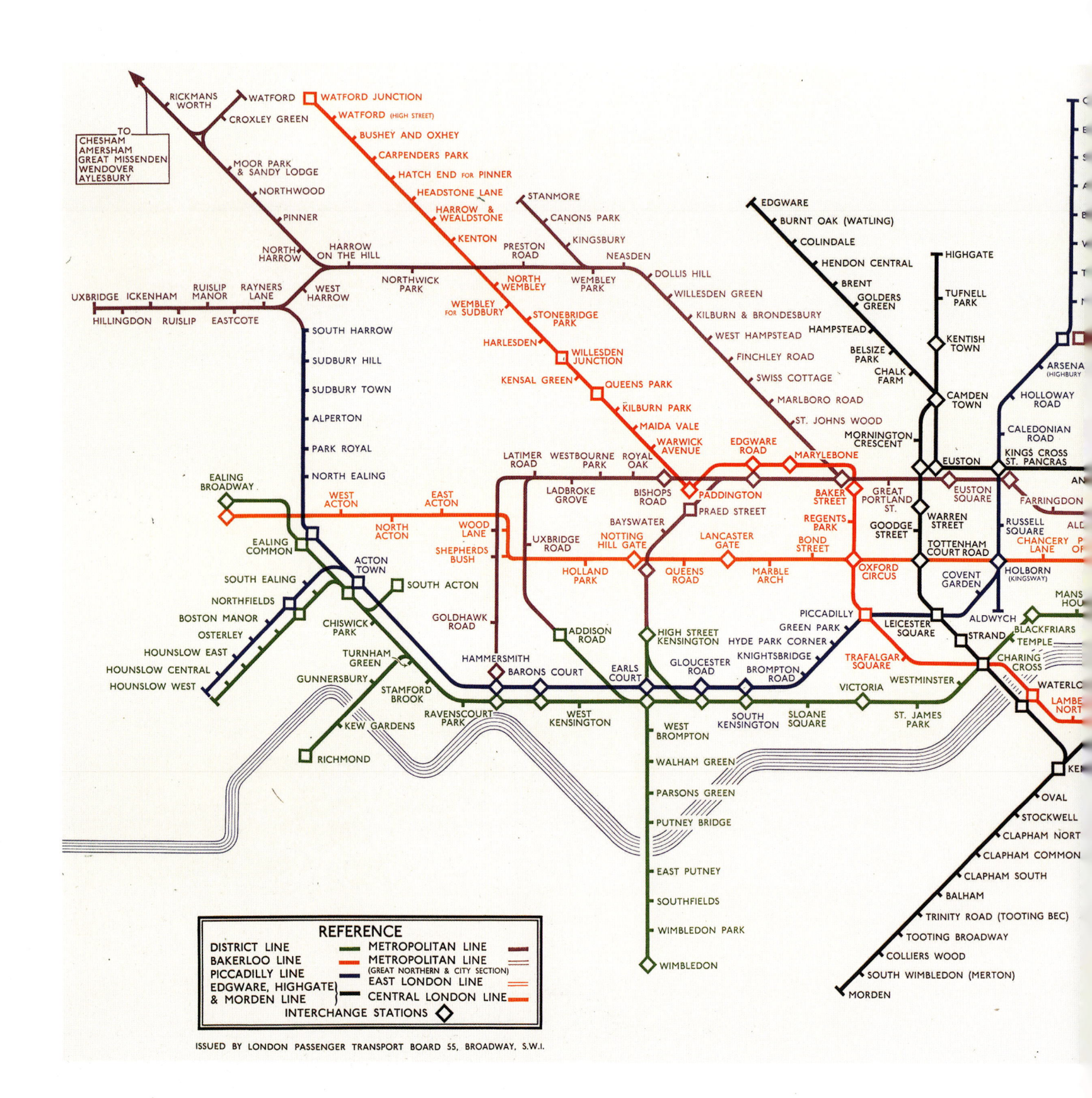

In den frühen 1930er-Jahren besaß London bereits ein komplexes U-Bahn-Netz mit mehreren Linien, die einen Großteil der Stadt bedienten. Die Fahrgäste mussten sich mithilfe komplizierter Karten voller Schlangenlinien und unübersichtlicher Hauptknotenpunkte zurechtfinden. Manche Karten zeigten zusätzlich den Verlauf von Straßen, was die Orientierung noch erschwerte. 1931 kam der junge technische Zeichner Harry Beck auf die Idee, eine einfachere Karte zu entwickeln. Statt wie bislang üblich Orte und Entfernungen geografisch korrekt wiederzugeben, entwarf er eine stark schematisierte Darstellung, die nur die Verbindungen zwischen den Stationen zeigt. Er wählte für jede Linie eine andere Farbe und zeichnete die Strecken ausschließlich waagerecht, senkrecht oder im Winkel von 45 Grad. Die Stationen wurden durch einem kurzen Querstrich angedeutet, nur Umsteigebahnhöfe durch eine Raute, damit die Fahrgäste auf einen Blick erkannten, wo sie von einer Linie in eine andere umsteigen konnten. Das einzige oberirdische Element auf der Karte war die Themse.

Als Beck seinen Streckenplan präsentierte, waren seine Vorgesetzten skeptisch. Sie befürchteten, die Fahrgäste zu verwirren. 1933 entschlossen sie sich zu einem Versuch und ließen eine kleine Anzahl von Faltplänen im Taschenformat drucken, die an Bahnhöfen verteilt wurden. Wegen ihrer Übersichtlichkeit wurden die Pläne begeistert angenommen, und bald wurden größere Versionen für die Bahnhofswande gedruckt. Die neue Karte wurde Teil des modernen Images des Unternehmens, das ab 1930 durch Geschäftsführer Frank Pick etabliert wurde. Trotz späterer Änderungen durch andere Personen hat das heutige Schema große Ähnlichkeit mit Becks Original, das zum Vorbild für die Streckenpläne vieler Großstädte in aller Welt wurde. Becks Karte gilt als eine der größten Leistungen des 20. Jh., und ihre Zweckmäßigkeit entspricht ganz den Ideen der Moderne. Beck wusste jedoch wenig über moderne Kunst. Er zeichnete die Karte einfach mit derselben Logik und Sorgfalt, mit der er sonst elektrische Schaltpläne zu Papier brachte.

> »Ich mag Karten, die Straßen- oder Schienennetze schematisch vereinfachen (wie der Streckenplan der London Underground).«
> **OTTO NEURATH**

HARRY **BECK**

1902–1974

Henry »Harry« Charles Beck war als technischer Zeichner beim Nahverkehrsunternehmen London Transport beschäftigt. Im fiel auf, dass der bestehende Streckenplan des U-Bahn-Netzes durch die Eröffnung neuer Stationen und Linien unübersichtlich wurde. Darum entwarf er in seiner Freizeit eine schematisierte Version. Er schied 1947 aus dem Unternehmen aus, betreute aber weiterhin Aktualisierungen der Karte, bis diese Aufgabe 1960 einem anderen Designer übertragen wurde. Beck entwarf ähnliche Pläne für das oberirdische Bahnnetz im Großraum London und die Pariser Métro, die jedoch nicht angenommen wurden. In seinem späteren Leben unterrichtete er Typografie und Design am Londoner College of Printing.

# Im Detail

LEGENDE

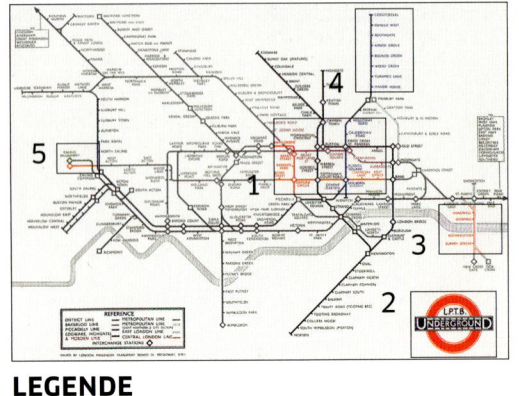

▼ **FARBCODIERUNG** Wie auf früheren Karten wählte Beck für jede Linie der Londoner U-Bahn eine andere Farbe. Ursprünglich waren diese Linien von verschiedenen Unternehmen betrieben worden, doch nach mehreren Firmenzusammenlegungen übernahm 1933 das London Passenger Transport Board die Führung. Im gleichen Jahr wurde Becks schematischer Plan veröffentlicht. Das neue Layout mit den verschiedenfarbigen Linien war ein wichtiger Beitrag zur Etablierung des modernen Images der U-Bahn.

▼ **LOGO** Das Logo mit dem roten Kreis und dem Querbalken ist gut sichtbar auf den Streckenplan aufgedruckt. Schon 1908 verwendeten die U-Bahn-Linien ein ähnliches Symbol aus einem ausgefüllten roten Kreis mit einem blauen Streifen, in dem der Name einer Station oder das Wort »Underground« stand. 1917 ersetzte Edward Johnston, der auch die Schriftzüge gestaltet hatte, den ausgefüllten Kreis durch einen roten Ring. In den folgenden Jahren tauchte das Logo in den Stationen auf und wurde auch auf Werbematerial gedruckt.

▲ **DIE THEMSE** Der Fluss, dargestellt durch dünne parallele Linien in Blau, ist das einzige Element auf dem Plan, das nicht zum Schienennetz gehört. Er dient den Londonern seit jeher zur Orientierung und erleichtert es, die reale Geografie der Stadt in der schematischen Darstellung zu erkennen. Die Fahrgäste sehen auf einen Blick, welche Stationen nördlich und südlich der Themse liegen.

U-BAHN-STRECKENPLAN LONDON ■ HARRY BECK   67

COCKFOSTERS

ENFIELD WEST

SOUTHGATE

ARNOS GROVE

BOUNDS GREEN

WOOD GREEN

TURNPIKE LANE

MANOR HOUSE

4

▲ **IM BAU** In den 1930er-Jahren wuchs das U-Bahn-Netz. Beck schlug vor, im Bau befindliche Strecken durch gestrichelte Linien in der schematischen Karte darzustellen. Für die Namen der Stationen wurde eine serifenlose Schrift verwendet, die Edward Johnston 1916 eigens für diesen Zweck entworfen hatte.

EALING BROADWAY

5

▲ **UMSTEIGEBAHNHÖFE** Auf älteren Karten war nicht immer zu erkennen, ob zwei Linien einander nur kreuzten oder ob eine Umsteigemöglichkeit bestand. Beck sorgte in dieser Hinsicht für Klarheit. Er stellte Umsteigebahnhöfe durch Rauten dar. Die Farben der Rauten zeigen an, welche Bahnlinien zum Umsteigen zur Verfügung stehen.

STICHWORT **DESIGN**

Obwohl viele Londoner U-Bahn-Strecken unterirdische Hindernisse in Kurven und Bögen umfahren, fand Beck es übersichtlicher, sie schematisch durch gerade Linien und wenige standardisierte Kurven darzustellen. Er arbeitete seine Ideen in zahlreichen Zeichnungen aus, ließ in einer Ecke stets Platz für eine Legende und kennzeichnete Stellen, an denen Bahnlinien die Themse unterqueren. Dann suchte er nach Möglichkeiten, um komplexe Knotenpunkte zahlreicher Bahnlinien klar und verständlich darzustellen. Ähnliche Überlegungen stellte er jedes Mal an, wenn er die Karte aufgrund von Änderungen am Streckennetz überarbeitete.

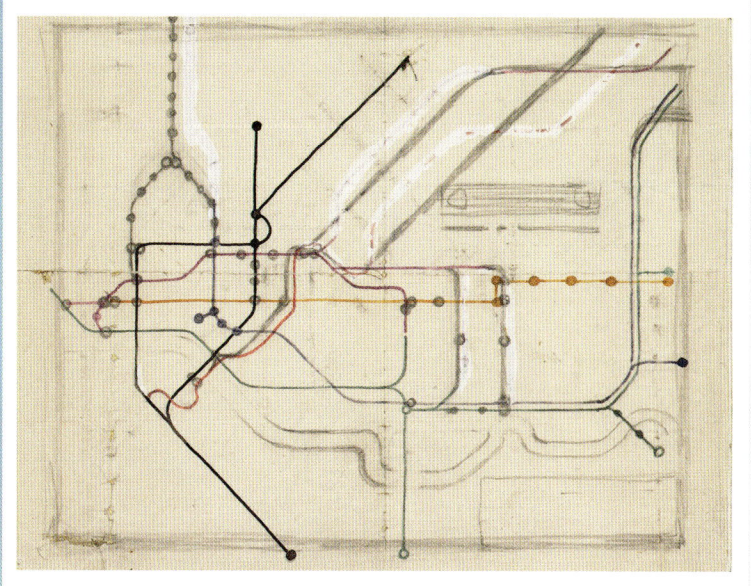

▲ **Eine von Becks früheren Skizzen**

ZUM **KONTEXT**

Becks Darstellung des Streckennetzes hatte weltweiten Einfluss. Viele andere Städte haben für ihr U-Bahn-Netz ähnliche Schemata mit geraden Linien, standardisierten Winkeln, einer Farbcodierung und keinen oder nur wenigen oberirdischen Elementen entwickelt. Die U-Bahn-Pläne vieler Großstädte, von Madrid bis Seoul, zeigen eine erkennbare Verwandtschaft zu Becks Zeichnung aus den 1930er-Jahren. Zwar mögen sich die Pläne im Detail unterscheiden, weil die Designer vielleicht andere Farben für die Strecken oder andere Symbole gewählt haben, doch die visuelle Sprache ist schnell zu erfassen – auch für Reisende, die fremd in der Stadt sind. Ähnliche Pläne werden auch zur Darstellung anderer Verkehrsnetze verwendet, vor allem für oberirdische Bahnstrecken.

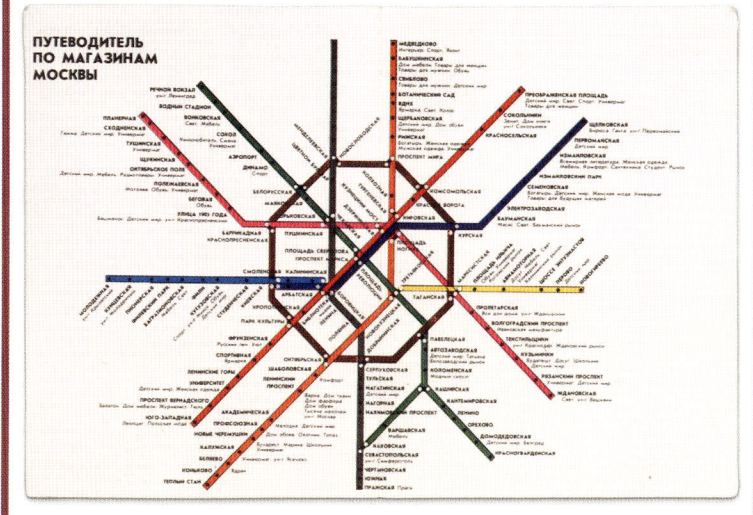

▲ **Moskauer Metro** Das U-Bahn-Netz mit der zentralen Ringlinie und den speichenförmigen Strecken bietet sich für eine schematische Darstellung an.

Ericsson-Telefon DHB 1001

1931 ▪ PRODUKTDESIGN ▪ BAKELIT UND METAL L ▪ SCHWEDEN/NORWEGEN

JEAN HEIBERG, CHRISTIAN BJERKNES

1931 brachten das Telekommunikationsunternehmen Ericsson aus Schweden und das Electrisk Bureau aus Norwegen ein neues Telefon auf den Markt, das für die nächsten 40 Jahre den Standard für Haushalte und Büros darstellte. Mit seiner ansprechenden Form, der Wählscheibe auf der Vorderseite und der Gabel zum Auflegen des Hörers bot es alles, was man damals von einem Telefon erwartete. Robust und langlebig war es überdies.

Das Ericsson-Telefon steht für die gelungene Kombination von Kunst und Technologie. Der norwegische Ingenieur Bjerknes entwarf die Bauteile einschließlich einer eingebauten Klingel. Damals war die Klingel von Telefonen meist woanders im Haus montiert. Er entwickelte Verfahren zur Störungsunterdrückung und verbesserte damit die Klangqualität des Hörers. Der Künstler Jean Heiberg, hauptsächlich Maler, gestaltete Korpus und Hörer. Er ging an das Projekt wie an eine Bildhauerarbeit heran und wählte Bakelit, das sich genau so formen ließ, wie er es sich vorstellte. Der Korpus ist so gestaltet, dass Klingel, Mechanik und Wählscheibe Platz finden. Die Gabel ist nahtlos in den Korpus integriert. Der glatte, gerundete Hörer lag angenehm in der Hand und am Kopf. Weil das Telefon leicht zu bedienen war und mit seiner klaren, modernen Linienführung attraktiv aussah, stellte sich der Erfolg schnell ein. Es wurde in aller Welt benutzt, imitiert und in abgewandelten Versionen produziert.

JEAN **HEIBERG**

1884-1976

Der norwegische Maler Jean Heiberg studierte Kunst in Oslo, München und in Paris an der Akademie von Henri Matisse. Nach seiner Rückkehr nach Norwegen malte er Bilder in einem Stil, der von seinem französischen Lehrer beeinflusst war, schuf Bronzeskulpturen und entwarf einige Möbelstücke. 1935 wurde er Professor an der norwegischen Akademie der Künste. Er behielt diesen Posten 20 Jahre lang. Nur während der Besetzung Norwegens durch die deutsche Wehrmacht leitete er mit Künstlerkollegen eine Untergrund-Akademie. Heiberg hat die norwegischen Künstler des 20. Jh. in beträchtlichem Maß beeinflusst.

Im Detail

LEGENDE

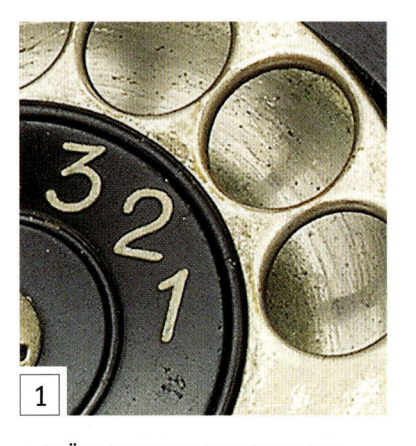

▲ WÄHLSCHEIBE UND ZIFFERN
Der Lochkranz der Wählscheibe besteht aus strapazierfähigem Metall, die Ziffern sind auf der mittleren Platte eingraviert. Falls im örtlichen Telefonsystem Buchstaben verwendet wurden, konnten diese hinter den Fingerlöchern angebracht werden. Spätere Modelle hatten eine Wählscheibe aus Bakelit.

◄ KANTEN Heibergs Entwurf mit den geraden Kanten sah sachlich und zweckmäßig aus. Klare Kanten und weiche Rundungen ließen sich aus Bakelit leicht fertigen. Die Herstellung eines Gehäuses dauerte nur sieben Minuten.

► SPRECHMUSCHEL
Die gekrümmte Verlängerung der Sprechmuschel reicht bis an den Mund des Benutzers heran. So werden weniger Nebengeräusche übermittelt und der Sprecher ist für seinen Gesprächspartner klarer zu verstehen.

ERICSSON-TELEFON DHB 1001 ■ JEAN HEIBERG, CHRISTIAN BJERKNES

»Ein Telefon schwedischen Typs.«

STICHWORT **DESIGN**

In den 1920er-Jahren wurden Telefone meist aus Blech und Holz gebaut. Hörer und Sprechmuschel waren separate Teile, die man mit zwei Händen halten musste. Die Verwendung von Bakelit ermöglichte es Jean Heiberg, beide Teile in einem Hörer zu vereinen. Er entwickelte sein Design mithilfe von Gipsmodellen, an denen er Teile wie den verbreiterten Sockel verfeinerte. Manche Menschen vermuteten, die Säulen antiker griechischer Tempel hätten ihn zu dieser Formgebung inspiriert. Er experimentierte auch mit doppelten Zierprofilen um Hörer und Sprechmuschel, auf die beim endgültigen Modell aber verzichtet wurde.

▲ **Gipsmodell** von Jean Heiberg für den Korpus des Ericsson-Telefons

Der Hörer aus Bakelit hat eine weich geschwungene Form.

Die fest integrierte Gabel ist robust und bruchsicher.

Im unteren Teil des Korpus ist die Klingel eingebaut.

Fenster zum Einschieben einer Karte mit der eigenen Telefonnummer

Füße sorgen für gute Standfestigkeit.

Anspitzer

1933 ▪ PRODUKTDESIGN ▪ VERCHROMTER STAHL ▪ USA

RAYMOND LOEWY

Maßstab

Raymond Loewy war gefeierter Vorreiter des Stromliniendesigns, das jeden seiner Entwürfe prägte – vom Auto bis zum Cocktailshaker. Er wurde bekannt als »der Mann, der Amerika neu formte«. Stromlinienförmige Objekte bieten dem Luft- oder Wasserstrom minimalen Widerstand. Diese glatte, gerundete Form verbessert die Aerodynamik von Lokomotiven und anderen Fahrzeugen. Loewy bezog jedoch alle Aspekte des Industriedesigns ein und gestaltete beispielsweise auch stromlinienförmige Kühlschränke, um ihnen ein modernes Aussehen zu geben und designbewusste Kunden anzusprechen. Einer seiner berühmtesten Entwürfe ist ein stromlinienförmiger, verchromter Tischanspitzer. Als Loewy das kleine Gerät mit dem zugespitzt-tropfenförmigen Korpus in den frühen 1930er-Jahren erfand, sah es völlig anders aus als alle anderen Büroutensilien. Der schimmernde Korpus erinnert an die Kühlerfigur eines futuristischen Automobils, und auch die Halterung der Kurbel sieht wie ein Autoteil aus – vielleicht der Fuß eines Seitenspiegels. Der Anspitzer ist ein Symbol für Loewys progressive gestalterische Ideen. Loewy, der sich der Macht von Werbung und Marketing sehr bewusst war, präsentierte den Prototypen stets in seinem Büro. In Serie wurde das Gerät nie produziert. Mit solchen Objekten zeigte Loewy den Amerikanern, dass es beim Design nicht nur um Funktion geht, sondern dass es durch seine Aussagekraft die Menschen beeinflussen kann. Selbst ein simpler Anspitzer kann durch seine Formensprache auf die Zukunft verweisen.

Die Griffhalterung ähnelt dem Fuß eines Auto-Seitenspiegels.

Die Ansatzstelle zwischen Korpus und rotierendem Kurbelteil wirkt beinahe nahtlos.

Im Sockel werden die Späne aufgefangen.

Im verbreiterten Fuß ist die Befestigungsvorrichtung untergebracht.

RAYMOND **LOEWY**

1893–1986

Raymond Loewy kam in Paris zur Welt und zog 1919 nach New York, wo er im Kaufhaus Macy's als Schaufensterdekorateur und später als Modezeichner arbeitete. 1929 erhielt er seinen ersten Auftrag aus der Industrie: die Überarbeitung der Gestetner-Vervielfältigungsmaschine. Aus Modelliermasse gestaltete er einen eleganten Korpus. Ebenso ging er auch bei der Umgestaltung von Automobilen wie von Studebaker vor. Sein Unternehmen wuchs, und 1951 hatte er in mehreren Büros bereits 140 Mitarbeiter, die alles Erdenkliche entwarfen: von Logos bis zu Flugzeugkabinen. Seine Vielseitigkeit und seine Bücher machten ihn zum berühmtesten Designer Amerikas.

ANSPITZER ■ RAYMOND LOEWY

Im Detail

Die Tropfenform des Korpus erinnert an zeitgenössisches Flugzeugdesign.

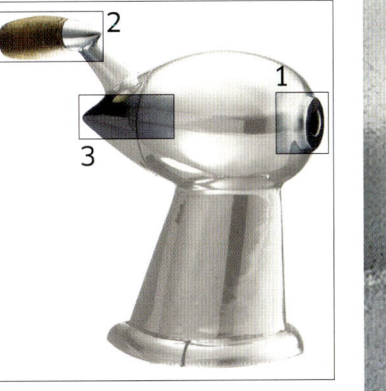

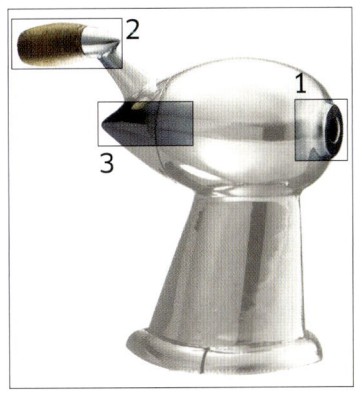

LEGENDE

▶ **GRIFF** Der Griff ist ähnlich geformt wie der Korpus: rund an einem Ende, spitz am anderen. Sein raueres Material schafft optisch einen Kontrast zur dekorativen Metallspitze und dem Fuß des Griffs. Außerdem verbessert das Material die Griffigkeit und sorgt dafür, dass die Finger bei der Benutzung nicht so leicht abrutschen.

▶ **RÜCKSEITE** Wie Loewys aerodynamische Autos der 1940er-Jahre läuft auch der Anspitzer hinten zu einer Spitze aus. Dadurch wird seine Stromlinienform, die typisch für das aerodynamische Design ist, betont.

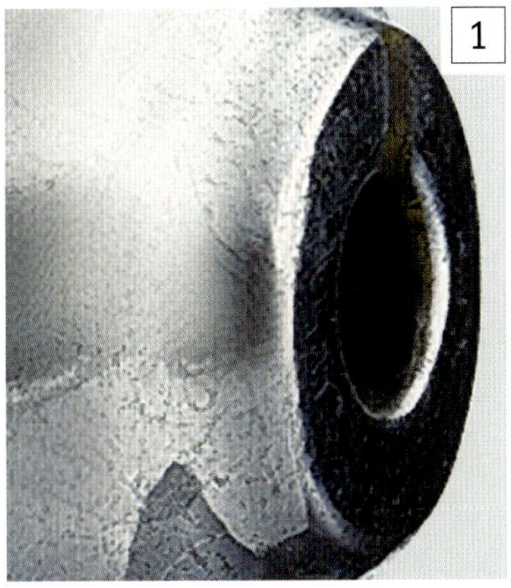

◀ **VORDERSEITE** Die abgerundete Vorderseite mündet in einen glatten Ring mit einer Öffnung, in die der Bleistift gesteckt wird. Diese Kombination aus Wölbung und Kreis erinnert an einige von Loewys Entwürfen für stromlinienförmige Lokomotiven.

ZUM KONTEXT

Loewy brachte sein gestalterisches Talent in verschiedenste Projekte ein, von Lucky-Strike-Zigarettenpackungen bis zu Elektrogeräten und Möbeln. Fahrzeuge interessierten ihn besonders. Er entwarf Autos, den berühmten Bus Greyhound Scenicruiser und Lokomotiven für die Pennsylvania Railroad. Während die Rumpfplatten früherer Lokomotiven genietet waren, ließ er sie verschweißen. Er »glättete« die Form, um die Fahreffizienz zu verbessern. Eine seiner berühmtesten Lokomotiven war die S1, deren torpedoförmiger Rumpf durch kunstvoll angebrachte waagerechte Linien windschnittig und schnell aussah. »Sie sauste vorbei wie ein Blitz aus Stahl«, sagte Loewy, als er sie in Fahrt sah.

▲ **Lokomotive S1,** Pennsylvania Railroad

1930–1939

Schreibtischlampe Anglepoise

1934–1936 ■ BELEUCHTUNG ■ STAHL ■ GROSSBRITANNIEN

GEORGE CARWARDINE

Maßstab

Die Anglepoise-Lampe zählt zu den genialsten Beispielen des Leuchtendesigns, dabei entstand sie fast per Zufall. Ihr Erfinder, der englische Ingenieur George Carwardine, hatte sich auf Autofederungen spezialisiert und war ein Experte für Federn. Anfang der 1930er-Jahre entwickelte er eine eng gewickelte Spiralfeder, die sich in jede Richtung bewegen ließ, ohne dabei ihre Spannkraft zu verlieren. Als er die Feder im Frühling 1932 patentieren ließ, hatte er keine Idee, wofür man sie verwenden konnte. Im Laufe der nächsten zwei Jahre entwickelte er jedoch eine Leuchte mit zwei flexiblen Armen, die man vor und zurück, seitwärts oder auf und ab bewegen konnte, um das Licht genau dorthin zu richten, wo es benötigt wurde. Carwardine erkannte, dass er die ideale Arbeitsleuchte für Werkstätten und Fabriken erfunden hatte.

Die Anglepoise sieht sehr zweckmäßig aus. Ihre beiden Arme sind auf einen schweren Fuß montiert, mit einem Scharniergelenk verbunden und werden im unteren Bereich durch Federn in Position gehalten. An der Spitze des oberen Arms ist der Leuchtenkopf befestigt, ein schlichter, runder Schirm in passender Größe für eine Glühlampe mit geringer Leistung. Eine 25-Watt-Birne reichte aus, weil das Licht zielgenau abstrahlte. Dadurch waren auch die Energiekosten gering. Carwardine hatte die Leuchte ursprünglich nur für die Industrie vorgesehen, aber er erkannte bald auch ihre Vorzüge für den Haushalt. Zusammen mit dem Herstellungsbetrieb entwarf er ein Modell mit nur drei Federn und einem eckigen, abgestuften Fuß, das in verschiedenen Farben erhältlich war. Als die Haushaltsversion 1936 auf den Markt kam, war sie ein großer Erfolg. Trotz verschiedener Veränderungen hat sich bis heute am Gesamtdesign der Anglepoise nichts verändert. Sie wurde häufig imitiert und kopiert – ein sicheres Zeichen dafür, dass sie ein Designklassiker ist.

Im Detail

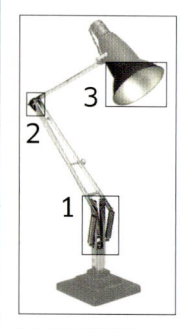

LEGENDE

▶ **FEDERN** George Carwardines erste Leuchte hatte vier Federn, aber bei der späteren Haushaltsversion halten drei Federn die Arme in Position. Die Ösen an den Enden der Federn werden einfach an Armen und Fuß eingehängt. Das funktionelle Design ist also auch leicht zusammenzubauen.

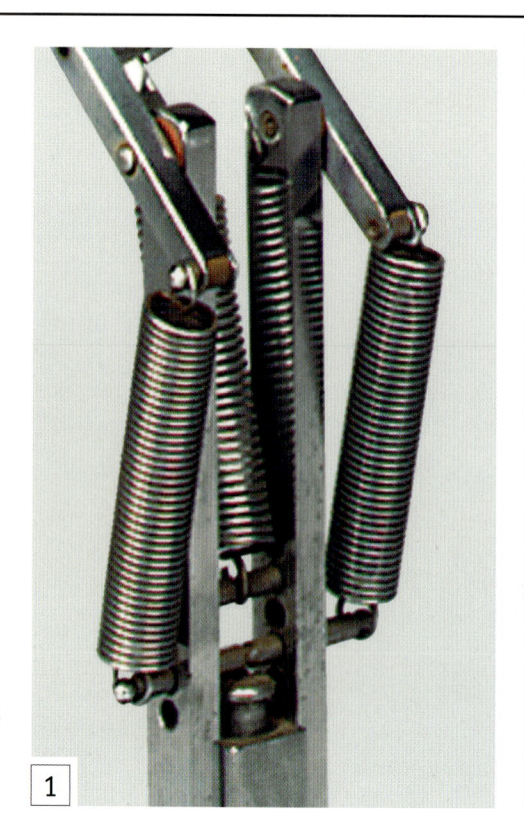

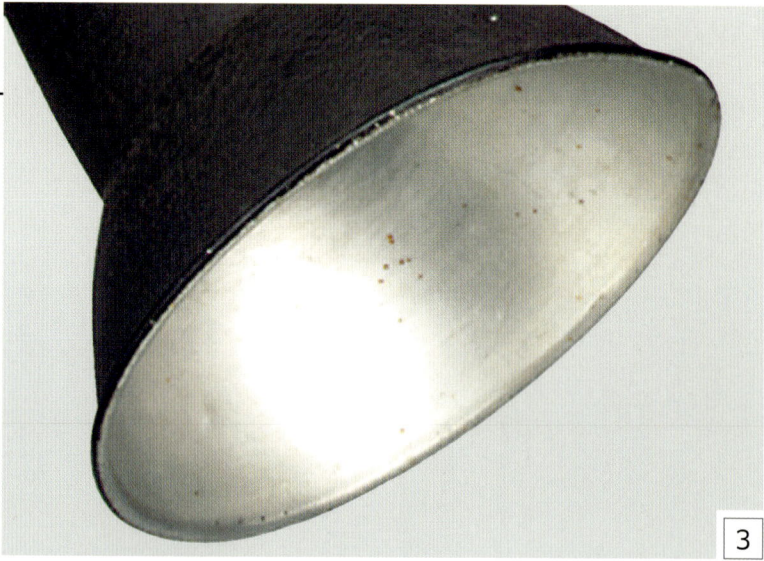

◀ **ARMGELENK** Das Scharnier funktioniert wie ein Ellenbogen. Der obere Arm lässt sich auf und ab bewegen, um seinen Winkel zum unteren Arm zu ändern. Das Scharnier hält den Arm in der gewünschten Position.

▲ **SCHIRM** Der Schirm ist so geformt, dass der Lichtstrahl schmal, aber nicht zu stark gebündelt ist. Das helle Innere sieht attraktiv aus, hat aber auch eine Funktion: Es reflektiert das Licht der Glühlampe, sodass diese nur eine geringe Leistung aufweisen muss.

SCHREIBTISCHLAMPE ANGLEPOISE ■ GEORGE CARWARDINE 73

Auch der Schirm ist mit einer beweglichen Halterung ausgestattet.

Im hohlen Arm wird das Stromkabel geführt.

Die Erweiterung des Schirms vereinfacht das Auswechseln der Glühlampe.

Der schwere, abgestufte Fuß zeigt Anklänge ans Design des Art Déco.

GEORGE **CARWARDINE**
1887–1948

Carwardine verließ die Schule mit 14 Jahren und ging in seiner Heimatstadt Bath in die Lehre. Er arbeitete in verschiedenen Betrieben und wurde, nachdem er sich in seiner Freizeit zum Ingenieur fortgebildet hatte, von dem Automobilhersteller Horstmann in Bath eingestellt. 1916 war Carwardine Betriebsleiter und Chefdesigner. In den 1920er-Jahren führte er ein eigenes Unternehmen, das Federungen und andere Automobilteile entwarf und fertigte. Ende der 1920er-Jahre wurde die Firma, vermutlich infolge der Weltwirtschaftskrise, geschlossen. In seinen letzten Berufsjahren war Carwardine als freiberuflicher Berater und Erfinder tätig. Er erwarb verschiedene Patente, spezialisierte sich aber auf Federungstechnik. Mit der Anglepoise hat er ein dauerhaftes Erbe hinterlassen.

> »Die Anglepoise ist ein kleines Gleichgewichtswunder… Gleichgewicht wird im Leben oft unterbewertet.«
>
> **KENNETH GRANGE**, Designer

STICHWORT **DESIGN**

George Carwardine gefiel die Funktionsverwandtschaft zwischen der Anglepoise und dem menschlichen Arm. Federn und Fuß entsprechen der Schultermuskulatur. Sie geben dem Mechanismus Stabilität und ermöglichen die Drehbewegung. Das Gelenk zwischen dem oberen und unteren Arm ist, wie der Ellenbogen, nur in einer Richtung beweglich. Es hebt und senkt den Leuchtenkopf. Das Gelenk, durch das sich der Leuchtenkopf neigen und kippen lässt, entspricht dem Handgelenk. Carwardine entwickelte das Design mithilfe einer Reihe exakter Zeichnungen, bei denen verschiedene Einstellungen und die jeweilige Lage des Schwerpunkts berücksichtigt werden. Das ursprüngliche Modell war mit vier Federn ausgestattet, aber Carwardine stellte fest, dass drei genügten. Er legte seine Zeichnungen dem britischen Federhersteller Herbert Terry & Sons vor, und das Unternehmen begann wenig später mit der Produktion.

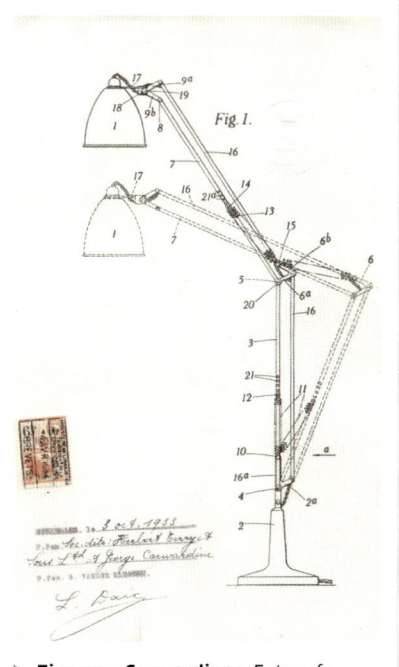

▶ **Eine von Carwardines** Entwurfszeichnungen für die erste Version der Anglepoise-Leuchte, 1933

Ekco-Radio AD65

1934 ■ PRODUKTDESIGN ■ BAKELIT ■ GROSSBRITANNIEN

WELLS COATES

In den 1920er- und 1930er-Jahren wurde das Radio in immer mehr Haushalten als Unterhaltungs- und Informationsmedium zur Selbstverständlichkeit. Die meisten frühen Geräte hatten ein Holzgehäuse, das zu den Möbeln passte. 1934 brachte jedoch die britische Firma E.K. Cole (»Ekco«) nach einem Designwettbewerb ein Radio mit einem völlig anderen Aussehen auf den Markt. Das Siegermodell AD65 stammte von dem Designer Wells Coates. Sein Gehäuse bestand aus Bakelit, einem Kunststoff, der sich leicht in jede beliebige Form bringen lässt. Leo Baekeland hatte das Material 1907 erfunden, und als 1927 sein Patent auslief, nahm die Beliebtheit von Bakelit sprungartig zu. Nun stand es Firmen und Designern frei, mit Variationen der Formel zu experimentieren, um beispielsweise neue Farben zu kreieren und Formen für verschiedenste Produkte wie Uhren und Schmuck zu gestalten.

Das runde Radio AD65 gehörte zu den ungewöhnlichsten Produkten aus Bakelit. Sein Gehäuse fiel ins Auge, war mit der halbrunden Frequenzskala am Rand und dem Lautsprecher in der Mitte funktionell, und die geringen Produktionskosten erfüllten Coates' Anspruch, Produkte mit vernünftigem Preis-Leistungs-Verhältnis zu gestalten. AD65 passte mit seiner stromlinienförmigen Form ebenso gut zum Art Déco wie in moderne Interieurs und wurde schnell ein internationaler Erfolg.

Maßstab

Nahtlos integrierte Füße sorgen für Standfestigkeit.

WELLS **COATES**

1895–1958

Wells Coates wurde in Tokio geboren, studierte in Kanada Ingenieurwesen und zog dann nach England. Er arbeitete in London und Paris als Journalist und begann, sich für die Ideen von Designern wie Le Corbusier (siehe S. 57) zu interessieren. Seine Karriere als Designer begann 1928 mit dem Auftrag, Ladeneinrichtungen für Cresta Silks zu gestalten. Er entwarf Gebäude und Möbel für die Firma Isokon, Stahlrohrmöbel für PEL sowie ein elektrisches Heizgerät und das Radio AD65 für Ekco. Seine Produkte, die in der Formgebung wie in der Materialwahl gleichermaßen modern waren, machten ihn zu einem der bedeutendsten Designer der Zeit zwischen den Weltkriegen.

Im Detail

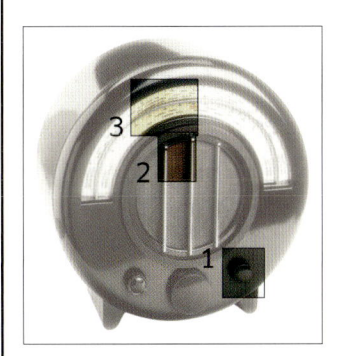

Die glatte, glänzende Oberfläche lässt sich leicht reinigen.

LEGENDE

◄ **REGLER** Durch drei Drehregler aus Bakelit in der Gehäusefarbe wirkte das Radio technisch ausgereift. Bakelit leitet elektrischen Strom nicht, darum eignet es sich gut zur Herstellung von Schaltern.

▲ **LAUTSPRECHERABDECKUNG** Drei senkrechte Streben aus Edelstahl sind vor dem Lautsprecher in der Mitte montiert. Sie sehen modern aus und schützen den Lautsprecher vor Beschädigungen.

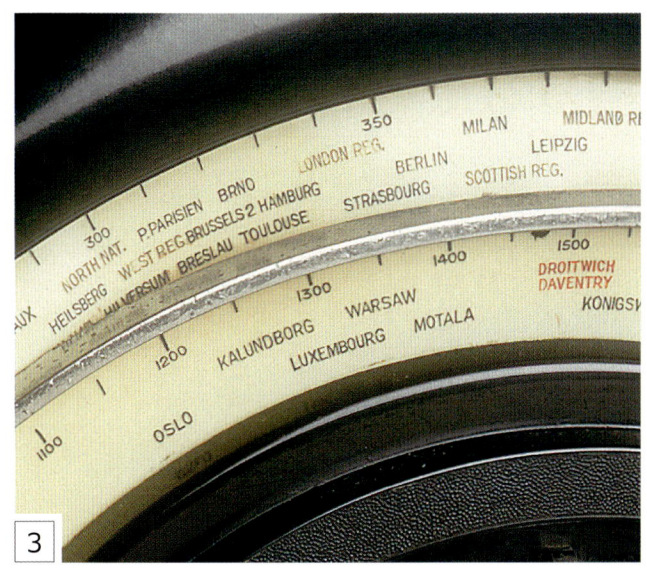

▲ **FREQUENZEN** Das gegossene Gehäuse war groß genug für eine halbkreisförmige Skala, auf der die Frequenzen und die Namen von Radiosendern in gut lesbarer Schrift aufgedruckt waren. Mit dem großzügig dimensionierten Regler ließ sich die gewünschte Frequenz exakt einstellen.

Das Bakelit wurde zur Herstellung des runden Gehäuses in eine Form gegossen.

STICHWORT **ARCHITEKTUR**

Wells Coates war nicht vorrangig Architekt, aber er entwarf eine kleine Zahl einflussreicher Gebäude, darunter zwei moderne Wohnblocks: Embassy Court in Brighton und die Lawn Road Flats in Hampstead im Norden Londons. Auftraggeber für den weiß verputzten Lawn-Road-Block mit großen Fenstern und langen, weißen Laubengängen war Jack Pritchard von der Firma Isokon. Im Gebäude befanden sich eine Bar, ein Clubraum und winzige Wohnungen, gedacht als Zweitwohnung für Berufstätige, die häufiger in London zu tun hatten. Die Wohnungen bildeten den idealen Rahmen für die modernen Isokon-Möbel, die Coates und sein Zeitgenosse und Bauhaus-Designer Marcel Breuer (siehe S. 59) entwarfen. Breuer besaß eine der Wohnungen in dem Block.

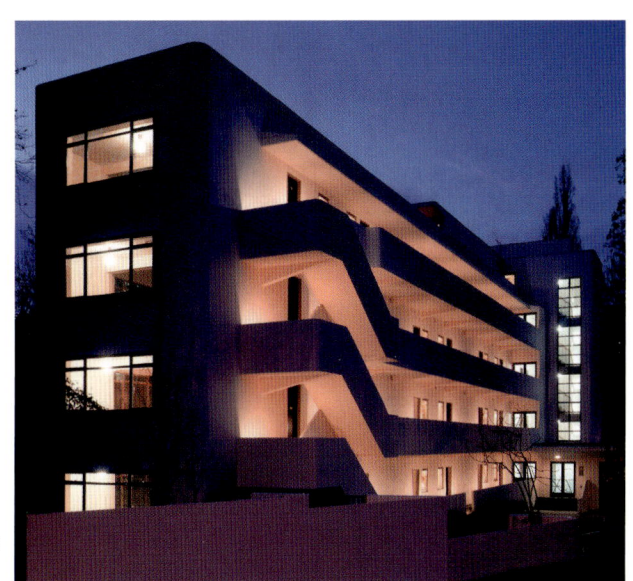

▲ **Isokon-Wohnblock,** erbaut 1933/34, restauriert 2004

Vase Savoy

1936 ▪ GLASWAREN ▪ FORMGEBLASENES GLAS ▪ FINNLAND

ALVAR AALTO

Maßstab

Im Vorfeld der Pariser Weltausstellung von 1937 veranstalteten die finnischen Glashersteller Karhula und Iittala einen Designwettbewerb. Die Produkte sollten im finnischen Pavillon ausgestellt werden. Sieger war der Architekt und Designer Alvar Aalto mit einer außergewöhnlichen Vase. Im Gegensatz zu gängigen Vasen war sein Entwurf nicht symmetrisch. Die Wandung verlief in weichen Wellen, die eher an ein Stück Stoff erinnerten als an Glas. Manche Betrachter entdeckten eine Ähnlichkeit zur Form der finnischen Seen, andere stellten einen Zusammenhang mit dem Namen des Designers her, der übersetzt »Welle« bedeutet. Betrachtet man die Vase von oben oder von der Seite, ergeben sich durch die Wellenform Farbvariationen. In weiten Rundungen ist das Glas fast transparent, in engen Kurven ist die Farbe dunkler und intensiver. Blumen fallen von selbst in die Rundungen der Vase und lassen sich leicht arrangieren. Die Vase war auf der Weltausstellung ein Erfolg und bald darauf im Luxusrestaurant Savoy in Helsinki zu sehen, für das Aalto und seine Frau Aino auch Möbel und Zubehör entwarfen. Die Vase kam zunächst unter dem Namen Savoy in den Handel. Das schöne Stück wird noch immer – jetzt unter dem Namen Aalto-Vase – von der Firma Iittala hergestellt. Ihre Beliebtheit ist ungebrochen.

ALVAR **AALTO**

1898-1976

Nach dem Architekturstudium in Helsinki machte sich Alvar Aalto schnell einen Namen. Ende der 1920er-Jahre entwarf er bedeutende moderne Gebäude in Finnland, etwa die Viipuri-Bibliothek (heute Wyborg, Russland) oder das Paimio-Sanatorium. Er strebte an, zwanglose, helle und einladende Bauten zu gestalten, und sie wurden als moderne Meisterwerke gefeiert. Aalto entwarf auch Möbel, Leuchten und Zubehör für seine Gebäude. Sein erster Auftrag, das angesehene Restaurant Savoy, war ein erfolgreiches Forum für seine Möbel und seine Vase von 1936. Nach dem Zweiten Weltkrieg wirkte Aalto an zahlreichen Projekten in Europa und den USA mit, aber sein Ruhm beruht hauptsächlich auf den frühen Gebäuden und seinem Glas- und Möbeldesign.

Im Detail

Die Wandstärke des formgeblasenen Glases ist unregelmäßig.

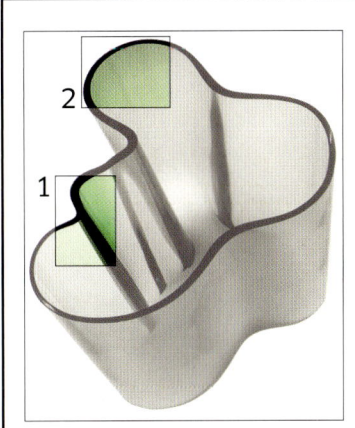

▶ **INNEN** Durch die weiche Wellenform der Glaswand wirkt die Vase wie eine Skulptur und es entsteht ein interessantes Hell-Dunkel-Muster. Aalto war beim Design wichtig, dass die Vase mit und ohne Blumen gleichermaßen attraktiv aussah.

LEGENDE

◀ **BOGEN** Der Rand der Vase beschreibt drei großzügige Bögen, die jedoch unterschiedlich geformt sind. Die fließende Linienführung zeugt davon, dass der Designer organische Formen schätzte. Aalto soll vorgeschlagen haben, das Gefäß nicht nur als Vase, sondern auch als Obstschale zu verwenden.

Grün war eine der Originalfarben. Die Vase war außerdem in Bernsteinbraun, Azurblau, Rot, Rauchgrau, Weiß und farblos erhältlich.

STICHWORT **DESIGN**

Die Inspirationsquellen für die Vase sind nicht bekannt. Aalto selbst sagte, die Form einer Pfütze sei eine davon gewesen. Der Arbeitstitel, den er dem Originaldesign gab, lautete *Eskimoerindens Skinnbyxa* (Lederhose der Eskimofrauen) und lässt darauf schließen, dass er den Faltenwurf von weichem Leder imitieren wollte. Sicher ist, dass Aalto Möglichkeiten auslotete, Glas in organischen, asymmetrischen Kurven zu formen. Die Kurven sind in den Entwurfszeichnungen zu erkennen, die er für seinen Wettbewerbsbeitrag für die Pariser Weltausstellung zeichnete (rechts). In den einfachen Skizzen ist an unterschiedlichen Strichstärken zu erkennen, welchen Effekt er durch die Variationen der Glaswandstärke erzielen wollte.

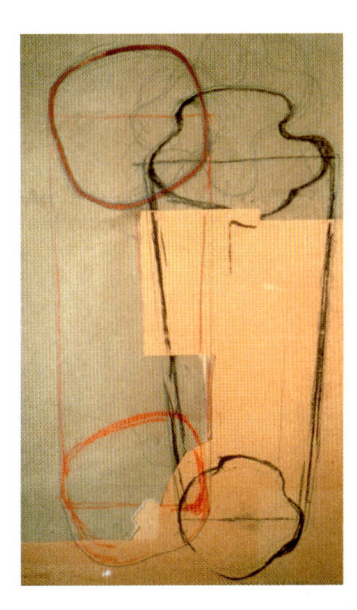

▶ **Entwurf für die Savoy-Vase,** 1936

ZUM **KONTEXT**

Alvar Aalto entwarf viele Möbel, die mit ihren schlichten Formen und ihrer Zweckmäßigkeit den Ideen der Moderne entsprachen. Seine bevorzugten Materialien waren Sperrholz und Birke, die er behaglicher fand als das Stahlrohr, das viele seiner Zeitgenossen verwendeten. Durch Biegen von schichtverleimtem Holz gestaltete er elegante, moderne Möbel wie den Freischwingersessel Nr. 31 (unten), der bei aller Modernität warm wirkt und sich angenehm anfühlt. Aaltos Inspirationsquelle war die finnische Landschaft, und er verarbeitete das Holz, das in ihren Wäldern reichlich produziert wurde, mit großem Respekt.

▲ **Freischwingersessel Nr. 31,** 1932

Kodak Bantam Special

1936 ■ PRODUKTDESIGN ■ GUSSALUMINIUM MIT EMAILLE ■ USA

WALTER DORWIN TEAGUE

Ende der 1920er-Jahre war die Marke Kodak ein Synonym für Fotografie geworden, und die Filme und erschwinglichen Kameras des Unternehmens wurden weltweit verkauft. 1928 beauftragte die Firma den Designer Walter Dorwin Teague mit der Neugestaltung der Kameragehäuse, um einen größeren, progressiveren Markt zu bedienen. Teague befasste sich zuerst mit der preiswerten Brownie-Serie. 1936 entwarf er ein neues, teureres Modell, dessen edel gestreiftes Gehäuse im Art-Déco-Stil anders aussah als alle vorherigen Kameras. Die kompakte Bantam Special bewies, dass modisches Design auch Produkte aufwerten konnte, die man bis dahin nur unter funktionellen Aspekten betrachtet hatte. Die Kamera war insgesamt hochwertig: Das Aluminiumgehäuse war sehr stabil, die abgeflachte Form lag gut in der Hand, Objektiv und Verschlussmechanismus waren von hoher Qualität, und die Bedienelemente waren präzise gearbeitet. Hinter der Frontklappe des Gehäuses lag das Objektiv auf einem kleinen Balg, umgeben von verschiedenen Bedienelementen. Durch kurzen Druck auf einen Hebel schloss sich die Objektivabdeckung und die Kamera konnte in der Tasche verstaut werden. Zielgruppe des Designers waren Fotografen, die sich eine hochwertige Kamera im Taschenformat wünschten. Viele betrachten die Bantam Special als attraktivstes Modell, das je gefertigt wurde.

Maßstab

Schnittbild-Sucher zum schnellen und einfachen Scharfstellen

Das elegante, lackschwarze Gehäuse sprach modebewusste Kunden an.

Das hochwertige Objektiv produziert bei allen Blendeneinstellungen gute Bilder.

WALTER DORWIN **TEAGUE**

1883–1960

Nach der Ausbildung an der New Yorker Art Students League arbeitete Walter Dorwin Teague in der Werbebranche, ehe er sich 1926 dem Produktdesign zuwandte. Kodak war einer seiner wichtigsten Auftraggeber aus der Industrie, aber Teague entwarf auch Glaswaren für Steuben Glass und Tankstellen für Texaco. Weitere Auftraggeber waren DuPont, der Erfinder von Nylon, und Ford. Nach 1940 zählte er zu den wohl einflussreichsten Designern der USA, und 1944 war er der erste Präsident der Society of Industry Designers.

KODAK BANTAM SPECIAL ■ WALTER DORWIN TEAGUE

Im Detail

Gehäuse geschlossen | Eine integrierte, schlicht schwarze Kappe schützt die Vorderseite des Objektivs.

LEGENDE

▶ **OBJEKTIVRAND** Die Kamera war mit einem 45-mm-Objektiv von Kodak und einem Verschlussmechanismus aus deutscher Produktion ausgestattet. Auf dem Objektivrand war eine Tiefenschärfenskala eingraviert, an der man ablesen konnte, welche Motivbereiche bei welcher Blendeneinstellung als scharf gestellt zu betrachten waren.

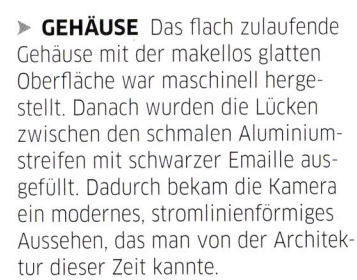

▶ **GEHÄUSE** Das flach zulaufende Gehäuse mit der makellos glatten Oberfläche war maschinell hergestellt. Danach wurden die Lücken zwischen den schmalen Aluminiumstreifen mit schwarzer Emaille ausgefüllt. Dadurch bekam die Kamera ein modernes, stromlinienförmiges Aussehen, das man von der Architektur dieser Zeit kannte.

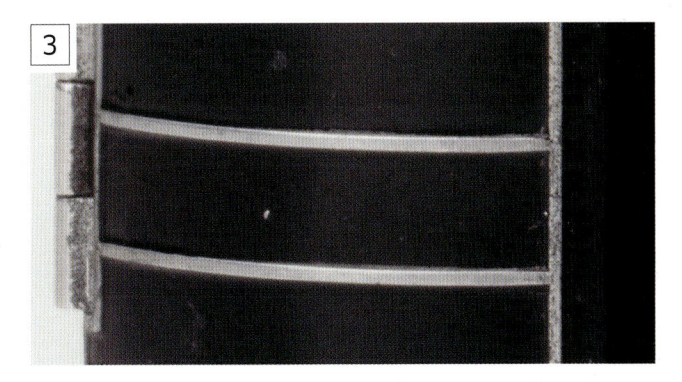

◀ **FILMTRANSPORT** Ein Knopf mit griffigrauer Oberfläche transportierte den Rollfilm mit Papier-Rückseite im Inneren der Bantam Special. Dieser Transportknopf ist eines der wenigen Bedienelemente, die auch bei geschlossener Frontklappe sichtbar waren.

ZUM KONTEXT

Seit der Gründung im späten 19. Jh. und dem frühen Werbeslogan »Sie drücken auf den Knopf, wir kümmern uns um den Rest« war die Firma Eastman Kodak kundenbewusst und betonte stets die Bedienerfreundlichkeit ihrer Kameras. Von den 1930er-Jahren an verwendete das Unternehmen für Werbung und Verpackungen die Farben Rot und Gelb und einen Namenszug in klarer, roter Schrift, damit die Kunden die Marke sofort erkannten. Durch Designer wie Walter Dorwin Teague, die Kameras gestalteten, erkannte das Unternehmen, dass Art-Déco-Design im Trend lag, und gab den Auftrag zur Gestaltung neuer Typografie für die Werbung. Schlanke, moderne Kursivschrift wurde nun in Anzeigen, die auf die günstigen Preise und die Bedienerfreundlichkeit hinwiesen (rechts), mit dem plakativen Standard-Namenszug kombiniert. Durch gut gestaltete Kameras und erfolgreiche Werbung wurde Kodak im Laufe der Jahre zu einem der weltweit bedeutendsten Unternehmen in der Fotografie.

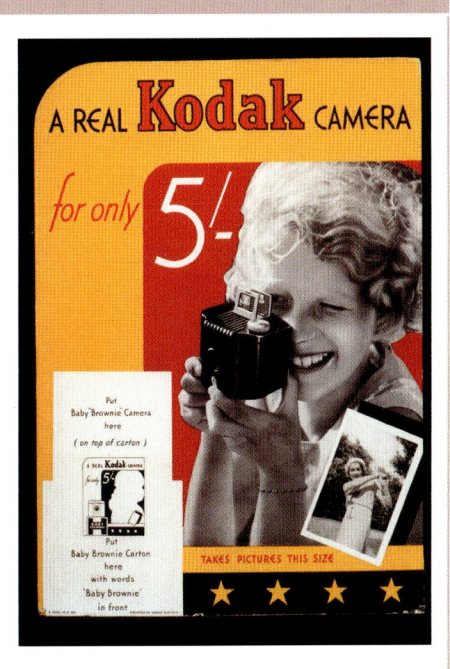

▶ **Kodak-Werbung,** 1935, für eine der preiswerten Bakelitkameras des Unternehmens.

1930–1939

Volkswagen Käfer VW 38

1938 ■ AUTOMOBILDESIGN ■ VERSCHIEDENE MATERIALIEN ■ DEUTSCHLAND

FERDINAND PORSCHE

Maßstab

Das unverwechselbare Design des VW Käfer zählt zu den erfolgreichsten und langlebigsten aller Zeiten. Er entstand als Antwort auf eine genau formulierte Forderung. Adolf Hitler wünschte einen »Volkswagen« mit ausreichend Platz für zwei Erwachsene und drei Kinder, der 100 km/h schnell fahren und nicht mehr als 1000 Reichsmark (so viel wie ein kleines Motorrad) kosten sollte. Den Auftrag zur Gestaltung erhielt der Automobilingenieur Ferdinand Porsche. Er entwarf ein Fahrzeug mit luftgekühltem Heckmotor und aerodynamischer Karosserie, das wegen seiner runden Form bald den Spitznamen »Käfer« bekam. Porsche knüpfte mit dem Design an Modelle des tschechischen Automobilherstellers Tatra an. Das Ergebnis mit dem spartanischen Inneren, der einfachen Mechanik und der insektenähnlichen Form war jedoch außergewöhnlich. Der Erfolg stellte sich aber nicht sofort ein. 1939 hatte das Volkswagenwerk erst einige wenige Prototypen produziert. Bei Ausbruch des Zweiten Weltkriegs konzentrierte sich das Unternehmen auf Varianten des Wagens, die sich für das Militär eigneten, etwa den geländegängigen Kübelwagen und den Schwimmwagen, ein Amphibienfahrzeug. Nach dem Krieg wurde die Produktion wieder aufgenommen, nun in großen Stückzahlen, und das jetzt als Typ 1 bezeichnete Modell fand schnell viele Anhänger. In den folgenden Jahrzehnten wurden immer wieder Verbesserungen vorgenommen, etwa ein größeres Heckfenster, ein stärkerer Motor und eine bessere Kurbelwelle. Auf grundsätzliche Änderungen an Gesamtkonzept und Form wurde aber verzichtet.

◄ **VW-Logo** Der Name KdF-Wagen (Kraft durch Freude) wurde durch die Initialen VW für Volkswagen ersetzt.

Die vorspringende Stoßstange entspricht dem traditionellen Automobildesign.

Große Räder verbessern das Fahrverhalten auf unebenen Landstraßen.

Schmales Trittbrett unterhalb der Tür

VOLKSWAGEN KÄFER VW 38 ■ FERDINAND PORSCHE

Die frühen Modelle hatten eine gerade, flache Windschutzscheibe.

Alu-Motorblock im Heck

Kleine Rücklichter in farblich passend lackierten Gehäusen

▲ Rücksicht

Stoßstange in derselben Farbe wie die Karosserie

▲ Vorderansicht

Durch die hinteren Seitenfenster fiel Licht ins Innere, sie ließen sich aber nicht öffnen.

Die lange Rundung setzt sich fließend bis zum Heck fort.

Unter der Heckklappe mit Scharnieren liegt der Motor.

FERDINAND PORSCHE
1875–1951

Ferdinand Porsche arbeitete zu Beginn seiner Karriere in Wien, wo er 1898 ein Elektroauto und 1901 das erste Elektro-Benzin-Hybridfahrzeug entwickelte. Später arbeitete er für verschiedene deutsche Unternehmen, bis er 1931 eine eigene Design- und Beratungsfirma gründete und für unterschiedliche Automobilhersteller tätig wurde. Porsche gestaltete nicht nur den VW Käfer, sondern war auch an Entwürfen für Waffen beteiligt, darunter die V1-Flugbombe. Nach Kriegsende wurde er als Kriegsverbrecher zu 20 Monaten Haft verurteilt. Zum Zeitpunkt seiner Entlassung leitete sein Sohn »Ferry« die Produktion des ersten Porsche-Sportwagens, des Modells 356.

▲ **Ferdinand Porsche** (links) zeigt Adolf Hitler ein Modell des »Volkswagens«.

Im Detail

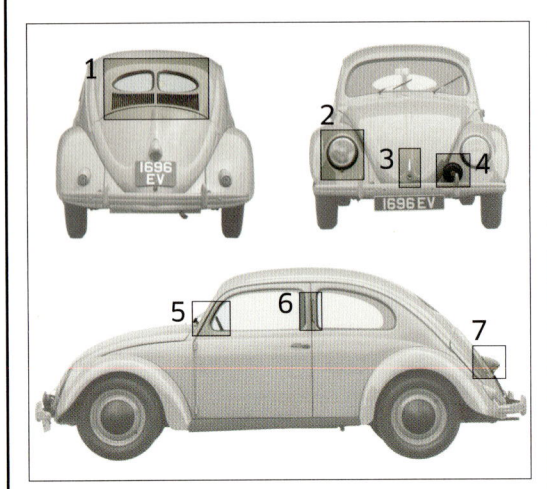

LEGENDE

▼ **SCHEINWERFER** Beim Tatra und dem in Deutschland hergestellten Standard Superior, an deren Design Porsche sich orientierte, waren die Scheinwerfer an der Karosserie oder der vorderen Stoßstange montiert. Sie wurden als separate Elemente hergestellt und sahen, wie die Scheinwerfer der ersten Automobile, aus wie nachträglich hinzugefügt. Beim Käfer hingegen waren die Scheinwerfer in die vorderen Kotflügel eingebaut und dadurch optisch in die Gesamtform integriert. Diese Lösung hatte den Vorteil, dass die Scheinwerfer durch das Blech geschützt waren, und sie verbesserte die Aerodynamik des Autos.

▼ **HECKFENSTER UND LÜFTUNGSSCHLITZE** Die ursprünglichen Entwürfe und Prototypen des Käfers hatten keine Heckfenster, und die Lüftungsschlitze des Motorraums setzten sich bis zur Stoßstange fort. Beim überarbeiteten Modell, das in Produktion ging, fügten die Designer ein kleines, geteiltes Fenster hinzu, um dem Fahrer etwas Sicht nach hinten zu verschaffen. Die Lüftungsschlitze füllten den Bereich zwischen dem Fenster und der Motorhaube aus. Spätere Modelle mit größerem, einteiligem Fenster und Lüftungsschlitzen in der Haube waren praktischer, sahen aber weniger markant aus.

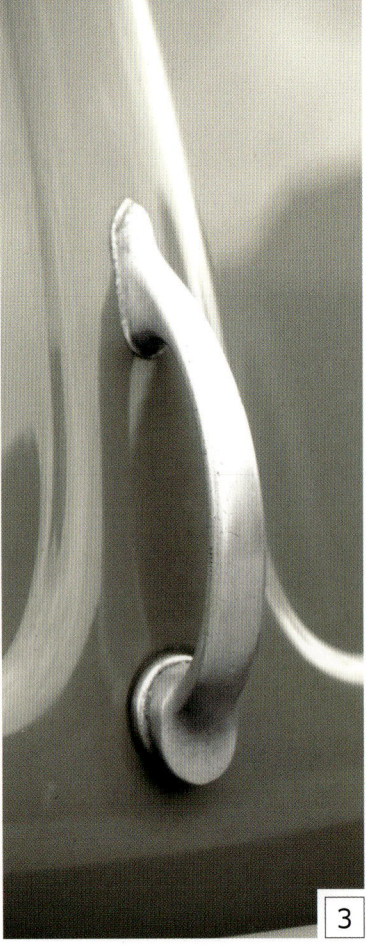

▲ **HUPE** In den 1930er-Jahren hatten die meisten Autos an der Fahrertür eine Hupe mit einem Gummibalg und einem Schalltrichter aus Metall. Volkswagen stattete den Käfer mit einer elektrischen Hupe aus, die vorn schräg unterhalb eines Scheinwerfers installiert war.

◀ **VORDERE HAUBE UND GRIFF** Da der Motor hinten lag, befand sich unter der vorderen Haube der Kofferraum. Die Haube reichte bis zur vorderen Stoßstange und hatte Rippen, die in der unteren Mitte zusammenliefen. Der schlichte Metallgriff war am unteren Ende der Mittelrippe montiert. Im Vergleich zu anderen Autos dieser Zeit, die einen Kühlergrill, eine Kühlerfigur und manchmal zusätzliche Leuchten besaßen, sah der Käfer von vorn schlicht und schmucklos aus.

VOLKSWAGEN KÄFER VW 38 ■ FERDINAND PORSCHE

5 ◄ LENKRAD UND ARMATURENBRETT
Das Armaturenbrett besteht, wie die Karosserie, aus Metall. Alle Instrumente, Schalter und Kontrollleuchten sind in eine schwarze Platte eingelassen. Sie ist so platziert, dass der Fahrer Tachometer und Kilometerzähler durch das Lenkrad mit den schlanken Speichen und dem schmalen Rand gut sehen kann.

6 ◄ WINKER Fahrtrichtungsanzeiger dieses Typs waren zwischen den Weltkriegen üblich. Manche Autos besaßen keine Winker, der Fahrer musste also Handzeichen geben. Die Winker des Käfers klappten heraus, wenn der Fahrer sie betätigte, und legten sich danach wieder flach in ihre Gehäuse. Ihre Oberseite war in der Farbe der Karosserie lackiert.

7 ► NUMMERNSCHILDBELEUCHTUNG Oberhalb des Nummernschilds war in einem kleinen Gehäuse eine Leuchte installiert. Die Form der Leuchte wandelte sich im Laufe der Jahre. Beim Originalmodell entsprach ihre Form ganz dem stromlinienförmigen Design des Autos.

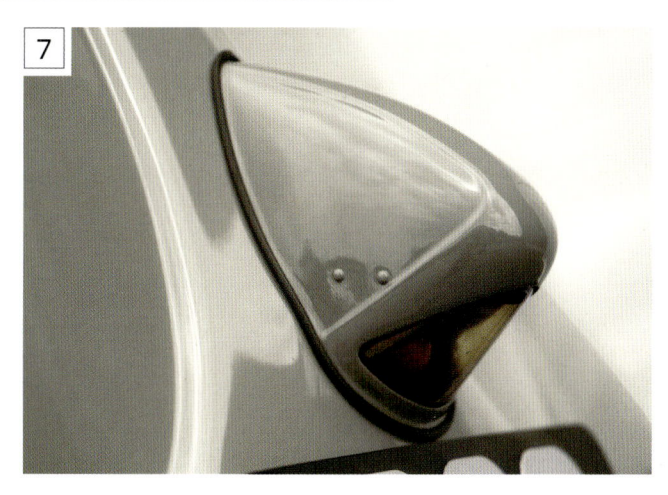

ZUM KONTEXT

In den 1930er-Jahren entwickelten mehrere Automobilhersteller stromlinienförmige Modelle mit Heckmotor, die Ferdinand Porsche beim Design des Käfers beeinflussten. Zu den erfolgreichsten gehörte die tschechische Firma Tatra, deren luxuriöser T77 von einem luftgekühlten Heckmotor angetrieben wurde. Tatra entwickelte auch das kleinere Modell V570. Es wurde nie produziert, aber an seinem Prototypen orientierten sich Form und Aufteilung des Käfers. Den von Josef Ganz entwickelten »Maikäfer« soll Hitler auf einer Autoausstellung gesehen haben. Wie der V570 hatte er eine rundliche Form und einen Heckmotor. Porsche verbesserte beide Designs, glättete die Rundungen und gab seinem Modell die fließende Linienführung.

▲ **Tatra V570,** Prototyp

STICHWORT **PRODUKTION**

Beim Design des VW Käfer wurde darauf geachtet, dass er leicht in großer Stückzahl zu produzieren war. Der luftgekühlte Motor war weniger komplex als ein Motor mit Wasserkühlung, Heckmotor und Heckantrieb machten eine Kardanwelle überflüssig. Der Wagen hatte einfache Seilzugbremsen und ein unsynchronisiertes Getriebe. Hitler veranlasste nicht nur den Bau einer riesigen Fabrik, sondern einer ganzen Fabrikstadt, um die Autos in großen Mengen produzieren zu können. Während des Zweiten Weltkriegs wurden Fahrzeuge für die Armee hergestellt, nach Kriegsende wurden in der mit modernster Fertigungstechnik ausgestatteten Fabrik große Mengen von Volkswagen produziert.

▲ **1946** wurden im Volkswagenwerk in Wolfsburg 1000 Fahrzeuge pro Monat produziert.

Leuchter Knuten

1938 ▪ METALLWAREN ▪ VERSILBERTES METALL ▪ SCHWEDEN

JOSEF FRANK

Maßstab

Der elegante, perfekt ausgewogene Leuchter Knuten (Knoten) gehört zu den berühmtesten Produkten des innovativen Unternehmens Svenskt Tenn. Entworfen wurde er von Josef Frank, der in Österreich geboren wurde, 1933 nach Schweden emigrierte und ein Jahr später für Svenskt Tenn tätig wurde. Er ging eine fruchtbare kreative Partnerschaft mit der Besitzerin Estrid Ericson ein, entwarf viele erfolgreiche Möbelstücke, Textilien und Leuchten, die sie in ihrem Einrichtungsgeschäft in Stockholm in ansprechenden Interieurs präsentierte.

Tischleuchter hatten traditionell einen Mittelfuß mit strahlenförmig angeordneten Armen. Frank entwarf ein völlig anderes, sehr modernes Design, das ganz ohne Fuß auskommt. Drei schlichte, zylindrische Kerzenhalter sind auf den Enden von kurvig gebogenem Metallrohr montiert. Drei ausgeprägte Bögen bilden die »Füße«, die auf der Tischplatte aufliegen und die Konstruktion tragen. Die anderen Enden umschlingen einander und bilden den Knoten, nach dem der Leuchter benannt ist. Die hochwertige Verarbeitung ist typisch für Franks Design, und der »Freundschaftsknoten« in der Mitte steht symbolisch für die Herzlichkeit und Gastfreundschaft, mit der Frank und seine Frau in Schweden aufgenommen worden waren.

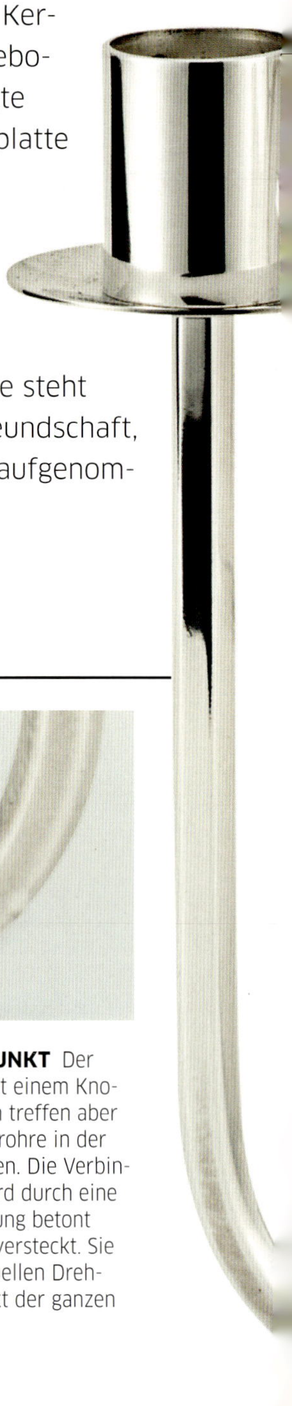

JOSEF FRANK
1885–1967

Josef Frank war in Wien ein Vorreiter der modernen Architektur und entwarf außerdem Möbel, Textilien und Teppiche. In den 1930er-Jahren beschloss er wegen der Wirtschaftskrise und dem Aufstieg des Nationalsozialismus, mit seiner schwedischen Frau nach Stockholm umzusiedeln. Er übernahm bald die Position des Chefdesigners in dem führenden Unternehmen Svenskt Tenn, die er bis zu seinem Tod im Jahr 1967 behielt. Mit seinen eleganten und behaglichen Interieurs leistete er einen bedeutenden Beitrag zum internationalen Renommée schwedischen Designs.

Im Detail

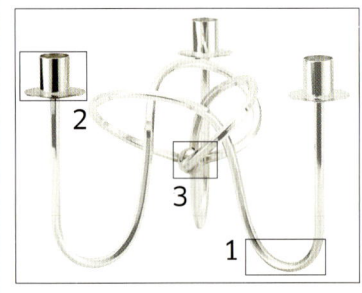

LEGENDE

▶ **KERZENHALTER** Der edle, schlichte Kerzenhalter besteht aus einem glatten Zylinder auf einer Metallscheibe. Die klare Linienführung der Kerzenhalter bildet einen spannungsvollen Kontrast zur weich geschwungenen Mittelkonstruktion.

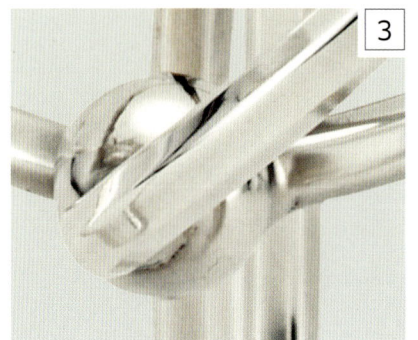

▶ **GESCHWUNGENES METALLGESTELL** Obwohl die Metallkurven auf den ersten Blick verworren scheinen, ist der Leuchter Knuten optisch und physikalisch ein sehr stabiles Design. Mit seinen drei großzügigen Metallbögen steht er fest und sicher auf dem Tisch oder dem Sideboard.

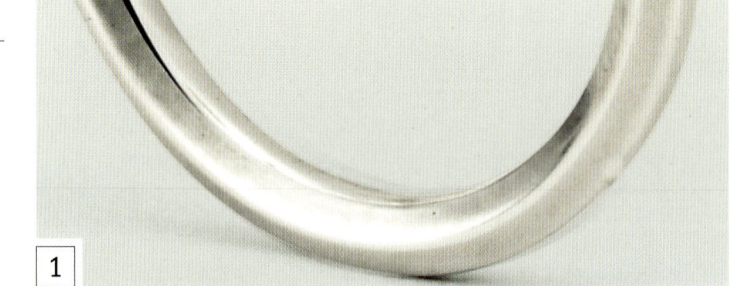

◀ **KNOTENPUNKT** Der Leuchter ähnelt einem Knoten, tatsächlich treffen aber die drei Metallrohre in der Mitte zusammen. Die Verbindungsstelle wird durch eine runde Verdickung betont und teilweise versteckt. Sie bildet den visuellen Dreh- und Angelpunkt der ganzen Konstruktion.

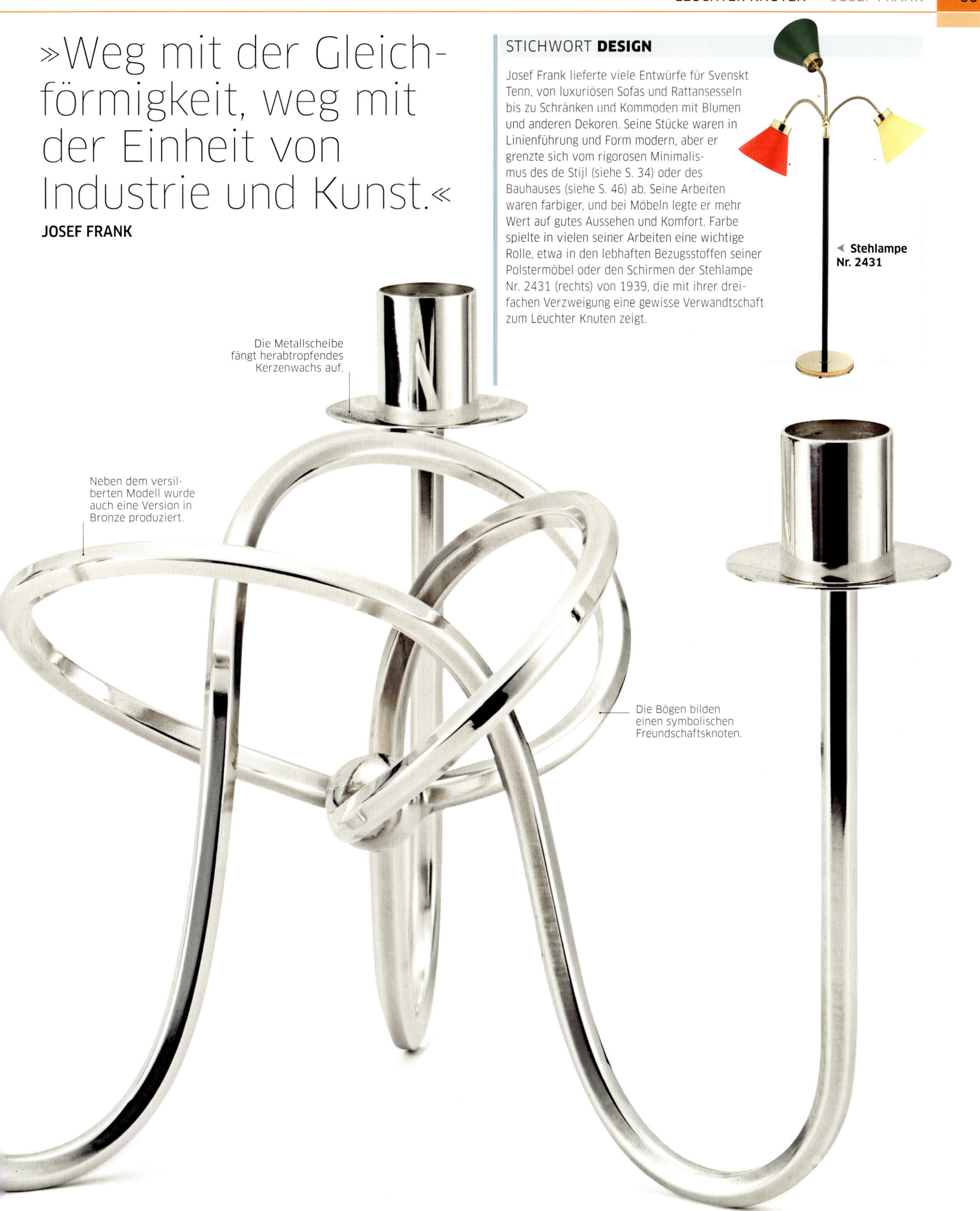

LEUCHTER KNUTEN ■ JOSEF FRANK | 85

»Weg mit der Gleichförmigkeit, weg mit der Einheit von Industrie und Kunst.«

JOSEF FRANK

STICHWORT **DESIGN**

Josef Frank lieferte viele Entwürfe für Svenskt Tenn, von luxuriösen Sofas und Rattansesseln bis zu Schränken und Kommoden mit Blumen und anderen Dekoren. Seine Stücke waren in Linienführung und Form modern, aber er grenzte sich vom rigorosen Minimalismus des de Stijl (siehe S. 34) oder des Bauhauses (siehe S. 46) ab. Seine Arbeiten waren farbiger, und bei Möbeln legte er mehr Wert auf gutes Aussehen und Komfort. Farbe spielte in vielen seiner Arbeiten eine wichtige Rolle, etwa in den lebhaften Bezugsstoffen seiner Polstermöbel oder den Schirmen der Stehlampe Nr. 2431 (rechts) von 1939, die mit ihrer dreifachen Verzweigung eine gewisse Verwandtschaft zum Leuchter Knuten zeigt.

◄ Stehlampe Nr. 2431

Die Metallscheibe fängt herabtropfendes Kerzenwachs auf.

Neben dem versilberten Modell wurde auch eine Version in Bronze produziert.

Die Bögen bilden einen symbolischen Freundschaftsknoten.

Sessel B.K.F.

1938 ▪ MÖBEL ▪ SCHMIEDEEISEN UND LEDER ▪ ARGENTINIEN

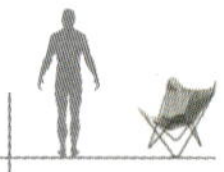

ANTONIO BONET, JUAN KURCHAN, JORGE FERRARI HARDOY

Maßstab

Eine Gruppe von Designern entwickelte in den 1930er-Jahren in Argentinien einen der bekanntesten Sessel des 20. Jh. Der Sessel B.K.F. (dessen Name sich aus den Anfangsbuchstaben der Familiennamen der Designer zusammensetzt) beweist, dass gutes Design weder teuer noch luxuriös sein muss. Das Gestell besteht aus zwei langen Eisenstäben, die in exakten Winkeln gebogen und so zusammengefügt sind, dass vier Bögen fest auf dem Boden stehen. An den anderen vier Bögen sind die Ecken des Bezugs befestigt. Die Konstruktion ist leicht und bequem.

Die Bezüge der ursprünglichen Sessel wurden von einer Firma geliefert, die normalerweise Sättel für Poloponys herstellte – ein Garant für hochwertige, robuste Verarbeitung. Anfangs war der Sessel nur in Buenos Aires bekannt. Als er 1943 bei einer vom argentinischen Kulturministerium organisierten Ausstellung den ersten Preis gewann, wurde Edgar Kaufmann Jr., der damalige Kurator des Museum of Modern Art in New York, auf ihn aufmerksam. Kaufmann kaufte zwei Sessel – einen für das Museum und einen für Fallingwater, eines der berühmtesten modernen Häuser der Welt, das Frank Lloyd Wright entworfen hatte und das nun Kaufmanns Vater gehörte. Der Sessel B.K.F. wurde in kurzer Zeit weltweit bekannt und war vor allem bei designbewussten Kunden beliebt, die bei der Wohnungseinrichtung aufs Budget schauen mussten. Es gab viele preiswerte Imitationen, jedoch meist mit Bezügen aus Stoff.

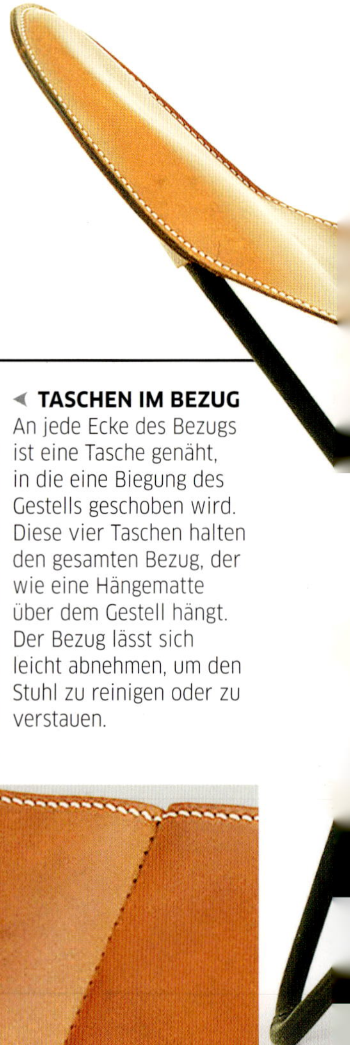

ANTONIO **BONET**

1913-1989

Der Städteplaner, Architekt und Designer Antonio Bonet wurde in Katalonien geboren. Er studierte in Barcelona Architektur, arbeitete im Büro des katalanischen Architekten und Planers Josep Lluís Sert und war später für Le Corbusier (siehe S. 56) in Paris tätig. 1938 zog Bonet nach Buenos Aires (Argentinien), wo er mit anderen Architekten wie Juan Kurchan und Jorge Ferrari Hardoy die progressive Grupo Austral gründete. Er wirkte an verschiedenen Städtebauprojekten mit, darunter einem Projekt zur Schaffung von Wohngebäuden im sozial schwachen Süden der Stadt Buenos Aires. Er entwarf viele Häuser im Stil der Moderne, etwa die Casa Berlingieri (1946) in Punta Ballena (Uruguay). Er entwarf Möbel und lehrte als Gastprofessor an der Universidad Nacional de Tucumán in Argentinen. 1963 kehrte er nach Spanien zurück und arbeitete in Girona und Barcelona als Architekt. Sein bekanntestes Bauwerk aus dieser Zeit ist der auffällige Torre Urquinaona (1971) in Barcelona.

Im Detail

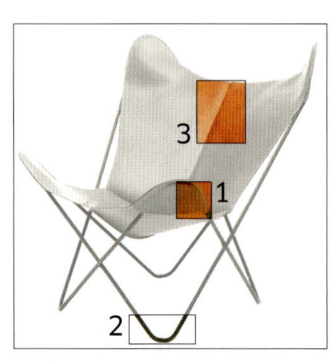

LEGENDE

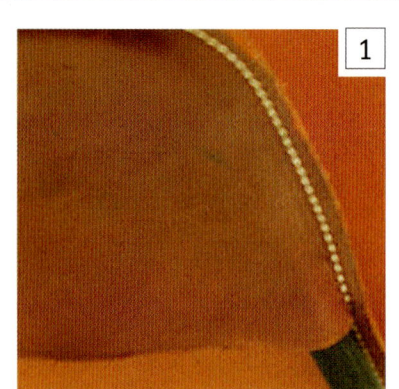

1 ◀ TASCHEN IM BEZUG An jede Ecke des Bezugs ist eine Tasche genäht, in die eine Biegung des Gestells geschoben wird. Diese vier Taschen halten den gesamten Bezug, der wie eine Hängematte über dem Gestell hängt. Der Bezug lässt sich leicht abnehmen, um den Stuhl zu reinigen oder zu verstauen.

2 ▲ METALLFÜSSE Die Metallstäbe der Rahmenkonstruktion sind in einem Winkel gebogen, der für optimale Standfestigkeit sorgt. Ein kurzes Stück der Biegung verläuft gerade und liegt flach auf dem Boden auf.

3 ▶ RÜCKENNAHT Der Bezug ist aus mehreren Lederstücken zusammengenäht. An der langen Rückennaht sind die Stücke so zugeschnitten, dass der Bezug sich dem Rücken des Benutzers anpasst.

SESSEL B.K.F. — BONET, KURCHAN, FERRARI HARDOY

Robuster Lederbezug in handwerklicher Sattlerarbeit

Das Gestell aus Eisenstäben ist leicht, aber stabil.

Die Metallstäbe sind an den Kreuzungspunkten miteinander verschweißt.

ZUM KONTEXT

Als der Sessel B.K.F. auf den Markt kam, sorgte sein radikales Aussehen für Überraschung. Dabei war das Design nicht ganz neu. Die Hersteller von transportablen Feldmöbeln für die Armee hatten schon im 19. Jh. ähnliche Sitzmöbel entwickelt. Einer davon war der Sessel Tripolina, den italienische Offiziere in Nordafrika benutzten. Er hatte ein zusammenklappbares Gestell aus Holz in ähnlichen Winkeln wie der Sessel B.K.F. und einen Sitz aus Stoff. Ein anderes, ebenfalls ähnliches Modell wurde in England hergestellt. Es war bei Reisenden und auch zur Einrichtung von Wohnungen beliebt. Ob Bonet und seine Kollegen von diesen Sesseln wussten, ist nicht dokumentiert, aber manche Historiker halten es für wahrscheinlich.

▲ **Faltbarer Feldstuhl,** verwendet um 1925

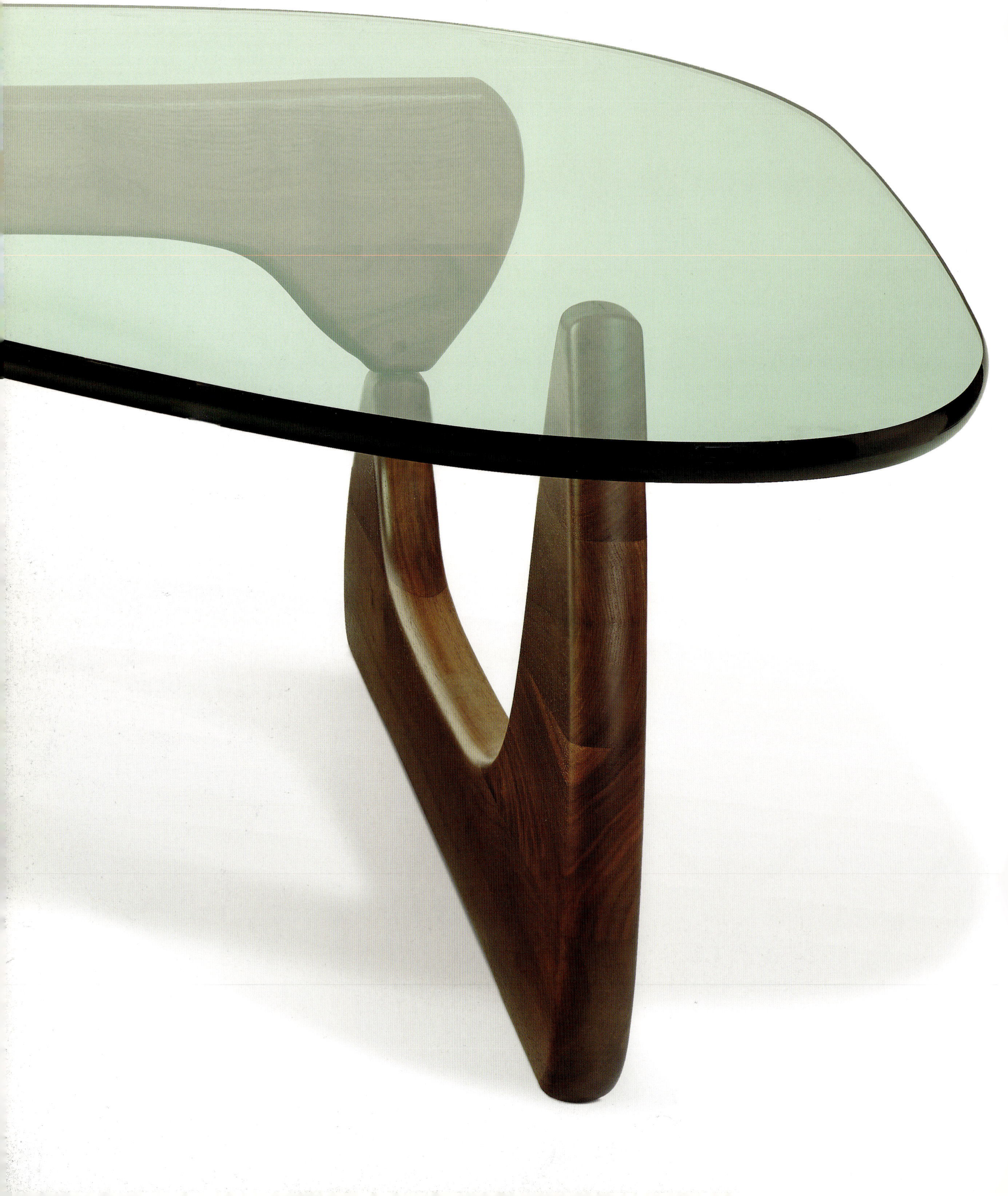

1940–1954

- **Radio Emerson Patriot** Norman Bel Geddes
- **Zeitschrift Harper's Bazaar** Alexei Brodowitsch
- **Tupperware** Earl Silas Tupper
- **Vespa** Corradino D'Ascanio
- **Penguin-Taschenbuch-Cover** Jan Tschichold, Edward Young
- **Couchtisch** Isamu Noguchi
- **Vase Fazzoletto** Paolo Venini, Fulvio Bianconi
- **Wanduhr Atomic** George Nelson
- **Dekostoff Calyx** Lucienne Day
- **Logo des Festival of Britain** Abram Games
- **Platte aus Birkenholz** Tapio Wirkkala
- **Geschirr Kilta** Kaj Franck
- **Sessel Diamond** Harry Bertoia
- **Besteck Pride** David Mellor
- **Fender Stratocaster** Leo Fender
- **Sucherkamera M3** Leica Camera AG
- **Hocker Butterfly** Sori Yanagi

Radio Emerson Patriot

1940 ■ PRODUKTDESIGN ■ CATALIN (KUNSTSTOFF) ■ USA

NORMAN BEL GEDDES

In den 1930er-Jahren entdeckten Chemiker Methoden, Harze für die Kunststoffherstellung einzufärben. Damit stand den Herstellern der Weg zu einer neuen Farbenvielfalt offen. Gleichzeitig begannen amerikanische Designer, Kühlschränke und andere Alltagsdinge mit auffälligen, oft stromlinienförmigen Gehäusen auszustatten. Das Radio Patriot, das Norman Bel Geddes für das amerikanische Unternehmen Emerson entwarf, kam 1940 auf den Markt. Es ist ein gutes Beispiel für die Kombination von farbigem Kunststoff und der neuen Formensprache.

Bel Geddes war einer der bekanntesten Vertreter des aerodynamischen, stromlinienförmigen Designs. Sein Radio mit der gestreiften Lautsprecherabdeckung und den sternförmigen Reglern spielt auf die amerikanische Flagge an. Es bestand aus Catalin, einem Kunststoff, der in eine Bleiform gegossen, mehrere Tage gehärtet und dann auf Hochglanz poliert wurde. Das Gerät, das sich grundlegend von den damals üblichen Bakelit-Radios in typischem Braun unterschied, stellte die Weichen für ein neues Elektrogeräte-Design und sprach die Amerikaner an. Als das Radio Patriot 1940 auf den Markt kam, tobte in Europa der Zweite Weltkrieg und die Menschen fragten sich, wann wohl Amerika eintreten würde. Als Symbol amerikanischer Identität und Technologie wurde es im Rahmen einer großen Kampagne zum 25-jährigen Jubiläum von Emerson präsentiert.

Die polierte Oberfläche bringt die Farbe zum Leuchten.

NORMAN **BEL GEDDES**

1893–1958

Nach zehn erfolgreichen Jahren als Bühnenbildner eröffnete Norman Bel Geddes 1927 ein Atelier für Industriedesign. Sein gewagter Stil prägte das Aussehen verschiedenster Produkte, vom Schreibtisch bis zum Cocktailshaker. Gleichzeitig schrieb er Artikel und das Buch *Horizons* (1932), das stromlinienförmiges Design als praktisch und zweckmäßig beschrieb und erheblich zu seiner Beliebtheit beitrug. Bel Geddes entwarf eine Zukunftsstadt für den General-Motors-Pavillon auf der Weltausstellung in New York (1939) sowie mehrere einflussreiche Projekte, die nicht realisiert wurden, darunter ein tropfenförmiges Auto und ein riesiges Amphibienflugzeug. In seinem Buch *Magic Motorways* (1940) schlug er ein innovatives Straßennetz vor, das die Freeways der 1960er-Jahre vorwegzunehmen schien.

RADIO EMERSON PATRIOT • NORMAN BEL GEDDES

STICHWORT DESIGN

Norman Bel Geddes fertigte von seinen Entwürfen sorgfältige Skizzen an. Wenn Farbe für das Projekt eine Rolle spielte, verwendete er Farbstifte – beispielsweise für die Planung der Beleuchtung des Futurama-Pavillons, den er für General Motors zur Weltausstellung 1939 in New York entwarf. Diese Farbskizze zeigt einen frühen Entwurf des Radios Patriot. Sie ist noch nicht detailliert ausgearbeitet, bringt aber deutlich zum Ausdruck, wie Bel Geddes die drei Farben verteilen wollte. Die kleinen roten Sterne auf der Frequenzskala wurden beim endgültigen Modell jedoch blau umgesetzt.

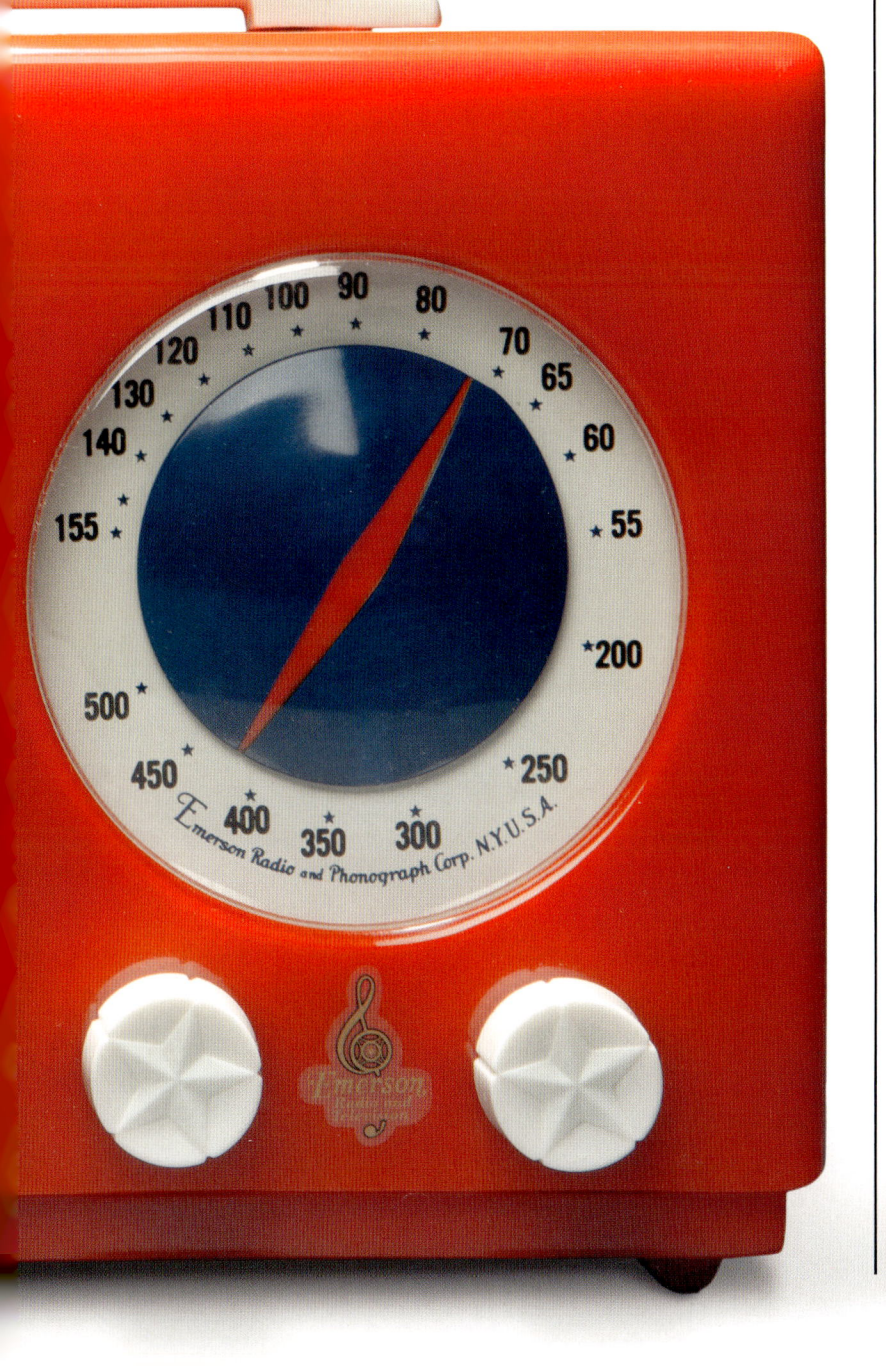

▶ **Farbskizze** des Radios Patriot, 1939

Obwohl das Radio mit Netzstrom betrieben wurde, stattete Bel Geddes es mit einem Tragegriff aus.

Im Detail

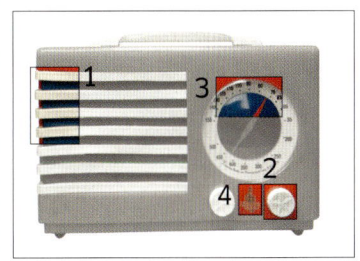

LEGENDE

▶ **LAUTSPRECHER-ABDECKUNG** An den abgerundeten Ecken der Lautsprecher-Abdeckung ist zu erkennen, wie Bel Geddes das Gussverfahren für die Formgebung nutzte. Dies ist ein perfektes Beispiel für die Stromlinienform im Kleinen. Ähnlich gestalteten zeitgenössische Architekten die Ecken von Gebäuden.

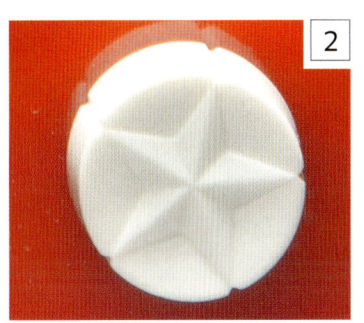

◀ **REGLER** Auf der Vorderseite des Radios sind zwei weiße Regler mit fünfstrahligen Sternen angebracht. Die Designskizze zeigt, dass Bel Geddes zuerst weiße Sterne auf rotem Grund geplant hatte. Dann entschied er sich dafür, die Gusstechnik zu nutzen und die Sterne als flaches Relief zu gestalten.

▲ **FREQUENZ-ANZEIGE** Auch für die Frequenz-Skala nutzte Bel Geddes die drei Farben. Die Ziffern in blauer, serifenloser Schrift heben sich klar vom weißen Hintergrund ab, und auch der rote Zeiger ist auf der blauen Kreisfläche gut zu erkennen.

◀ **EMERSON-LOGO** Zwischen den Reglern befindet sich das Logo der Firma Emerson: ein Violinschlüssel, dessen Mittelteil in ein stilisiertes Rundfunkmikrofon umgewandelt ist. Dieses Logo stellt auf raffinierte Weise eine Beziehung zwischen Musik und Technik her.

Zeitschrift Harper's Bazaar

1940 ▪ GRAFIK ▪ DRUCK AUF PAPIER ▪ USA

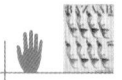

ALEXEI BRODOWITSCH

1938 engagierte Carmel Snow, die Chefredakteurin der amerikanischen Ausgabe von *Harper's Bazaar,* den russischstämmigen Designer Alexei Brodowitsch als Art Director für die Zeitschrift. Im Laufe der nächsten 20 Jahre wandelte Brodowitsch das gesamte Erscheinungsbild der Zeitschrift, indem er die Covergestaltung veränderte, Bilder von Spitzenfotografen wie Cecil Beaton und Richard Avedon abdruckte und ein großzügiges Doppelseiten-Layout einführte. Damit festigte er die Position von *Harper's Bazaar* als eine der führenden Modezeitschriften der USA. Der Einfluss seiner markanten Typografie und der ausdrucksvollen Layouts reichte bald über die Grenzen der USA hinaus.

In seinen ersten Jahren bei *Harper's Bazaar* brachte Brodowitsch unter dem Einfluss europäischer Kunstströmungen Elemente von Art-Déco-Eleganz und gewagtem Surrealismus ein. Er war einer der ersten Art Directoren, die anstelle ganzer Figuren Details und Ausschnitte als Titelbilder verwendeten, möglicherweise angeregt durch surrealistische Künstler wie Joan Miró. Anfangs wandte er diesen Ansatz auf Illustrationen an, ab den 1940er-Jahren auch auf Fotos, beispielsweise mit einem mehrfach wiederholten Gesicht auf einem Cover von 1940 (rechts). Solche innovativen Bilder produzierten genau das moderne, elegante Image, das sich die Herausgeber der Zeitschrift wünschten.

Mit dem zweiten wichtigen Element der Covergestaltung ging Brodowitsch ebenso mutig um: Er setzte traditionelle Typografie in unkonventioneller Weise um. Den Titel platzierte er so hoch wie möglich, um viel Raum für das Foto zu gewinnen und sich von anderen Publikationen abzusetzen. Der ungewöhnliche Umgang mit Schrift setzte sich im Inneren fort. Brodowitsch verzichtete oft auf die üblichen Spalten und gestaltete mit Text grafische Formen oder setzte auffällige Schriften originell ein. Das bahnbrechende Erscheinungsbild von *Harper's Bazaar* entsprach der Raffinesse der aktuellen Mode, gab den Impuls zur kreativeren Layoutgestaltung und veränderte damit das Aussehen von Modezeitschriften in aller Welt.

»Die neue Herangehensweise ans Layout war für mich wie eine Offenbarung.«
CARMEL SNOW

ALEXEI **BRODOWITSCH**
1898–1971

Alexei Brodowitsch wurde in Russland geboren, schloss sich der Weißen Armee an und kämpfte während der Revolution von 1917 gegen die Bolschewisten. Danach floh seine Familie nach Paris, wo Brodowitsch, beeinflusst durch die Kunst der Moderne, zunächst Bühnenbilder für die Ballets Russes malte. Für das Pariser Designstudio Athélia entwarf er Layouts für Kunst- und Modezeitschriften, freiberuflich gestaltete er Plakate und Bücher. 1930 zog er in die USA, um an der Philadelphia Museum School of Industrial Art die neue Abteilung für Werbedesign zu leiten. Dort hielt er Seminare über europäisches Design und später unter der Bezeichnung Design Laboratory Seminare und Workshops für Fortgeschrittene ab, die zahlreiche junge Designer und Fotografen beeinflussten. 1934 gestaltete er die Ausstellung des Art Directors' Club of New York. Im Anschluss trat er die Position bei *Harper's Bazaar* an, durch die er nachhaltigen Einfluss auf das amerikanische Grafikdesign nahm.

▶ **Alexei Brodowitsch** (kniend) präsentiert der Chefredakteurin Carmel Snow (am Schreibtisch sitzend) Layouts für *Harper's Bazaar*. Rechte Seite: Titelfoto von Herbert Bayer für *Harper's Bazaar*.

Harper's BAZAAR

August 1940
COLLEGE FASHIONS
25 fr. in Paris · 50 cents · 2/6 in London

Im Detail

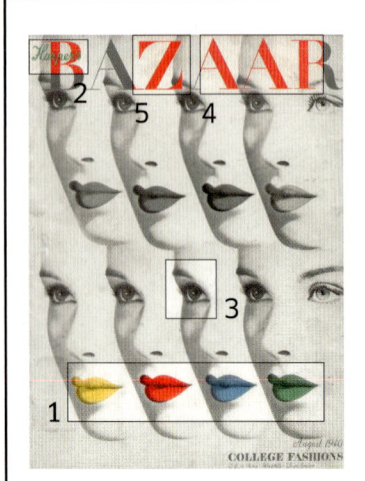

LEGENDE

▶ **FARBE** Abgesehen vom Zeitschriftentitel und sonstiger Schrift bringen nur die Lippen des Models Farbe auf dieses Cover. Sie sind in den Primärfarben Gelb, Rot und Blau gedruckt, außerdem im Dunkelgrün der Schriftzüge »Harper's« in der oberen linken Ecke und »College fashions« in der unteren rechten. Die stilisierten Formen de Lippen erinnern an Schmetterlinge oder Blüten.

▼ **SCHRIFTTYPE** *Harper's Bazaar* war 1867 gegründet worden und bereits renommiert, als Brodowitsch Art Director wurde. Er übernahm die traditionelle Type als Symbol der illustren Vergangenheit des Magazins, wählte aber eine relativ geringe Größe, um die moderne Ausstrahlung des Covers in den Vordergrund zu stellen.

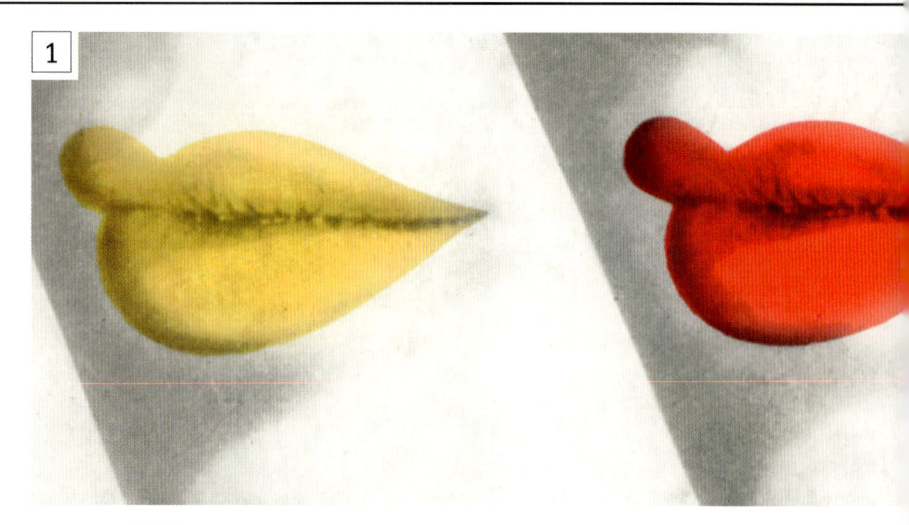

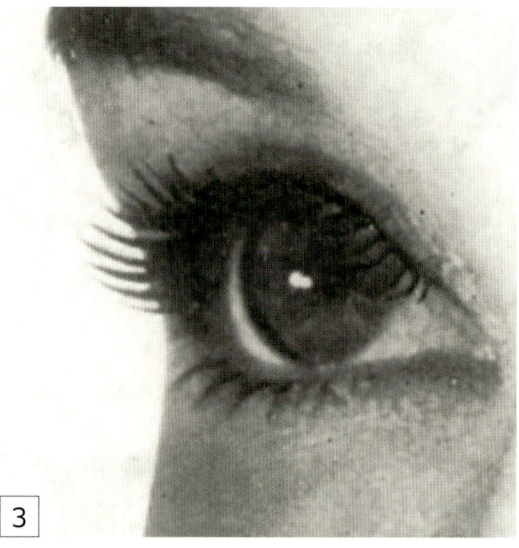

◀ **ABSTRAKTION** Die meisten Magazine dieser Zeit zeigten auf dem Titel eine Ganzkörperaufnahme oder ein Porträt eines Models. Für dieses Cover konzentrierte sich Brodowitsch auf Elemente des Gesichts. Durch die achtfache, sich überlappende Wiederholung des Halbprofils gestaltete er ein halb-abstraktes Graustufenbild. Die Hälfte des Gesichts liegt im Schatten, sodass sich die Aufmerksamkeit vor allem auf die Augen und die intensiv farbigen Lippen richtet.

ZUM KONTEXT

Alexei Brodowitsch engagierte viele führende Fotografen für *Harper's Bazaar*. Einige, darunter Irving Penn und Lisette Model, hatten seine Seminare am Design Laboratory besucht. Richard Avedon, ebenfalls ein Brodowitsch-Schüler, begann mit Anfang 20 für Brodowitsch zu arbeiten und wurde mit seinen Aufnahmen lächelnder Models in Bewegung und sinnlicher Stoffe bekannt. Etwa 50 Jahre lang gaben seine Arbeiten für die amerikanische Modefotografie den Ton an.

Einige von Avedons besten Arbeiten für *Harper's Bazaar* zeigten freigestellte Motive vor weißem Hintergrund (rechts). Die markanten Formen eines ungewöhnlichen Huts oder eines wehenden, leuchtendfarbigen Stoffs zeugen vom Einfluss Brodowitschs und von seiner Liebe zur surrealistischen Kunst. Avedon arbeitete für die *Vogue* und für *Harper's Bazaar*, konzentrierte sich aber nicht ausschließlich auf Mode, sondern machte sich auch mit Porträts und Dokumentationsfotos einen Namen.

Brodowitsch und seine Nachfolger, darunter Herbert Wolf, spielten auch mit der Typografie des Covers. Brodowitsch modifizierte gern das Wort, das in großen Lettern gedruckt war. Manchmal veränderte er die Schrifttype, blieb aber insgesamt dem Stil treu.

▲ *Harper's Bazaar*, 1956. Das Cover zeigt Audrey Hepburn, fotografiert von Richard Avedon.

▲ *Harper's Bazaar*, 1959. Coverfoto von Richard Avedon, Art Director Herbert Wolf.

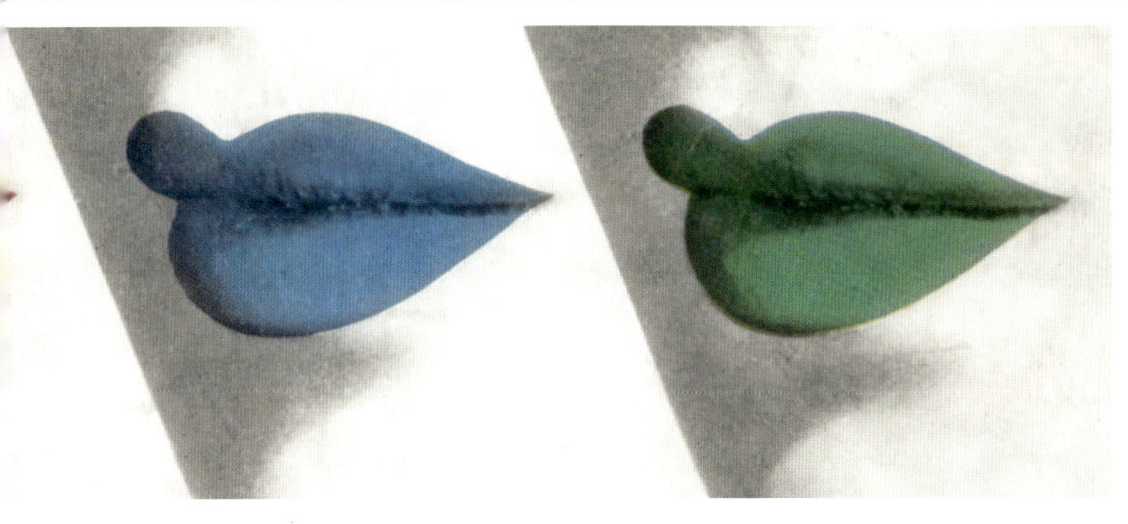

ZEITSCHRIFT HARPER'S BAZAAR ■ ALEXEI BRODOWITSCH

▲ TYPOGRAFIE Brodowitsch bevorzugte traditionelle Schriftarten wie die Klassizistische Antiqua mit stark unterschiedlichen Strichstärken. Die dicken Striche verlaufen meist senkrecht oder schräg, die haarfeinen Striche normalerweise waagerecht. Bei den Großbuchstaben des Wortes »Bazaar« auf dem Titel sind diese Merkmale extrem ausgeprägt, um den Namen der Zeitschrift hervorzuheben und ihm eine starke Ausdruckskraft zu geben.

◀ ABSTÄNDE Um die Wirkung der Schrift zu verstärken, hat der Designer die Abstände zwischen den Buchstaben so eng gewählt, dass die Serifen (die dünnen Linien, die einen Buchstaben quer zu seiner Grundrichtung abschließen) einander fast berühren. Dadurch wirkt der Schriftzug kompakt, lückenlos und teilweise wie unterstrichen.

STICHWORT **DESIGN**

Unter Alexei Brodowitsch sahen die Innenseiten von *Harper's Bazaar* ebenso ungewöhnlich aus wie die Cover. Brodowitsch legte seine Layouts nicht, wie damals üblich, in Einzelseiten an, sondern konzipierte sie als Doppelseiten. Er war sich bewusst, dass die beiden Seiten einander wie Spiegelbilder oder auch als Kontrast gegenüberstehen konnten. Häufig ließ er Bilder über die Mitte bis auf die Nachbarseite laufen. Seine interessantesten Layouts bestanden jedoch aus einem ausdrucksvollen Foto auf der einen Seite und einem innovativ gesetzten Text auf der anderen. In diesem Beispiel (rechts) korrespondiert die diagonale Ausrichtung der Textspalte mit der Linienführung des Kleides. Für die Titelzeile wählte Brodowitsch eine Kursivschrift, sodass die gesamte Schrift auf der rechten Hälfte der Doppelseite in einem ähnlichen Winkel geneigt ist. Dadurch entstand ein überraschendes, ansprechendes Layout.

▶ **Harper's Bazaar Doppelseite,** 1936. Foto von Man Ray

1940–1954

Tupperware

1946 ■ PRODUKTDESIGN ■ KUNSTSTOFF (POLYETHYLEN) ■ USA

EARL SILAS TUPPER

Tupperware-Behälter und ihre vielen Imitationen sind zum Frischhalten von Lebensmitteln so verbreitet, dass wir sie als Selbstverständlichkeit betrachten. Dennoch gehört die Kombination aus flexiblem Kunststoff – in den 1940er-Jahren ein neuartiges Material – und raffinierter, luftdichter Verschlusstechnik auf die Liste der bedeutenden Designideen des 20. Jh.

Die Entstehungsgeschichte von Tupperware ist lang. Ende der 1930er-Jahre gründete der amerikanische Erfinder Earl Tupper eine Firma und experimentierte mit neuen Kunststoffen. Er fand eine Methode, um aus Polyethylenschlacke (einem harten, schwarzen, öligen und übel riechenden Ölraffinerie-Abfallprodukt) ein haltbares, hygienisches, halbtransparentes Material herzustellen. Während die frühen Kunststoffe spröde waren, ließ sich das neue, geschmeidige Material gut formen. Tupper untersuchte die Verschlusstechnik der Metalldeckel von Farbdosen und entwickelte eine ähnliche Verschlussform, die sich aus Kunststoff formen ließ. Dadurch schlossen seine Behälter luftdicht, ließen sich aber wegen der Flexibilität des Kunststoffs leicht öffnen und schließen.

Tuppers Erfolg beruhte auf der Kombination seiner beiden Erfindungen: des Polyethylen-Kunststoffs und des luftdichten Verschlusses. Seine Firma produzierte leichte, unzerbrechliche Behälter in hübschen Pastellfarben. Tupper glaubte, die Lösung für verschiedenste Küchenvorräte gefunden zu haben, doch die Behälter verkauften sich im Einzelhandel schlecht. Erst als die Firma begann, sie exklusiv auf »Tupperpartys« in Privathaushalten zu vermarkten, stellte sich der Erfolg ein und die pfiffigen Behälter mit den luftdichten Deckeln gewannen bald auch außerhalb der USA an Beliebtheit.

EARL SILAS **TUPPER**

1907–1983

Earl Tupper kam im US-Staat New Hampshire zur Welt. Seine Eltern besaßen einen kleinen Bauernhof, auf dem er sein Berufsleben begann, ehe er in den frühen 1930er-Jahren einen Gartenbaubetrieb gründete. 1937 nahm er eine Stelle in dem Chemieunternehmen DuPont an, wo er Wichtiges über Kunststoffe lernte. Ein Jahr später machte er sich selbstständig. Anfangs produzierte er für die wehrtechnische Industrie, dann entwickelte er Haushaltsprodukte wie einen unzerbrechlichen Zahnputzbecher. Durch die Erfindung von Tupperware wurde die Firma so erfolgreich, dass Tupper sie 1958 für 16 Mio. US-Dollar verkaufte und sich auf einer Insel vor der Küste Mexikos zur Ruhe setzte.

▸ **Flasche**

Das Sortiment war in Pastelltönen und Weiß erhältlich.

▸ **Milchkännchen**

▸ **Vorratsbehälter**

Im Detail

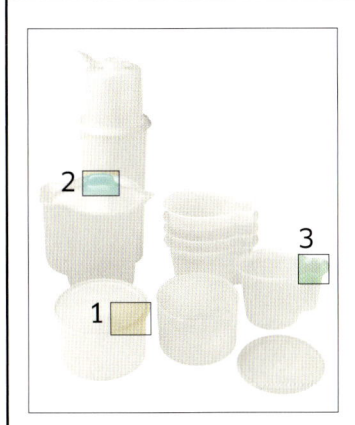

LEGENDE

▶ **VERSCHLUSS** Eine Rille im Deckel schließt lückenlos mit der Wandung des Behälters ab. Durch Druck auf den Deckel wird Luft aus dem Behälter gepresst. Ein Wulst am äußeren Rand erleichtert das Öffnen.

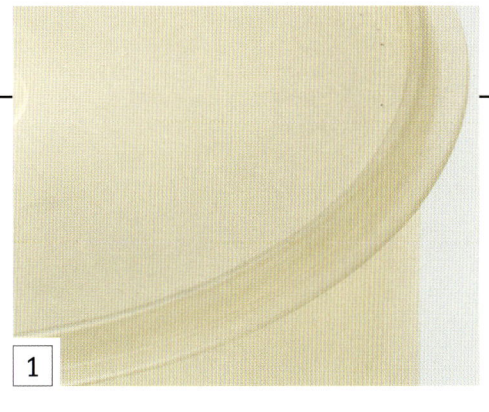

▶ **KANNENDECKEL** Einfache Formen wie der Kannendeckel lassen sich aus Polyethylen-Kunststoff leicht herstellen. Der angeformte Griff mit seiner glatten, runden Form ist leicht und angenehm zu halten.

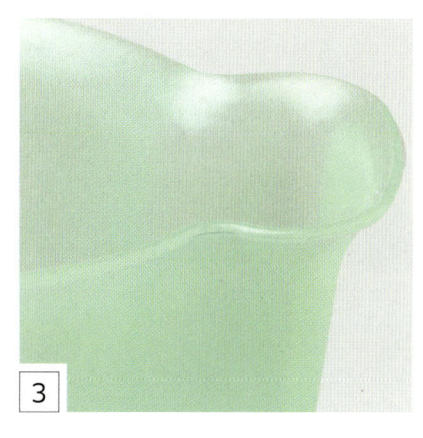

▲ **TASSENHENKEL** Als Tassenhenkel dient eine Ausbuchtung des Behälters, die einfacher herzustellen ist als ein konventioneller Henkel. Außerdem erhöht der angeformte Henkel das Fassungsvermögen der Tasse, weil auch er Flüssigkeit aufnimmt.

»Da ist alles drin.«
TUPPERWARE WERBESLOGAN

◀▼ **Stapelbare Tassen**

Durch den halbtransparenten Kunststoff kann man erkennen, ob der Behälter leer oder voll ist.

Wegen der flachen Deckel lassen sich die Behälter gut stapeln.

ZUM KONTEXT

Ende der 1940er-Jahre nahmen die Verkäuferin Brownie Wise und einige andere Personen Tupperware in das Sortiment von Haushaltswaren auf, die sie auf Partys in ihren Privathäusern verkauften. Als Tupper von der Idee hörte, stellte er Wise ein. So entstanden die Tupperpartys. Die Verkaufsmethode sprach viele Frauen an, weil sie ein eigenes Einkommen und Geselligkeit verhieß. Die Produkte waren beliebt, und die Partys waren für das Unternehmen sehr lukrativ.

▲ **Tupperparty-Werbung** aus den 1960er-Jahren

Vespa

1946 ■ FAHRZEUGDESIGN ■ RAHMEN AUS HOCHFESTEM STAHL ■ ITALIEN

Maßstab

CORRADINO D'ASCANIO

Nach dem Zweiten Weltkrieg lag die italienische Wirtschaft am Boden. Wie viele Fabriken, die während des Krieges Flugzeuge produziert hatten, war auch die von Piaggio durch Bomben zerstört worden. Enrico Piaggio suchte nach Möglichkeiten zum Wiederaufbau des Unternehmens und erkannte, dass eine starke Nachfrage nach Personenfahrzeugen bestand. Wegen des schlechten Zustands der Straßen und des schmalen Budgets der Kunden schien ihm die Autoherstellung jedoch unattraktiv und er beschloss, stattdessen einen Motorroller als preiswertes Verkehrsmittel zu entwickeln. Unbeeindruckt von den ersten Bemühungen seines Unternehmens, engagierte er den Flugzeugingenieur Corradino D'Ascanio. Dessen Entwurf besaß keine Motorenteile, an denen man sich schmutzig machen konnte, und sollte einfach und bequem zu fahren sein. Sein Modell orientierte sich an den amerikanischen Cushman-Rollern, die während des Kriegs von der Armee benutzt worden waren.

Die kleinen Räder, der Rahmen mit Durchstieg und der Heckmotor waren dem Cushman nachempfunden, doch die elegante Stromlinienform von D'Ascanios Entwurf entsprach eher den aerodynamischen Linien von Flugzeugen. Der Verzicht auf eine ölige Kette und die breite, vor Wind schützende Frontschürze kamen bei den jungen Italienern gut an. Vor allem Frauen schätzten den Durchstieg, der dafür sorgte, dass sich der Roller auch mit Rock bequem fahren ließ. Die schlanke »Taille« des Rollers und sein hohes Motorengeräusch erinnerten Piaggio an eine Wespe (Italienisch *vespa*), und als der Roller 1946 auf der Messe in Mailand vorgestellt wurde, trug er bereits diesen Namen. Heute ist das preiswerte, stylische Fahrzeug in aller Welt beliebt und gilt als Designklassiker.

Tankdeckel

Die Form und die Stahlverkleidung des Rahmens erinnern an das Design von Flugzeugen.

»Sembra una vespa!«

(Er sieht aus wie eine Wespe!)

ENRICO PIAGGIO

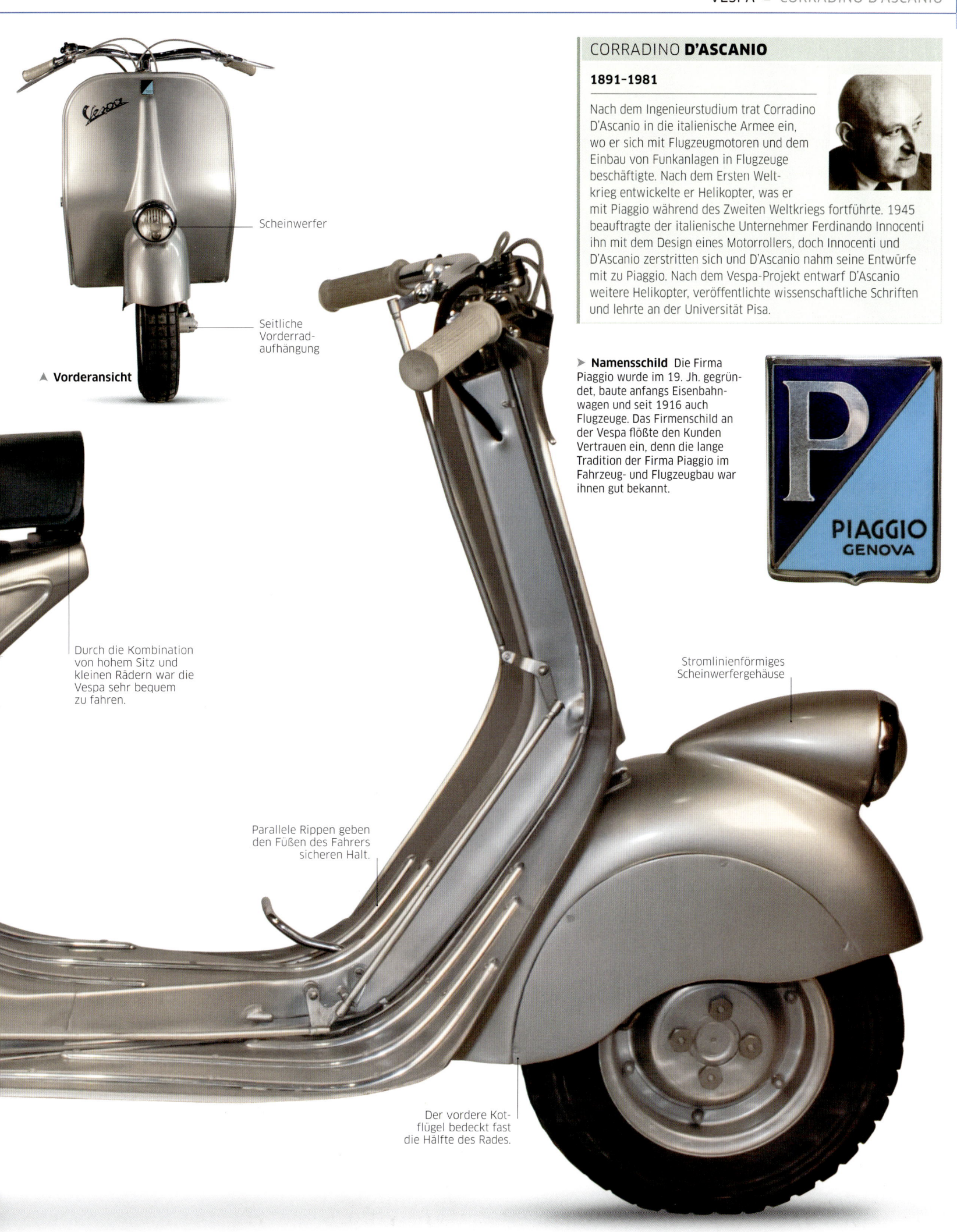

VESPA ■ CORRADINO D'ASCANIO

CORRADINO D'ASCANIO
1891–1981

Nach dem Ingenieurstudium trat Corradino D'Ascanio in die italienische Armee ein, wo er sich mit Flugzeugmotoren und dem Einbau von Funkanlagen in Flugzeuge beschäftigte. Nach dem Ersten Weltkrieg entwickelte er Helikopter, was er mit Piaggio während des Zweiten Weltkriegs fortführte. 1945 beauftragte der italienische Unternehmer Ferdinando Innocenti ihn mit dem Design eines Motorrollers, doch Innocenti und D'Ascanio zerstritten sich und D'Ascanio nahm seine Entwürfe mit zu Piaggio. Nach dem Vespa-Projekt entwarf D'Ascanio weitere Helikopter, veröffentlichte wissenschaftliche Schriften und lehrte an der Universität Pisa.

Scheinwerfer

Seitliche Vorderradaufhängung

▲ **Vorderansicht**

▶ **Namensschild** Die Firma Piaggio wurde im 19. Jh. gegründet, baute anfangs Eisenbahnwagen und seit 1916 auch Flugzeuge. Das Firmenschild an der Vespa flößte den Kunden Vertrauen ein, denn die lange Tradition der Firma Piaggio im Fahrzeug- und Flugzeugbau war ihnen gut bekannt.

Durch die Kombination von hohem Sitz und kleinen Rädern war die Vespa sehr bequem zu fahren.

Stromlinienförmiges Scheinwerfergehäuse

Parallele Rippen geben den Füßen des Fahrers sicheren Halt.

Der vordere Kotflügel bedeckt fast die Hälfte des Rades.

Im Detail

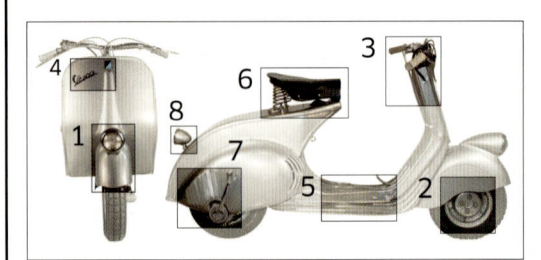

LEGENDE

▶ **RADAUFHÄNGUNG UND KOTFLÜGEL** Über dem Vorderrad des Rollers befindet sich ein stromlinienförmiger Kotflügel mit einem integrierten Frontscheinwerfer in einem tropfenförmigen Gehäuse. Unterhalb des Kotflügels sind auf einer Seite des Rades die Achse und ein Teil der Aufhängung zu sehen. Diese seitliche Achse ist ähnlich konstruiert wie beim Fahrwerk eines Flugzeugs – kaum verwunderlich, denn D'Ascanio und Piaggio hatten sich lange mit dem Flugzeugbau beschäftigt.

▲ **VORDERRADAUFHÄNGUNG** Während Motorräder meist eine Gabel hatten, besaß die Vespa eine seitliche Achse. Von der entgegengesetzten Seite ließ sich das Rad leicht abnehmen. Um das kleine Rad mit nur 20 cm Durchmesser zu wechseln, müssen nur die vier Radmuttern gelöst werden – wie bei einem Auto. Das konnten die meisten Vespafahrer selbst erledigen, ohne eine Werkstatt ansteuern zu müssen.

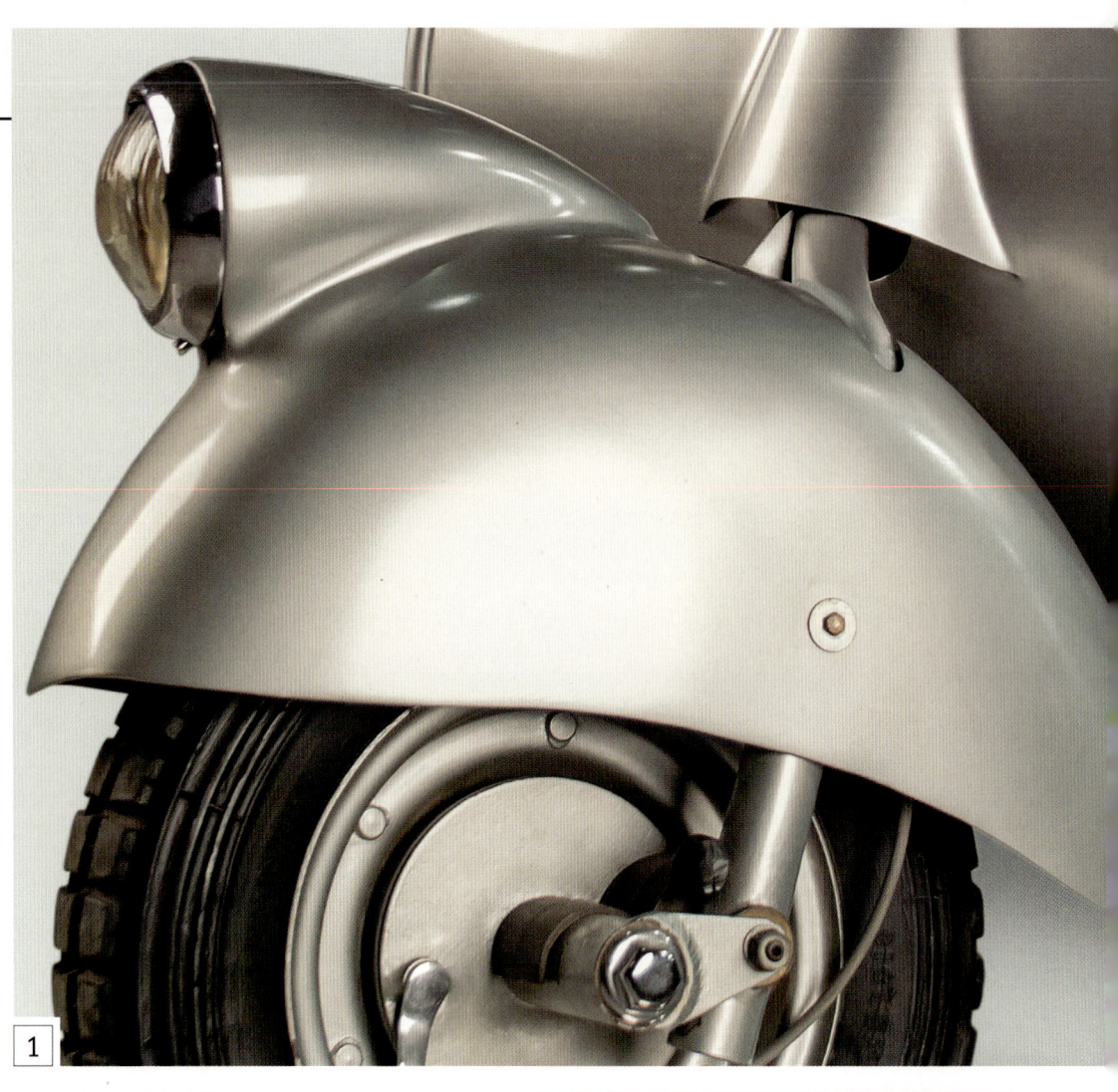

▲ **FRONTSCHÜRZE UND SCHRIFTZUG** Die breite Frontschürze ist eines der auffälligsten Merkmale der Vespa. Sie war ein wichtiges Verkaufsargument für Personen, die in der Stadt arbeiteten und ihre Kleidung vor Schmutz und Straßenstaub schützen wollten. Der unterstrichene Namenszug in schwungvoller Schreibschrift passt zum stromlinienförmigen Design des Rollers.

◀ **LENKER UND BEDIENELEMENTE** Alle Bedienelemente befinden sich in Reichweite der Finger am Lenker. Ein Hebel aktiviert die Vorderradbremse, ein anderer die Kupplung. Die Gangschaltung wird über einen Drehgriff am Lenker bedient, auch das Gasgeben ist direkt von Lenker aus zu erledigen.

▶ **BODENBLECH** Das Bodenblech bildet die Verbindung zwischen Vorder- und Hinterteil des Rollers. Rillen geben den Füßen sicheren Halt. Das Blech ist mit dünnen Metallstreifen verstärkt, damit es sich durch Belastung nicht verziehen kann.

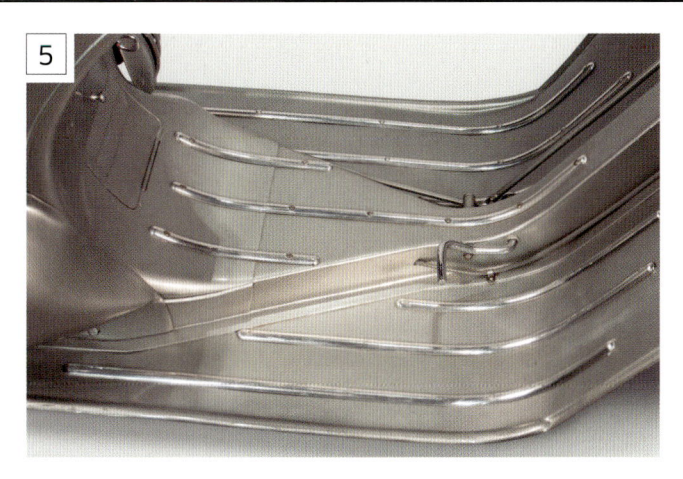

◀ **SATTEL** Der große Sattel ist gut gefedert, was angesichts des schlechten Zustandes der italienischen Straßen nach dem Krieg den Fahrkomfort deutlich verbesserte. Um den Tankdeckel zu öffnen, muss der mit Scharnieren ausgestattete Sattel nach vorn geklappt werden. Der Tank befindet sich direkt über dem Motor.

▲ **MOTORGEHÄUSE UND RÜCKLICHT** Das Motorgehäuse der Vespa beschreibt vom Sitz bis zum Heck einen fließenden Bogen. Diese Stromlinienform war aus dem Automobildesign bekannt, aber für Roller völlig neu. Mitten auf der glänzenden Metallfläche war mit einer robusten Metallhalterung das großzügig dimensionierte, runde Rücklicht montiert.

ZUM KONTEXT

Im ersten Produktionsjahr wurden nur etwa 2500 Vespas verkauft, 1950 lag der Jahresverkauf bei 60 000 Stück. Anfangs beschränkte sich der Markt auf Italien, doch 1953 sorgte der Film *Ein Herz und eine Krone*, in dem die Stars Audrey Hepburn und Gregory Peck auf einer Vespa durch die Straßen von Rom fahren, für einen weiteren Aufschwung. In den 1950er- und 1960er-Jahren war die Vespa jedermanns Liebling, vom Filmstar bis zum Oberstufenschüler. Die Vespa war sauber, preiswert, leicht zu fahren und unkompliziert zu warten – die perfekte Kombination aus Wirtschaftlichkeit und Stil.

▲ **MOTORGEHÄUSE UND STARTER** Die ersten Vespas hatten einen Hubraum von 98 ccm. Der Motor war klein, aber stärker als der von Konkurrenzmodellen. Zum Anlassen musste der Fahrer den Starter mit dem Fuß herunterdrücken. Durch die auffälligen Schlitze in den Seiten drang Luft zur Kühlung ins Motorgehäuse. Piaggio stattete die Schwungscheibe des Motors später mit Lamellen aus, um die Kühlwirkung zu verbessern.

▲ **Die Vespa war ein phänomenaler Erfolg.** 1947 wurden etwa 2500 Stück verkauft, 1948 waren es über 10 000 Stück, 1949 rund 20 000 Stück und 1950 stieg die Zahl auf ungefähr 60 000 an.

Penguin-Taschenbuch-Cover

1947–1949 ▪ GRAFIK ▪ DRUCK AUF PAPIER ▪ GROSSBRITANNIEN

JAN TSCHICHOLD, EDWARD YOUNG

1935 brachte der britische Verleger Allen Lane die Penguin-Taschenbücher auf den Markt, um interessanten Lesestoff zu günstigen Preisen anzubieten. Edward Young, der erste Produktionsleiter des Unternehmens, entwickelte die Idee für die Covergestaltung der Reihe, die ebenso einfach wie prägnant war: drei waagerechte Streifen. Buchtitel und Autor waren auf dem mittleren, weißen Streifen aufgedruckt, Name und Logo des Verlags auf den oberen und unteren farbigen Streifen. In den 1920er-Jahren wurde hauptsächlich die Schrift Gill Sans verwendet, die von Eric Gill entwickelt worden war.

Zehn Jahre lang wurde dieses Layout verwendet, allerdings nicht konsequent. Manche Titel wichen vom Grundstil ab. 1946 wurde der deutsche Typograf Jan Tschichold engagiert. Er sollte das Design der Bücher verbessern und vereinheitlichen. Statt die Cover grundlegend neu zu gestalten, beschränkte er sich auf einige kleine, aber gut durchdachte Änderungen. Nun wurde konsequent die Schrift Gill Sans mit einheitlicher Spationierung verwendet, und nur der Buchtitel wurde fett gedruckt. Tschichold zeichnete ein neues Pinguin-Symbol, fügte einen kurzen Strich zwischen Titel und Autorennamen ein und entwickelte Schriftstile für verschiedene Untertitel. Die Änderungen waren geringfügig, aber äußerst wirkungsvoll. Durch die einheitliche Anwendung der gestalterischen Regeln auf alle Titel erhielten die Penguin-Taschenbücher eine klare Identität und einen Wiedererkennungseffekt, der erheblich zu ihrem Erfolg beitrug.

JAN **TSCHICHOLD**
1902–1974

Jan Tschichold, Sohn eines deutschen Schriftenmalers, war vom Bauhaus (siehe S. 46) und russischer Grafik beeinflusst. In den späten 1920er-Jahren trat er als führender Typograf der Moderne in seinem Buch *Die Neue Typographie* (1928) für neue, serifenlose Schriften und asymmetrische Layouts ein. Nach der Regierungsübertragung an die Nationalsozialisten zog er in die Schweiz und wandte sich traditionellerer Grafik und Typografie zu. Von 1946–1949 arbeitete er für Penguin. Außerdem entwarf er verschiedene Schrifttypen (darunter die beliebte Sabon), war als Dozent tätig und veröffentlichte zahlreiche Schriften über Kalligrafie, Typografie, Druck, Buchgestaltung und verwandte Themen.

Im Detail

LEGENDE

▶ **PENGUIN** Das »würdig-witzige« Symboltier des Verlags trat in verschiedener Gestalt auf, mal einseitig geneigt, mal mit ausgestreckten Flügeln. Als Tschichold das Design überarbeitete, gab er dem Vogel eine glatte Kontur, schmale Flügel und einen Kopf, der nach rechts oder links gedreht werden konnte. Das Logo blieb mehrere Jahrzehnte in Gebrauch.

◀ **FONT** Für den Verlagsnamen in der abgerundeten Raute hatte Penguin ursprünglich die Serifenschrift Bodoni Ultra Bold verwendet. Tschichold wählte die serifenlose Schrift Gill Sans und ließ sämtliche Wörter auf dem Cover in Versalien drucken. Die Abstände zwischen Buchstaben und Wörtern waren exakt kalkuliert.

▲ **FARBIGE STREIFEN** Durch die breiten Farbstreifen waren Penguin-Taschenbücher auch aus der Entfernung sofort zu erkennen. Tschichold übernahm sie klugerweise und fügte nur dünne Linien an ihren Rändern hinzu (die später jedoch wieder abgeschafft wurden).

PENGUIN-TASCHENBUCH-COVER — JAN TSCHICHOLD, EDWARD YOUNG

Auf manchen Büchern war das Literaturgenre in farbiger Schrift aufgedruckt.

Die Strichstärke der Konturlinie variierte, als sei sie mit einer Feder gezeichnet.

Diese Zeile wies die Leser darauf hin, dass es sich bei der Taschenbuchausgabe nicht um eine gekürzte Fassung handelte.

Die Taschenbücher hatten anfangs Schutzumschläge, auf denen der Preis aufgedruckt war.

STICHWORT DESIGN

Die Farbe der Streifen auf dem Cover gab Auskunft über das Genre des jeweiligen Buchs. Belletristik (Orange) machte den Hauptanteil der Bücher aus. Daneben gab es Kriminalromane (Grün), Biografien (Dunkelblau), Reiseliteratur (Kirschrot) und andere. Sachbücher erschienen im Imprint Pelican und trugen hellblaue Streifen. Diese Farbcodierung, vor allem für Belletristik, Kriminalromane und Sachbücher, blieb über Jahrzehnte unverändert.

▶ **Vier Bücher mit Farbcodierung von Tschichold**

ZUM KONTEXT

Seit den 1940er-Jahren wurde die Covergestaltung der Penguin-Taschenbücher stetig weiterentwickelt. Eine bedeutende Änderung fand in den 1950er-Jahren statt, als man die Querstreifen durch senkrechte Streifen ersetzte, um in der Mitte Platz für eine Illustration zu gewinnen. Tschichold begann das Design, das in den frühen 1950er-Jahren durch den Typografen Hans Schmoller vollendet wurde. 1962 ließ Penguins neuer Art Director Germano Facetti von dem polnischstämmigen Designer Rombek Marber eine neue Anordnung entwickeln. Nun stand der Text oben zwischen waagerechten Linien und es blieb mehr Platz für eine Illustration. Durch diese ausdrucksvollen, grafischen Illustrationen hoben sich Penguin-Bücher in den Buchhandlungen wieder deutlich von Konkurrenzprodukten ab.

▶ **The New Men**
Die vertikale, von Hans Schmoller entwickelte Aufteilung wurde in den 1950er- und 1960er-Jahren verwendet. Sie ließ Platz für eine kleine, meist schwarz-weiße Illustration. Später wurden die Illustrationen größer und erstreckten sich bis auf die farbigen Randstreifen.

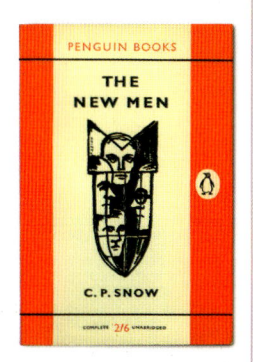

▶ **Dreadful Summit**
Durch Romek Marbers Layout, den auffälligen grünen Hintergrund und die zweifarbige Grafik zieht dieser Kriminalroman von 1964 den Blick an. Dutzende von Penguin-Krimis profitierten vom gestalterischen Geschick Marbers und Facettis.

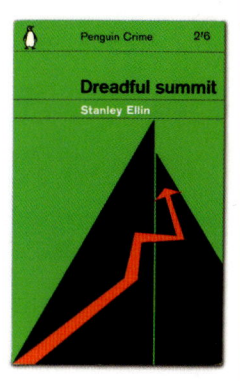

Couchtisch

1944/45 ▪ MÖBEL ▪ HOLZ UND GLAS ▪ USA

ISAMU NOGUCHI

Dem japanisch-amerikanischen Künstler Isamu Noguchi gelang mit diesem Couchtisch eine eindrucksvolle Synthese aus Skulptur und Möbelbau. Die Konstruktion wirkt einfach, aber die Art, wie die beiden identisch geformten Holzstützen sich berühren, zeugt von Noguchis meisterhafter Bildhauerkunst. Die aufeinanderruhenden Stützen spielen auf Elemente surrealistischer Kunst an, und ihre starken, biomorphen Formen fallen ins Auge, zumal sie von oben und von allen Seiten zu sehen sind. Die Platte aus 19 mm starkem Glas stabilisiert den Tisch und wirkt dennoch schwebend leicht. Die angedeutete Dreiecksform mit abgerundeten Ecken und leicht geschwungenen Seiten gibt ihr einen organischen Charakter, der perfekt zur Liniensprache des Unterbaus passt.

Der Tisch hat eine lange Entstehungsgeschichte. 1939 entwarf Noguchi ein ähnliches Modell als Einzelstück für A. Conger Goodyear, den Präsidenten des Museum of Modern Art in New York. Bald darauf beauftragte der britisch-amerikanische Architekt und Raumdesigner T. H. Robsjohn-Gibbings den Bildhauer mit der Gestaltung eines Tischs, und Noguchi schickte ihm ein Kunststoffmodell, das dem Tisch für Conger Goodyear ähnelte. Als Noguchi hörte, dass Robsjohn-Gibbings mit dem Vertrieb einer Variante seines Entwurfs begonnen hatte, erhob er Einspruch. Robsjohn-Gibbings erwiderte: »Jeder kann einen dreibeinigen Tisch bauen.« Verärgert erstellte Noguchi eine eigene Variante des Tischs, die der Designer George Nelson (siehe S. 108) als Illustration für seinen Artikel »How to Make a Table« verwendete. Die Möbelfirma Herman Miller übernahm den Entwurf, der mit seiner surrealistisch-modernen Anmutung bei den Kunden gut ankam. Dass der Couchtisch noch heute produziert wird, zeugt von Noguchis außergewöhnlichem Talent. Er ist in verschiedenen Holzarten von hellem Ahorn bis zu schwarz gebeizter Esche erhältlich.

Tischplatte aus schwerem Glas

ISAMU **NOGUCHI**

1904-1988

Der Bildhauer und Designer Isamu Noguchi wurde in Los Angeles als Sohn eines japanischen Vaters und einer amerikanischen Mutter geboren. Er absolvierte in Japan eine Tischlerausbildung, arbeitete in Paris als Assistent des Bildhauers Constantin Brancusi und kehrte dann in die USA zurück, um sich seinem eigenen Schaffen zu widmen. Er entwarf verschiedenste Produkte, darunter das Bakelit-Babyphone Nurse (1937) für Zenith, Möbel für Herman Miller und Knoll sowie ungewöhnliche Leuchten. Außerdem gestaltete er Bühnenbilder für Tanzcompagnien, Parks und Gärten. Als Bildhauer schuf er realistische Porträts, surrealistische und große, abstrakte Werke.

Im Detail

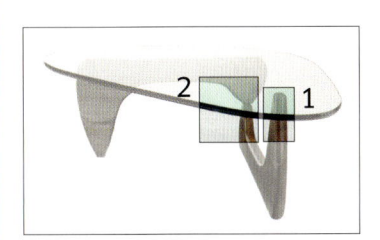

LEGENDE

▲ **STÜTZE** Eine Ecke der gläsernen Tischplatte ruht ausschließlich auf dem kleinen, abgeflachten Ende der nach oben gerichteten Stütze. Dadurch ist die Form der Unterkonstruktion durch die Glasplatte hindurch gut zu erkennen.

◀ **VERBINDUNG** Die beiden weich geformten Holzteile treffen an einem Punkt zusammen und werden von einer geschickt verborgenen Metallstange zusammengehalten. Durch den Winkel, in dem die Stützen zueinander stehen, wirkt der Tisch leicht asymmetrisch, was gut zu seiner organischen Gesamtwirkung passt.

Die Stützen sind mit einer verborgenen Metallstange verbunden.

Die abgerundeten Kanten harmonieren mit der Form der Unterkonstruktion.

Schwere Holzstützen geben dem Tisch gute Standfestigkeit.

STICHWORT DESIGN

Während seiner Japanaufenthalte in der Kindheit und im Erwachsenenalter entwickelte Noguchi seine Liebe zu Kunst und Handwerk des Landes. Er entwarf Keramik, die in Japan produziert wurde, und zarte, skulpturale Lampen nach dem Vorbild traditioneller Fischerlaternen, die er Akari nannte. Er erklärte: »Alles ist Skulptur. Jedes Material und jede Idee, die ohne Beschränkung in den Raum hinein geboren wird, betrachte ich als Skulptur.« Seine Akari-Leuchten werden noch heute aus Bambusrippen mit einer Bespannung aus durchscheinendem Papier (ursprünglich japanischem Maulbeerrinden-Papier) hergestellt – seit jeher von der Firma Gifu mit Sitz in Japan. Die Unterkonstruktion besteht aus Metallstäben und Draht.

▲ **Akari-Stehleuchte**, Isamu Noguchi, 1952

ZUM KONTEXT

Während seiner langen, produktiven Laufbahn schuf Noguchi Skulpturen in verschiedenen Stilen aus unterschiedlichen Materialien. Unter dem Einfluss des Bildhauers Brancusi, eines Vorreiters der Formvereinfachung, arbeitete er mit Stein, wandte sich aber bald Metallen, Holz, Fiberglas und Kunststoffen zu. Wie der Couchtisch haben viele seiner Arbeiten aus den 1930er- und 1940er-Jahren kurvige Formen – abstrakt, aber manchmal mit Anklängen an Tier- oder Menschengestalten. In den 1950er-Jahren gestaltete er eher geradlinige Stücke, oft in monumentaler Größe. Zu seinem späteren Arbeiten zählen felsenähnliche, wetterfeste Objekte, die er für Firmengelände und öffentliche Außenanlagen gestaltete. Trotz aller Vielfalt zeichnen sich alle Werke Noguchis durch einen hohen Respekt vor dem Material, herausragende Verarbeitung und schlichte, ausdrucksvolle Formen aus.

▶ **Orpheus**, Skulptur aus geschnittenem und gebogenem Aluminium, Isamu Noguchi, 1958

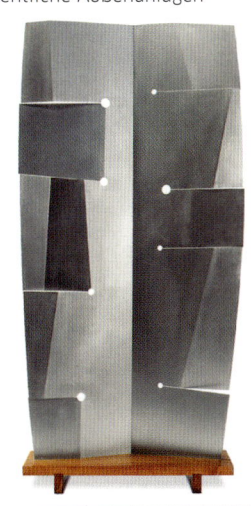

Vase Fazzoletto

1948/49 ▪ GLASWAREN ▪ MEHRFARBIGES GEBLASENES GLAS, FADENGLAS ▪ ITALIEN

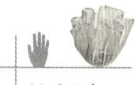

PAOLO VENINI, FULVIO BIANCONI

Die Venedig vorgelagerte Insel Murano zählt zu den berühmtesten Zentren der Glasherstellung. Ihre Geschichte reicht bis ins 13. Jh. zurück. 1947 besuchte der italienische Designer Fulvio Bianconi die Insel, nachdem er mit der Gestaltung einer Serie von Parfumflakons beauftragt worden war. Ihn faszinierte das Verfahren der Glasherstellung. Im folgenden Jahr entwarfen Bianconi und der Glashersteller Paolo Venini aus Murano, die beide progressiv eingestellt waren, eine höchst ungewöhnliche Vase. Mit ihrer zipfeligen, welligen Form erinnerte sie an ein flatterndes Taschentuch (Italienisch *fazzoletto*) und wurde schnell zum Verkaufsschlager.

Zur Herstellung der Vase wurde ein quadratisches Stück heißes, formbares Glas in eine Form gelegt. Die ersten Vasen bestanden aus einfarbigem Glas, aber bald wurden Versionen in verschiedenen Farben, Mustern und Größen produziert. In den Folgejahren brachten andere Hersteller ähnliche Modelle auf den Markt. Die außergewöhnlichen Formen waren beliebt, weil sie auch ohne Blumen auf dem Tisch oder Sideboard interessant aussahen. Fazzoletti und ihre Imitationen waren in den 1950er- und 1960er-Jahren groß in Mode, aber nur wenige Besitzer wussten, dass das ursprüngliche Modell der Zusammenarbeit eines innovativen italienischen Designers mit einem venezianischen Glashersteller entsprungen war.

Durch ihre Wellen und Zipfel erinnert die Vase an ein Taschentuch.

PAOLO **VENINI**, FULVIO **BIANCONI**
1895–1959, 1915–1996

Paolo Venini begann sein Berufsleben als Anwalt, kaufte aber in den 1920er-Jahren eine Glasbläserei und wurde schnell zu einem führenden Glashersteller. Er beschäftigte talentierte Künstler wie die renommierten Architekten Gio Ponti und Carlo Scarpa und brachte innovative Produkte auf den Markt.

▲ Paolo Venini

Fulvio Bianconi absolvierte 1931 im Alter von 16 Jahren eine einjährige Ausbildung in der Murano-Glasbläserei. Später arbeitete er als erfolgreicher Grafikdesigner für verschiedene italienische Firmen, darunter das Verlagshaus Garzanti. Nach dem Erfolg der Vase Fazzoletto verband er sein grafisches Schaffen mit Glasdesign. Er arbeitete oft direkt mit den Glasbläsermeistern am Schmelzofen zusammen, experimentierte mit neuen Farben und Formen und blies gelegentlich auch Stücke selbst.

▲ Fulvio Bianconi

Im Detail

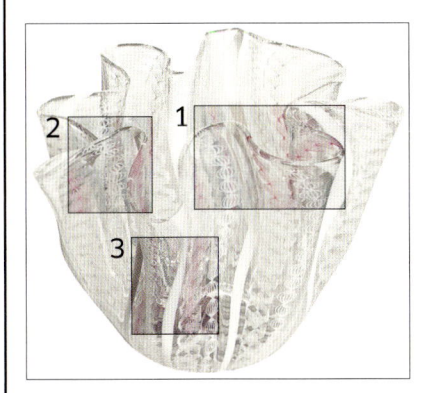

LEGENDE

Als Fadenglas oder Filigranglas bezeichnet man klares Glas, in das weiße oder farbige Glasfäden eingeschmolzen sind.

◀ **RAND** Durch die verschiedenartigen Kurven scheint der Rand in ständiger Bewegung zu sein. Die Form bewirkt, dass man stellenweise durch zwei Glasschichten schaut. Auf dem weichen »Faltenwurf« ergibt sich ein Lichtspiel, das die zarten Muster und Farben vorteilhaft betont.

▲ **ZIPFEL** Die wellige Form der Vase ist unregelmäßig. Hält man sie kopfüber, erinnern die Vorsprünge an die herabhängenden Zipfel eines Taschentuchs. Durch ihre ausgeprägt organische Form unterschied sich die Vase Fazzoletto völlig von anderen Glaswaren ihrer Zeit.

▲ **OBERFLÄCHE** Die Wände der Vase beschreiben weiche Kurven und tiefe Wellen, die das komplexe Filigranmuster gut zur Geltung bringen. Um den Eindruck von drapiertem Stoff zu erwecken, wurde das Glas in einer Form verarbeitet. Die Vase wurde in verschiedensten Ausführungen hergestellt.

STICHWORT **DESIGN**

Die Glashersteller von Murano arbeiten seit Jahrhunderten mit traditionellen Techniken. Manche ihrer Designs gehen auf die römische Antike zurück und wurden vermutlich schon im 13. Jh., als die Glasherstellung auf der Insel begann, verwendet. Paolo Venini wich von der Tradition ab und engagierte führende Designer, die auf neue Muster und Farben setzten. Zu Bianconis berühmtesten Designs für Venini gehörten die Pezzato-Vasen (Patchwork) aus farbigen Glasrechtecken, die zu bunten Mustern verschmolzen waren. Für eine andere Technik namens Murrine ordnete er identische Scheiben aus farbigen Glasstäben auf einem schlichten Hintergrund an. Bianconis Designs zeichnen sich durch kräftige Farben und auffällige Formen aus.

▲ **Vase Pezzato**    ▲ **Murrine-Vase**

Wanduhr Atomic

1949 ▪ PRODUKTDESIGN ▪ HOLZ UND METALL ▪ USA

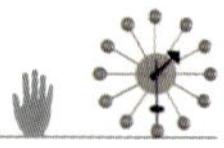

GEORGE NELSON

Jahrhundertelang sahen sich alle Zifferblätter sehr ähnlich: Sie bestanden aus einer Scheibe mit arabischen oder römischen Zahlen und zwei spitzen Zeigern. George Nelson gab der Uhr ein neues Gesicht. Bei seiner innovativen Wanduhr Atomic stellen kleine Kugeln die Stunden dar. Sie ähneln den Kugeln, die in wissenschaftlichen Modellen von Atomen und Molekülen verwendet werden. Seine Uhr mit Elektrowerk zeugt von der Faszination durch Fortschritt und moderne Wissenschaft. Nelson erklärte, der Urheber der Idee sei nicht klar zu benennen. Er habe mit drei befreundeten Designern – Isamu Noguchi (siehe S. 104), Buckminster Fuller und Irving Harper einen geselligen Abend verbracht und ein Stück Skizzenpapier herumgereicht, auf das jeder verschiedene Uhrenentwürfe gezeichnet hatte. Am nächsten Morgen wusste er nicht mehr, welche Skizze von wem stammte, aber er war fest entschlossen, die Uhr Atomic zu realisieren. Die Idee wurde von dem Uhrenhersteller Howard Miller begeistert aufgenommen, und die Uhr wurde bald zur modernen Designikone. Sie bewirkte neben anderen einflussreichen Entwürfen, dass Nelson heute als eine der bedeutendsten Persönlichkeiten der amerikanischen Moderne gilt.

GEORGE **NELSON**
1908-1986

George Nelson studierte Architektur in Yale und Europa, wo er Le Corbusier und andere Vertreter der Moderne entdeckte. Nach der Rückkehr in die USA arbeitete er als Architekt und schrieb über Bauwesen und Design. Seine Gedanken fielen D. J. De Prée auf, dem Präsidenten der Firma Herman Miller, der Nelson als Leiter der Designabteilung einstellte. Nelson förderte neue Designer und entwarf selbst innovative Möbel. So leistete er einen entscheidenden Beitrag dazu, einem breiten Publikum modernes Design nahezubringen.

Im Detail

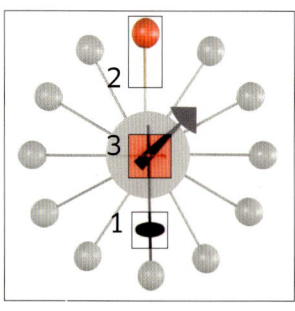

LEGENDE

▶ **MINUTENZEIGER** Durch die große Ellipse wirkt der Minutenzeiger wie das Pendel eines Metronoms. Er fällt als humorvolles Detail ins Auge, erleichtert aber gleichzeitig das Ablesen der Zeit.

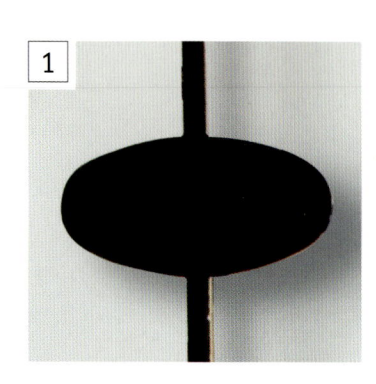

▶ **STUNDENKUGEL** Die Kugeln zur Darstellung der Stunden bestehen aus glänzend lackiertem Holz. Wie die Kugeln in Atommodellen werden sie von dünnen Metallstäben gehalten, die fest in Bohrungen in den Holzkugeln sitzen.

▼ **MITTE** Der Stundenzeiger verbreitert sich zur Mitte der Uhr hin. So lässt er sich leichter mit dem darunterliegenden Uhrwerk verbinden. Den Abschluss bildet eine kleine, runde Kappe, die wie die Haltestäbe der Stundenkugeln aus Messing besteht.

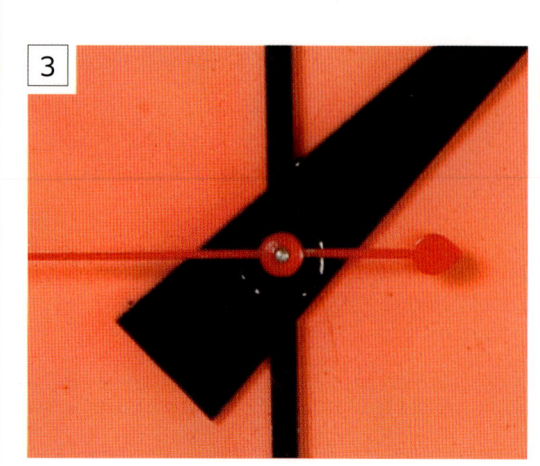

WANDUHR ATOMIC ■ GEORGE NELSON   109

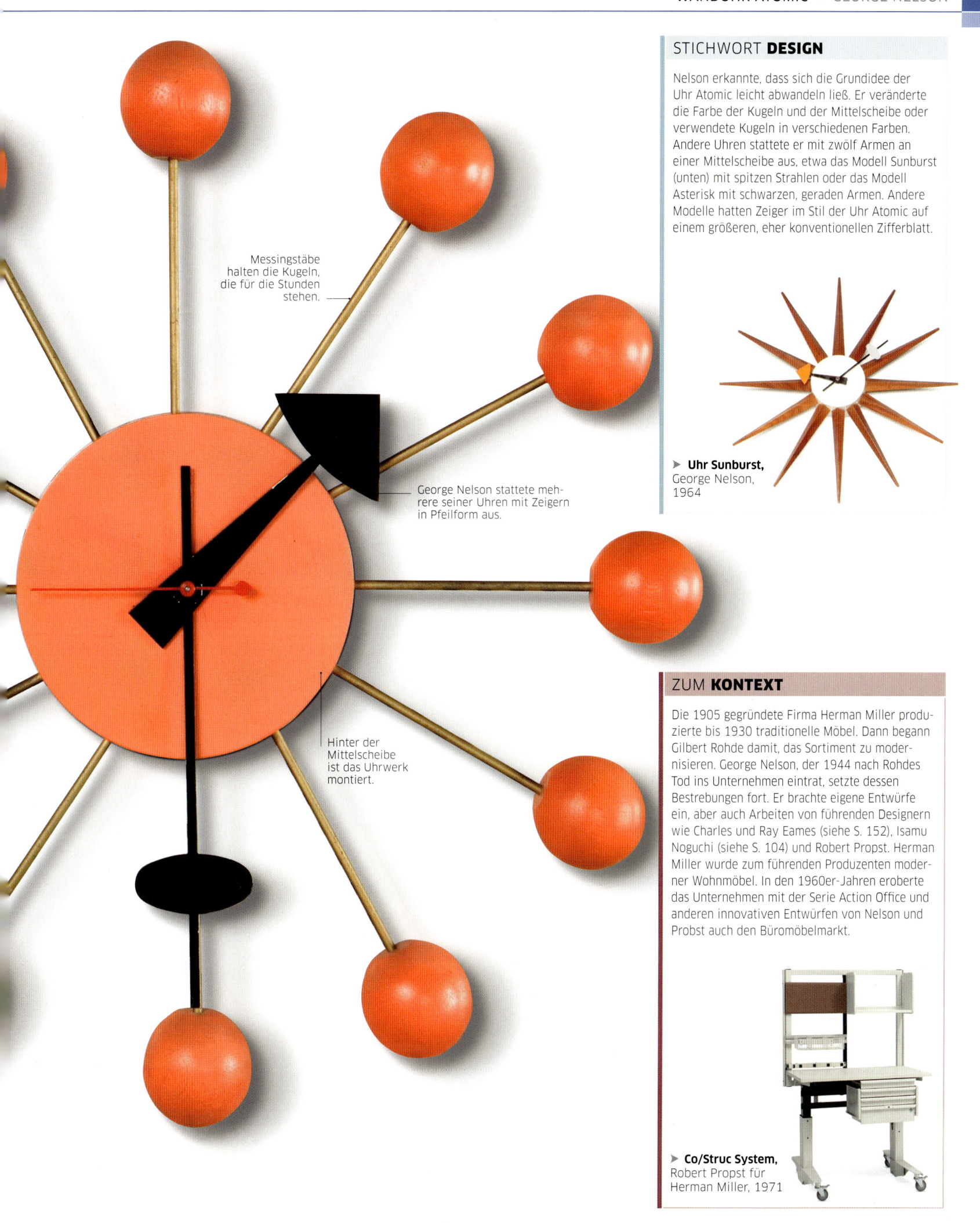

Messingstäbe halten die Kugeln, die für die Stunden stehen.

George Nelson stattete mehrere seiner Uhren mit Zeigern in Pfeilform aus.

Hinter der Mittelscheibe ist das Uhrwerk montiert.

STICHWORT DESIGN

Nelson erkannte, dass sich die Grundidee der Uhr Atomic leicht abwandeln ließ. Er veränderte die Farbe der Kugeln und der Mittelscheibe oder verwendete Kugeln in verschiedenen Farben. Andere Uhren stattete er mit zwölf Armen an einer Mittelscheibe aus, etwa das Modell Sunburst (unten) mit spitzen Strahlen oder das Modell Asterisk mit schwarzen, geraden Armen. Andere Modelle hatten Zeiger im Stil der Uhr Atomic auf einem größeren, eher konventionellen Zifferblatt.

▶ **Uhr Sunburst,** George Nelson, 1964

ZUM KONTEXT

Die 1905 gegründete Firma Herman Miller produzierte bis 1930 traditionelle Möbel. Dann begann Gilbert Rohde damit, das Sortiment zu modernisieren. George Nelson, der 1944 nach Rohdes Tod ins Unternehmen eintrat, setzte dessen Bestrebungen fort. Er brachte eigene Entwürfe ein, aber auch Arbeiten von führenden Designern wie Charles und Ray Eames (siehe S. 152), Isamu Noguchi (siehe S. 104) und Robert Propst. Herman Miller wurde zum führenden Produzenten moderner Wohnmöbel. In den 1960er-Jahren eroberte das Unternehmen mit der Serie Action Office und anderen innovativen Entwürfen von Nelson und Probst auch den Büromöbelmarkt.

▶ **Co/Struc System,** Robert Propst für Herman Miller, 1971

Dekostoff Calyx

1951 ▪ TEXTILDESIGN ▪ BEDRUCKTES LEINEN ▪ GROSSBRITANNIEN

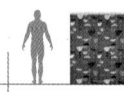

LUCIENNE DAY

Maßstab

Der avantgardistische Dekostoff Calyx war eines der bekanntesten Textildesigns der 1950er-Jahre und galt durch seine Kombination aus kräftigen Farben, plakativer Grafik und optimistischer Verspieltheit als Sinnbild für einen Stil, der gelegentlich als Moderne der Jahrhundertmitte bezeichnet wird. Mit seiner Mischung aus abstrakten, pflanzenähnlichen Formen und dünnen Linien unterschied er sich grundlegend von den Stoffen, die 1951 im Handel waren. Das Muster mit den zeitgemäßen, stilisierten Formen und den auffälligen, aber nicht grellen Farben wirkte ungewohnt lebendig. Wie andere moderne Designs dieser Zeit kann es als Symbol für die Hoffnung auf einem Aufschwung nach dem Zweiten Weltkrieg verstanden werden.

Calyx war ein Entwurf der innovativen englischen Designerin Lucienne Day. Im Möbelhaus Heal's, wo sie das Muster präsentierte, war man skeptisch und hielt den Stoff für zu gewagt, um sich gegen die damals üblichen Blumenmuster behaupten zu können. Tom Worthington, Werksleiter bei Heal's, zahlte Day die Hälfte des üblichen Honorars, weil er nicht mit Verkaufserfolgen rechnete. 1951 wurde der Stoff jedoch im beliebten Homes and Gardens Pavilion ausgestellt, den Lucienne Days Ehemann Robin für das Festival of Britain entworfen hatte, und stieß auf positive Resonanz.

Im gleichen Jahr wurde Calyx auf der Mailänder Triennale mit einer Goldmedaille ausgezeichnet, im Folgejahr mit einem Preis des American Institute of Decorators. Danach stellte sich der kommerzielle Erfolg ein. Heal's zahlte Day die ausstehende Hälfte des Honorars, und sie gestaltete mehrere Stoffe in ähnlichem Stil, die bei modebewussten Kunden guten Absatz fanden.

> »Innerhalb weniger Jahre nach Kriegsende war ein völlig neuer Stil von Dekostoffen entstanden.«
>
> **LUCIENNE DAY**

LUCIENNE **DAY**

1917–2010

Désirée Lucienne Conradi wurde in Surrey (Großbritannien) geboren. Ihre Mutter war Britin, ihr Vater Belgier. Sie besuchte die Kunstschule in Croydon und danach das Royal College of Art, wo sie ihren Berufskollegen und späteren Ehemann Robin Day kennenlernte. Während des Zweiten Weltkriegs unterrichtete sie, ab 1946 arbeitete sie freiberuflich als Textildesignerin. Ende der 1940er-Jahre verkaufte sie ihre Entwürfe an Heal's. Das Möbelhaus produzierte ihren Stoff Calyx, mit dem ihr der Durchbruch gelang. Sie entwarf etwa 70 Stoffe für Heal's, arbeitete auch für andere Hersteller und gestaltete außerdem Tischwäsche, Tapeten und Teppiche. Für ihre Arbeit mit Teppichen (als Designerin und Farbberaterin) wurde sie mit einem Design Centre Award ausgezeichnet. Aufträge aus dem Ausland folgten, und Day entwarf beispielsweise Geschirr für den deutschen Hersteller Rosenthal. Während der Wirtschaftskrise in den 1970er-Jahren stellte sie das Design für die Industrie ein und entwarf große Teppiche aus farbigen Seidenstücken. Diese schönen, abstrakten »Seidenmosaike« waren auf vielen Ausstellungen zu sehen.

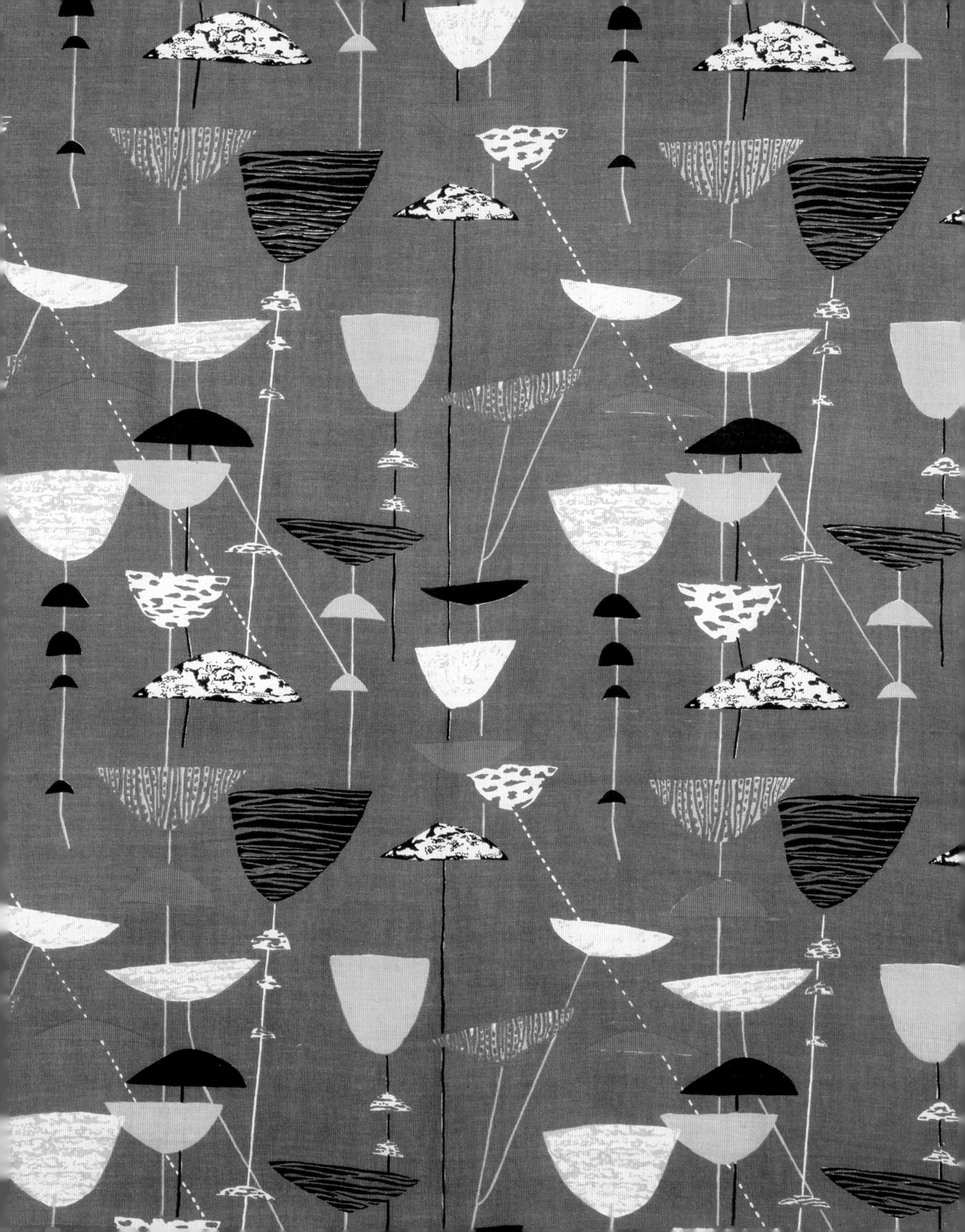

Im Detail

LEGENDE

▶ **WEISSE FORMEN** Viele Elemente des Calyx-Designs sind hell – hauptsächlich weiß – mit kleinen Dekorationen in Braun, Schwarz oder Gelb, die wie aufgetupft aussehen. So wirken die Formen prägnant und leicht plastisch. Die hellen Elemente scheinen vor dem Hintergrund aus erdigen Olivtönen zu schweben. Helle Muster mit unregelmäßiger Tupfenstruktur wurden vielfach imitiert und standen in den 1950er-Jahren hoch im Kurs.

▲ **ABSTRAKTE FORMEN** Die sich wiederholenden, gerundeten Formen erinnern an Pilzhüte, Samenkapseln von Pflanzen oder Blüten im Profil. Auch der Name Calyx, ein botanischer Fachausdruck für die Kelchblätter der Blüte, verweist darauf, dass es sich um stilisierte, abstrakte Pflanzenformen handelt.

▶ **DUNKLE FORMEN** Zu den markantesten Elementen des Musters gehören dunkle Formen aus Wellenlinien in Schwarz, Weiß und Braun. Die Linien scheinen dem Fadenlauf des Gewebes zu folgen und wirken wie eine tastbare Textur. Durch ihre Wiederholung lenken sie den Blick durch das Muster.

▲ **SCHWARZE UND GELBE MOTIVE** Dieser Bereich besteht aus längeren gelben Linien mit kleinen, schirmartigen Motiven in Schwarz. Während die meisten Blumenmuster dieser Zeit realistisch waren, verzichtet Day auf eine naturalistische Darstellung und deutet lediglich mit sparsamen Strichen schlanke, aufragende Blütenstiele an.

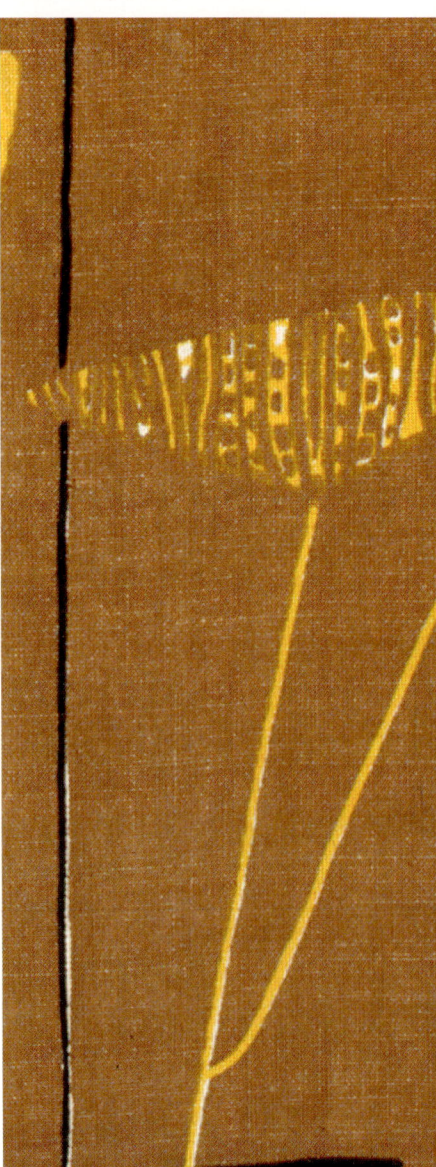

DEKOSTOFF CALYX ■ LUCIENNE DAY

STICHWORT DESIGN

Der Erfolg von Calyx auf dem Festival of Britain und andernorts trug erheblich dazu bei, dass Lucienne Day als Textildesignerin über Englands Grenzen hinaus bekannt wurde. Ihre Muster zeigten Einflüsse surrealistischer und moderner Kunst und sprachen ein großes Publikum an. In den 1950er- und 1960er-Jahren war sie sehr gefragt und entwarf Stoffe für verschiedene Auftraggeber. Sie selbst erklärt ihren Erfolg damit, dass die Menschen nach dem Weltkrieg die tristen Farben und den Mangel an Auswahl satt hatten. Manche ihrer Muster bestanden ausschließlich aus geometrischen Formen, etwa das Dreiecksmuster Isosceles (unten rechts). Andere wie Herb Antony (unten links) erinnerten mit ihren stilisierten, konturstarken Blüten, Blättern und Wurzeln an die Bilder des katalanischen Malers Joan Miró. Days Entwürfe hoben sich auch durch den innovativen und selbstbewussten Umgang mit Farbe vom Üblichen ab. In Herb Antony werden skeletthafte, weiße Linien auf schwarzem Grund durch Tupfer in Primärfarben aufgelockert. Isosceles ist eine strengere, lineare Komposition in Türkis, Gelb und Schwarz.

▲ **Herb Antony,** 1956

▲ **Isosceles,** 1955

▲ **LEINEN** Calyx wurde im Siebdruckverfahren auf Leinen gedruckt. Das Gewebe ist vor allem in den einfarbig olivgrünen Bereichen gut zu erkennen. Weil Leinen teuer ist, entwarf Day 1952 ein ähnliches Muster namens Flotilla. Es war wesentlich preiswerter, weil es auf Viskose gedruckt wurde und einen kleineren Rapport hatte.

◀ **LINEARE ELEMENTE** Zitronengelbe, weiße und schwarze Linien ziehen sich senkrecht und schräg durch das ganze Muster und verbinden wie Stiele die organischen Formen. Manche Linien sind durchgehend, andere unterbrochen, aber sie alle bilden ein starkes grafisches Element, das dem Muster optischen Zusammenhalt gibt.

ZUM KONTEXT

Nachdem Lucienne und Robin Day in den 1940er-Jahren Skandinavien bereist hatten, wollten sie ausdrucksvolles, modernes Design auch in England fördern. Auf dem Festival of Britain (1951) wurde Calyx neben Stahl- und Sperrholzmöbeln von Robin präsentiert. Das Paar hoffte die Briten anzuregen, ihre Wohnungen umzugestalten. Viele Zeitschriften zeigten, wie die Londoner Wohnung des Paars und ihr großes Haus in Chelsea eingerichtet waren, und die Days wurden mit Charles und Ray Eames (siehe S. 152) verglichen. Für kommerzielle Kunden arbeiteten sie jedoch meist getrennt voneinander. Robin entwarf Möbel, Lucienne konzentrierte sich auf Stoffe. Eines ihrer wenigen, aber erfolgreichen gemeinsamen Projekte war die Kabineneinrichtung des Flugzeugs BOAC Super VC10 in den 1960er-Jahren mit komfortablen Sitzen von Robin Day und einer modernen Dekoration von Lucienne.

▲ **Passagierkabine des BOAC-Flugzeugs,** gestaltet von Lucienne und Robin Day

1951

FESTIVAL OF BRITAIN

MAY 3 – SEPTEMBER 30

MAIN INFORMATION CENTRE · SWAN & EDGAR BUILDING · PICCADILLY CIRCUS · LONDON

Printed in Great Britain for H.M. Stationery Office by W. S. Cowell Ltd, Ipswich and London.

Logo des Festival of Britain

1951 ■ GRAFIK ■ FARBLITHOGRAFIE AUF PAPIER ■ GROSSBRITANNIEN

ABRAM GAMES

Im Sommer 1951 fand in England ein bedeutendes Festival mit Ausstellungen und anderen Veranstaltungen an verschiedenen Orten statt. Um in den mageren Nachkriegsjahren die Moral im Volk zu heben, wurden einheimische Arbeiten aus allen Gebieten von Kunst und Wissenschaft gezeigt. Das auffällige Ankündigungsplakat schmückte ein grafisches Emblem, mit dem Abram Games berühmt wurde.

Games und elf andere Designer waren eingeladen worden, im Rahmen eines Wettbewerbs Entwürfe für das Logo der Veranstaltung einzureichen. Gefordert war ein Symbol, das »schlicht im Design und auf einen Blick zu erkennen« war und diese Wirkung in verschiedenen Größen behielt. Games' Entwurf bestand aus einer reduzierten Kompassrose mit dem stilisierten Kopf der Britannia und der Jahreszahl 1951 in kursiven Ziffern. Er legte eine Schwarz-Weiß-Version und eine farbige (Rot, Weiß, Blau) vor. Die Jury entschied sich für Games' Entwurf, bat ihn aber, das Symbol noch feierlicher zu gestalten. Nachdem er an einem windigen Tag seiner Frau beim Aufhängen der Wäsche zugesehen hatte, fügte er eine Wimpelkette hinzu. Das überarbeitete Motiv wurde vielfach verwendet – auf Hinweisschildern, Poststempeln, auf der ebenfalls von Games entworfenen Titelseite der offiziellen Festivalbroschüre und auf Plakaten (gegenüber). Durch seine grafische Form war es unverwechselbar, und die Mischung aus Würde und Festlichkeit machte es zu einem angemessenen Symbol für das Festival.

ABRAM **GAMES**
1914–1996

Nach einem kurzen Besuch der Kunsthochschule in London wurde Abram Games von einem Kunststudio als Bürogehilfe eingestellt. In den 1930er-Jahren machte er sich als Grafikdesigner selbstständig und entwarf Plakate und Werbematerial für angesehene Klienten wie Shell, BP, Guinness und die britische Post. Während des Zweiten Weltkriegs gestaltete er als offizieller Kriegsmaler Plakate für die britische Armee, darunter die berühmte »Blonde Bombshell« zur Rekrutierung von Frauen für den Freiwilligendienst.

Im Detail

LEGENDE

▶ **SYMBOL** Die Darstellung der Britannia mit dem scharf geschnittenen Profil und dem Schatten des Helms ist so einfach wie effektvoll. Das schnabelartig vorspringende Visier wirkt wie ein vergrößertes Duplikat der markanten, geraden Nase.

▲ **SCHRIFTZUG 1951** Die Jahreszahl erinnerte daran, dass das Festival genau 100 Jahre nach der Weltausstellung von 1851 stattfand. Games wählte kursive Ziffern mit breitem Schatten. Solche plakativen Schriften, oft mit Schatten, wurden im Rahmen des Festivals häufiger verwendet.

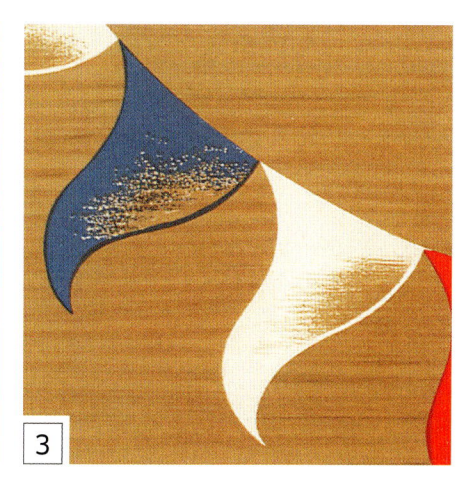

▲ **WIMPEL** Durch die leicht gekrümmten Längskanten wirken die Wimpel, als flatterten sie im Wind. Den einfachen Schatteneffekt auf diesem Plakat erzeugte ein unbekannter Drucker der London Press Exchange, indem er stellenweise den bräunlichen Papierhintergrund durch die Druckfarbe schimmern ließ.

Platte aus Birkenholz

1951 ▪ TISCHDEKORATION ▪ BIRKENSCHICHTHOLZ ▪ FINNLAND

TAPIO WIRKKALA

Maßstab

Tapio Wirkkala gehört zu den bekanntesten finnischen Designern des 20. Jh. Er schuf eine Vielzahl von Objekten aus verschiedenen Materialien und strebte immer eine organische Herangehensweise an modernes Design an. Viele seiner Arbeiten, etwa Glasobjekte in Form von Pilzen oder schmelzenden Eisblöcken, lehnen sich an Naturformen an. Generell wollte er die natürlichen Eigenschaften seiner Materialien optimal ausnutzen. Zu seinen besten Arbeiten gehört eine Reihe von Skulpturen und Objekten aus Birkenschichtholz, die er in den frühen 1950er-Jahren entwarf.

Schichtholz besteht aus dünnen Holzplatten, die so miteinander verleimt sind, dass die Maserung jeweils rechtwinklig zur vorherigen Schicht verläuft. Dadurch wird der Werkstoff stabil und verwirft sich kaum. Wirkkala stellte sein Schichtholz selbst her, verarbeitete es aber nicht als Plattenware, sondern verleimte es zu großen Blöcken, die er aufschnitt, sodass die Schichten als Streifenmuster in verschiedenen Farbtönen und Stärken sichtbar wurden. Durch den Kontrast zwischen dem hellen Holz und den dunkleren Leimschichten entstand abhängig vom Schnittwinkel ein Effekt, der den Jahresringen eines Stamms ähnelte. Durch geschickte Ausnutzung der von den Holzschichten vorgegebenen Kurven und Konturen wollte Wirkkala Objekte mit außergewöhnlichem organischem Charakter schaffen. Die Birkenholzplatte zeugt durch die warmen Farbtöne und die ausgewogene Form vom Respekt des Designers vor dem Naturmaterial und von seiner hoch entwickelten bildhauerischen Feinfühligkeit.

TAPIO **WIRKKALA**

1915-1985

Nach einer Bildhauerausbildung in Helsinki erlange Tapio Wirkkala Erfolg als Designer. Von 1947 bis zu seinem Tod leitete er die Designabteilung des Glasherstellers Iittala und stellte daneben seine Vielseitigkeit als Freiberufler unter Beweis. Er entwarf Glas für Venini (siehe S. 106), Geschirr für Rosenthal, eine Glühlampe für Aram und eine eigene Version des traditionellen finnischen Fahrtenmessers für Hackman. Wirkkala entwarf 1951 und 1954 die finnischen Pavillons für die Mailänder Triennale. Seine innovativen Arbeiten trugen dazu bei, dass finnisches Design bis heute in aller Welt ein hohes Ansehen genießt.

»Jedes Material hat seine ungeschriebenen Gesetze ... Der Designer sollte Harmonie mit seinem Material anstreben.«

TAPIO WIRKKALA

Die Platte hat eine glatte, perfekt verarbeitete Oberfläche.

Im Detail

LEGENDE

▶ **HOLZMUSTER** Die Wirkung von Wirkkalas Platte beruht auf dem Muster der hell- und dunkelbraunen Schichten im verleimten Holz. Anders als in üblichem Industriesperrholz sind die Schichten nicht gleichmäßig. Die Stärkenunterschiede geben der Platte ihre natürliche, organische Wirkung.

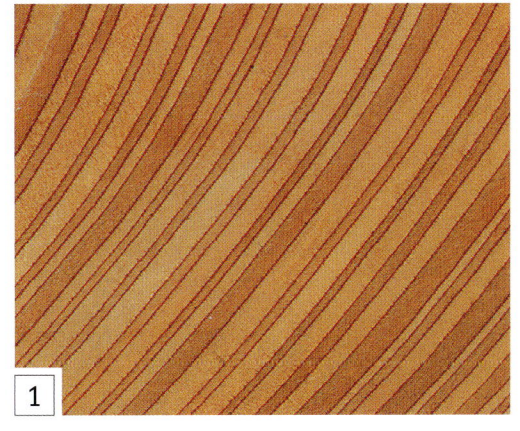

◀ **MITTELRIPPE** Wo die gekrümmten Holzschichten in der Mitte der Platte zusammentreffen, bilden sie eine Struktur, die der Mittelrippe eines Blattes ähnelt.

▼ **RAND** Der Rand der Platte ist glatt und beschreibt einen weichen Bogen. Wie alle Holzarbeiten von Wirkkala fühlt sich die Platte sehr angenehm an und ihre Benutzung ist ein geradezu sinnliches Vergnügen.

STICHWORT DESIGN

Tapio Wirkkala wurde vor allem als Glasdesigner bekannt. In den 1940er- und 1950er-Jahren entwarf er verschiedene Gefäße, die vom renommierten finnischen Hersteller Iittala produziert wurden. Darunter befanden sich Vasen und Schalen mit feinen, reliefartigen Linien, die der Äderung von Pilzen oder Blättern ähnelten und sich auch in der Struktur der Schichtholzschalen des Designers fanden. Iittala fertigte auch die schlichten, edlen Gläser seiner Serie Tapio und die bekannte und vielfach imitierte Serie Ultima Thule, deren satinierte Oberfläche wie Eis aussieht. Wirkkala setzte zur Gestaltung der faszinierenden Glasoberflächen verschiedene Techniken ein, etwa Ritz- und Ätzverfahren sowie Holzformen, die verbrannt wurden und durch den Kontakt mit dem geschmolzenen Glas dessen Oberflächenbeschaffenheit veränderten.

▲ **Turned Leaf,** Glasschale, Tapio Wirkkala, 1953

Um den interessanten Streifeneffekt zu erzielen, wurden die Holzschichten während der Produktion gebogen.

Geschirr Kilta

1952 ■ KERAMIK ■ GLASIERTES STEINGUT ■ FINNLAND

KAJ FRANCK

Ende der 1940er-Jahre begann Kaj Franck, Designchef beim finnischen Keramikhersteller Arabia, eine neue Geschirrkollektion zu gestalten. Da in der Nachkriegszeit viele Finnen in kleinen Wohnungen lebten, Hausbedienstete nicht mehr üblich waren und immer mehr Frauen einem Beruf nachgingen, hielt Franck das traditionelle Tafelgeschirr mit zahlreichen verzierten Stücken aus empfindlichem Porzellan nicht mehr für zeitgemäß. Als Alternative entwarf er eine einfarbige Serie aus robustem, glasiertem Steingut mit über 30 Geschirrteilen, die sich kombinieren ließen. Das Geschirr war stapelbar und teilweise multifunktional. Franck beschränkte sich auf geometrische Formen – Kreise, Kegel und Zylinder – und eine klare, schlichte Linienführung. Als Farben standen Weiß, Schwarz, Gelb, Grün und Blau zur Auswahl.

Das schlichte Geschirr unterschied sich so grundlegend vom Üblichen, dass der Verkauf schleppend anlief. Als Arabia aber Vorführungen, Wanderausstellungen und Vorträge organisierte, erkannten die Kunden, wie elegant, praktisch und alltagstauglich das preiswerte Geschirr war. Kilta gewann Auszeichnungen, wurde zum Verkaufsschlager und bald zum Symbol modernen, praktischen Designs aus Finnland. Die Produktion wurde in den 1970er-Jahren eingestellt, aber Franck entwarf später eine aktualisierte Version namens Teema aus Porzellan. Dass die Serie 1981 neu aufgelegt und bis heute von Iittala produziert wird, spricht für die Zeitlosigkeit des Designs.

KAJ **FRANCK**

1911–1989

Nach dem Studium des Möbeldesigns in Helsinki entwarf Kaj Franck Leuchten und Möbel in Kopenhagen. Von 1945 bis 1961 leitete er die Designabteilung des Porzellan- und Keramikherstellers Arabia. Daneben war Franck für den Glashersteller Iittala tätig. Von 1950 bis 1973 war er Art Director der Glaswerke Nuutajärvi-Notsjö und machte sich einen Namen als Designer, der sich auf das Wesentliche konzentrierte. Er war ein angesehener Dozent und künstlerischer Direktor der Hochschule für angewandte Kunst in Helsinki.

Im Detail

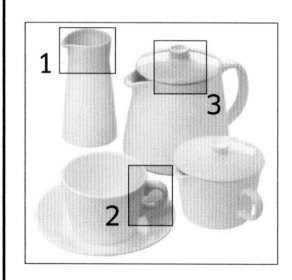

LEGENDE

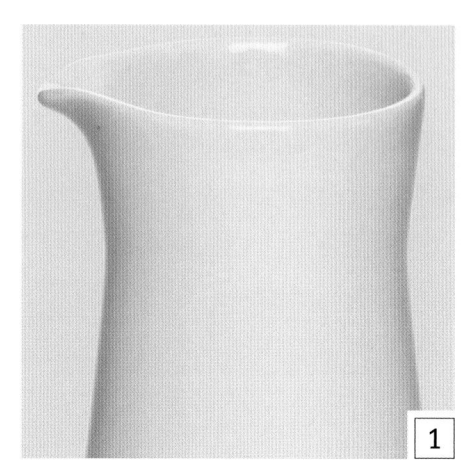

▲ **KANNENTÜLLE** Die Details der Kilta-Serie sind schlicht und sehr zurückhaltend ausgearbeitet. Die kleine Tülle dieses Kännchens ist gerade groß genug, um ihre Funktion gut zu erfüllen. Das Originalkännchen hatte einen Korkstöpsel, sodass man die Milch oder Sahne darin abdecken konnte.

◄ **TASSENHENKEL** Die Henkel von Tassen, Kannen und anderen Gefäßen der Serie Kilta sind stabil, abgerundet und so groß, dass sie sich bequem festhalten lassen. Mit den zierlichen, zerbrechlichen Henkeln typischer Vorkriegstassen haben sie nicht viel gemein.

► **KNAUF** Die Deckel der Kilta-Serie haben einen kleinen, runden Knauf, der sich nach unten leicht verjüngt und dadurch gut zu greifen ist. Die Vertiefung in seiner Oberseite ist rein dekorativ, beeinträchtigt aber nicht die Funktion und die schlichte Geometrie des Gesamtdesigns.

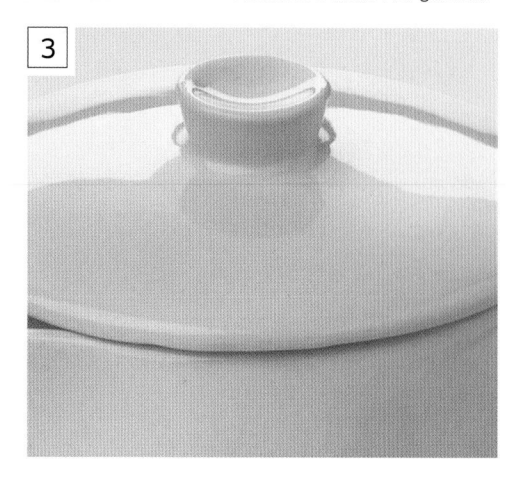

GESCHIRR KILTA — KAJ FRANCK

»Ist es nicht der eigentliche Sinn von Schönheit, relevant, zweckmäßig und ehrlich zu sein?«

KAJ FRANCK

STICHWORT **DESIGN**

1950 kaufte der finnische Konzern Wärtsilä, zu dem bereits das Keramikwerk Arabia gehörte, das historische Glaswerk Nuutajärvi-Notsjö im Südwesten Finnlands. Kaj Franck wurde 1950 Art Director des Glaswerks, für das er einige seiner schönsten Stücke entwarf. Seine Glasobjekte zeichneten sich durch dieselben schlichten Formen und eleganten Linien aus wie sein Geschirr für Arabia. Die Farbpalette umfasste zarte Rauchglastöne, manchmal veredelt durch dekorative Effekte wie edlen Silberglanz. Franck entwarf auch Gefäße aus mehrlagigem Glas mit interessanten Farbverläufen.

▶ **Glasvase mit Farbverlauf,** Kaj Franck für Nuutajärvi-Notsjö, 1950er-Jahre

▼ **Teekanne**

▶ **Kännchen**

▶ **Tasse und Untertasse**

▲ **Milchkännchen mit Deckel**

Die Untertasse konnte auch als kleiner Teller dienen.

Sessel Diamond

1952 ■ MÖBEL ■ STAHLDRAHTGEFLECHT ■ USA

HARRY BERTOIA

In den 1940er-Jahren arbeitete der Bildhauer Harry Bertoia mit den Möbeldesignern Charles und Ray Eames (siehe S. 152–155) zusammen und steuerte seine Kenntnisse der Metallverarbeitung für Beine und Rahmen einiger ihrer Stühle bei. Bertoia fand jedoch, dass seine Arbeit nicht genug gewürdigt wurde, und entwarf im Alleingang eine Reihe von Sitzmöbeln, darunter den berühmten Sessel Diamond für den Möbelhersteller Knoll. Er verwendete Drahtgitter, das leicht und transparent wirkt, für Sessel mit organischen Formen, die den Konturen des menschlichen Körpers angepasst waren.

Weil das Gitter aus verschweißten Stahldrähten sehr stabil war, konnte Bertoia relativ dünnes Material für die starre, fließend geformte Sitzschale verwenden. Von vorn betrachtet hat der ganze Sessel eine Rautenform, und auch das glänzende Gitter besteht aus vielen kleinen Rauten, die für eine ansprechende visuelle Stimmigkeit sorgen. Dickere Stahlrohre wurden für die Unterkonstruktion benutzt, die sich – analog zur ausladenden Form der Sitzschale – nach vorn verbreitert. Knoll bot den Sessel mit einem passenden Kissen an. Das elegante Rautenmuster, das aus jedem Blickwinkel anders wirkt, nimmt man jedoch ohne Kissen besser wahr. Bertoia sagte über seine Gittersessel: »… sie bestehen hauptsächlich aus Luft, wie Skulpturen. Sie werden vom Raum durchdrungen.«

HARRY **BERTOIA**

1915–1978

Harry Bertoia kam in Italien zur Welt, siedelte 1930 in die USA um, besuchte die Kunstschule in Detroit und die Cranbrook Academy of Art in Michigan. Er beschäftigte sich mit Schmuckherstellung und gab Seminare für Metallbearbeitung in Cranbrook, ehe er mit Charles und Ray Eames an ihren Möbelprojekten zusammenarbeitete. Als er von Knoll Aufträge erhielt, stellte ihm das Unternehmen einen eigenen Atelierraum zur Verfügung, in dem er seine Drahtgittersessel entwarf. Vom Honorar konnte er ein Haus mit Atelier in Pennsylvania kaufen, wo er sich für den Rest seines Lebens der Bildhauerei widmete. Bertoia war ein Musikliebhaber und schuf mehrere Klangskulpturen aus dünnen Metallstäben.

▲ **Harry Bertoia** in seinem Atelier in Pennsylvania, 1956

Im Detail

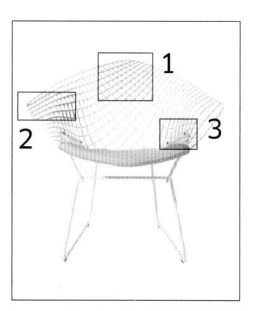

LEGENDE

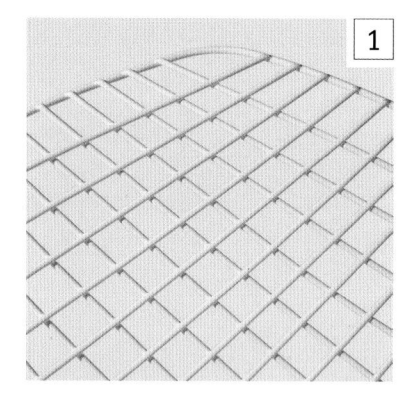

◄ **RÜCKENLEHNE** Das auffällige Rautenmuster des Drahtgitters ist relativ regelmäßig und vermittelt den Eindruck, gleichzeitig stabil und zart zu sein. Obwohl die Gitter-Sitzschale starr und hart aussieht, ist sie sehr durchdacht geformt und bietet einen beachtlichen Sitzkomfort.

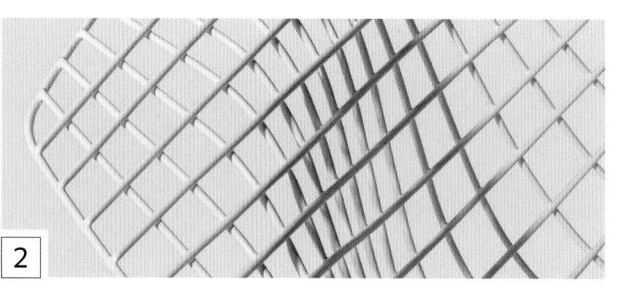

▲ **ARMLEHNE** Durch die Biegung an den seitlichen Armlehnen verändern die Gitterrauten ihre Form. Sie sehen unregelmäßiger aus als die Rauten der Rückenlehne. Das glänzende Chrom reflektiert das Licht und erzeugt reizvolle optische Effekte.

▶ **VERBINDUNG** Ursprünglich war zwischen Sitz und Gestell ein Verbindungsstück aus Gummi vorgesehen. Es wurde später durch diese Metallschiene ersetzt, an der beide Teile verschraubt sind. Die Metallschiene war visuell die bessere Lösung und obendrein stabiler und langlebiger als Gummi.

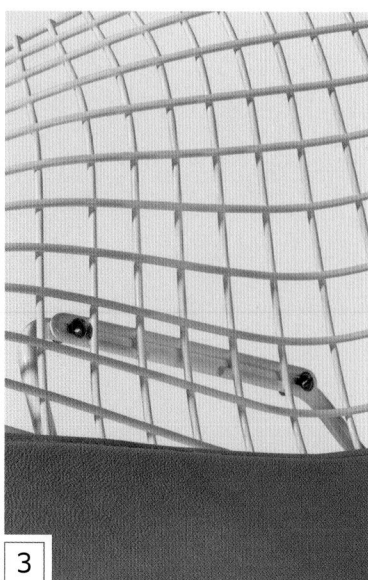

SESSEL DIAMOND ■ HARRY BERTOIA

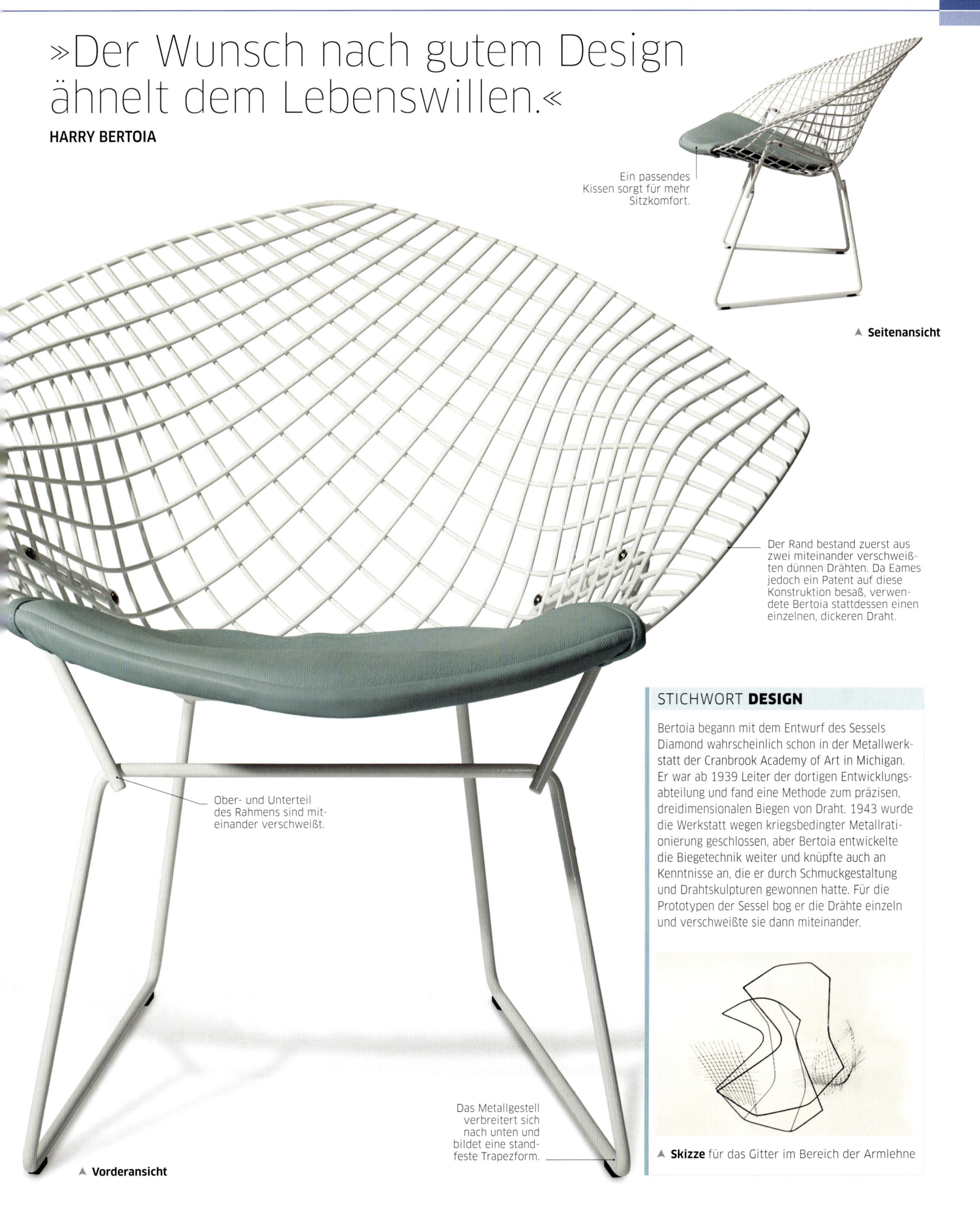

»Der Wunsch nach gutem Design ähnelt dem Lebenswillen.«
HARRY BERTOIA

Ein passendes Kissen sorgt für mehr Sitzkomfort.

▲ **Seitenansicht**

Der Rand bestand zuerst aus zwei miteinander verschweißten dünnen Drähten. Da Eames jedoch ein Patent auf diese Konstruktion besaß, verwendete Bertoia stattdessen einen einzelnen, dickeren Draht.

Ober- und Unterteil des Rahmens sind miteinander verschweißt.

STICHWORT DESIGN

Bertoia begann mit dem Entwurf des Sessels Diamond wahrscheinlich schon in der Metallwerkstatt der Cranbrook Academy of Art in Michigan. Er war ab 1939 Leiter der dortigen Entwicklungsabteilung und fand eine Methode zum präzisen, dreidimensionalen Biegen von Draht. 1943 wurde die Werkstatt wegen kriegsbedingter Metallrationierung geschlossen, aber Bertoia entwickelte die Biegetechnik weiter und knüpfte auch an Kenntnisse an, die er durch Schmuckgestaltung und Drahtskulpturen gewonnen hatte. Für die Prototypen der Sessel bog er die Drähte einzeln und verschweißte sie dann miteinander.

Das Metallgestell verbreitert sich nach unten und bildet eine standfeste Trapezform.

▲ **Skizze** für das Gitter im Bereich der Armlehne

▲ **Vorderansicht**

Besteck Pride

1953 ▪ BESTECK ▪ VERSILBERTES METALL ▪ GROSSBRITANNIEN

DAVID MELLOR

Die Tradition der Besteckproduktion in Großbritannien reicht bis ins 18. Jh. zurück. Viele Hersteller hatten ihren Sitz in Sheffield, dem weltbekannten Zentrum der Stahlproduktion und Metallverarbeitung. Ihr guter Ruf basierte auf der hochwertigen Verarbeitung, das Design war jedoch meist konservativ. 1953 entwarf David Mellor, der in Sheffield geboren war und das Londoner Royal College of Art besuchte, im Rahmen seines Studiums ein Besteck, das die Tradition respektierte und dennoch modern war. Sein Entwurf, den er Pride (Stolz) nannte, entsprach in der hohen Qualität, der makellosen Verarbeitung und den eleganten Proportionen den traditionellen Erwartungen, hatte aber eine moderne, schlichte Linienführung. Das Besteck mit den langzinkigen Gabeln, den ovalen Löffeln und den Messern mit Kunstharzgriffen passte zur traditionellen Tafel ebenso wie in ein trendiges Restaurant der 1950er-Jahre.

Unter Mellors Kommilitonen am Royal College war Peter Inchbold, dessen Familie das Silberschmiedeunternehmen Walker & Hall in Sheffield gehörte. Inchbold schlug vor, Pride zu produzieren. Die Firma stimmte zu und engagierte Mellor nach seinem Studienabschluss 1954 als Designberater – eine damals noch seltene Position. Der Erfolg von Pride bewies den europäischen Besteckherstellern, dass sich moderner Stil und traditionelle Werte gut in Einklang bringen ließen.

DAVID **MELLOR**
1930–2009

Nach dem Erfolg von Pride entwarf der britische Metallexperte und Designer weitere Bestecke für Walker & Hall, darunter auch Serien aus Edelstahl. Die Regierung beauftragte ihn mit der Gestaltung der Embassy Range (Besteck und eine Teekanne) für sämtliche britischen Botschaften sowie der Edelstahl-Serie Thrift für Behördenkantinen, staatliche Krankenhäuser und Gefängnisse. In den 1970er-Jahren begann Mellor selbst zu produzieren. Bis in die 1990er-Jahre konzentrierte er sich auf Besteck, dann kamen andere Designs hinzu.

Im Detail

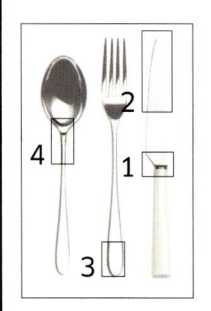

LEGENDE

▶ **MESSERKLINGE** Die Klinge hat einen geraden Rücken, nur die Spitze ist kaum merklich nach oben gekrümmt. Traditionell wurde bei Tafelmessern auf eine Spitze verzichtet, und bei diesem modernen Besteck ist die Klinge vorn abgerundet.

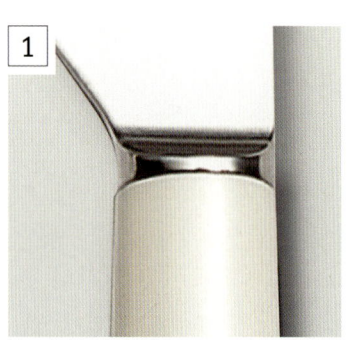

▶ **GRIFF UND ANSATZ** Die Verbindungsstelle zwischen Griff und Klinge wird durch den Materialwechsel von Metall zu Acetal betont. Dieser thermoplastische Kunststoff ähnelt Elfenbein, das traditionell für Griffe verwendet wurde. Der 45-Grad-Winkel am Klingenansatz betont die moderne Linienführung des Messers.

▲ **ENDE DES GABELGRIFFS** Die Enden der Metallgriffe haben schöne Bögen, die nicht ganz spitz zusammenlaufen. Die Form ohne scharfe Kanten und ohne traditionelle Ornamente sieht elegant aus und liegt angenehm in der Hand.

▶ **LÖFFELGRIFF** Der untere Teil des Griffs ist, wie bei der Gabel, schlank, aber breit genug, um griffig zu sein. Durch die ungewöhnlich schmale Form bekommen die Besteckteile einen eleganten, modernen Charakter.

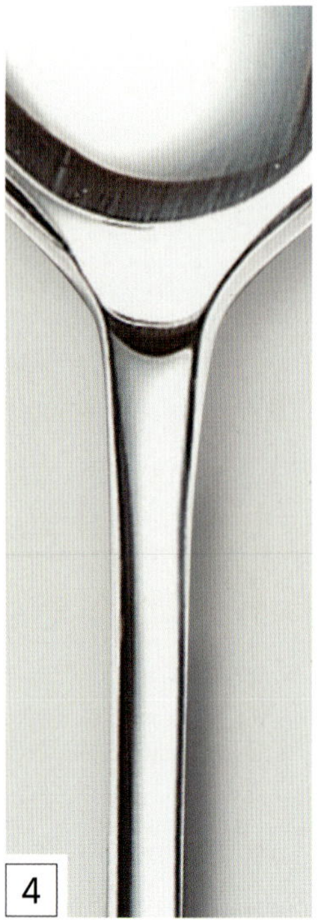

»Was wir benutzen, zeigt, wie wir leben wollen.«

DAVID MELLOR über die Arbeit als Designer

Die Nachbearbeitung der Löffel erfolgte von Hand und garantierte die makellos glatte Oberfläche.

Das verbreiterte Griffende bildet ein Gegengewicht zu den Zinken.

Die Acetal-Griffe wurden in Weiß und Schwarz produziert.

▲ **Löffel**   ▲ **Gabel**   ▲ **Messer**

STICHWORT **DESIGN**

David Mellor entwarf Straßenmobiliar (Sitzbänke, Bushaltehäuschen und Straßenschilder), das in England verbreitet war, aber er konzentrierte sich vor allem auf Besteck. Als er zu produzieren begann, reagierte Mellor auch auf Moden. In den 1970er-Jahren brachte er Designs wie Chinese Ivory (unten) mit geraden Messern und Gabeln auf den Markt, 2002 die reduzierte, flache Serie Minimal. Die Designs sind modisch, aber gut durchdacht, denn Mellor verlor nie aus den Augen, dass Messer, Gabeln und Löffel bei aller Schlichtheit elegant und ausgewogen sein müssen. Mellors Bestecke und Küchenutensilien werden bis heute im Round Building produziert, das Mellor eigens für diesen Zweck in Derbyshire bauen ließ. Heute wird der Betrieb von seinem Sohn Corin geleitet, der ebenfalls Designer ist.

▲ **Besteck Chinese Ivory,** David Mellor, 1977

ZUM **KONTEXT**

In der zweiten Hälfte des 20. Jh. setzte sich Besteck aus Edelstahl zunehmend durch. Mellor bewies, dass sich aus diesem Material gut gestaltetes Besteck für hohe Ansprüche gestalten und produzieren ließ, und bald folgten andere Firmen seinem Beispiel. Die cleversten beauftragten begabte Designer mit der Gestaltung von Modellen, die sich für die Massenproduktion eigneten. Zu ihnen gehörte Viners of Sheffield, für die der bekannte Goldschmied Gerald Benney Serien wie Studio und Shape entwarf. Wie Mellor knüpfte Benney an verschiedene Einflüsse an, etwa den reduzierten Stil skandinavischer Designer und die britische Tradition der Metallverarbeitung. Benney tendierte aber eher zur Verwendung von dekorativen Mustern auf den Griffen seiner Messer, Gabeln und Löffel.

▲ **Besteck Studio** für Viners of Sheffield, Gerald Benney, 1960er-Jahre

Fender Stratocaster

1954 ▪ PRODUKTDESIGN ▪ HOLZ, KUNSTSTOFF UND METALL ▪ USA

LEO FENDER

Maßstab

1954 revolutionierte eine neuartige elektrische Gitarre die Popmusik. Die völlig neue Form und der außergewöhnliche, klare Klang der Stratocaster stellte Musikern ganz neue Ausdrucksmöglichkeiten zur Verfügung. In den 1960er-Jahren spielten immer mehr Gitarristen dieses Instrument und entwickelten Techniken und Sounds, die alle Bereiche der Popmusik, von Country bis Rock'n'Roll, um aufregende Facetten bereicherten. Durch die innovativen Hörner am Korpus fiel Leo Fenders Entwurf ins Auge. Diese Tatsache und ihr einzigartiger Klang führten zum Aufstieg eines neuen Heldentyps der Musikszene: des »Guitar Hero«.

Leo Fender hatte schon in den frühen 1950er-Jahren mit der Telecaster Erfolg gehabt, der ersten industriell gefertigten elektrischen Gitarre mit massivem Korpus, sowie mit seinem Precision Bass, dem ersten E-Bass. Fender spielte nicht selbst, sondern ließ sich beim Design von Musikern wie dem Western-Swing-Gitarristen Bill

Der massive Korpus mit den abgerundeten Kanten und der organisch geschwungenen Form ist für den Gitarristen sehr komfortabel zu spielen.

Der Gurt wird an Metallknöpfen eingehängt.

Eschenholz-Korpus mit zweifarbiger »Sunburst«-Lackierung

Tonabnehmer

Der Vibrato-Hebel (hier abgenommen) ist an der Brücke befestigt.

Tonregler

Lautstärkeregler

Das Schlagbrett schützt das Holz des Korpus und verdeckt die Elektronik.

Wegen der Kurven und Ausschnitte sind auch die höchsten Töne leicht zu greifen.

Carson beraten. Carson und seine Kollegen wünschten sich eine Gitarre, die leicht war, sich angenehm spielen ließ und einen guten Klang hatte. Außerdem sollte sich das Instrument leicht pflegen und individualisieren lassen. Fender ging auf alle Wünsche ein. Er baute eine Gitarre mit abgerundeten Kanten und einer Form, die sich an den Körper schmiegte, sodass der Spieler alle Bünde leicht erreichen konnte. Das Instrument war gut ausgewogen und konnte durch seine Ausstattung – drei Tonabnehmer und einen Vibrato-Hebel – eine eindrucksvolle Bandbreite von Tönen erzeugen. Der angeschraubte Hals war einfacher und billiger zu produzieren als konventionell angeleimte Hälse, und er ließ sich leicht reparieren, verändern oder ersetzen.

Manche Gitarristen waren über die ungewöhnliche Form irritiert, doch die meisten ließen sich überzeugen, wenn sie die Stratocaster hörten oder selbst ausprobierten. Der Durchbruch kam 1957, als Buddy Holly bei der Ed-Sullivan-Show einem Millionenpublikum zeigte, was mit dem Instrument möglich war. Seitdem haben Weltklassegitarristen wie Jimi Hendrix und Eric Clapton sich mit der Stratocaster profiliert, und das außergewöhnliche Design des innovativen Instruments wurde vielfach kopiert.

LEO **FENDER**

1909–1991

Leo Fender wurde in Kalifornien geboren, absolvierte eine Buchhalterlehre und beschäftigte sich in seiner Freizeit mit Elektronik. 1938 eröffnete er eine Radiowerkstatt und baute PA-Anlagen für Musiker. Zusammen mit »Doc« Kauffman, einem Musiker, der auch für den Gitarrenhersteller Rickenbacker gearbeitet hatte, begann Fender 1945 mit dem Bau von Elektrogitarren. Mit zunehmender Erfahrung erwarb er Patente, z. B. für einen Tonabnehmer, und konzentrierte sich auf die Gestaltung eines Instruments, das leicht zu halten, zu stimmen und zu spielen war. 1950 entstanden bahnbrechende E-Gitarren mit Massivholzkorpus und Fender wurde eine der erfolgreichsten Gitarrenmarken der Welt. 1965 verkaufte Fender seine Firma aus Gesundheitsgründen an das Unternehmen CBS. Nach seiner Genesung entwarf er weitere innovative Instrumente wie den Music Man StingRay-Bass.

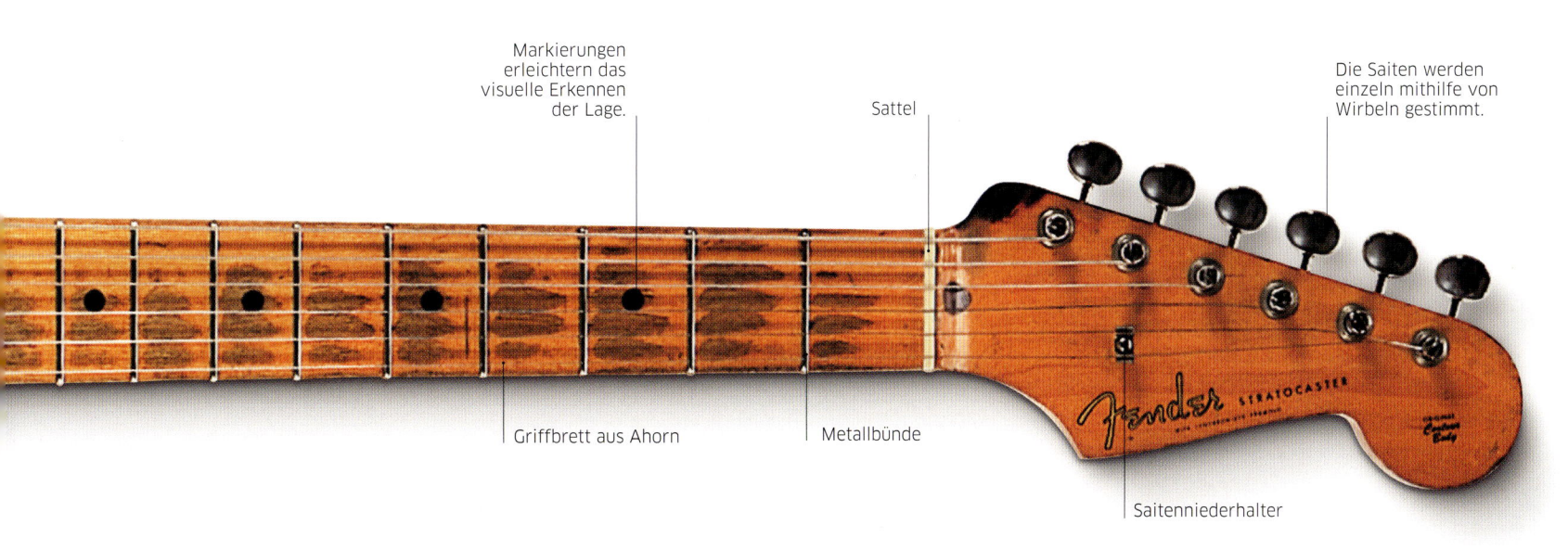

Markierungen erleichtern das visuelle Erkennen der Lage.

Sattel

Die Saiten werden einzeln mithilfe von Wirbeln gestimmt.

Griffbrett aus Ahorn

Metallbünde

Saitenniederhalter

»Sie sah aus wie ein Instrument von einem anderen Stern.«
HANK MARVIN

Im Detail

LEGENDE

▶ **TONABNEHMER** Die magnetischen Tonabnehmer registrieren die Schwingungen der Saiten und wandeln sie in elektrische Signale um, die sich verstärken lassen. Als Fender die Stratocaster entwarf, hatten elektrische Gitarren normalerweise zwei Tonabnehmer. Die »Strat« hat drei und kann damit drei unterschiedliche Klangvarianten erzeugen, die mit einem Schalter auf der Vorderseite des Korpus gewählt werden. Der halsseitige und der mittlere Tonabnehmer haben separate Regler, mit denen sich die Tonhöhe einstellen lässt.

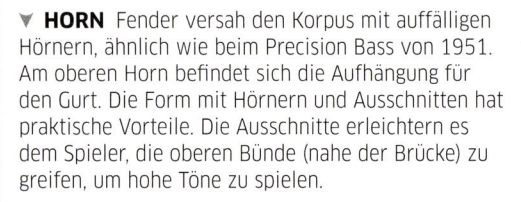

▼ **HORN** Fender versah den Korpus mit auffälligen Hörnern, ähnlich wie beim Precision Bass von 1951. Am oberen Horn befindet sich die Aufhängung für den Gurt. Die Form mit Hörnern und Ausschnitten hat praktische Vorteile. Die Ausschnitte erleichtern es dem Spieler, die oberen Bünde (nahe der Brücke) zu greifen, um hohe Töne zu spielen.

◀ **BUCHSENPLATTE** Die Metall-Buchsenplatte für den Stecker des Instrumentenkabels ist mit zwei Schrauben auf dem Korpus der Stratocaster befestigt. Die ovale Platte hat eine Einbuchtung, sodass der Stecker nicht über die Korpus-Oberfläche vorsteht. Das sieht attraktiv aus und schützt den Stecker vor unbeabsichtigten Stößen von vorn oder von unten.

▲ **KOPFPLATTE** Die Kopfplatte der Stratocaster ist eine Weiterentwicklung der schmaleren Version ihrer Vorgängerin, der Telecaster. Um Produktionskosten zu sparen, ist sie nicht nach hinten angewinkelt (wie an vielen Gitarren), sondern gerade. Darum wird ein Saitenniederhalter benötigt, um die beiden dünnsten Saiten niederzuhalten und an den Sattel am oberen Ende des Halses zu drücken.

FENDER STRATOCASTER ■ LEO FENDER

5

◀ **TONABNEHMER-WAHL**
Bei der ursprünglichen Stratocaster gab es drei Einstellpositionen, eine für jeden Tonabnehmer. Die Spieler entdeckten bald, dass man den Schalter auch zwischen zwei Positionen platzieren konnte, um zwei Tonabnehmer anzusprechen und so zusätzliche Klangvarianten zu erzeugen. Spätere Modelle verfügen über fünf Einstellpositionen.

▶ **FENDER-LOGO** Dem Erfolg seiner Gitarren, vor allem der Stratocaster, hat Fender es zu verdanken, dass sein Logo heute in aller Welt bekannt ist. Für diese frühe Version mit dem Spitznamen »Spaghetti-Logo« wurde eine stilisierte, aufrechte Handschrift mit dünnem Strich gewählt. Bei späteren Versionen ist die Strichstärke dicker und die Buchstaben sind stärker geneigt.

6

7

▲ **BRÜCKE** Jede der sechs Gitarrensaiten ist auf einem eigenen Sattel auf der Brücke befestigt, und jeder Sattel ist individuell verstellbar. Durch Drehen einer Schraube kann der Musiker den Sattel leicht verschieben und so die Saitenlänge verändern. Das ist hilfreich zum exakten Stimmen der Saite über die gesamte Länge des Halses.

ZUM KONTEXT

Die Original-Stratocaster hatte einen Korpus aus Eschenholz mit einer »Sunburst«-Lackierung in Schwarz-Gelb. Sie sah völlig anders aus als damals übliche Gitarren, die manchmal eine geschnitzte Decke oder Intarsien im Schlagbrett besaßen. Fender bevorzugte kreative, farbige Dekorationen. Später verfeinerte die Firma den Sunburst-Effekt durch Hinzunahme von Rot und produzierte auch unverzierte Gitarren aus hellem, klar lackiertem Holz. Andere Farben folgten, auch mit Autolacken in Rot, Blau oder Grün wurde experimentiert. Einzelstücke mit ungewöhnlichen und auffälligen Dekorationen wie das Modell Rhinestone (unten Mitte) waren ebenfalls im Angebot.

▲ **3-Colour Sunburst**   ▲ **Rhinestone**   ▲ **Candy Apple Red**

STICHWORT DESIGN

1954 erwarb Fender ein Patent für ein besonderes Element der Stratocaster, den Vibrato-Mechanismus. Er knüpfte an einen Vibrato-Hebel an, den Paul Bigsby schon früher erfunden hatte, und ermöglichte es dem Musiker, die Tonhöhe der Saiten während des Spielens zu verändern. Fenders Vibrato bestand aus drei Hauptelementen: dem Vibrato-Hebel, der Brücke und einer Reihe von Federn, die unter der Rückseite des Korpus mit der Brücke verbunden sind. Die Brücke wird nur auf einer Seite von Schrauben gehalten und kann durch Betätigen des Hebels in Richtung Hals gezogen werden, sodass sich Saitenlänge und Tonhöhe verändern. Die Federn wirken dem Saitenzug entgegen und halten die Brücke fest. Manche Spieler bevorzugen es allerdings, den Vibrato-Hebel zu entfernen und die Brücke fest mit dem Korpus zu verschrauben.

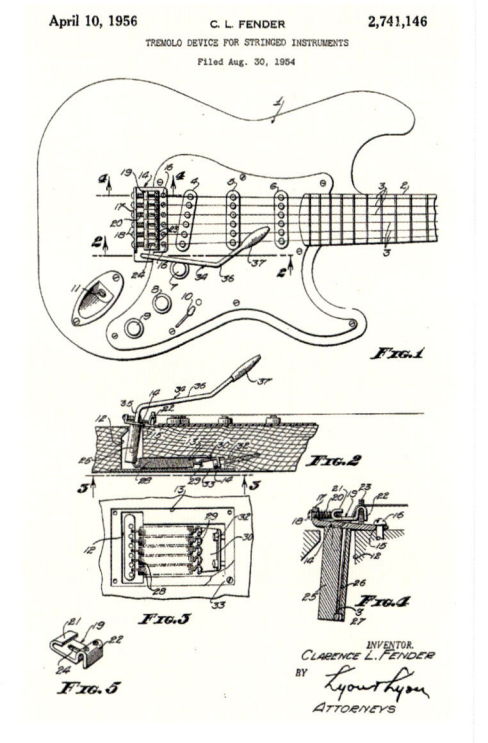

▶ **Zeichnungen zum Patent** für das Vibrato, 1956

Sucherkamera M3

1954 ▪ PRODUKTDESIGN ▪ STAHL UND LEDER ▪ DEUTSCHLAND

LEICA CAMERA AG

Maßstab

1954 brachte die deutsche Firma Leitz, die sich mit hochwertigen Kameras bereits einen Namen gemacht hatte, ein neues 35-mm-Modell auf den Markt. Die Leica M3 mit herausragender Technik in einem robusten Gehäuse eröffnete eine neue Dimension des Kameradesigns. Mit dem perfekten Mechanismus und dem hochwertigen, handgefertigten Objektiv setzte sie einen Standard, den zu erreichen nur wenigen Nacheiferern gelang.

Die neuen Merkmale der M3 zielten darauf ab, die Bedienerfreundlichkeit gegenüber den Vorläufermodellen zu verbessern. Ihr Objektiv ließ sich durch den Bajonettverschluss schneller und einfacher wechseln als bei früheren Kameramodellen. Der klarere, hellere Sucher war bei Berufsfotografen ein großer Erfolg, zumal er anzeigte, wann das Motiv scharf gestellt war. Ein weiteres raffiniertes Element war ein Rahmen, der automatisch erschien, sobald ein Objektiv mit größerer Brennweite eingesetzt wurde. Er zeigte an, welcher Bildbereich von dem jeweiligen Objektiv erfasst wurde. Das rutschfeste Gehäuse der M3 lag gut in der Hand. Alle Bedienelemente – Blenden- und Entfernungseinstellung, Verschlusszeitwähler, Bildzähler, Auslöser und Filmtransport – waren von oben zu sehen, wenn man die Kamera »schussbereit« hielt.

Besonders beliebt war die M3 bei Fotojournalisten und Reisefotografen, die häufig unterwegs waren und eine hochwertige, aber möglichst kompakte Kamera benötigten. Die M3 wurde mehr als zehn Jahre lang produziert. Viele ihrer innovativen Merkmale wurden auch für spätere Leica-Modelle verwendet und von Wettbewerbern kopiert.

Auslöser

Messsucher

LEICA CAMERA AG / ERNST LEITZ GMBH

Das Unternehmen Leitz wurde von Ernst Leitz im 19. Jh. gegründet und führte diesen Namen bis zur Gründung der Firma Leica (1986). 1913 begann Oskar Barnack, der für die Entwicklung von Mikroskopen zuständig war, mit der Gestaltung kompakter Kameras. Er erkannte, dass kleine Kameras, die kleine Negative produzierten, hochwertige Objektive benötigten, damit die winzigen Bilder nach der Vergrößerung in der Dunkelkammer scharf blieben. Darum entwickelte Leitz diverse spezielle Linsen für die Fotografie.

Die Kombination guter Kameragehäuse mit hochwertigen Objektiven erwies sich als Erfolgsrezept, und das Unternehmen produzierte eine Reihe kompakter Kameras, die bis ins digitale Zeitalter fortgeführt wurde. Aufgrund des Erfolges konzentrierte sich Leica auf die Herstellung von Sucherkameras und produzierte nur wenige Spiegelreflexmodelle nach dem Vorbild der großen japanischen Hersteller. Weil Sucherkameras meist kleiner, leichter und leiser sind als Spiegelreflexkameras, sind Leica-Modelle bei Kunden beliebt, die Wert auf eine kompakte, handliche Kamera legen.

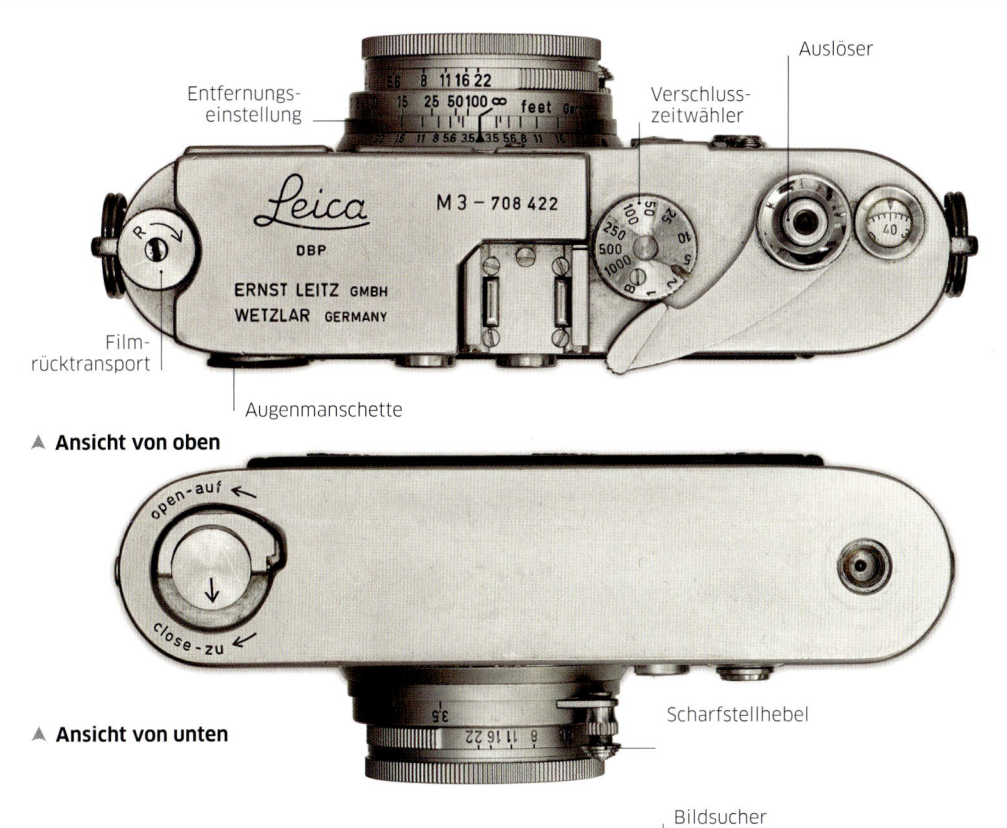

SUCHERKAMERA M3 — LEICA CAMERA AG 129

Entfernungseinstellung
Verschlusszeitwähler
Auslöser
Filmrücktransport
Augenmanschette

▲ Ansicht von oben

▲ Ansicht von unten

Scharfstellhebel

Bildsucher

Der Rand des Drehknopfes für den Filmrücktransport ist geriffelt, um seine Griffigkeit zu verbessern.

Öse zum Befestigen des Trageriemens

»Mit einer Leica zu fotografieren ist wie ein langer, zärtlicher Kuss …, wie eine Stunde auf der Couch des Therapeuten.«

HENRI CARTIER-BRESSON

ZUM KONTEXT

Leica-Kameras arbeiteten, wie einige Kinofilmkameras, mit 35-mm-Filmen. Der Film wurde waagerecht transportiert, sodass jedes Bild 24×36 mm groß war. Das erste Modell, die Leica I (unten), kam nach langer Entwicklungszeit 1925 auf den Markt. Ihr abgerundetes Gehäuse verrät, dass sie ein Vorläufer der M3 ist. Im Laufe der Jahrzehnte entwickelte das Unternehmen immer ausgereiftere Modelle, die aber ebenso kompakt und hochwertig waren wie die erste Leica. 1932 kam mit der Leica II eine Kamera mit Messsucher und Durchlichtsucher auf den Markt. Die Leica III (1933) bot eine größere Bandbreite an Verschlusszeiten, und nach dem Zweiten Weltkrieg wurden ständig technische Weiterentwicklungen eingebracht.

▲ **Leica I,** Markteinführung 1925

1940–1954

Im Detail

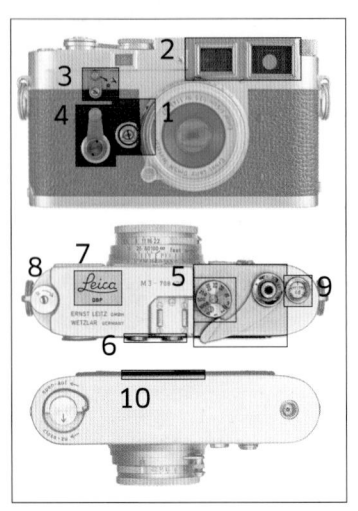

LEGENDE

▶ **OBJEKTIV MIT BAJONETTVERSCHLUSS** Leitz fertigte für die M3 verschiedene Objektive, die nicht – wie frühere Modelle – ein Schraubgewinde besaßen, sondern einen Bajonettverschluss. Dadurch ließen sich die Objektive schneller und einfacher wechseln. Der Benutzer musste nur zwei rote Punkte übereinander ausrichten und das Objektiv etwa 45 Grad gegen den Uhrzeigersinn drehen. Der Objektivwechsel war sogar mit einer Hand möglich.

▲ **SUCHERFENSTER** Im Bildsucher gab es eine Scharfstellhilfe, die mit dem Objektiv gekoppelt war. Hier mussten beim Fokussieren zwei Bilder übereinander in Deckung gebracht werden. War das erreicht, was das Objektiv scharfgestellt.

▶ **FILMRÜCKTRANSPORT** Der vollständig belichtete Film muss zurück in seine Kapsel gespult werden, damit er aus der Kamera entnommen und entwickelt werden kann. Durch Herunterdrücken dieses Hebels wurde der manuelle Rücktransportmechanismus entsichert. Nach Einlegen eines neuen Films und Betätigung des Vorwärts-Transports nahm der Hebel automatisch wieder seine Sicherungsstellung ein.

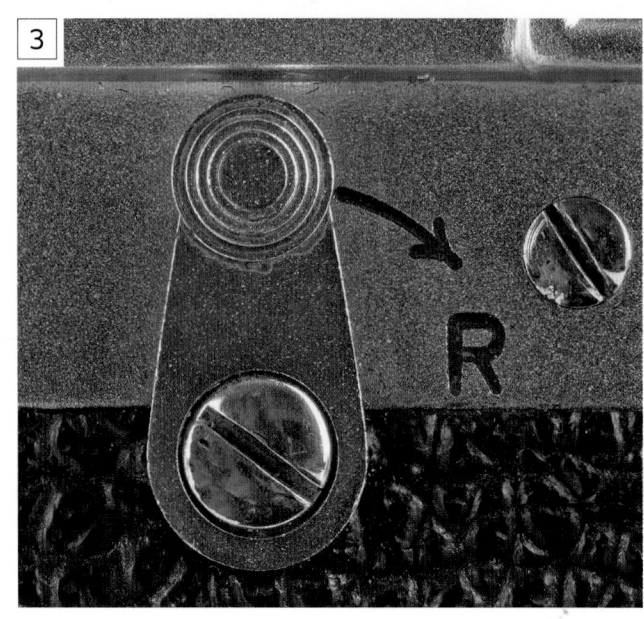

▲ **SELBSTAUSLÖSER** Die M3 war die erste Kamera mit einem Selbstauslöser, der über einen einfachen Hebel auf ihrer Vorderseite bedient wurde. Er verzögerte die Auslösung um fünf bis zehn Sekunden und gab so dem Benutzer genug Zeit, vor das Objektiv zu treten und sich selbst zu fotografieren.

SUCHERKAMERA M3 ▪ LEICA CAMERA AG | 131

▶ FILMTRANSPORT
Durch zweifaches Betätigen dieses Hebels wurden der Film um ein Negativ vorwärtsgespult und der Auslöser aktiviert. Bei Leica war man der Meinung, dass zwei kurze Hebelzüge schneller und ohne Veränderung der Handhaltung möglich waren als eine längere Hebelbewegung.

▶ BLITZ-ANSCHLÜSSE
Auf der Rückseite befanden sich Anschlüsse für ein Blitzlampengerät und elektronischen Blitz. Das angeschlossene Blitzgerät wurde durch den Auslöser aktiviert.

STICHWORT **DESIGN**

Leica-Kameras kamen auf den Markt, als hochwertige Fotoausrüstungen groß, unhandlich und meist nur für den Gebrauch im Atelier geeignet waren. Die ersten Kameras besaßen Holzgehäuse auf Dreibeinstativen, als Objektiv diente ein verstellbarer Lederbalg. Die Leica war völlig anders. Sie war als hochwertige Kamera konzipiert, die man überallhin mitnehmen konnte. Das Gehäuse war robust, die Bedienelemente waren präzise gearbeitet, sie verfügte über eine beeindruckende Bandbreite von Einstellmöglichkeiten und war dabei sehr kompakt. Leica bot auch einen Belichtungsmesser an, der nicht eingebaut, aber sehr nützlich war. Er maß die Helligkeit und zeigte Empfehlungen für Verschlusszeit und Blendeneinstellung an. Wie die Kamera hatte der Belichtungsmesser ein stabiles Metallgehäuse. Er konnte auf der Kamera befestigt oder separat in der Hand gehalten werden. Auch dieses praktische Zubehör ist ein Beispiel für die erfolgreiche Fusion von Design und technischer Ausgereiftheit, die dem Haus Leitz seinen guten Ruf verschaffte.

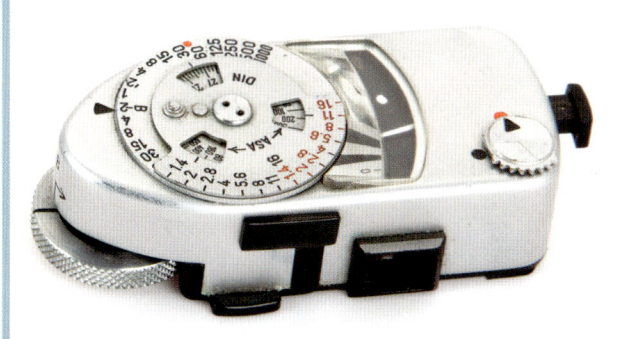

▲ **Separater Belichtungsmesser** für die Leica M3

◀ LEICA-NAMENSZUG
Auf der Oberseite der Kamera sind die Namen Leica und Ernst Leitz eingraviert, Ersterer in schwungvoller Kursivschrift. Unter dem Namenszug befindet sich das Kürzel DBP für Deutsches Bundespatent. Als die M3 auf den Markt kam, war der Name Leica bereits als Qualitätsmarke bekannt und die Produkte des Unternehmens waren bei Berufs- und Amateurfotografen gleichermaßen beliebt.

▲ VERSCHLUSSZEITEN-WÄHLRAD
Am Rad auf der Oberseite des Kameragehäuses konnten Verschlusszeiten zwischen 1 und 1/1000 Sekunde eingestellt werden. Das war für damalige Zeiten eine große Bandbreite. Bei einer Verschlusszeit von 1/1000 Sekunde gelangen mit lichtempfindlichen Filmen bei Sonnenlicht gute Bilder, und auch bewegte Motive konnten aufgenommen werden.

▲ BILDZÄHLER
Rechts neben Auslöser und Transporthebel befand sich ein Zählwerk, das anzeigte, wie viele Negative des Films belichtet waren. Es konnte bis zu 40 Aufnahmen zählen und stellte sich nach dem Einlegen eines neuen Films automatisch auf Null zurück.

▲ LICHTEMPFINDLICHKEIT
Die Leica M3 eignete sich für Filme mit unterschiedlichen Lichtempfindlichkeiten. Auf der Rückseite des Gehäuses befand sich ein Rad, an dem der Benutzer den gerade verwendeten Filmtyp einstellen konnte. Auf der Skala waren die Werte nach dem deutschen (DIN) und dem amerikanischen (ASA) System aufgedruckt.

Hocker Butterfly

1954 ▪ MÖBEL ▪ SCHICHTHOLZ UND STAHL ▪ JAPAN

SORI YANAGI

Maßstab

Die Maserungen der rechten und linken Seite passen perfekt zueinander.

Wenn moderne Ideen und Materialien auf traditionelle Werte und Handwerkstechniken treffen, kann großartiges Design entstehen, zum Beispiel der Hocker Butterfly, den der japanische Designer Sori Yanagi 1954 entwarf. Das schlichte Möbelstück besteht aus zwei identischen Stücken gebogenen Schichtholzes, die an ihrer Berührungsstelle verschraubt und weiter unten mit einer einzelnen Metallstange verbunden sind. Yanagi wählte ein modernes Material – Schichtholz –, weil es stabil ist, attraktiv aussieht und sich unter Druck in interessante Formen biegen lässt. Das hatten bereits Charles und Ray Eames herausgefunden, als sie ihren Lounge Chair (siehe S. 152–155) entwarfen. Die Form, die Yanagi schuf, ist auch in ihrer klaren Reduziertheit sehr modern.

Der Hocker ist hervorragend verarbeitet. Yanagi verwendete nur ausgesuchte Materialien wie Rosenholz oder Ahorn. Die Form des Hockers wurde mit den eleganten Strichen der japanischen Kalligrafie verglichen, aber auch mit den *torii*, den Eingangstoren der Shinto-Schreine. Obwohl der Hocker in japanischen Haushalten kein typisches Möbelstück ist, gelang es Yanagi, ihn wie ein Stück der Kultur seines Heimatlandes wirken zu lassen.

Die Synthese aus Alt und Neu hat mit Yanagis Kindheit und Ausbildung zu tun. Sein Vater, Soetsu Yanagi, war Gründer des Museums für japanische Volkskunst in Tokio und führendes Mitglied der Mingei-Bewegung, die sich für die Erhaltung traditionellen Handwerks einsetzte. Sori Yanagi war aber auch von der westlichen Moderne beeinflusst und arbeitete mit der französischen Designerin Charlotte Perriand (siehe S. 56) zusammen, als sie sich in den 1940er-Jahren in Tokio aufhielt. Viele von Yanagis Arbeiten bringen westliche und östliche Traditionen auf überzeugende Weise in Einklang.

SORI **YANAGI**

1915–2011

Sori Yanagi studierte Kunst in Tokio, interessierte sich aber für die Ideen von Le Corbusier (siehe S. 56) und nahm eine Stelle in einem Architekturbüro an, wo er Charlotte Perriand kennenlernte. In den 1940er-Jahren war er ihr Assistent, dann gründete er ein eigenes Studio für Industriedesign. In den 1950er-Jahren nahm er auf das Industriedesign in Japan wesentlichen Einfluss – durch seine eigenen Arbeiten und als Mitgründer der Japan Industrial Designers' Association. Sein Schaffen umfasste viele Bereiche, von Autobahnen und Brücken bis zu Gebrauchsglas und Möbeln wie dem berühmten Stapelhocker Elefant. 1964 wurde Yanagi mit der Gestaltung der Fackeln für die olympischen Spiele beauftragt, die in diesem Jahr in Tokio stattfanden.

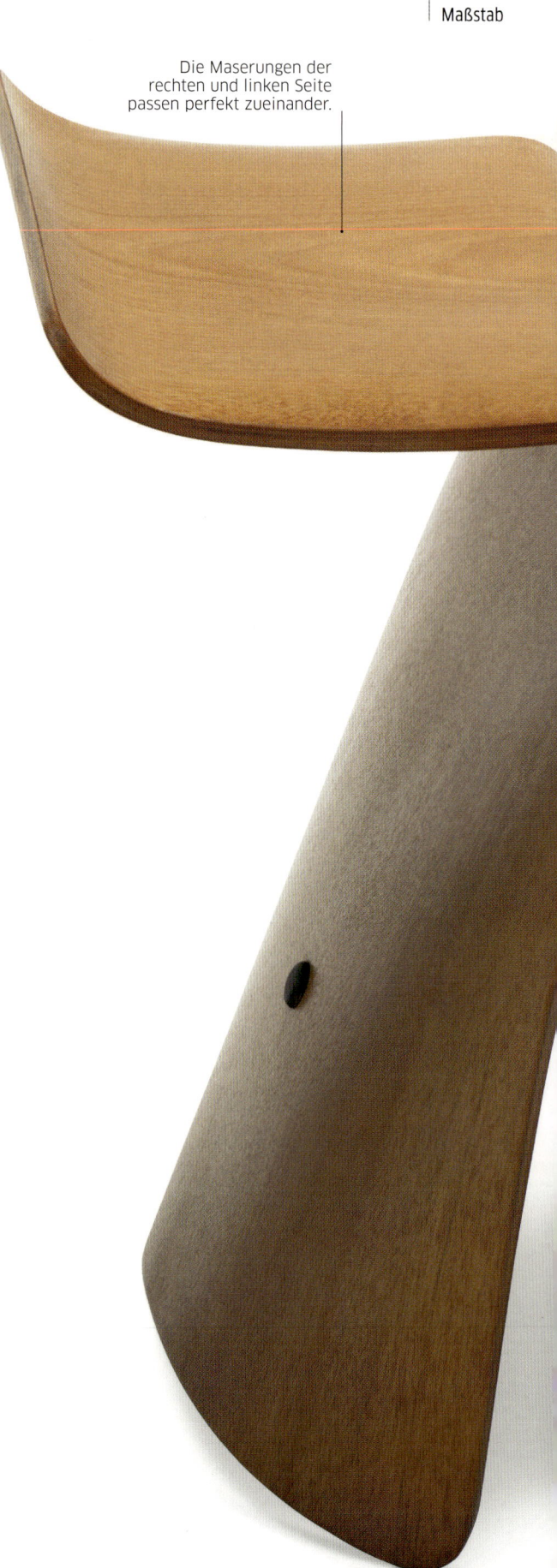

»Was leicht zu verwenden ist, überdauert.«

SORI YANAGI

Die Querstrebe besteht bei manchen Hockern aus Edelstahl, bei anderen ist sie brüniert.

Die Unterkanten der Seitenteile sind so gekrümmt, dass nur die vier Ecken auf dem Boden stehen. Dadurch wirkt der Hocker sehr leicht.

Im Detail

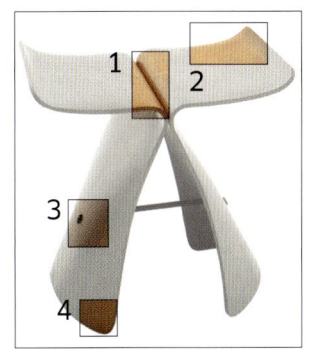

LEGENDE

▶ **MITTELLINIE** Wo die beiden Schichtholzteile zusammentreffen, bilden sie in der Mitte der Sitzfläche eine deutliche Rille. Von oben ist kaum zu sehen, wie der Hocker zusammengehalten wird. Die Schrauben befinden sich direkt unter der Krümmung der Sitzhälften.

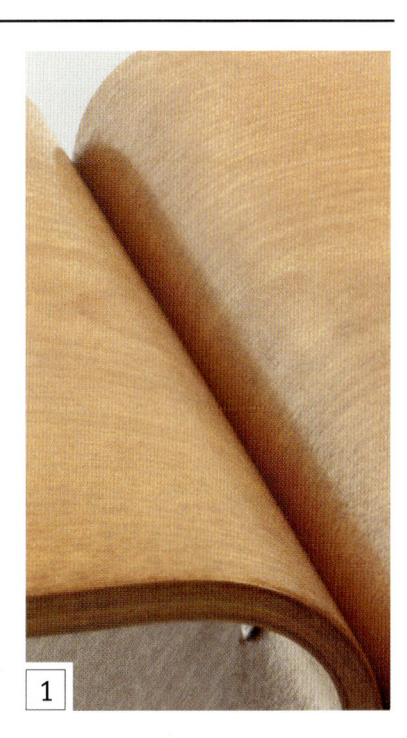

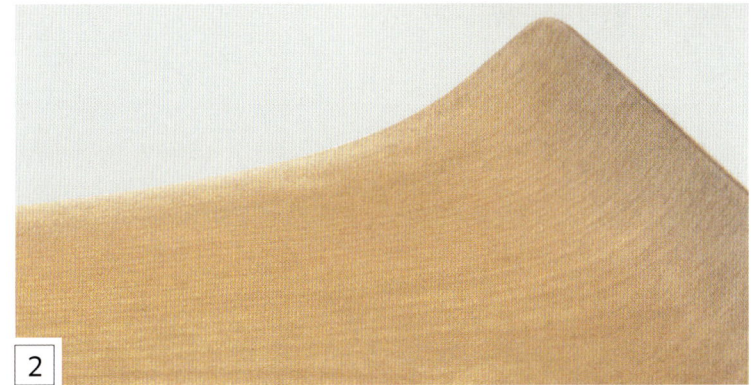

▲ **FLÜGEL** Die Seiten des Sitzes sind wie geschwungene Flügel leicht aufwärts gebogen. Die Krümmung gibt dem Hocker eine organische Wirkung und bildet einen optischen Abschluss zu den Seiten.

▶ **QUERSTREBE** Der Hocker wird durch eine Metallstrebe stabilisiert, die seine beiden Seitenteile verbindet – ähnlich wie die Streben konventioneller Stühle. Als Abschluss dienen einfache Metallscheiben, die auf den Außenseiten der Seitenteile liegen.

◀ **FÜSSE** Das Schichtholz ist so geformt, dass seine vier Ecken auf dem Boden stehen, dem Hocker Stabilität geben und das Gewicht des Benutzers verteilen. Die Ränder der Füße sind sanft abgerundet. Scharfe Ecken und Kanten sind an dem Hocker nirgends zu finden.

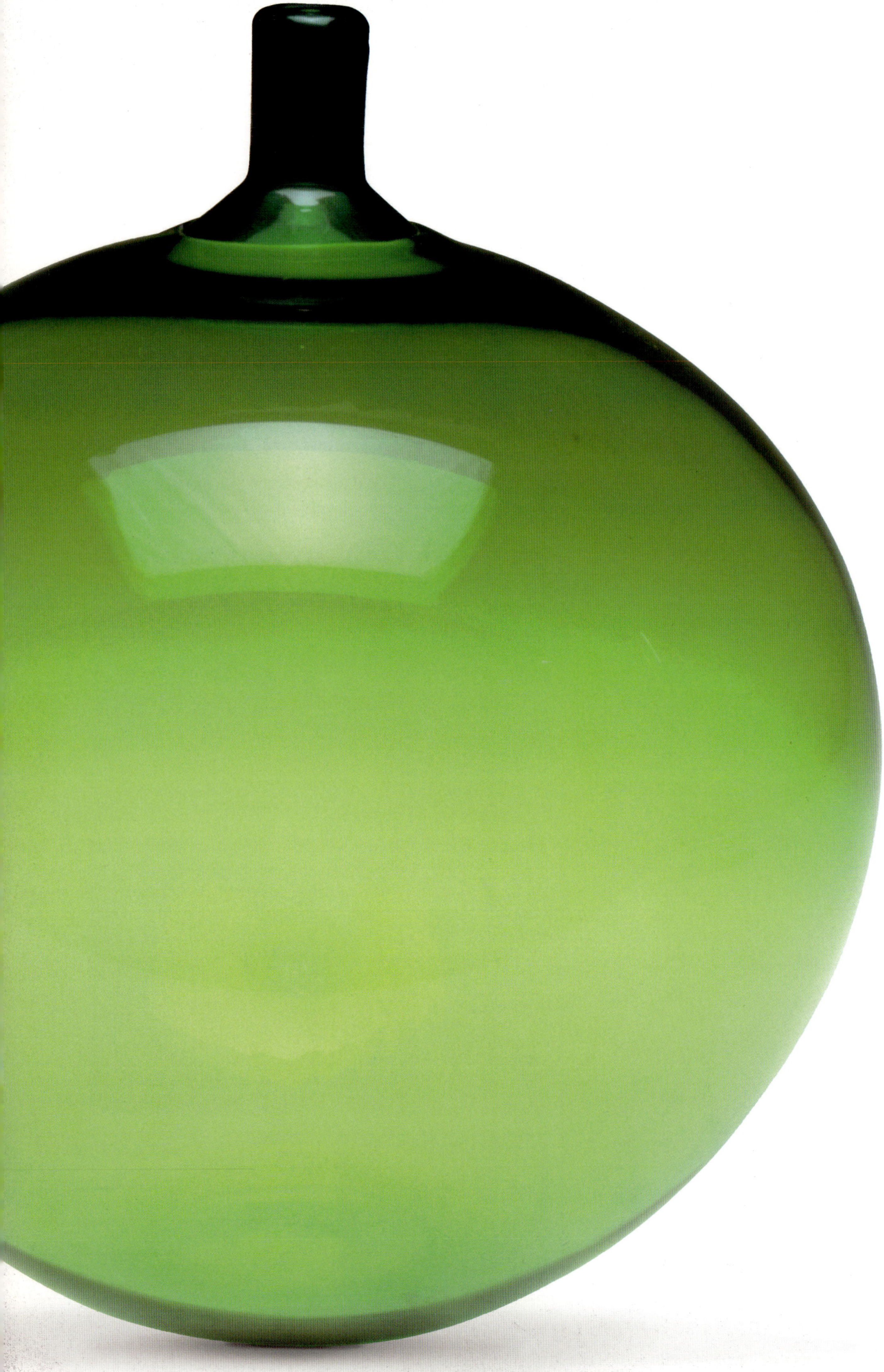

1955–1959

- **Plakat Der Mann mit dem goldenen Arm** Saul Bass
- **Citroën DS** Flaminio Bertoni
- **Vase Apple** Ingeborg Lundin
- **Phonosuper SK4** Dieter Rams, Hans Gugelot
- **Nähmaschine Mirella** Marcello Nizzoli
- **Tisch Tulip** Eero Saarinen
- **Lounge Chair 670 und Hocker** Charles und Ray Eames
- **Wanduhr** Max Bill
- **Schrifttype Helvetica** Max Miedinger
- **Sessel Das Ei™** Arne Jacobsen
- **Leuchte PH Artischocke** Poul Henningsen
- **Besteck Mono-a** Peter Raacke
- **Austin Seven Mini** Alec Issigonis
- **Cadillac Serie 62** Harley Earl
- **Stuhl Panton** Verner Panton

Plakat Der Mann mit dem goldenen Arm

1955 ■ GRAFIK ■ FARBDRUCK AUF PAPIER ■ USA

SAUL BASS

Saul Bass zählt zu den bedeutendsten Grafikern des 20. Jh. Er war hauptsächlich in der Filmbranche tätig und liebte es, die gesamte visuelle Identität eines Films zu entwickeln: Werbematerial, das Cover für die Aufnahme des Soundtracks, Titelsequenz und Plakat. Eines seiner bekanntesten Plakate entwarf er für Otto Premingers Film *Der Mann mit dem goldenen Arm,* in dem Frank Sinatra einen heroinsüchtigen Pokerspieler und Möchtegern-Jazzmusiker spielt. Das Hauptmotiv ist nicht, wie in dieser Zeit üblich, ein Foto des Hauptdarstellers, sondern die kantige Silhouette eines Arms, die für den Kampf des Protagonisten mit seiner Sucht steht. Das dramatische Motiv durchtrennt den Titelschriftzug geradezu brutal und kontrastiert mit den kantigen Schriftzügen ebenso wie mit den groben Farbblöcken. Porträts der Hauptdarsteller wurden erst später auf Verlangen der Produktionsfirma eingefügt. Preminger war von dem Plakat überaus beeindruckt und beauftragte Bass, der sich für Animation interessierte, ihn auch in die Eröffnungssequenz des Films zu integrieren. Sie begann mit einer Reihe abstrakter, schwarzer Balken, die sich allmählich zu Arm und Hand zusammenfügten. Titelsequenz und Plakat zeichnen sich durch grafische Raffinesse aus und bringen den beunruhigenden Aspekt der Filmhandlung überzeugend zum Ausdruck.

SAUL **BASS**
1920–1996

Der New Yorker Saul Bass studierte Gebrauchsgrafik und belegte ein vom Bauhaus beeinflusstes Seminar in Werbedesign bei dem Maler Gyorgy Kepes, der sich auf visuelle Kultur und Technologie spezialisiert hatte. Bass zog nach Kalifornien, eröffnete ein Studio und entwarf erfolgreich Logos und Corporate Identities für große Firmen wie AT&T, Warner und Continental Airlines. Zu seinem Durchbruch beim Film trug Otto Preminger bei, der Bass 1954 für *Carmen Jones* engagierte. Es folgten weitere Aufträge aus der Filmbranche, darunter die animierte Titelsequenz für *In 80 Tagen um die Welt* und viele Projekte mit Alfred Hitchcock. Später arbeitete Bass für Stanley Kubrick (*Spartacus* und *Shining*), Steven Spielberg (*Schindlers Liste*) und Martin Scorsese (*Good Fellas*).

Im Detail

LEGENDE

▶ **DIE HAND** Die krallenähnliche Hand ist so kantig wie der Arm über ihr. Längliche schwarze Keile stellen die Finger dar. Sie ist leicht links von der Bildmitte platziert und hebt sich dramatisch vom weißen Hintergrund ab, als würde sie verzweifelt ins Leere greifen.

▲ **SCHRIFT** Saul Bass arbeitete bei der Gestaltung der markanten Schrift eng mit dem Kalligrafen Maury Nemoy zusammen. Die unregelmäßigen Höhen, Strichstärken und Positionen der Buchstaben wirken unstet und vermitteln etwas Beunruhigendes.

▶ **FARBBLÖCKE** Breite Farbblöcke, die wie aus Papier gerissen aussehen, sind auf der Fläche verteilt. Sie haben unregelmäßige Kanten und stehen leicht schräg. Auch dadurch bringt Bass zum Ausdruck, dass in dem Film manches nicht in Ordnung ist.

PLAKAT DER MANN MIT DEM GOLDENEN ARM ■ SAUL BASS 137

Citroën DS

1955 ▪ AUTOMOBILDESIGN ▪ STAHL UND ALUMINIUM ▪ FRANKREICH

FLAMINIO BERTONI

Als der Citroën 1955 auf den Markt kam, wurde er sofort als eines der schönsten und innovativsten Autos aller Zeiten gepriesen. Sein elegantes, stromlinienförmiges Äußeres, flach und langgestreckt mit einer gelungenen Kombination aus geraden Linien und Kurven, begeisterte die Kunden. Unter dem glänzenden Lack steckten weitere Neuheiten, angefangen mit der Gesamtbauweise: Die Karosserieteile waren auf einem inneren »Skelett« verschraubt, sodass der Wagen nahtlos aussah. Viele mechanische Innovationen basierten auf der neuen Hydropneumatik, die bei Einschalten der Zündung den Wagen anhob, Bremsen, Lenkung und Kupplung mit Druck versorgte und für eine raffinierte automatische Niveauregulierung sorgte, die eine gute Straßenlage und beachtlichen Fahrkomfort garantierte. Der Wagen hatte ein halbautomatisches Getriebe. Der Fahrer musste die Gänge von Hand schalten, aber die Kupplung arbeitete automatisch.

Obwohl der Citroën DS ein Wagen der gehobenen Klasse war, verkaufte er sich gut. Unter den verschiedenen Modellvarianten gab es auch eine preiswerte mit einer vereinfachten Hydropneumatik, die nur Niveauausgleich und Bremsen mit Druck versorgte, einen Kombi und ein Cabriolet (hier abgebildet) mit Textildach und Luxusausstattung. Die DS-Serie wurde in verschiedenen Ausführungen 20 Jahre lang produziert, die letzten Krankenwagen entstanden 1976. Citroën nahm im Laufe der Jahre Veränderungen an Scheinwerfern, Stoßstangen und Lüftungsschlitzen vor, behielt jedoch die aerodynamische Gesamtform bei, denn durch sie wurde das Auto unverwechselbar.

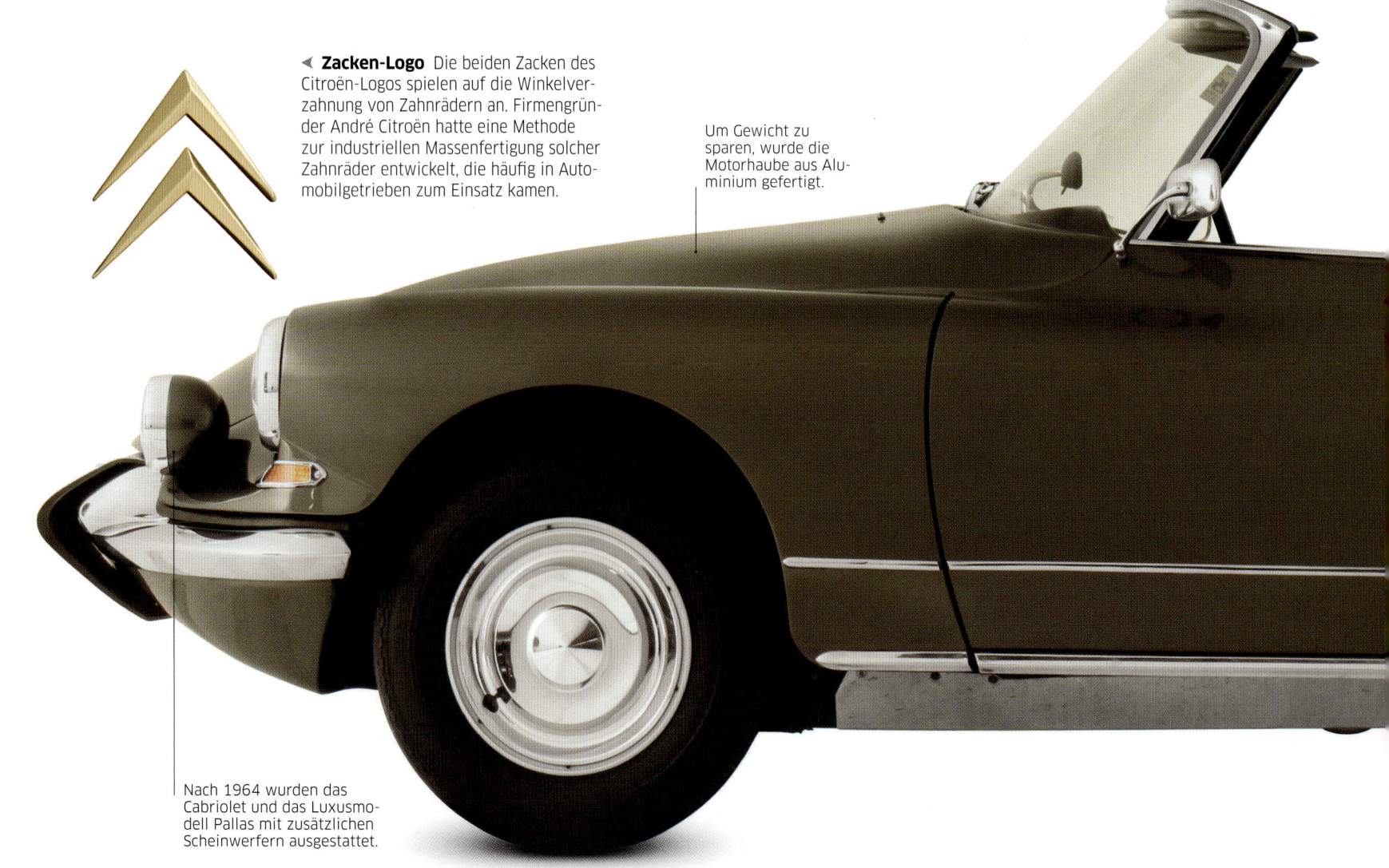

◂ **Zacken-Logo** Die beiden Zacken des Citroën-Logos spielen auf die Winkelverzahnung von Zahnrädern an. Firmengründer André Citroën hatte eine Methode zur industriellen Massenfertigung solcher Zahnräder entwickelt, die häufig in Automobilgetrieben zum Einsatz kamen.

Um Gewicht zu sparen, wurde die Motorhaube aus Aluminium gefertigt.

Nach 1964 wurden das Cabriolet und das Luxusmodell Pallas mit zusätzlichen Scheinwerfern ausgestattet.

CITROËN DS — FLAMINIO BERTONI

Das zusammengefaltete Verdeck verschwindet in einer Vertiefung hinter der Rückbank.

Gekrümmte Windschutzscheibe

Rückansicht

Vorderansicht

Lufteinlass unterhalb der Stoßstange

V-förmige Stoßfänger

Hoch angesetzte Blinker

Seitenansicht mit geschlossenem Dach

FLAMINIO **BERTONI**
1903–1964

Nach dem Besuch einer technischen Schule in seinem Heimatland Italien arbeitete Flaminio Bertoni für einen einheimischen Karosseriebauer und beschäftigte sich in der Freizeit mit Bildhauerei. Sein Arbeitgeber, dem Bertonis Zeichentalent auffiel, beförderte ihn zum Konstrukteur, aber einige Jahre später überwarf sich Bertoni mit der Firma. Er gründete ein eigenes Studio, in dem er Aufträge für Automobilhersteller ausführte.

1931 zog Bertoni nach Paris, wurde von Citroën engagiert und entwarf 1934 die Karosserie für den Traction Avant mit Vorderradantrieb. Bertoni formte den bahnbrechenden, aerodynamischen Korpus des Fahrzeugs aus Plastillin – angeblich in einer einzigen Nacht. Während des Zweiten Weltkriegs wurde der Italiener Bertoni in Paris zweimal verhaftet, aber wieder freigelassen. Ab 1939 begann er mit dem Entwurf des 2CV. Der preiswerte, zweckmäßige und praktische Wagen sollte eine Lücke in einem Markt füllen, den schon bald der VW Käfer beherrschte.

1948 kam der 2CV auf den Markt. Der Verkauf lief schleppend an, doch dann wurde der Wagen zum großen Erfolg. Neben dem DS entwarf Bertoni nach dem Krieg den Citroën Ami und war weiter als Bildhauer tätig. Wegen seiner Arbeit für Citroën, vor allem an den Modellen Traction Avant, 2CV und DS, zählt Bertoni heute zu den bedeutendsten Automobildesignern der Welt.

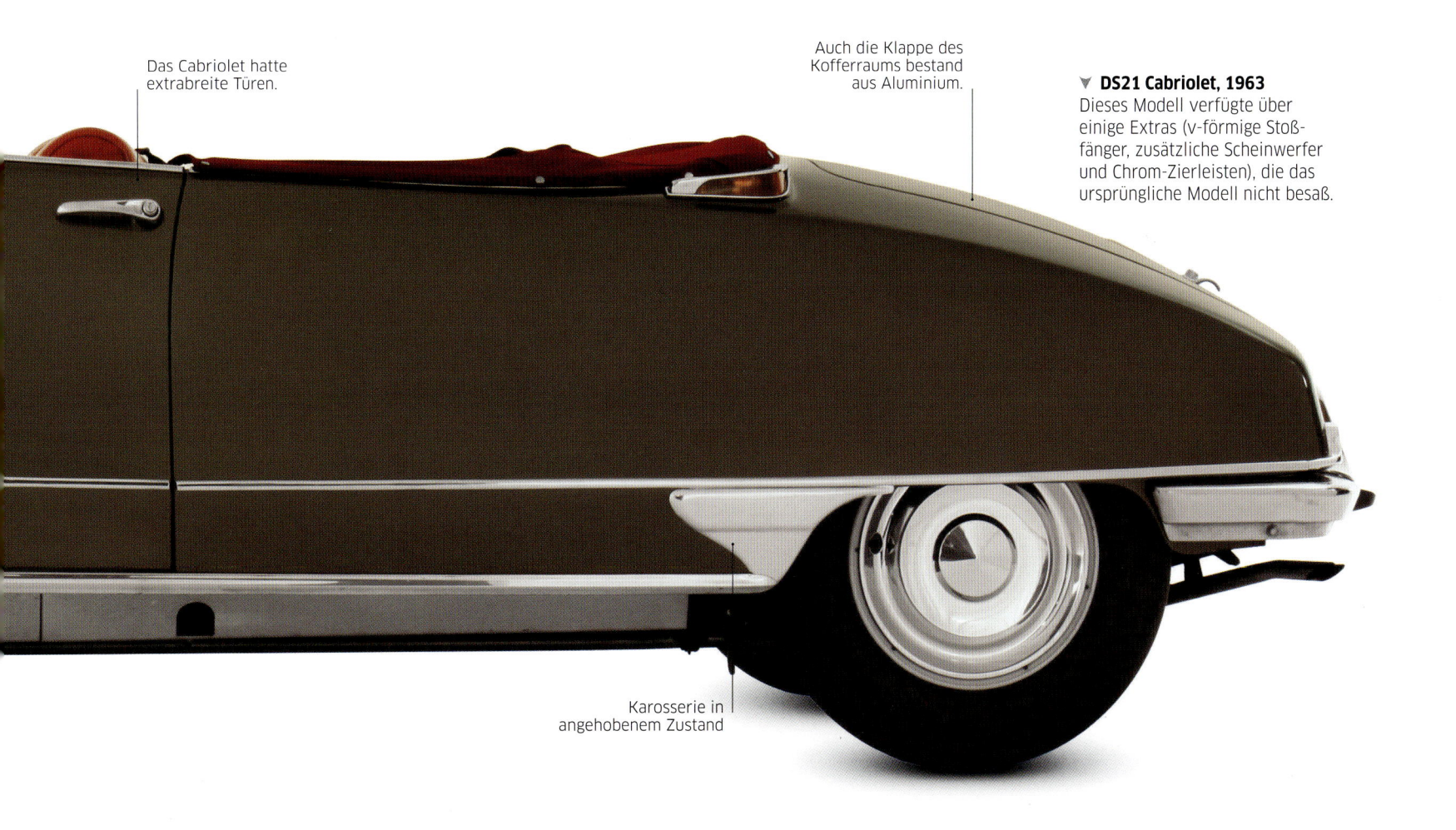

Das Cabriolet hatte extrabreite Türen.

Auch die Klappe des Kofferraums bestand aus Aluminium.

▼ **DS21 Cabriolet, 1963**
Dieses Modell verfügte über einige Extras (v-förmige Stoßfänger, zusätzliche Scheinwerfer und Chrom-Zierleisten), die das ursprüngliche Modell nicht besaß.

Karosserie in angehobenem Zustand

Im Detail

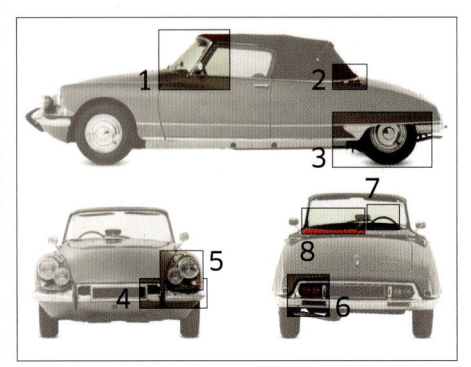

LEGENDE

▶ **WINDSCHUTZSCHEIBE** In den 1950er-Jahren setzen sich gekrümmte Windschutzscheiben zunehmend durch. Die Scheibe des DS hat eine sanfte, aerodynamische Wölbung. Sie sah nicht nur gut aus, sondern gewährte dem Fahrer auch gute Sicht, weil die seitlichen Rahmen nur wenig verdeckten.

▼ **FAHRTRICHTUNGSANZEIGER** Bei DS-Limousinen waren die hinteren Blinker sehr gut sichtbar am hinteren Holm montiert. Da dem Cabrio die Hinterholme fehlten, waren seine Blinker etwas niedriger angebracht. Das Gehäuse hat eine abgewinkelte Form, sodass man den Blinker von hinten und von der Seite gut sehen kann – ein nützliches Detail, das der Sicherheit dient.

▲ **HINTERRÄDER** Die Räder des DS sind ungewöhnlich gestaltet. Große Radkappen decken bis auf die Reifen alles ab. Die Hinterräder werden zusätzlich durch die schnurgerade Unterkante der Karosserie teilweise verdeckt. Dieses Designmerkmal, das dem Heck des Wagens ein aerodynamisches Aussehen gibt, wurde für mehrere spätere Citroën-Modelle übernommen.

◀ **FRONT** Die Front des DS fiel ins Auge, weil ihr der damals übliche Kühlergrill fehlte. Der Wagen besaß stattdessen kleine Öffnungen unter der Stoßstange, durch die Luft zur Kühlung des Motors einströmen konnte. Eine andere neue Designidee waren die Fahrtrichtungsanzeiger, die sich um die Ecken zogen.

CITROËN DS ■ FLAMINIO BERTONI

▼ **SCHEINWERFER** Der ursprüngliche DS besaß nur ein Paar Scheinwerfer. Das Cabriolet von 1963 war mit einem zweiten Paar ausgestattet, beide mit verchromten Rändern. Diese Scheinwerfer sind fest montiert. Bei einigen Modellen schwenkten die kleineren Scheinwerfer aus, wenn der Wagen um eine Ecke bog.

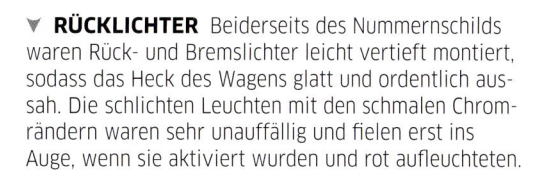

▼ **RÜCKLICHTER** Beiderseits des Nummernschilds waren Rück- und Bremslichter leicht vertieft montiert, sodass das Heck des Wagens glatt und ordentlich aussah. Die schlichten Leuchten mit den schmalen Chromrändern waren sehr unauffällig und fielen erst ins Auge, wenn sie aktiviert wurden und rot aufleuchteten.

STICHWORT DESIGN

Die Firma Citroën hat neben dem Modell DS weitere bahnbrechende Autos produziert. In den 1930er- und 1940er-Jahren herrschten die Serien 7CV und Traction Avant mit Vorderradantrieb vor. 1948 kam der von Bertoni entworfene 2CV, genannt »Ente«, auf den Markt. Dieses geradezu spartanisch ausgestattete Auto war preisgünstig, solide gebaut, relativ geländegängig und mit einem sparsamen, zuverlässigen Zweizylindermotor ausgestattet. Zur allgemeinen Verblüffung verkaufte das Modell sich hervorragend. Nach 1955 produzierte Citroën sowohl den DS als auch den 2CV. Damit bewies das Unternehmen, dass es imstande war, verschiedene Märkte mit gut gestalteten Fahrzeugen zu versorgen.

▲ **Fertigung des Citroën 2CV,** 1953

ZUM KONTEXT

Bei der Präsentation auf der Pariser Automobilausstellung am 5. Oktober 1955 stieß das Modell DS auf große Resonanz. Einen Tag nach der Vorstellung lagen dem Hersteller schon 12 000 Bestellungen vor. Der Kritiker Roland Barthes kommentierte, der Wagen sehe aus, als sei er »vom Himmel gefallen«, und bemerkte, dass im Französischen die Buchstaben »DS« genauso ausgesprochen werden wie das Wort *déesse* (Göttin).

Der Wagen kam in einer schwierigen Zeit auf den Markt. Frankreich litt noch unter den Auswirkungen des Zweiten Weltkriegs und seinem Niedergang als Kolonialmacht. Als beeindruckendes Beispiel für Frankreichs Potenzial flößte der Citroën DS dem Land Hoffnung ein.

▲ **LENKRAD UND ARMATURENBRETT** Bei der Markteinführung des DS waren die Menschen über das ungewöhnliche Lenkrad mit nur einer Speiche erstaunt. Der Sinn der Konstruktion bestand darin, den Blick auf die Instrumente am Armaturenbrett möglichst wenig einzuschränken.

◄ **VORDERSITZE** Beim DS und anderen Wagen der Luxusklasse legte Citroën Wert auf den Komfort der Passagiere. Die hochwertigsten Modelle hatten weiche Sitze mit Lederbezügen und eine gepolsterte Armlehne zwischen Fahrer- und Beifahrersitz. Alle Fahrgäste saßen bequem und konnten die ruhige, erschütterungsarme Fahrt genießen.

▲ **Präsentation des Citroën DS in Paris**

Vase Apple

1955 ■ GEBRAUCHSGLAS ■ GEBLASENES GLAS ■ SCHWEDEN

INGEBORG LUNDIN

Viele innovative Glasdesigner des 20. Jh. setzten auf die Blickfangwirkung von Farbe oder Muster, andere gestalteten ungewöhnliche Formen. Ingeborg Lundin wählte mit der Vase Apple, die sie für das schwedische Unternehmen Orrefors gestaltete, einen ganz anderen Ansatz. Sie reduzierte das Objekt aus geblasenem Glas auf das Wesentliche: klare Form, Durchsichtigkeit und Schlichtheit. Die Grundidee war eine füllige Form nach dem Vorbild eines Apfels – ein rundlicher Korpus und ein kleiner Hals als Stiel. Die Designerin wählte eine ungewöhnliche Herstellungsmethode: Eine Schicht farbiges Glas liegt unter einer Schicht aus Klarglas, sodass die Farbe blass und geheimnisvoll wirkt. Weil diese Methode viel Geschick und Präzision erfordert, beauftragte die Firma Orrefors ihre besten Glasbläser mit der Herstellung. Lundin entwarf außerdem eine kleinere, etwas abgeflachte Version, die sie Melon nannte, und deren Fertigung ebenso viel Können forderte.

Die Vase Apple war ursprünglich für eine Ausstellung in Helsingborg (1955) produziert worden, wurde aber auch 1957 auf der Triennale in Mailand vorgestellt. Nachdem sie dort die Goldmedaille gewonnen hatte, stellte sich auch der kommerzielle Erfolg ein. Den Kunden gefiel die Kombination aus der originellen Apfelform und dem zart getönten Glas. Das edle Objekt wirkt eher wie eine Glasskulptur und weniger wie eine Gebrauchsvase. Es verkörperte die Klarheit, die man in den 1950er-Jahren mit schwedischem Design assoziierte. Die Beliebtheit der Vase trug dazu bei, dass Schweden den Ruf genoss, das Ursprungsland von außergewöhnlich gutem Wohndesign zu sein.

Maßstab

Die Form der Vase ist symmetrisch, aber die Glasstärke variiert.

INGEBORG **LUNDIN**

1921–1992

Die schwedische Künstlerin Ingeborg Lundin studierte in Stockholm und wurde 1947 als erste Frau in der Designabteilung des berühmten Glasherstellers Orrefors eingestellt. Sie blieb 24 Jahre im Unternehmen und entwickelte viele Designs, die von den Glasbläsern großes kreatives Geschick forderten. Ihre Arbeiten wurden vielfach ausgestellt. In den 1950er-Jahren wurde sie durch Wanderausstellungen wie Design in Scandinavia auch in den USA als eine der führenden Designerinnen Schwedens bekannt. 1954 erhielt Lundin den Lunning Prize, der herausragenden skandinavischen Designern verliehen wird.

Im Detail

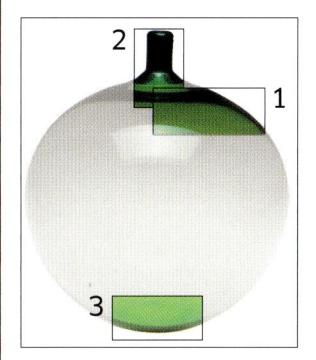

LEGENDE

1 ◀ KORPUS Durch Unregelmäßigkeiten in der Glasstärke des Korpus ergeben sich Variationen in der Farbintensität. Im oberen und unteren Bereich ist das Grün dunkel, in der Mitte heller und durchsichtiger. Die Farbe variiert auch durch Veränderungen der Lichtverhältnisse in der Umgebung.

◀ HALS Der kurze Hals ist schmal und erweitert sich zum oberen Rand hin geringfügig. Man kann die Vase zwar mit Wasser füllen und eine Blume hineinstellen, aber eigentlich ist sie als skulpturhaftes Glasobjekt konzipiert.

▲ BODEN Der Boden der Vase ist, wie der Blütenansatz eines Apfels, leicht abgeflacht. Dadurch gewinnt die runde Form ausreichende Standfestigkeit. Im verdickten Glas des Bodenbereichs bricht sich das Licht und erzeugt Farbvariationen.

STICHWORT **DESIGN**

Zu Ingeborg Lundins erfolgreichen Designs zählten auch Gefäße, die mit einem hochkomplexen Verfahren produziert wurden. Dieses war in den Orrefors-Glaswerken in der schwedischen Provinz Småland entwickelt worden. Ein Glasobjekt aus zwei verschiedenfarbigen Schichten wurde zuerst geblasen, dann wurden Bereiche der Außenfläche abgedeckt und gesandstrahlt, sodass ein zweifarbiges Muster entstand. Danach brachten die Glasbläser eine weitere Schicht auf, in der die Glasbläschen in den gesandstrahlten Bereichen eingefasst wurden. Dadurch erhielten diese Gefäße ein außergewöhnliches Aussehen. Edward Hald von Orrefors nannte diese Technik Ariel nach dem Luftgeist in Shakespeares Theaterstück *Der Sturm*. Lundin setzte das Verfahren für verschiedene Objekte mit abstrakten und figürlichen Mustern ein. Die abstrakten Muster in Braun, Blau und Grün bestanden aus Streifen oder einfachen Quadraten und Kreisen, die sich vom klaren Hintergrund abheben. Die figürlichen Arbeiten zeigen oft Profile menschlicher Köpfe in hellen Linien auf farbigem Grund. Wegen der mehrschichtigen Konstruktion sind die Gefäße dickwandig und recht schwer, aber ihr Dekor sieht leicht und luftig aus.

Die Vase wurde in verschiedenen Größen von 30 cm bis 50 cm Durchmesser hergestellt.

▲ **Vase Ariel Nr. 534**

▲ **Vase Profiles**

Phonosuper SK4

1956 ■ PRODUKTDESIGN ■ LACKIERTES METALL, HOLZ UND ACRYLKUNSTSTOFF ■ DEUTSCHLAND

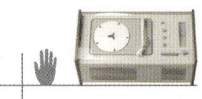

DIETER RAMS, HANS GUGELOT

Maßstab

1955 trat der einflussreiche deutsche Designer Dieter Rams in die Firma Braun ein. Sein erstes Produkt entwarf er zusammen mit Hans Gugelot von der Hochschule für Gestaltung in Ulm: den Phonosuper SK4 – den modernen Nachfolger der Musiktruhe. Frühere Modelle hatten meist getischlerte Holzgehäuse, während beim SK4 Radio und Plattenspieler in einen modernen, schmucklosen Kasten aus Stahl und Holz eingebaut waren. Die Regler waren schlichte Plastikknöpfe, und das Lautsprechergitter bestand aus waagerechten Schlitzen in der Vorderseite. Damit war der SK4 ein klassisches Beispiel für die systematische Herangehensweise der Ulmer Schule: Ein Objekt sollte gut durchdacht und leicht zu benutzen sein, auf überflüssige Dekoration wurde verzichtet. Sämtliche Regler befanden sich beispielsweise gut erreichbar auf der Oberseite und waren nicht, wie bei frühen Musiktruhen, auf Ober- und Vorderseite verteilt.

Das zeitgemäße Design fand viel Anklang, weil es zu modernen Wohnungseinrichtungen passte. In der Folge brachte Braun eine Reihe weiterer erfolgreicher Produkte auf den Markt, die ähnlich rationell und sachlich gestaltet waren und den Designstandard der Unterhaltungselektronik über Europas Grenzen hinaus anhoben.

Die Platte ruhte auf kleinen Stegen auf dem Plattenteller.

> »Gutes Design ist so wenig Design wie möglich.«
>
> **DIETER RAMS**

DIETER **RAMS**

GEB. 1932

Nach dem Architektur- und Designstudium in Wiesbaden arbeitete Dieter Rams zunächst als Architekt. Als er 1955 in die Firma Braun eintrat, entwarf er zunächst Ausstellungsstände und Büros, wandte sich aber dann dem Produktdesign zu und leitete von 1961 bis 1995 die Designabteilung. Er gestaltete verschiedene Produkte wie Wecker oder den Taschenrechner ET44 (mit Dietrich Lubs), wurde aber vor allem durch Audio- und Fernsehgeräte wie den Weltempfänger T1000 und das Studio-2-System bekannt. Von 1957 an entwarf Rams auch Sitz- und Aufbewahrungsmöbel für die Firma Vitsœ.

Vor dem Lautsprecher waren einfache Schlitze ins Gehäuse geschnitten.

STICHWORT **DESIGN**

Dieter Rams meinte, ein Designer sollte anstreben, jedes Objekt innovativ, nützlich, benutzerfreundlich und beständig zu gestalten. Jedes Detail sollte sorgfältig durchdacht und zweckmäßig sein. Rams war durchaus der Ansicht, dass Design attraktiv sein sollte – aber auf unaufdringliche Weise. So erklärt es sich, dass die Produkte, die Rams für Braun entworfen hat, eine gewisse Familienähnlichkeit aufweisen. Seine elektronischen Geräte aus den 1950er- und 1960er-Jahren beispielsweise hatten oft Metallgehäuse, Schlitze oder Löcher statt Lautsprechergittern und einfache, geometrisch geformte Regler. Uhren und Rechner, die er in den 1970er-Jahren entwarf, hatten meist schwarze Kunststoffgehäuse und weiße Ziffern in klarer, serifenloser Schrift, die ähnlich zweckmäßig wirkten.

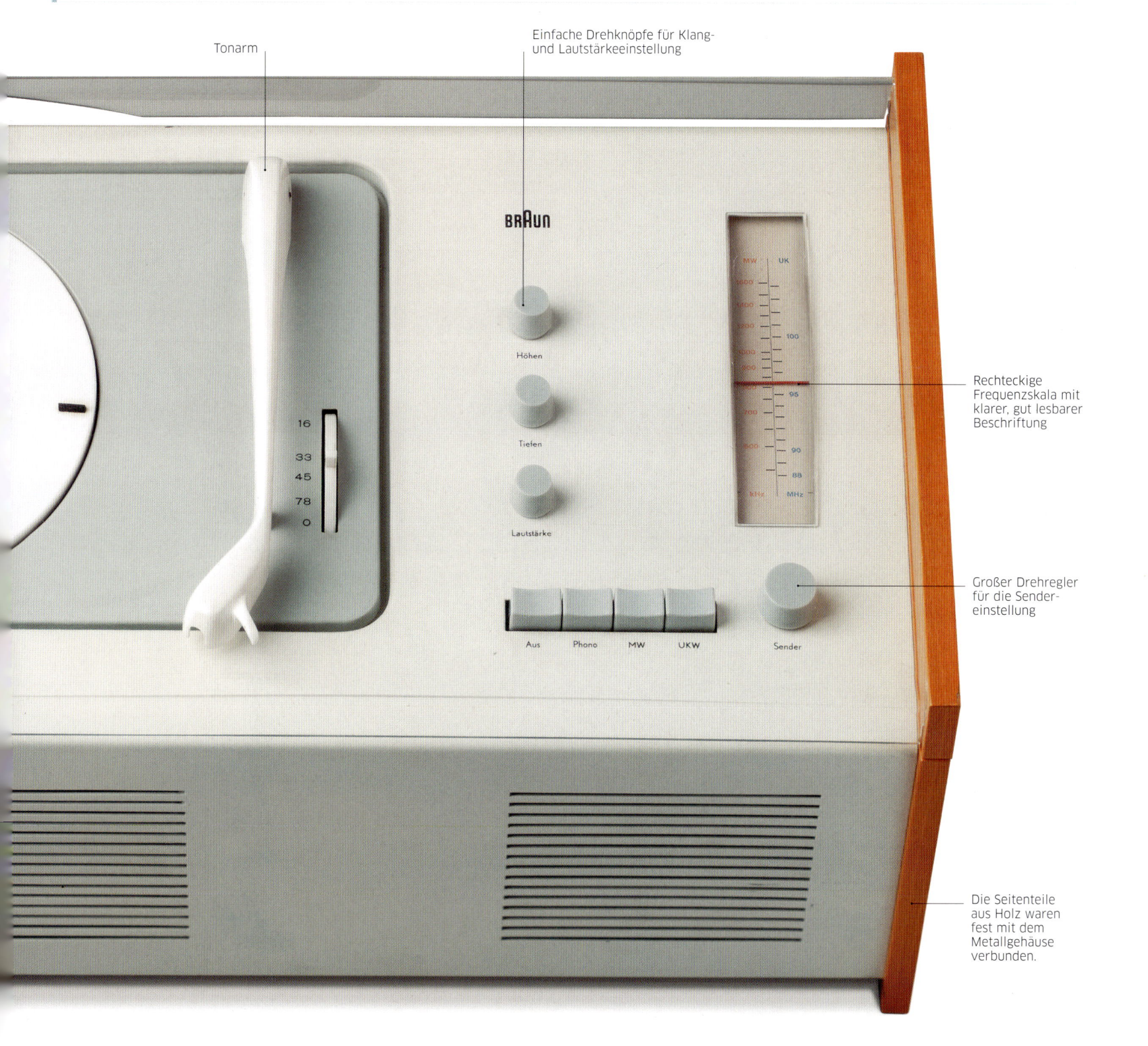

▲ **Tragbarer Plattenspieler mit Transistorradio (Modell TP1),** Dieter Rams, 1959

- Tonarm
- Einfache Drehknöpfe für Klang- und Lautstärkeeinstellung
- Rechteckige Frequenzskala mit klarer, gut lesbarer Beschriftung
- Großer Drehregler für die Sendereinstellung
- Die Seitenteile aus Holz waren fest mit dem Metallgehäuse verbunden.

Im Detail

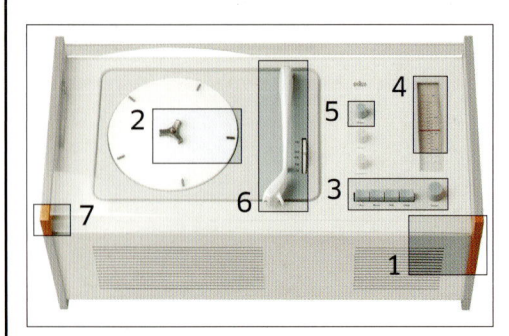

LEGENDE

▶ **GEHÄUSE** Vorder-, Ober- und Rückseite des Gehäuses bestehen aus einem einzigen Stahlblech, dessen vorderer Falz leicht abgerundet ist und das bündig an die Seitenteile aus Holz stößt. Die nahtlose Verarbeitung gab dem SK4 sein geradliniges, sachlich-modernes Aussehen und bot dem Hersteller die Möglichkeit, die Funktionselemente von unten einzubauen.

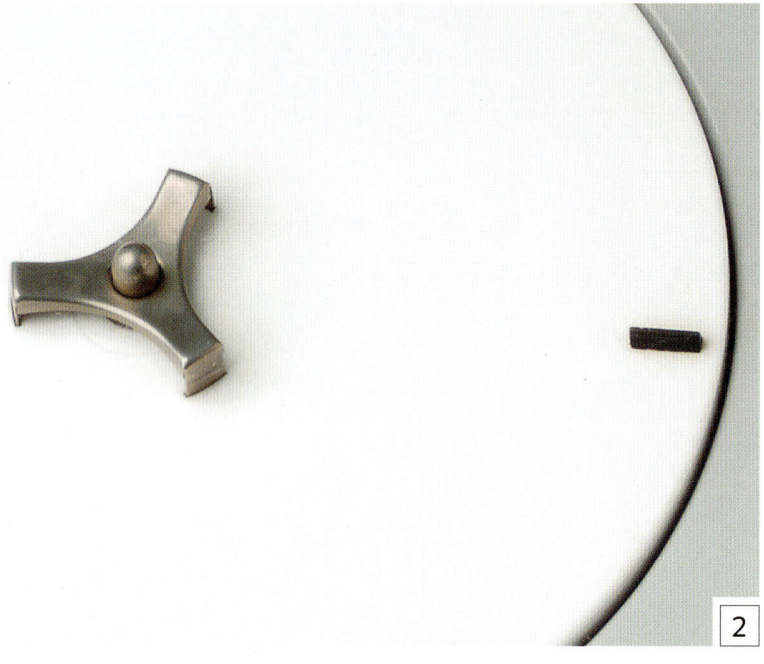

▲ **PLATTENTELLER** Die meisten Plattenspieler dieser Zeit hatten eine gerillte Oberfläche und eine dunkle Gummimatte zum Schutz der empfindlichen Schallplatten. Der Plattenteller des SK4 war weiß und schloss fast bündig mit der Oberfläche des Gehäuses ab. Die Platte ruhte auf leicht vorstehenden Stegen an seinem Rand, von denen sie sich leicht abnehmen ließ.

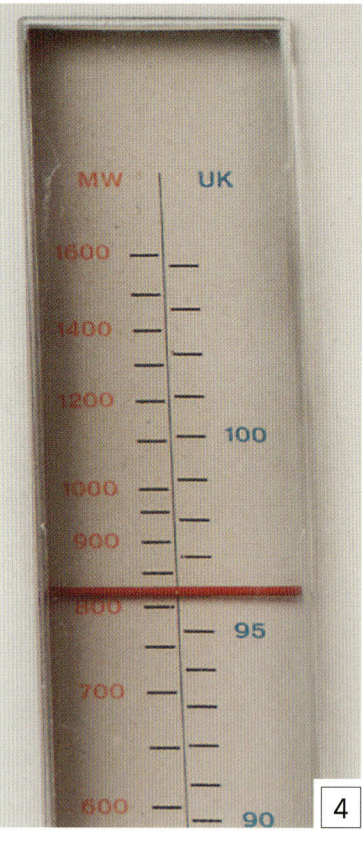

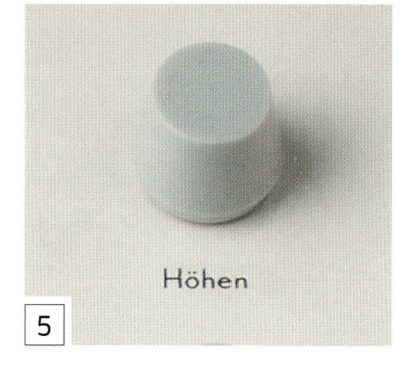

▶ **KNÖPFE** Eine Reihe von Druckschaltern diente zum Umschalten zwischen Radio und Plattenspieler und zur Wahl von Frequenzbändern. Sie sehen ganz anders aus als die runden Drehregler für Ton und Lautstärke, weil sie einen völlig anderen Zweck erfüllen. Dies ist ein gutes Beispiel für den logischen Zusammenhang von Form und Funktion der Bedienelemente.

▲ **REGLER** Mit drei Reglern – je einem für Ton, Lautstärke und Balance – ließ sich der Klang des SK4 einstellen. Auf eine Zahlenskala, die bei solchen Reglern üblich war, wurde verzichtet: Der Benutzer sollte die Einstellungen nach Gehör vornehmen.

◀ **FREQUENZSKALA** Der SK4 konnte UKW- und Mittelwellensender empfangen. Die Frequenzen konnten auf einer Skala abgelesen werden, die nicht, wie damals üblich, rund war, sondern gerade. Die serifenlose Beschriftung war gut zu erkennen. Ein roter Streifen zeigte die eingestellte Frequenz an.

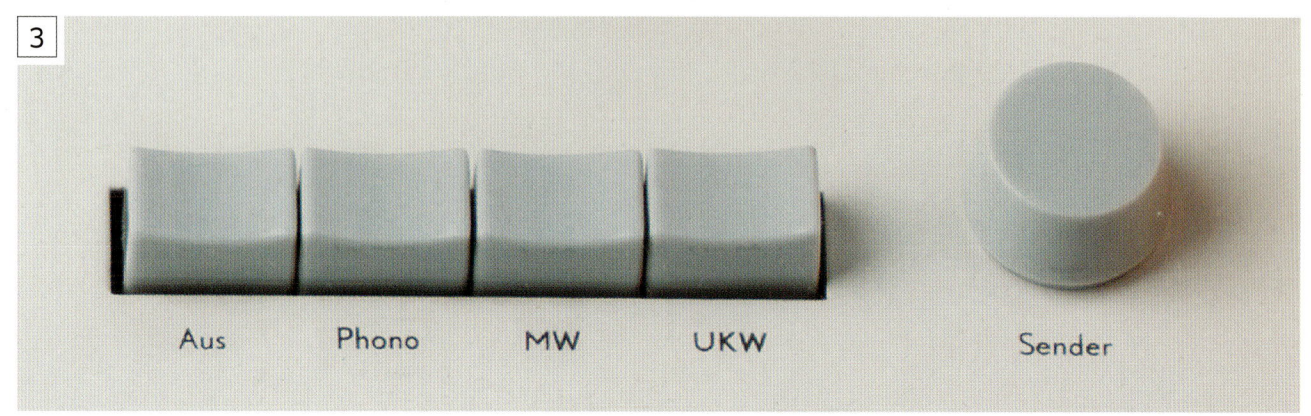

PHONOSUPER SK4 ■ DIETER RAMS, HANS GUGELOT   147

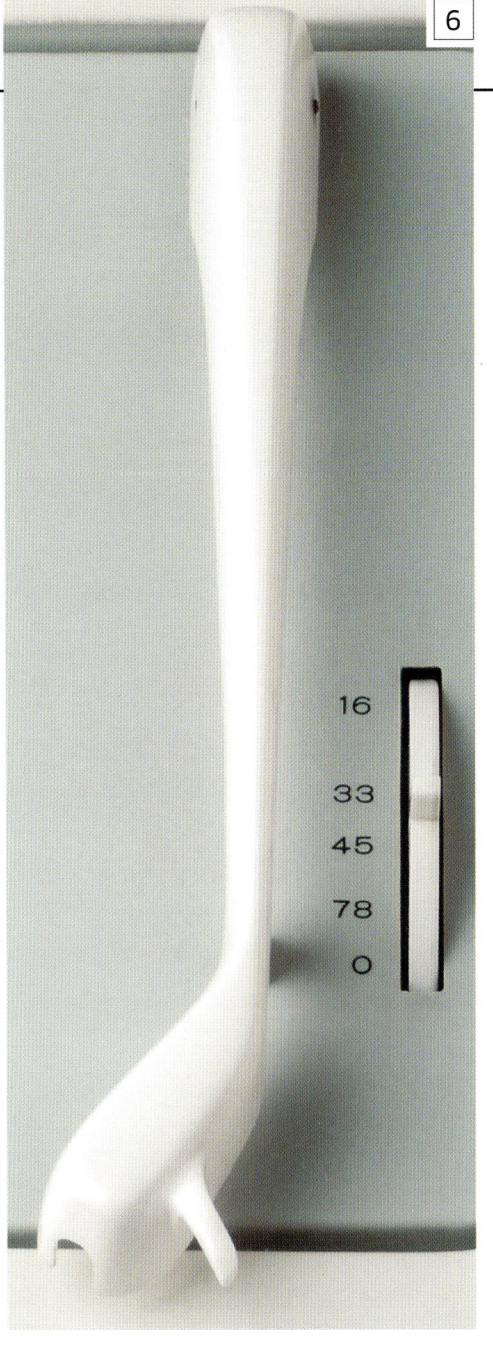

◁ **TONARM** Der Tonarm ist das einzige Element des SK4, das leicht von der streng geometrischen Linienführung abweicht. Der Arm läuft schlank zu und hat am Kopf einen kleinen Vorsprung. Zum bequemen Aufsetzen und Anheben des Tonarms brauchte der Benutzer nur einen Finger unter diesen Vorsprung zu schieben. Rechts vom Tonarm befand sich ein Auswahlschalter zum Einstellen der vier damals gängigen Abspielgeschwindigkeiten.

▽ **DECKEL** Zum Gerät gehörte ein transparenter Deckel. Ursprünglich sollte er, wie das Gehäuse des SK4, aus Stahlblech gefertigt werden. Weil beim Prototyp festgestellt wurde, dass der Metalldeckel die Klangqualität beeinträchtigte, wählte Rams stattdessen Plexiglas. Dieses Material wurde beim SK4 zum ersten Mal für ein Produkt für den Massenmarkt verwendet. Der transparente Deckel und die helle Gesamtfarbgebung trugen dem SK4 den Spitznamen »Schneewittchensarg« ein.

STICHWORT **DESIGN**

Dieter Rams und Hans Gugelot begannen Designprojekte, indem sie ein Objekt in seine Grundelemente aufgliederten und seine Funktion und Geometrie untersuchten. Frühe Skizzen des SK4 zeigen kaum mehr als einige Kreise und Rechtecke, aber die Gesamtform ist bereits erkennbar. Durch diese Arbeitsweise blieb das Design klar und reduziert, und solche einfachen Formen ließen sich leicht produzieren. Deutsche Designer der 1950er-Jahre berücksichtigten die Anforderungen der industriellen Fertigung in weitaus höherem Maße als die Designer der 1930er-Jahre, die von der Moderne beeinflusst waren und die sich unabhängig von der Ausrichtung eher am Handwerk orientierten.

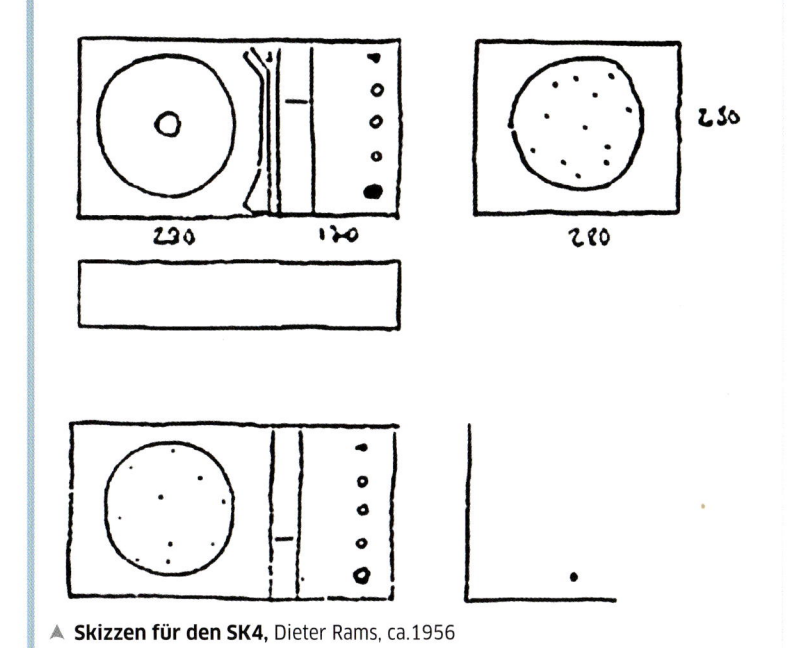

▲ **Skizzen für den SK4,** Dieter Rams, ca.1956

ZUM **KONTEXT**

In den 1950er-Jahren legten deutsche Designer ihren Schwerpunkt auf Technologie und auf geometrische Schlichtheit. Auf Details und Dekorationen wurde verzichtet. Beeinflusst wurde dieser Ansatz durch die Ideen von Designern wie Hans Gugelot an der Ulmer Hochschule für Gestaltung, der als Berater für Braun tätig war, als Rams ins Unternehmen eintrat. Ihre Arbeit stellte die Weichen für ein sachlich-rationales Design, vorwiegend in der Unterhaltungselektronik, aber auch in anderen Bereichen. Selbst Spielzeug bekam ein neues Gesicht. Als der Industrie- und Möbeldesigner Walter Papst seine Schaukelplastik 2050 entwarf, brauchte er nur einen Schwanz anzubringen, damit jeder erkannte, dass es sich um eine abgespeckte Version des traditionellen Schaukelpferdes handelte.

▲ **Schaukelplastik 2050,** Walter Papst, 1959

Nähmaschine Mirella

1956 ▪ PRODUKTDESIGN ▪ EMAILLIERTES ALUMINIUM UND ANDERE METALLE ▪ ITALIEN

MARCELLO NIZZOLI

Während in den 1950er-Jahren deutsche Designer wie Dieter Rams (siehe S. 144) das Produktdesign mit ihrem schnörkellosen, zweckmäßigen Stil revolutionierten, schlugen italienische Hersteller eine andere Richtung ein. Auch ihre Produkte waren funktional, unterschieden sich aber durch ihre weicheren, organischen Formen von der strengen Geometrie des deutschen Designs. Die stromlinienförmige Nähmaschine Mirella, die Marcello Nizzoli 1956 für das Unternehmen Necchi entwarf, ist ein gutes Beispiel.

Necchis Auftrag lautete, eine elektrische Nähmaschine zu entwickeln, die leicht zu bedienen war und Kunden ansprach, die bislang an Maschinen mit Handkurbel oder Fußpedal gewöhnt waren. Nizzoli stattete die Maschine mit einer abnehmbaren Kurbel aus, sodass man sie auch von Hand bedienen konnte. Sie verfügte über einen einfachen Geradstich-Mechanismus und hatte eine gerundete Form mit wenigen harten Kanten. Die eingebaute Arbeitsleuchte war gegenüber mechanischen Maschinen eine willkommene Neuerung. Das Modell, das als elegant und bedienerfreundlich beworben wurde, fand bei Benutzern und Designern gleichermaßen Anklang. 1957 wurde sie mit dem Compasso d'Oro ausgezeichnet – ein Beleg dafür, dass das organische italienische Design gut ankam. Die Nähmaschine Mirella wurde bis in die frühen 1970er-Jahre produziert.

Maßstab

Die kurvige Form wurde zum Erkennungszeichen der Necchi-Nähmaschinen.

Nadelführung

Der Verlängerungstisch ließ sich durch Lösen zweier Schrauben schnell und leicht abnehmen.

MARCELLO **NIZZOLI**

1887–1969

Nach dem Studium an der Accademia delle Belle Arti in Parma arbeitete der italienische Maler, Architekt und Designer als Entwurfszeichner in Mailand. Nach dem Ersten Weltkrieg übernahm er, beeinflusst von Kunstrichtungen wie Kubismus und Futurismus, verschiedenste Projekte, darunter Plakate und Modeaccessoires. In den 1930er-Jahren schloss er sich den Rationalisten an, einer italienischen Gruppe von Architekten, und arbeitete an Bauprojekten in Mailand mit. Für die Firma Olivetti gestaltete er u. a. die Schreibmaschine Lettera 22 (siehe S. 195). Sie ist mit der ergonomischen Form, den übersichtlichen Bedienelementen und der attraktiven Form ein gutes Beispiel für seinen Designstil. Sein sonstiges Spektrum reichte vom Zigarettenanzünder bis zu einer Benzinpumpe.

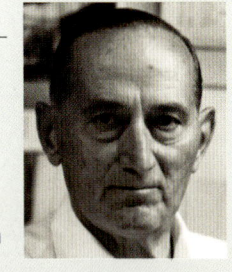

STICHWORT DESIGN

Marcello Nizzoli war ein talentierter Grafikdesigner. Zu seinen Kunden gehörten die Firma Campari, die zwischen den Kriegen viel beachtete Werbeplakate in Auftrag gab, sowie Fiat und andere italienische Unternehmen. Nizzoli entwarf außerdem auffällige Plakate zur Tourismusförderung. Manche seiner Arbeiten zeigten realistische Motive wie Autos oder Flaschen, andere waren eher abstrakt, wie das Mailand-Plakat (rechts) mit seinen stilisierten Türmen und zu Farbflecken reduzierten Buntglasfenstern der Kathedrale. Seine grafischen Arbeiten, ob abstrakt oder realistisch, waren jedoch stets sehr klar und eindeutig zu erkennen.

▶ **Tourismus-Plakat für die Stadt Mailand,** Marcello Nizzoli, 1955

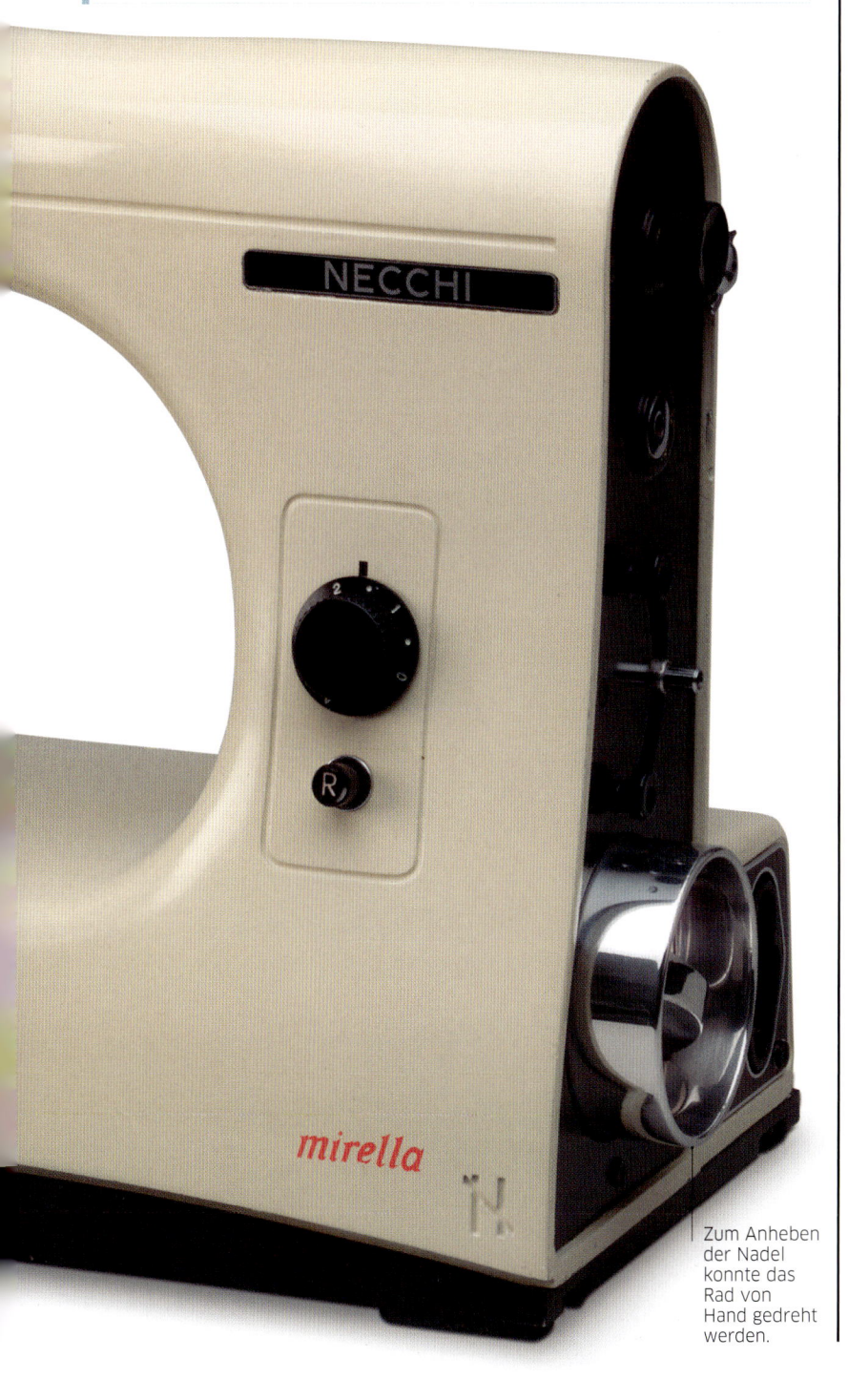

Zum Anheben der Nadel konnte das Rad von Hand gedreht werden.

Im Detail

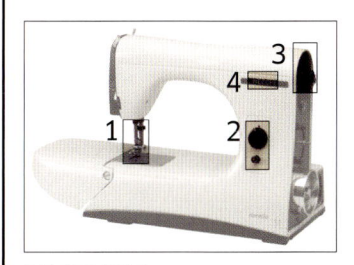

LEGENDE

▶ **NADEL UND STICHPLATTE**
Die große Stichplatte unter der Nadel und der abnehmbare Verlängerungstisch erleichterten die Führung des Stoffs während des Nähens. Zum Steppen paralleler Nähte konnte eine Führungsschiene montiert werden. Durch Lösen einer Schraube am Führungsschaft ließ sich die Nadel lösen, um sie zu wechseln.

▶ **SCHALTER** Der Drehschalter zum Einstellen der Stichlänge befand sich an der Vorderseite der Maschine. Er war mit gut lesbaren Ziffern beschriftet. Direkt darunter lag ein kleinerer Knopf mit der Beschriftung »R«, den man betätigen musste, um rückwärts zu nähen.

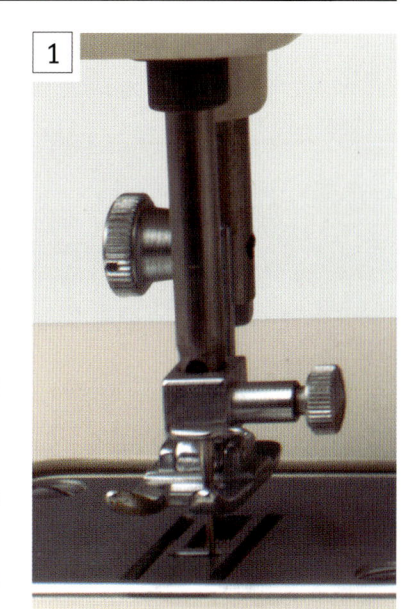

◀ **SEITENTEIL** Das dunkle Seitenteil sprang etwas zurück und betonte dadurch die gerundete Form des hell lackierten Hauptgehäuses. Am Seitenteil war außer dem Handrad auch die Halterung für die Kurbel angebracht, mit der die Maschine manuell bedient werden konnte.

▼ **NAMENSSCHILD** Der Namenszug in weißer, serifenloser Schrift auf dunklem Grund wirkte selbstbewusst. Die Firma Necchi war seit dem frühen 20. Jh. ein renommierter Nähmaschinenhersteller, und ihr Name war eine bekannte Marke.

Tisch Tulip

1956 ■ MÖBEL ■ FUSS AUS GUSSALUMINIUM, PLATTE AUS HOLZ, LAMINAT ODER MARMOR ■ USA

EERO SAARINEN

Mehrere führende Möbeldesigner der 1950er-Jahre suchten nach Wegen, der schnörkellosen Ästhetik der Moderne einen skulpturalen Charakter zu geben und mit neuen Materialien interessante Formen zu gestalten. Ein Zentrum dieser Strömung war die Cranbrook Academy of Art in Michigan (USA), wo innovative Designer wie Harry Bertoia (siehe S. 120) arbeiteten. Unter den Gründern der Akademie war der aus Finnland emigrierte Architekt Eliel Saarinen. Sein Sohn Eero studierte in Cranbrook und konzentrierte sich beim Möbeldesign darauf, moderne und zugleich ausdrucksvolle Formen zu entwerfen. Berühmt wurde er durch die Serie Tulip (Tulpe) mit eleganten Tischen und Stühlen auf einem runden Mittelfuß. Saarinen wollte sich von der unruhigen Wirkung konventioneller Tische abwenden und »das Gewimmel der Beine aufräumen«. Er entwarf einen trompetenförmigen Mittelfuß, der vom breiteren oberen Ende zunächst schmaler wird und dann zu einem scheibenförmigen Standfuß ausschwingt.

Ursprünglich sollte der Fuß aus Gusseisen hergestellt werden, dann entschied sich der Designer für Aluminium mit einer weißen Kunststoffbeschichtung. Der Metallfuß war schwer genug, um eine große Tischplatte zu tragen. Die ursprünglichen Platten waren, wie der Fuß, schlicht weiß. Später wurden auch andere Varianten produziert, darunter Marmor mit einer transparenten, vor Flecken schützenden Beschichtung. Der Hersteller Knoll produzierte Esstische und Beistelltische (rechts) mit runden und ovalen Platten. Der Tisch fand großen Anklang, weil er elegant und wie aus einem Guss wirkte und auch zu traditionellen Möbeln passte. In Kombination mit Saarinens Tulip-Stühlen hingegen wirkte er beinahe futuristisch. Heute gilt er als moderner Designklassiker.

> »Beim Design ist wichtig, jedes Stück in seinem größeren Kontext zu betrachten.«
> **EERO SAARINEN**

EERO **SAARINEN**

1910-1961

Der finnisch-amerikanische Architekt Eero Saarinen lernte während seines Studiums an der Cranbrook Academy in Michigan seine Kommilitonen Charles und Ray Eames (siehe S. 152) kennen. In der Folgezeit studierte er Bildhauerei in Paris und Architektur in Yale. Berühmt wurde er in den 1940er-Jahren als Möbeldesigner. Er gewann zusammen mit Charles Eames einen Preis und entwarf erfolgreiche Modelle wie die Tulip-Serie und den Sessel Womb, die beide vom Hersteller Knoll produziert wurden. Als Architekt schuf er Bauten in verschiedenen Stilen, darunter den schwungvollen St. Louis Gateway Arch oder das ausladende TWA-Terminal in New York, aber auch geradlinige Gebäude in der Formensprache der Moderne.

ZUM **KONTEXT**

Eero Saarinen interessierte sich schon in den frühen 1940er-Jahren für anatomisch geformte Möbel. Damals arbeitete er zusammen mit Charles Eames am preisgekrönten Beitrag zum Wettbewerb »Organic Design in Home Furnishing«, den das New Yorker Museum of Modern Art ausgeschrieben hatte. Eames und Saarinen arbeiteten damals mit geformtem Schichtholz, aber in den 1950er-Jahren fand Saarinen heraus, dass sich Fiberglas hervorragend für skulpturale, anatomisch geformte Möbel eignete. Während der Arbeit am Tisch Tulip entwarf er auch die Sitzschale des Stuhls Tulip aus Fiberglas. Für den Fuß war das Material nicht stabil genug. Dieser wurde, wie beim Tisch, aus Aluminium hergestellt und weiß beschichtet.

▶ **Stuhl Tulip**, Eero Saarinen, 1956

TISCH TULIP ■ EERO SAARINEN   151

Die Tischplatten der ersten Modelle bestanden aus beschichtetem Holz.

Die leicht angeschrägte Kante der Tischplatte korrespondiert mit den Rundungen des Standfußes.

Im Detail

LEGENDE

▶ **FUSS** Bei Tischen mit traditionellem Holz-Mittelfuß musste dieser aus Gründen der Standfestigkeit einen fast so großen Durchmesser haben wie die Tischplatte. Der Fuß des Tulip-Tisches konnte kleiner sein, weil er sehr schwer war. Sein Durchmesser entsprach etwa einem Drittel der Tischplattengröße.

Fuß aus poliertem Gussaluminium mit einer schützenden weißen Beschichtung

▲ **TISCHPLATTE** Fuß und Tischplatte hatten eine weiße Beschichtung. Dadurch wirkte der Tisch wie aus einem Guss, und seine skulpturale Form fiel besonders ins Auge. Allein Licht und Schatten sorgten für Farbvariationen. In den meisten Raumsituationen bildet die im Licht liegende Platte einen Kontrast zu den Schatten auf Standbein und Fuß.

Lounge Chair 670 und Hocker

1956 ■ MÖBEL ■ SCHICHTHOLZ, ALUMINIUM, STAHL UND LEDER ■ USA

CHARLES UND RAY EAMES

Den luxuriösesten Sessel der Moderne der Jahrhundertmitte schufen die amerikanischen Designer Charles und Ray Eames. Der Lounge Chair 670 und der dazugehörige Hocker überzeugten durch edelste Materialien (Lederbezüge, Schichtholz mit Rosenholzfurnier, makellos verarbeitetes Aluminium) und ein zweckorientiertes Design, das die Hauptelemente des Sessels klar hervorhebt.

Der Sessel sollte ursprünglich ein Geschenk für den Filmemacher Billy Wilder sein, mit dem Charles und Ray Eames befreundet waren. Schon 1940 hatten sie versucht, Schichtholz unter Einwirkung von Druck und Hitze zu biegen. Im gleichen Jahr gewannen Möbel von Charles Eames und Eero Saarinen (siehe S. 150) den ersten Preis bei einem Wettbewerb, den das Museum of Modern Art in New York ausgeschrieben hatte. Dadurch wurden sie zu neuen Entwürfen ermutigt, unter denen das Modell 670 das edelste war und später Berühmtheit erlangte. Charles Eames erklärte, für die Form habe ein »reichlich benutzter Baseball-Handschuh« Pate gestanden, und er sei mit seiner Größe und den weichen Polstern so gemütlich wie ein alter Leder-Clubsessel. Gleichzeitig ist Modell 670 absolut modern, und Möbelhersteller Herman Miller (siehe S. 109) vermarktete ihn neben anderen Meisterstücken modernen Designs. Noch heute ist die Nachfrage erstaunlich groß.

CHARLES UND RAY **EAMES**

1907–1978, 1912–1988

Charles Eames studierte Architektur und arbeitete für ein Büro in seiner Heimatstadt St. Louis, Missouri (USA), ehe er dort eine eigene Firma gründete. 1936 erhielt er ein Stipendium für die Cranbrook Academy of Art, wo er den Designer Eero Saarinen und seine zukünftige Frau, die abstrakte Malerin Ray Kaiser kennenlernte. Zusammen mit Ray entwarf Eames zahlreiche Möbel, wirkte an Ausstellungs- und Architekturprojekten sowie an über 100 Kurzfilmen mit. Viele der Designs wurden anfänglich allein Charles zugeschrieben, inzwischen wird aber die enge Zusammenarbeit des Paars und der Anteil, den Ray an den Projekten hatte, allgemein anerkannt.

Die Polster haben eine Kunststoff-Rückseite, die mit verdeckten Klammern und Ringen am Holz befestigt ist.

Der schwarze Fuß passt zur Farbe der Polsterbezüge.

LOUNGE CHAIR 670 UND HOCKER ■ CHARLES UND RAY EAMES 153

Knöpfe betonen das Volumen der luxuriösen Polster.

Rosenholzfurnier mit attraktiver Maserung

Bequeme Neigung der Rückenlehne

▲ **Vorderansicht**   ▲ **Rückansicht**

Die Form der Polster ist den Konturen der hölzernen Sitzschale angepasst.

Die ersten Modelle bestanden aus fünfschichtigem Schichtholz, heute wird eine siebenschichtige Qualität verarbeitet.

Der fünfstrahlige Fuß gibt dem Sessel gute Standfestigkeit.

»Wer behauptet, dass Vergnügen kein Zweck ist?«

CHARLES EAMES

Im Detail

LEGENDE

▶ **ARMLEHNE** Die komfortabel gepolsterten Armlehnen verbinden Sitz und Rückenteil. Die Metallhalterung der Armlehnen ist fest mit dem Holz verschraubt, aber dicke Gummi-Unterlegscheiben sorgen dafür, dass die Verbindung auf Druck leicht nachgibt. Dieses Detail trägt zum Komfort bei, denn der Benutzer kann sich entspannt in die Polster sinken lassen, ohne dass der Sessel dem Körper starren Widerstand entgegensetzt.

▲ **RÜCKENPOLSTER** Das Polster ist der Rückenlehne exakt angepasst und wirkt durch die gepaspelte Kante besonders hochwertig. Ursprünglich bestand die Füllung aus Gänsefedern, für heutige Modelle wird ein Schaumstoffmaterial verwendet.

▶ **RÜCKENSTREBEN** Ein interessantes Merkmal ist die Verbindung der beiden separaten Teile des Rückens – eines stützt den unteren Rücken, das andere die Schulterpartie. Die Streben aus Gussaluminium sind mit den Holzteilen verschraubt. Der ganze Sessel lässt sich zum Transport in Einzelteile zerlegen.

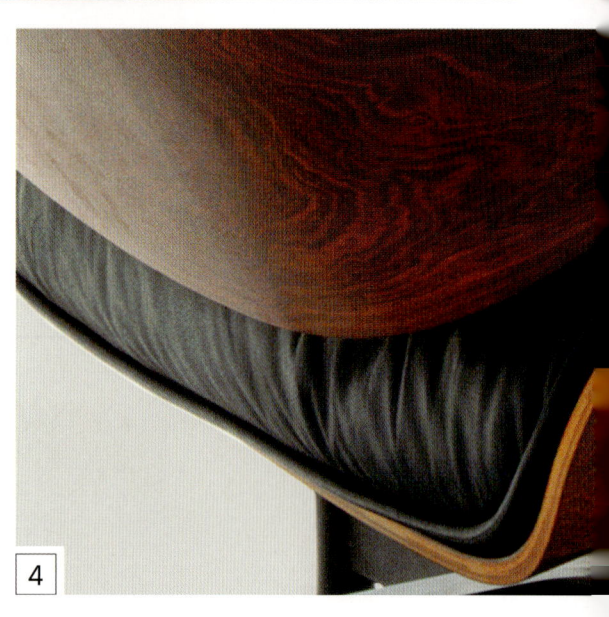

▲ **HINTERKANTEN VON RÜCKEN UND SITZ** Die Rückenlehne scheint frei über dem Sitz zu schweben. Dieser Effekt gibt dem Sessel sein charakteristisches Erscheinungsbild. Im hinteren Bereich sind durch die Lücke die mit Leder bezogenen Polster sichtbar. Das ist nur möglich, weil die beiden Hauptelemente des Sessels durch die Armlehnen miteinander verbunden sind. Wie bei vielen Designs von Eames sind die tragenden und die nicht tragenden Teile klar voneinander zu unterscheiden.

LOUNGE CHAIR 670 UND HOCKER — CHARLES UND RAY EAMES

◀ SCHICHTHOLZ
[5] Eames entwickelte die ersten gewölbten Schichtholz-Sitzschalen in den 1940er-Jahren und formte sie auf seiner eigenen Presse. Als Ray und Charles das Modell 670 entwarfen, konnten bereits stärkere Wölbungen verwirklicht werden. Die Technik eignete sich gut, um die interessante Maserung des Rosenholzfurniers in Szene zu setzen, das einen Kontrast zu den gelblichen inneren Lagen des Schichtholzes bildet.

◀ SITZHALTERUNG
[6] Die Verbindung zwischen Sitz und Fuß hat erheblichen Einfluss auf den Sitzkomfort des Sessels. Der Sitz ist auf seinem Fuß um 360 Grad drehbar und verfügt außerdem über einen Wippmechanismus.

◀ SESSELFUSS
[7] Die Gleiter an den Enden der fünf Strahlen sind verstellbar, um Unebenheiten im Boden auszugleichen. Heute sind verstellbare Möbelfüße eine Selbstverständlichkeit, doch als der Sessel 670 auf den Markt kam, war dieses Detail ein Novum.

STICHWORT **ARCHITEKTUR**

Bei den Gebäuden, die Charles und Ray Eames entwarfen, handelte es sich meist um Wohnhäuser. Die besten wurden im Rahmen des Case Study Program errichtet, einem von der Zeitschrift *Arts & Architecture* geförderten Projekt mit dem Ziel, preisgünstige, gut gestaltete Häuser aus modernen Materialien zu entwickeln. Das eigene Haus der Eames' war Teil des Projekts. Die Stahlrahmen-Konstruktion mit verschiebbaren Fenstern und Wänden ließ sich schnell und einfach aufstellen. Die Wände waren in Primärfarben gestrichen und erinnerten viele Besucher an Gemälde von Mondrian. Die hellen, luftigen Räume mit den sorgsam ausgewählten Dekorationen stießen auf große Bewunderung. Besonders beeindruckte die Kritiker, dass Türen, Fenster und alle anderen Elemente dieses einzigartigen Hauses Standardprodukte aus Serienfertigung waren. Charles und Ray Eames planten weitere Häuser, darunter eines für Billy Wilder, das nie verwirklicht wurde. Keines dieser Projekte war jedoch so erfolgreich und einflussreich wie das Haus, das sie für sich selbst bauten.

▲ **Haus Eames,** Case Study House No. 8, Santa Monica, Kalifornien (USA), 1949

STICHWORT **DESIGN**

Im Laufe ihrer fruchtbaren Karriere als Möbeldesigner loteten Charles und Ray Eames die Möglichkeiten moderner Materialien gründlich aus. Nur für wenige Stücke verwendeten sie so traditionelle Materialien wie für den Sessel 670: Rosenholz und Leder. Sie arbeiteten häufig mit Gussaluminium, setzten Rundhölzer für Tischbeine und Stahlrohr für Stuhlgestelle ein. Hinsichtlich der Verarbeitung von Fiberglas waren sie Pioniere. Sie erkannten früh, dass es die Möglichkeit bot, Sitz, Lehne und Armlehnen aus einem einzigen Stück zu fertigen. Hölzerne Aufbewahrungsmöbel lockerten sie durch farbenfrohe Paneele auf. Bei einigen, die sie für Herman Miller (siehe S. 109) entwarfen, kombinierten sie konventionelle Schubladen mit farbigen Elementen und Lochmetall. Mit solchen Farbeffekten, den organischen Formen und den schlanken Beinen vieler ihrer Stühle bestimmten Charles und Ray Eames das Aussehen vieler Wohnungen um die Mitte des 20. Jh.

◀ **Schaukelstuhl, 1950**
Dieses Modell ist ein typisches Beispiel für die ungewöhnlichen Formen und gewagten Materialkombinationen, die Charles und Ray Eames bevorzugten.

Wanduhr

1957 ▪ PRODUKTDESIGN ▪ ALUMINIUM UND ANDERE METALLE ▪ DEUTSCHLAND/SCHWEIZ

MAX BILL

Die Wanduhr, die der Schweizer Designer Max Bill 1957 für den deutschen Uhrenhersteller Junghans entwarf, ist ein Beispiel dafür, wie ein einziges Objekt die gestalterischen Ideen einer ganzen Generation auf den Punkt bringen kann. Max Bill, Mitbegründer der Ulmer Hochschule für Gestaltung, setzte sich engagiert für das Konzept der »guten Form« ein. Dies war die Nachkriegsinterpretation der Forderung der frühen Moderne, die Form habe sich der Funktion unterzuordnen. Bill und seine einflussreichen Zeitgenossen waren der Ansicht, jeder Designer habe die moralische und soziale Verantwortung, Dinge zu gestalten, die einfach, hochwertig und langlebig waren. Die Wanduhr mit ihrem reduzierten Design und der hervorragenden Verarbeitung ist ein Beispiel für diese Philosophie.

Statt Zahlen befinden sich auf dem Zifferblatt nur längere Striche für die Stunden und kürzere für die Minuten. Die Zeiger sind schlichte Metallstreifen, der schmale Rahmen besteht aus hellem Aluminium. Das Design ist noch spartanischer als manche Entwürfe, die Le Corbusier (siehe S. 56) und andere Vertreter der Moderne in den 1930er-Jahren präsentierten. Die Uhr ist auf das Wesentliche reduziert, ohne dass die Lesbarkeit verloren geht. Bills minimalistische Uhr hat das Erscheinungsbild zahlloser Wand- und Armbanduhren beeinflusst und ist bis heute ein Symbol für die Klarheit und Reinheit des deutschen und schweizerischen Designs in den 1950er-Jahren.

Im Detail

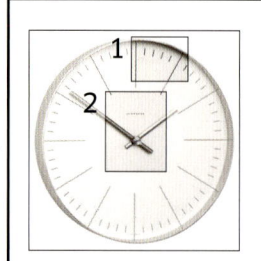

LEGENDE

▲ INDIZES UND RAND Die visuelle Sprache der Uhr ist äußerst sparsam. Den Rand bildet ein schmaler Aluminiumring, Stunden und Minuten werden nur durch unterschiedlich lange schwarze Striche auf dem weißen Zifferblatt dargestellt.

◀ ZEIGER Die verchromten Zeiger sind elegant geformt. Durch ihre glänzende Oberfläche wirken sie leicht und hell. Sie passen gut zum minimalistischen Erscheinungsbild der Uhr und lassen sich leicht ablesen. Ihre Achse wird von einer kleinen Scheibe aus poliertem Metall diskret verdeckt.

MAX **BILL**

1908-1994

Nach einer Ausbildung als Silberschmied schrieb sich Max Bill 1927 am Bauhaus (siehe S. 46) ein. Danach arbeitete er in Zürich als Architekt, Designer und Künstler. In den 1930er-Jahren wurde er durch seine Bauten und Entwürfe als Vertreter einer Kunstrichtung bekannt, die auf rationalen und mathematischen Prinzipien basierte. Nach dem Zweiten Weltkrieg wandte sich Bill dem Produktdesign zu. 1950 siedelte er nach Ulm um und übernahm die Leitung der Ulmer Hochschule für Gestaltung, die vom Bauhaus beeinflusst war. Bill entwarf auch das Schulgebäude. Er war weiterhin als Designer tätig.

STICHWORT **DESIGN**

In den 1930er- und 1940er-Jahren entwickelten Schweizer Designer wie Max Bill eine moderne Stilrichtung des Grafikdesigns mit markanten, serifenlosen Schrifttypen (vor allem der Schrift Akzidenz-Grotesk aus den 1890er-Jahren), asymmetrischem Layout, abstrakten Formen und sorgfältiger Anordnung der Elemente anhand eines gedachten Rasters. Meist beschränkten sich die Designer auf eine Schrift in einem oder zwei Schnitten. Durch Bill und die Zeitschrift *Neue Grafik* wurde der Stil in den 1950er- und 1960er-Jahren in ganz Europa als Internationale Typografie bekannt.

▶ Typografisch gestalteter Buchtitel, Max Bill, 1934

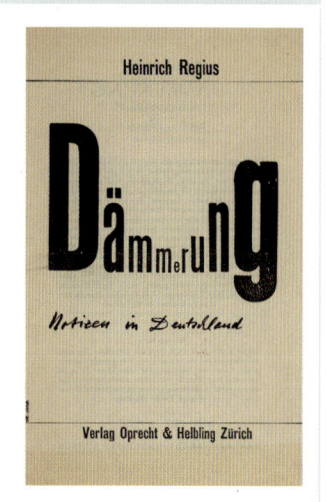

WANDUHR ■ MAX BILL

»Der mathematische Ansatz der Kunst ist keine echte Mathematik. Es geht um die Gestaltung von Rhythmen und Beziehungen.«
MAX BILL

Der lange Minutenzeiger reicht fast bis an die kurzen Minutenstriche heran.

Die Stundenstriche sind so lang, dass sie mit dem kürzeren Stundenzeiger eine durchgehende Linie bilden können.

Der schmale Aluminiumrahmen passt zu dem schmucklosen, schlichten Zifferblatt.

Schrifttype Helvetica

1957 ▪ GRAFIK ▪ SCHWEIZ

MAX MIEDINGER

1957 entstand eine Schrifttype, die sich zu einer der beliebtesten aller Zeiten entwickeln sollte. Heute sieht man die Helvetica überall – auf Straßenschildern, Verpackungen, Computerbildschirmen. Ihre Geschichte begann in der Mitte der 1950er-Jahre, als die frühen serifenlosen Schriften (damals meist Grotesk genannt) bei Druckern und Grafikdesignern hoch im Kurs standen. Buchstaben ohne abschließende Querstriche sprachen die Designer dieser Zeit wegen ihrer Klarheit und Schlichtheit an. Eine der beliebtesten Schriften war die Akzidenz-Grotesk, herausgegeben von der H. Berthold AG. Eduard Hoffmann, Leiter des Schweizer Unternehmens Haas, wünschte sich eine Type, die mit der Akzidenz-Grotesk konkurrieren konnte, und beauftragte Max Miedinger mit deren Gestaltung.

Miedingers neue Schrift war unaufdringlich, aber markant. Die Höhe von Kleinbuchstaben wie e (Mittellänge oder x-Höhe) war großzügig, die Striche endeten waagerecht oder senkrecht, und die Abstände zwischen den Buchstaben waren gering. Dadurch wirkte die Schrift dicht und kompakt, blieb aber wegen der großen Mittellängen gut lesbar. Miedinger und Hoffmann nannten die Schrift, die bei Druckern und Designern großen Erfolg hatte, Neue Haas Grotesk. Hoffmann verkaufte eine Lizenz an die Firma Linotype, einen großen Hersteller von Setzmaschinen, und beschloss, der Schrift einen neuen Namen zu geben. Er erwog Helvetia – die allegorische Symbolfigur der Schweiz – doch da bereits andere Firmen den Namen verwendeten, entschied er sich für die Variante Helvetica. Der Name gibt Auskunft über die Herkunft der Schrift und stellt sie in Beziehung zur modernen Schweizer Typografie, die großen Einfluss auf die Grafik dieser Zeit hatte. Bald wurden alle Varianten der Schrift unter dem Namen Helvetica geführt. Heute ist die neutrale, gut lesbare, vielseitige Schrift ein fester Bestandteil des Alltags.

»Helvetica ist die Jeans, Univers das Dinner Jacket. Helvetica wird bleiben.«

ADRIAN FRUTIGER

MAX **MIEDINGER**

1910-1980

Max Miedinger wurde in Zürich geboren und besuchte nach seiner Ausbildung zum Schriftsetzer Abendkurse an der dortigen Kunstgewerbeschule. Er war zehn Jahre lang als Typograf in der Werbeabteilung des Züricher Kaufhauses Globus beschäftigt und trat danach eine Stelle als Verkaufsrepräsentant bei der Baseler Schriftgießerei Haas an. Ab 1956 arbeitete er als freiberuflicher Schriftendesigner. Zu seinen bekanntesten Typen gehören neben der Helvetica mit ihren Varianten die Schriften Pro Arte (beeinflusst von Programmzetteln des 19. Jh.) und Horizontal, eine Schrift mit extrem breiten Großbuchstaben und schmalem Strich.

ZUM **KONTEXT**

Zur gleichen Zeit, als Max Miedinger an der Entwicklung der späteren Helvetica arbeitete, gestaltete der Schweizer Typograf Adrian Frutiger eine andere Schrift. Es handelte sich um die Univers für die Pariser Schriftgießerei Deberny & Peignot. Helvetica und Univers basieren auf früheren Grotesk-Schriften und zeigen stilistische Ähnlichkeiten, die Buchstaben der Univers haben jedoch eher klassische Proportionen. Auch im Detail unterscheiden sich die Schriften. Dem kleinen a der Univers fehlt beispielsweise das schwungvolle Schwänzchen der Helvetica und der Akzidenz-Grotesk. Frutiger entwickelte für die Schnitte der Univers ein Ziffernsystem, das eine präzisere Bestimmung zuließ als die üblichen Bezeichnungen wie »fett« oder »mager«.

▲ Helvetica   ▲ Univers   ▲ Akzidenz-Grotesk

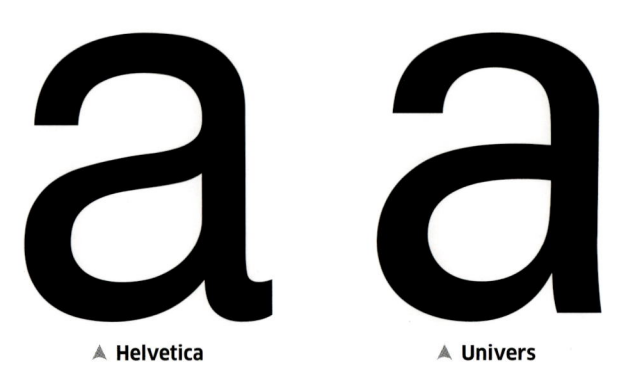

SCHRIFTTYPE HELVETICA ■ MAX MIEDINGER

ABCDEFGHI
JKLMNOPQ
RSTUVWXYZ
abcdefghijkl
mnopqrstuv
wxyz123456
7890({@£$&
¥!*%ßfiØÐ?æ

Im Detail

ABCDEFGHI
JKLMNOPQ
RSTUVWXYZ
abcdefghijkl
mnopqrstuv
wxyz123456
7890({@£$&
¥!*%ß fiØÐ?æ

LEGENDE

▶ **KLEINBUCHSTABE G** Der Bauch des kleinen g ist groß und nimmt die gesamte Mittellänge ein. Die großzügige x-Höhe ist eines der Hauptmerkmale der Schrift und gilt als Grund für ihre gute Lesbarkeit. Ein anderes Merkmal des g ist der waagerechte Abschluss der Striche, der auch bei anderen Buchstaben wie c, e und s zu finden ist.

▼ **GROSSBUCHSTABE R** Das Bein des R verläuft so, als ob ein einheitlicher Strich von der Spitze bis zum Boden gezogen wurde. Das Bein hat zudem einen kleinen Schwung an der Basis. Diese Eigenschaften stehen im Kontrast zum gleichen Buchstaben der Akzidenz-Grotesk, die ein R mit einem geraden, diagonalen Bein hat.

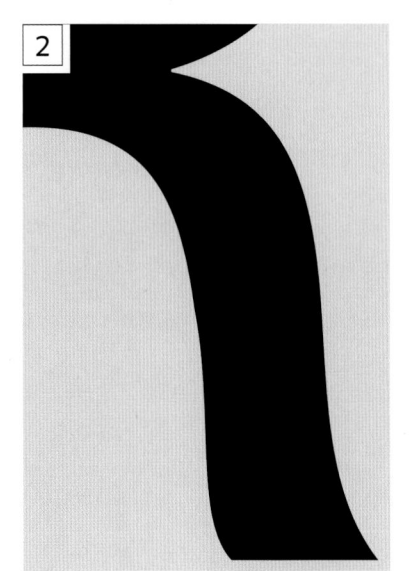

▲ **GROSSBUCHSTABE G** Der Querstrich des großen G ragt weiter nach links vor als bei vielen anderen Schriften. Er ist etwa so lang wie der abwärts verlaufende Strich. Der rechte Winkel dieser beiden Striche gibt dem Buchstaben eine geometrische Ausstrahlung.

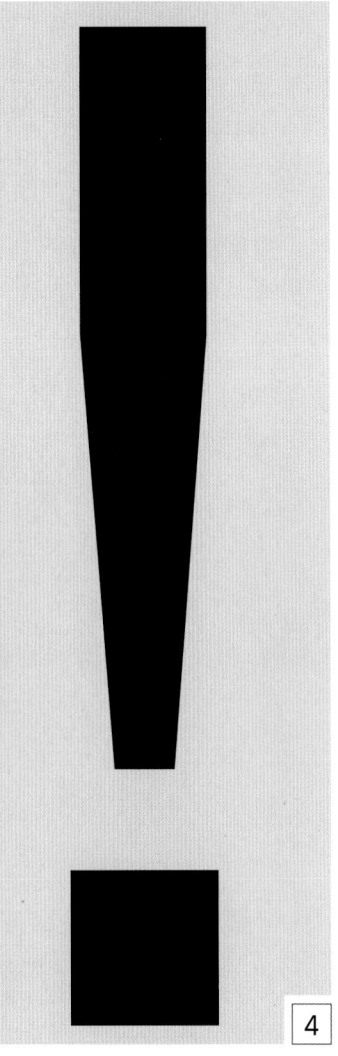

▲ **ZIFFER 1** Wie in vielen Schriften beginnt die 1 mit einem kleinen Aufstrich, damit sie gut vom kleinen l zu unterscheiden ist. Bei der Helvetica ist der Aufstrich, wie bei der Akzidenz-Grotesk, leicht gekrümmt. Bei vielen anderen serifenlosen Schriftarten ist dieser kurze, schräge Strich hingegen gerade.

◀ **AUSRUFEZEICHEN** Das geradlinige Ausrufezeichen wird nach unten hin etwas schmaler. Der Punkt ist ein Quadrat – ebenso wie der Punkt am Satzende und die Punkte auf dem i und dem j.

▶ GROSSBUCHSTABE Q 6

Bei den meisten serifenlosen Schriften ist der Schrägstrich des Q kurz und berührt den Bauch des Buchstabens, kreuzt ihn aber nicht. Bei der Helvetica ragt der Strich bis in den Bauch hinein. Dadurch wird das Q betont und bekommt eine prägnantere Form.

◀ KLEINBUCHSTABE T 7

Das kleine t läuft in einem 90-Grad-Bogen aus, der Strich endet senkrecht. Er wird zum Ende hin geringfügig schmaler, damit der Grundstrich das dominante Element bleibt. Durch das kurze Schwänzchen bleibt der Buchstabe insgesamt schmal.

◀ KLEINBUCHSTABE A 8

Der Bauch des kleinen a zieht sich am Ansatz an den Grundstrich leicht nach oben, sodass der weiße Innenbereich (Punze) eine Tropfenform erhält. Auch das Schwänzchen am Abschluss ist leicht nach oben gekrümmt. Dadurch und durch die leichten Variationen der Strichstärke bekommt der Buchstabe seinen besonderen Charakter.

▶ GROSSBUCHSTABE K 9

Die Gestaltung dieses Buchstabens, vor allem der Ansatz von Arm und Bein, unterscheidet sich von Schrift zu Schrift recht stark. Bei der Univers sind Arm und Bein etwa gleich lang und setzen am gleichen Punkt an. Bei der Helvetica setzt der Arm am Grundstrich an, das Bein jedoch am Arm. Ähnlich sieht das K in der Akzidenz-Grotesk aus.

STICHWORT **DESIGN**

In den 1950er-Jahren brachte man serifenlose Schriften wie Helvetica und Univers und plakative, asymmetrische Layouts mit Schweizer Designern in Zusammenhang (siehe unten). Der grafische Stil blieb weit über das Ende des Jahrzehnts hinaus üblich, weil viele internationale Unternehmen ihn für ihre Embleme verwendet hatten. Eines der bekanntesten ist das Emblem der Lufthansa, das Otl Aicher (siehe S. 204) 1969 unter Verwendung der Helvetica gestaltet hatte. Als Tyler Brûlés Marken- und Werbeagentur Winkreative 2002 mit der Gestaltung des Logos für die neu gegründeten Swiss International Airlines beauftragt wurde, entschied man sich für die Schriftart CH Swiss, die sich stilistisch an die Univers anlehnt.

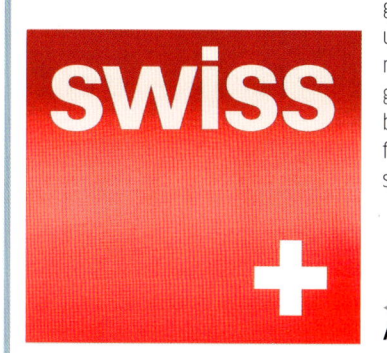

◀ **Logo der Swiss International Airlines,** Winkreative, 2002

▲ **Logo der Lufthansa,** Otl Aicher, 1969

ZUM **KONTEXT**

In den 1930er-Jahren begannen Schweizer Typografen und Designer, die Prinzipien der klassischen Moderne und des Konstruktivismus auf die Typografie anzuwenden. Dieser Trend hielt bis in die 1950er-Jahre an. Man bevorzugte serifenlose Schriften, meist in nur wenigen Größen und Schnitten. Beliebt waren auch kreative Kombinationen aus Schrift und Foto sowie asymmetrische Layouts auf der Grundlage sorgfältig durchdachter Raster, die Positionen von Überschrift, Textblöcken und anderen grafischen Elementen genau festlegten. Bedeutende Vertreter dieses exakten, disziplinierten »Schweizer Stils« waren Designer wie Max Bill (siehe S. 156) und Josef Müller-Brockmann. Ihre Arbeiten hatten beträchtlichen Einfluss auf alle Bereiche des Grafikdesigns – Plakate, Bücher und Zeitschriften. Als der Stil die westliche Welt eroberte, wurde er als Internationaler Stil bekannt.

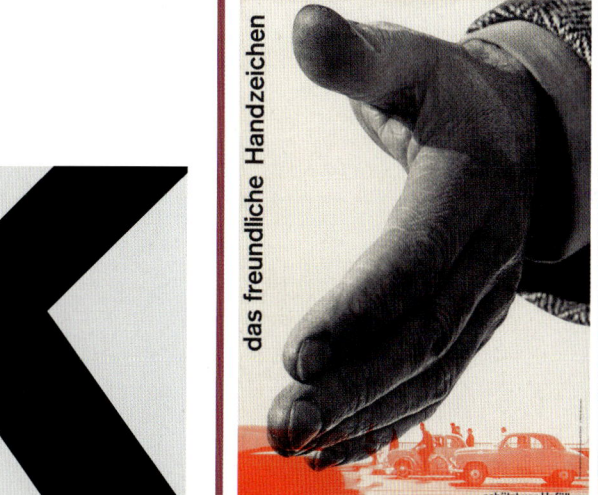

▲ **Verkehrssicherheitsplakate,** Josef Müller-Brockmann, 1950er-Jahre

Sessel Das Ei

1957 ■ MÖBEL ■ POLYURETHANSCHAUM, FIBERGLAS UND STAHL ■ DÄNEMARK

ARNE JACOBSEN

Als der dänische Architekt Arne Jacobsen mit Bau und Gesamtgestaltung des SAS-Royal-Hotels in Kopenhagen beauftragt wurde, bezog er alle Details in seine Überlegungen ein, von der modernistischen Fassade bis hin zu Türgriffen, Edelstahlbesteck und Aschenbechern. Für Lobby und Empfangsbereich entwarf er einen kurvenreichen Drehsessel, den er Æg (Ei) nannte. Jacobsen verwendete für die gewölbte Schale eine neue Technologie: einen Fiberglaskorpus mit Polsterung aus Polyurethanschaum. Die Form entwickelte er in seiner eigenen Garage aus Lehm. Die großzügige Rundung des unteren Teils verdeckt die Stahlstütze, die in den Sternfuß mündet, sowie den Hebel für den Kippmechanismus.

Jacobsen wollte einen bequemen Sessel schaffen, dem man seinen Komfort ansah. Das ist ihm gelungen. Durch die kräftige Farbe zieht der Sessel Aufmerksamkeit auf sich, und seine bauchige Form wirkt einladend. Die hochgezogenen Seiten und die oberen Flügel schirmen den Benutzer ab, was vor allem in einem öffentlichen Raum wie einer Hotellobby von Vorteil ist. Das »Sitzei« wurde wegen seiner praktischen Vorteile und seines skulpturhaften Aussehens bewundert, aber zunächst nur in begrenzter Zahl hergestellt. Bald brachte der Hersteller jedoch weitere Varianten des Sessels auf den Markt. Sie und zahlreiche Imitationen trugen dazu bei, dass der Designer und sein Produkt weltberühmt wurden.

ARNE **JACOBSEN**

1902-1971

Der dänische Architekt begann eine Maurerlehre und studierte danach Architektur. 1925 wurde er in Paris auf der Exposition Internationale des Arts Décoratifs für ein Stuhldesign ausgezeichnet. Beeinflusst wurde er u. a. von Le Corbusier (siehe S. 57). Seine frühen Gebäude in Dänemark brachten moderne Einflüsse mit klassisch-skandinavischen Elementen in Einklang. Von den 1940er-Jahren an wandte er sich dem Produktdesign zu und entwarf u. a. seine berühmten Stühle Ameise und Schwan. Zu seinen bedeutendsten Bauwerken gehören das St. Catherine's College in Oxford und der Hauptsitz der dänischen Nationalbank.

Im Detail

LEGENDE

▶ **OHREN** Traditionelle Sessel hatten oft Ohren, die vor Zugluft schützten und als Kopfstütze dienten. Jacobsen interpretierte sie neu, indem er sie nahtlos in die weich fließende Gesamtform von Rücken und Seiten des Sessels integrierte.

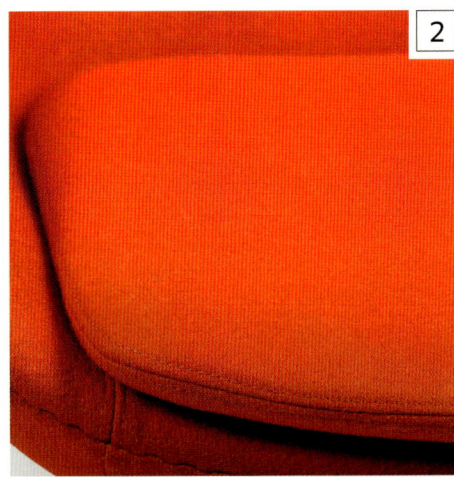

◀ **SITZ** Aus der Ferne sieht der Sessel aus, als habe er einen luxuriös dick gepolsterten Sitz. Tatsächlich ist das Kissen aber recht dünn: Gerade dick genug, um bequem zu sitzen. Mit seinen abgerundeten Ecken passt das Kissen exakt in die Form der Sitzschale.

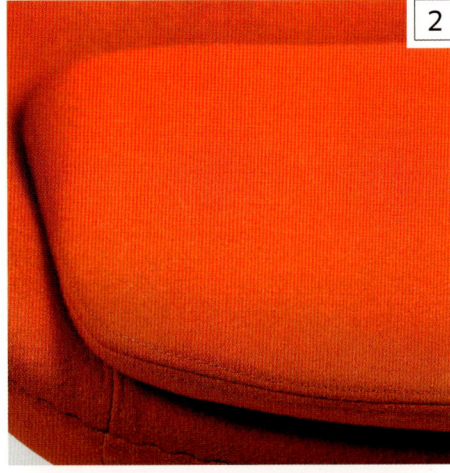

◀ **KIPPMECHANISMUS** Rechts unterhalb der Sitzfläche befindet sich ein Metallhebel. Betätigt man ihn, kippt der Sessel in eine Liegestellung, die besonders bequem ist, wenn man ihn zusammen mit dem dazugehörigen, ebenfalls von Jacobsen entworfenen Fußhocker benutzt.

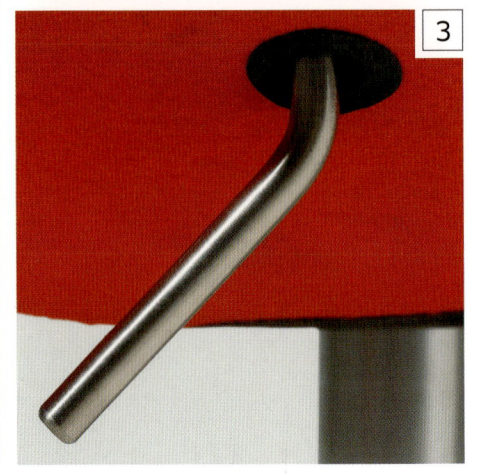

SESSEL DAS EI ■ ARNE JACOBSEN

▲ **Vorderansicht**

Der Fuß aus poliertem Aluminium sorgt für gute Standfestigkeit.

▲ **Rückansicht**

Der Kipphebel ist auch im Sitzen gut zu erreichen.

Die Nähte des Bezugs betonen die attraktiven Kurven des Sessels.

Durch seine Form gibt der Sessel Rücken und Schultern guten Halt.

Der Sessel ist mit einem Wollstoff bezogen. Heute sind auch Bezüge aus anderen Stoffen und verschiedenen Lederqualitäten erhältlich.

In der Original-Umgebung des SAS-Hotels bildeten die Kurven des Sessels einen spannenden Kontrast zu der kantigen Linienführung der Architektur.

Der Sessel ist um 360 Grad drehbar.

Leuchte PH Artischocke

1958 ■ BELEUCHTUNG ■ KUPFER ODER STAHL ■ DÄNEMARK

POUL HENNINGSEN

Maßstab

1954 gewannen die Architekten Eva und Nils Koppel einen Wettbewerb zum Bau des Langelinie Pavilion, eines noblen Restaurants in Kopenhagen. Während der Arbeit an dem Projekt suchten sie nach einer Einrichtung, die zu ihrem Bau passte. Für die Beleuchtung wandten sie sich an den dänischen Designer Poul Henningsen, der sich in den 1920er-Jahren mit Leuchten einen Namen gemacht hatte. Er sollte eine Beleuchtung gestalten, die zugleich festlich und intim wirkte. Auf diese Anforderung antwortete er mit einer Idee, die sich von allem bisher Bekannten völlig unterschied.

Henningsens Entwurf besteht aus einer Vielzahl von sich überlappenden Metallblättern, die an einer zentralen Konstruktion aufgehängt sind. Gehalten wird diese von dem verchromten Stahlzylinder mit der Lampenfassung. Die Haltekonstruktion hat Schlitze, in denen die Blätter mit Drähten befestigt sind. Die Blätter hängen schräg abwärts, streuen und reflektieren das Licht. Durch die Anordnung von Blättern und Zylinder ist das Leuchtmittel nicht zu sehen, kann also nicht blenden. Die Blätter der ursprünglichen Leuchten für den Langelinie Pavilion bestanden aus Kupfer und waren auf den Unterseiten weiß lackiert, sodass sie das Licht reflektierten und einen warmen, sanften Schein erzeugten. Für den Verkauf wurden auch Leuchten mit Blättern in Weiß oder aus satiniertem Edelstahl produziert. Die Leuchte mit den Reihen aus Metallblättern hat eine einzigartige Form. In Dänemark nannte man sie Kogle (Tannenzapfen), im Ausland wurde sie als Artischocke bekannt. Ihre Popularität nahm zu, als die Kunden entdeckten, dass sie zu modernen und traditionellen Einrichtungen gleichermaßen passte. Sie verkaufte sich hervorragend und wird, wie viele andere Leuchten von Henningsen, noch heute produziert.

Die sich überlappenden Blätter sind in exakt kalkulierten Ebenen angeordnet.

POUL **HENNINGSEN**
1894–1967

Der dänische Autor und Designer Poul Henningsen begann ein Architekturstudium, schloss es aber nicht ab. In den frühen 1920er-Jahren arbeitete er als Designer und Erfinder. Sein Schaffen gipfelte in der berühmten PH-Leuchte und einer Reihe von Nachfolgemodellen ähnlicher Bauart. Er entwarf außerdem einen Konzertflügel und innovative Möbel, darunter den Snake Chair, der aus einem einzigen Stück Stahlrohr konstruiert war. In den 1930er-Jahren war er auch als Autor und Verleger bekannt. Er warnte vor den Gefahren des Nationalsozialismus und setzte sich beispielsweise in seinem Buch *Hvad med Kulturen?* (Was ist mit der Kultur?, 1933) für ein moderneres Kulturverständnis in Dänemark ein. Im Laufe seines Lebens entwarf Henningsen mehr als 100 Leuchten.

LEUCHTE PH ARTISCHOCKE ■ POUL HENNINGSEN | 165

Die schweren Leuchten werden an Stahlseilen aufgehängt. Für die ersten Modelle wurden Ketten verwendet.

Die 72 Blätter laufen nach unten hin zusammen, sodass die Leuchte wie ein Tannenzapfen aussieht.

Im Detail

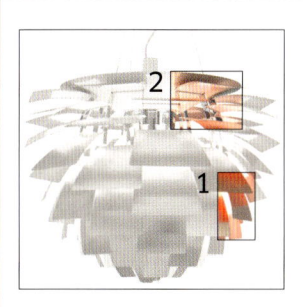

LEGENDE

▶ **BLÄTTER** Die dünnen Metallblätter reflektieren das Licht nach außen und unten. Mit ihren abgerundeten Ecken und leicht gewölbten Oberflächen bilden sie insgesamt eine kugelähnliche Form, die der Leuchte ein organisches Aussehen verleiht.

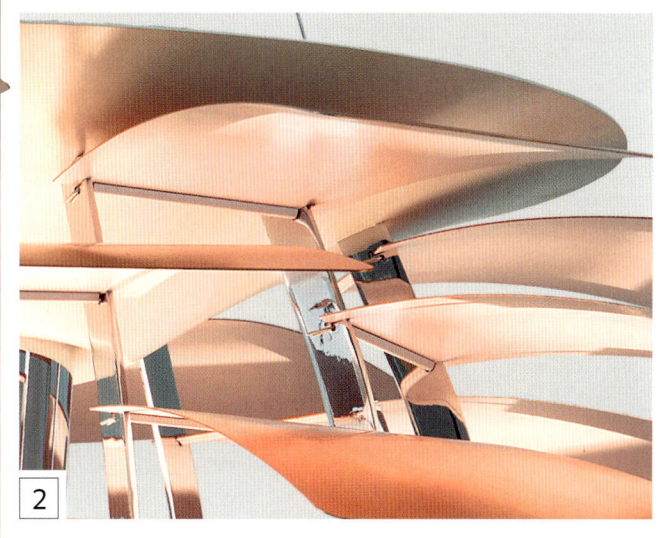

▲ **DECKPLATTE** Über den obersten Blättern befindet sich eine runde Deckplatte. Sie schützt den oberen Teil der Leuchte vor Staub, bildet aber auch einen visuellen Abschluss und trägt dazu bei, die runde Form der Leuchte zu betonen.

STICHWORT **DESIGN**

Poul Henningsen war mit Petroleumlampen aufgewachsen und fand elektrisches Licht hart und grell. Er begann auf seinem Dachboden zu experimentieren, strich die Wände schwarz und maß die Lichtstärke von Kerzen, die er mit gefettetem Papier abschirmte. Diese Versuche führten zu seinen innovativen Leuchten. Mit dem Modell PH von 1924 gewann er im Folgejahr einen Preis auf der Pariser Weltausstellung. Henningsen entwarf eine Reihe von Leuchten mit ähnlichen Konstruktionsprinzipien. Alle werfen sanftes, blendfreies Licht, und viele bestehen aus zahlreichen, sich überlappenden Blättern.

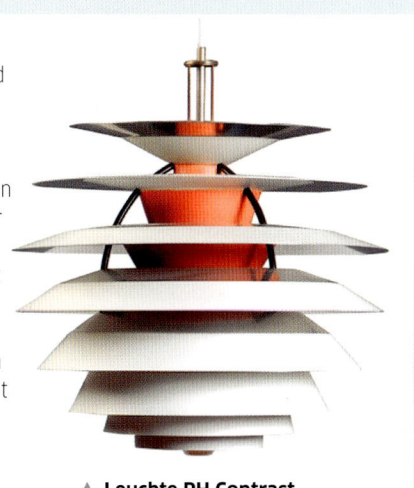

▲ **Leuchte PH Contrast,** Poul Henningsen, 1958–1962

Besteck Mono-a

1959 ▪ METALLWAREN ▪ EDELSTAHL ▪ DEUTSCHLAND

PETER RAACKE

Maßstab

Nach dem Zweiten Weltkrieg erlebte die deutsche Metallindustrie einen Aufschwung. Millionen Menschen hatten ihren Besitz verloren, Café- und Restaurantbesitzer mussten sich neu ausstatten – eine gute Zeit für Besteckhersteller. Am Ende der 1950er-Jahre waren die Menschen aber wieder mit dem Notwendigen versorgt, und viele Metallbetriebe verkleinerten sich oder schlossen ganz. Herbert Seibel, Besitzer der renommierten Hessischen Metallwerke, suchte nach anderen Wegen. Er beschloss, das alte Besteck des Unternehmens durch eine moderne Serie zu ersetzen, und beauftragte den Designer Peter Raacke. Dieser gab sich Mühe, etwas Neuartiges zu entwickeln. Er bezog skandinavisches und amerikanisches Design mit ein und ließ seine Studenten Prototypen ausprobieren, um festzustellen, ob sie gut in der Hand lagen und angenehm zu benutzen waren. Er setzte auf moderne Eleganz, verzichtete auf Ornamente, übertriebene Formen und füllige Griffe, die im Handel noch immer den Hauptanteil ausmachten. Das Ergebnis war das strenge Besteck Mono mit geraden, flachen Griffen und schlichten, runden Löffeln.

Nicht jedem gefiel das schlichte Design. Ein Kritiker beschrieb es als »Haufen Blech, der ein Besteck sein möchte«. Doch gerade seine Schlichtheit zeichnete das Besteck als modern aus, und sein reduziertes Aussehen passte zu anderen erfolgreichen deutschen Produkten der 1950er-Jahre, etwa den Elektrogeräten von Braun (siehe S. 144–147). Durch das schlichte Design wirkte Mono zeitlos. Auch die gute Qualität und die erstklassige Verarbeitung überzeugten die Kunden, dass sie lange etwas davon haben würden: Mono verkaufte sich gut und Seibels Unternehmen blühte. Es stellte die Weichen für eine neue Richtung im Besteckdesign und wird noch heute produziert. Im Laufe der Jahre ergänzte Raacke es durch Zubehör wie Spatel, Zangen und Kellen.

PETER **RAACKE**

GEB. 1928

Nach seiner Ausbildung zum Gold- und Silberschmied studierte Peter Raacke in Köln und Paris. Er schlug die Dozentenlaufbahn ein, lehrte an verschiedenen deutschen Hochschulen und Fachhochschulen und war Gastprofessor an der renommierten Hochschule für Gestaltung in Ulm (siehe S. 156). Gleichzeitig war er als Industriedesigner für verschiedene deutsche Unternehmen tätig. Zu seinen frühen Projekten zählte eine Serie von weißen Küchenherden (für Haas), die Vorbild für Millionen späterer Geräte wurde, sowie eine Büromöbelserie für VOKO. In den 1960er-Jahren ließ er sich von der Popkultur zu seiner Kollektion Papp inspirieren. Die kunterbunten Tische, Sitz- und Aufbewahrungselemente waren die ersten Möbel, die aus Wellpappe hergestellt wurden. Das Besteck Mono gehört mit seinen verschiedenen Varianten zu Raackes langlebigsten Designs.

Gabel **Messer**

BESTECK MONO-A ■ PETER RAACKE 167

Im Detail

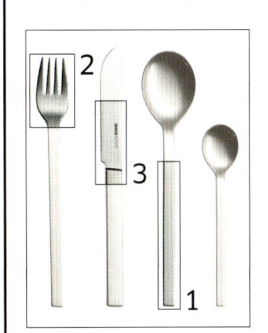

Mehr als 20 Produktionsschritte waren zur Herstellung des makellos verarbeiteten Löffels notwendig.

▶ **GRIFFE** Die Griffe der Mono-Serie sind gerade. Sie sehen im Vergleich zu traditionellem Besteck nüchtern aus, sind aber mit den abgerundeten Kanten und den polierten Oberflächen makellos verarbeitet. Zahlreiche Schleif- und Poliergänge sorgten dafür, dass sie angenehm in der Hand liegen. Auch der zeitlose Charakter der Serie beruht auf ihrer Schlichtheit.

LEGENDE

▶ **GABEL** Die meisten Gabeln, die man in Europa in den 1950er-Jahren verwendete, hatten lange, schmale Zinken wie schon im 19. Jh. Raacke entschied sich für kürzere Zinken an einem breiteren Metallkopf. Dadurch ist die Gabel angenehm zu handhaben, und ihre leicht gerundete Form harmoniert gut mit den anderen Besteckteilen.

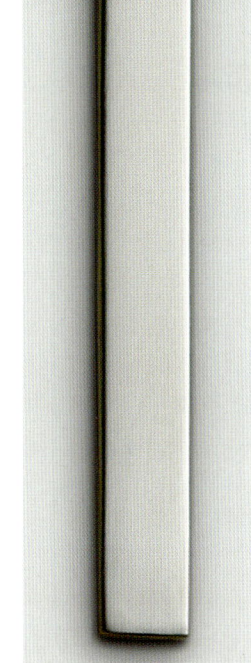

Weil die Löffel aus Blech in Standardstärke hergestellt wurden, haben ihre Stiele eine gleichmäßige Dicke.

▶ **SCHRIFTZUG** Das Logo in serifenlosen Kleinbuchstaben war ein wichtiges Element des Designs. Der Name stand groß auf der Verpackung und war auch auf der Messerklinge gut sichtbar angebracht. Die zweifelsfreie Erkennbarkeit der Marke trug zu ihrem Erfolg bei.

STICHWORT **DESIGN**

Raacke wollte ursprünglich ein so perfektes Besteck entwerfen, dass weitere Serien überflüssig wären. Dennoch gestaltete er in der Folgezeit einige Variationen. 1959 kam ein Kinderbesteck auf den Markt, außerdem gab es Versionen mit Griffen aus Ebenholz und Teak, die manche Benutzer griffiger fanden. Diese Serien trugen die Bezeichnungen Mono-e und Mono-t. Die ursprüngliche Serie wurde als Mono-a bekannt. 1962 brachte das Unternehmen Mono-Ring auf den Markt, eine Serie mit Kunststoffgriffen, die in einem Ring zum Aufhängen endeten. Mono-Oval mit schwereren Edelstahlgriffen mit ovalem Querschnitt kam 1982 in den Handel.

▶ **Besteck Mono-Ring,** Peter Raacke, 1962

Löffel   **Teelöffel**

Austin Seven Mini

1959 ▪ AUTOMOBILDESIGN ▪ STAHL ▪ GROSSBRITANNIEN

ALEC ISSIGONIS

Maßstab

Der Mini hatte ein radikales Design, das den Automobilbau veränderte. Das kastenförmige Auto wurde zum Symbol einer Ära. Nach der Suez-Krise von 1956 war Benzin knapp. Um diese Zeit waren rundliche Autos aus Italien und Deutschland, etwa der VW Käfer (siehe S. 80–83) beliebt. Der britische Automobilhersteller BMC (entstanden durch eine Fusion der Firmen Austin und Morris) beschloss, den englischen Kunden eine Alternative aus dem eigenen Land anzubieten. Alec Issigonis, Chefingenieur des Unternehmens, erfand den Kleinwagen neu. Es gelang ihm, vier Personen, ihr Gepäck und einen Vierzylindermotor in einem Auto von nur drei Metern Länge unterzubringen. Die kurze Schnauze und der kleine Kofferraum sparten Länge ein, und durch den Vorderradantrieb und die kleinen Räder (und Radkästen) konnte Platz im Innenraum gespart werden. Jeder Winkel wurde genutzt, vom Stauraum unter der Rückbank bis zu Fächern in den Türen. Um die Zweckmäßigkeit des Designs zu betonen, beschränkten sich dekorative Details auf ein Minimum.

Der Verkauf begann schleppend, zog aber in den 1960er-Jahren an. Das Auto war charmant, leistungsfähig (wie Rallyerfolge bewiesen), sparsam und zurückhaltend im Design. Dadurch sprach es trend- und kostenbewusste Käufer gleichermaßen an. Der Mini wurde zum Symbol der 1960er, und bis zum Jahr 2000 wurden weltweit mehr als fünf Millionen Autos produziert. 2001 brachte BMW mit dem Mini Hatch eine neue Generation auf den Markt.

ALEC **ISSIGONIS**

1906–1988

Alec Issigonis wurde in der Türkei geboren, kam als Teenager nach England und studierte an der Battersea Polytechnic Ingenieurwesen. Er war ein talentierter Zeichner und arbeite im Konstruktionsbüro von Humber, ehe er 1936 zu Morris wechselte und dort an der Entwicklung einer Einzelradaufhängung und Zahnstangensteuerung mitwirkte. Er war am Design verschiedener Autos für Morris und später für BMC beteiligt, darunter der überaus beliebte Morris Minor in den späten 1940er-Jahren und die Modelle 1100 und Maxi in den 1960ern. Issigonis wurde 1961 leitender Ingenieur bei BMC und 1969 geadelt.

▲ **Alec Issigonis** neben einem Morris Mini beim Fighting Vehicles Research and Development Establishment, 1959

Die Motorhaube war von vorn zu öffnen.

Windschutzscheibe und Heckscheibe hatten dieselbe Wölbung.

Die Schwellen wurden später verändert, um Schäden durch Feuchtigkeit zu vermeiden.

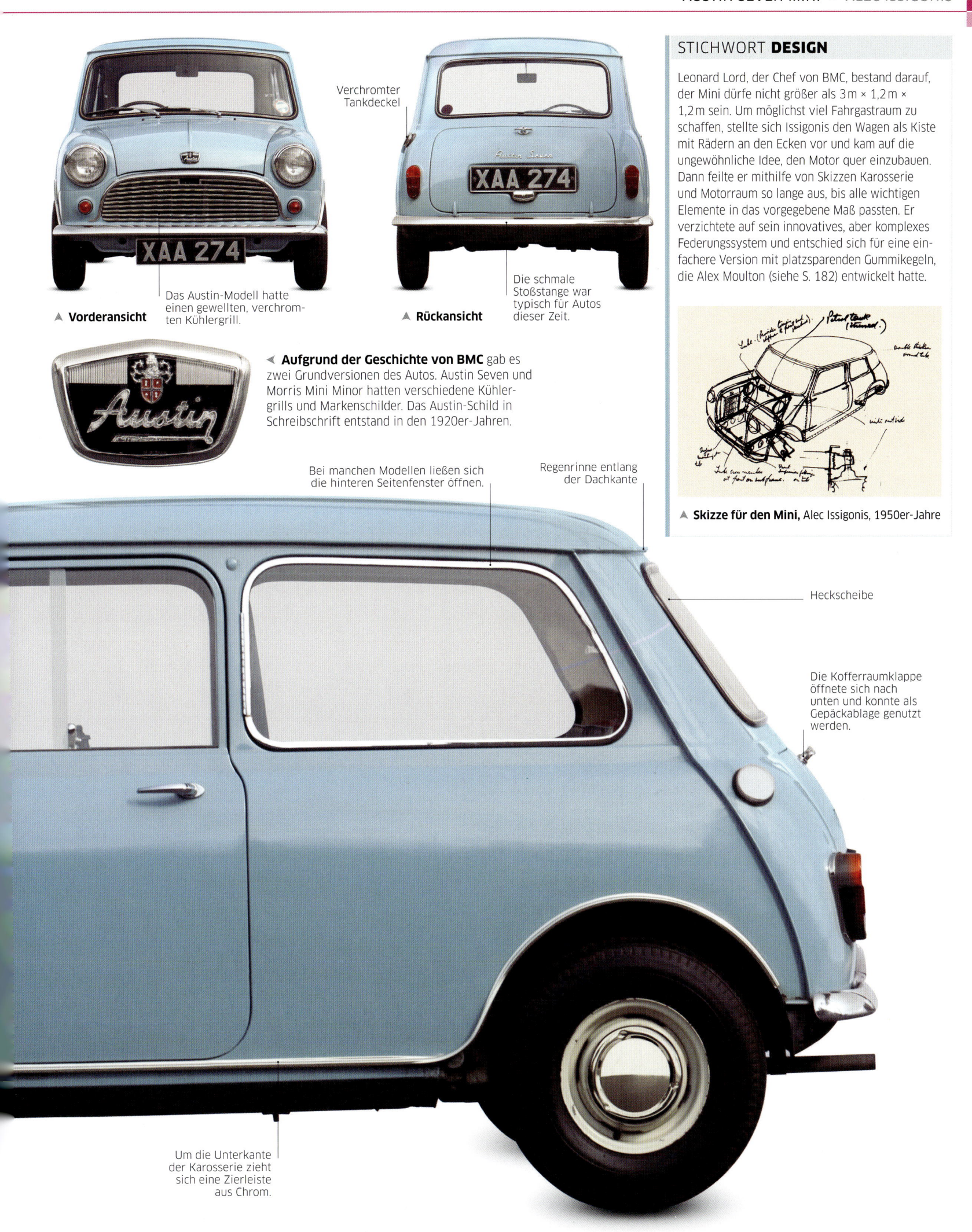

AUSTIN SEVEN MINI ▪ ALEC ISSIGONIS 169

▲ **Vorderansicht**
Verchromter Tankdeckel
Das Austin-Modell hatte einen gewellten, verchromten Kühlergrill.

▲ **Rückansicht**
Die schmale Stoßstange war typisch für Autos dieser Zeit.

STICHWORT DESIGN

Leonard Lord, der Chef von BMC, bestand darauf, der Mini dürfe nicht größer als 3 m × 1,2 m × 1,2 m sein. Um möglichst viel Fahrgastraum zu schaffen, stellte sich Issigonis den Wagen als Kiste mit Rädern an den Ecken vor und kam auf die ungewöhnliche Idee, den Motor quer einzubauen. Dann feilte er mithilfe von Skizzen Karosserie und Motorraum so lange aus, bis alle wichtigen Elemente in das vorgegebene Maß passten. Er verzichtete auf sein innovatives, aber komplexes Federungssystem und entschied sich für eine einfachere Version mit platzsparenden Gummikegeln, die Alex Moulton (siehe S. 182) entwickelt hatte.

◄ **Aufgrund der Geschichte von BMC** gab es zwei Grundversionen des Autos. Austin Seven und Morris Mini Minor hatten verschiedene Kühlergrills und Markenschilder. Das Austin-Schild in Schreibschrift entstand in den 1920er-Jahren.

▲ **Skizze für den Mini,** Alec Issigonis, 1950er-Jahre

Bei manchen Modellen ließen sich die hinteren Seitenfenster öffnen.

Regenrinne entlang der Dachkante

Heckscheibe

Die Kofferraumklappe öffnete sich nach unten und konnte als Gepäckablage genutzt werden.

Um die Unterkante der Karosserie zieht sich eine Zierleiste aus Chrom.

Im Detail

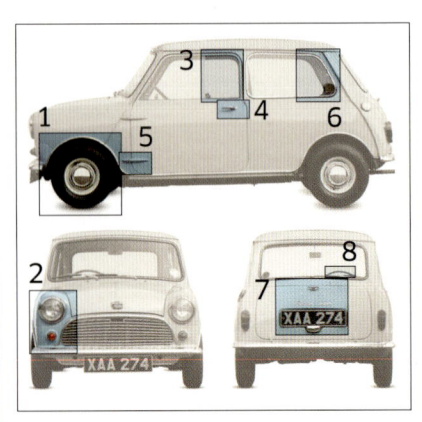

LEGENDE

▼ **VORDERE LEUCHTEN** Die Anordnung der vorderen Leuchten war denkbar einfach: Scheinwerfer und konische Blinker waren separat übereinander installiert. Diese Anordnung hatten alle frühen Modelle gemeinsam, es gab jedoch Variationen in der Gestaltung der Kühlergrills.

▶ **RÄDER** Der Durchmesser der Räder beträgt nur 25,4 cm. Issigonis hatte sogar eine Größe von 20,3 cm vorgeschlagen. Durch die geringe Größe ließ sich im Fahrgastraum, im Kofferraum und im Motorraum etwas Platz gewinnen.

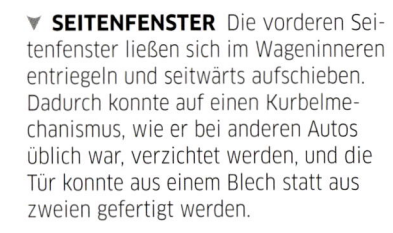

▼ **SEITENFENSTER** Die vorderen Seitenfenster ließen sich im Wageninneren entriegeln und seitwärts aufschieben. Dadurch konnte auf einen Kurbelmechanismus, wie er bei anderen Autos üblich war, verzichtet werden, und die Tür konnte aus einem Blech statt aus zweien gefertigt werden.

▲ **TÜRGRIFFE** Die einfachen, nach vorn gerichteten Türgriffe der ersten Modelle liefen zur Spitze hin schmal zu, sodass sie aerodynamisch aussahen. Spätere Modelle hatten flachere Griffe, die teilweise in einer Vertiefung in der Tür lagen. Dadurch sahen die Autos schnittiger aus, vor allem aber wurde die Gefahr, dass Fußgänger durch die vorstehenden Griffe verletzt wurden, reduziert.

◀ **TÜRSCHARNIERE** Die schmalen, torpedoförmigen Türscharniere waren eines der elegantesten Elemente des Mini. Sie waren in derselben Farbe lackiert wie die Karosserie. Issigonis gestaltete sie unter rein funktionalen Gesichtspunkten, aber sie trugen auch dazu bei, dass sich der Mini von anderen Kleinwagen seiner Zeit unterschied.

AUSTIN SEVEN MINI ■ ALEC ISSIGONIS

STICHWORT **DESIGN**

Das Grundmodell des Mini hatte einen Motor mit 848 ccm – klein, aber für einen so leichten Wagen ausreichend. Der Quereinbau (Längsachse des Motors parallel zur Vorderachse des Wagens) war eine raffinierte Lösung, um Platz zu sparen, jedoch keine Erfindung von Issigonis. Quer liegende Motoren hatte es bereits bei den deutschen Fabrikaten DKW und Borgward sowie beim schwedischen Saab gegeben. Ein quer liegender Motor ermöglicht eine Verkürzung des Motorraums, und da er beim Mini die Vorderräder antrieb, konnte auf eine Antriebswelle verzichtet werden, die bei Wagen mit Heckantrieb notwendig wäre. Unter dem Motor des Mini war – wiederum platzsparend – das Getriebe untergebracht.

▲ Quer eingebauter Motor

◀ **HINTERE SEITENFENSTER** Die hinteren Seitenfenster waren mit Scharnieren am Mittelholm befestigt und konnten zur Belüftung des hinteren Fahrgastraums leicht geöffnet werden. Sie wurden durch eine Arretierung gesichert, die einen Kurbelmechanismus überflüssig machte und wertvollen Platz sparte.

▼ **KOFFERRAUMDECKEL UND NUMMERNSCHILD** Die nach unten zu öffnende Kofferraumklappe konnte als zusätzliche Gepäckablage genutzt werden. Bei frühen Modellen hatte auch das Nummernschild ein Scharnier, sodass es auch bei heruntergeklapptem Kofferraumdeckel lesbar war. Als die Hersteller erkannten, dass durch die offene Kofferraumklappe schädliche Auspuffgase in den Fahrgastraum gelangen konnten, wurde die Konstruktion verändert.

ZUM **KONTEXT**

Bald kamen Varianten des Mini mit anderen Motoren und Karosserieformen auf den Markt. Besonders erfolgreich war der sportliche Mini Cooper, ursprünglich mit einem größeren 997-ccm-Motor, Vorderrad-Scheibenbremsen und anderen technischen Verbesserungen, der zahlreiche Rallyeerfolge einheimste. Der Mini-Van war als Lieferwagen beliebt und wurde auch von der Polizei genutzt, der Pick-up fand bei kleinen Gewerbetreibenden Anklang. Private Nutzer, die sich flexible Transportmöglichkeiten wünschen, schätzen die Kombis mit doppelter Hecktür. Besonders beliebt waren die Modelle mit Zierleisten aus Holz, die unter Namen wie Austin Mini Countryman und Morris Mini Traveller in den Handel kamen. Ein weiteres Modell war der Moke, ein offener Wagen im Stil eines winzigen Jeeps. Ursprünglich war er für das Militär entwickelt worden, fand aber bald als Freizeitfahrzeug bei Privatpersonen große Resonanz.

▶ **TACHOMETER** Die ersten Modelle besaßen nur ein einziges Instrument: den Tachometer, der in der Mitte des Armaturenbretts seitlich vom Lenkrad montiert war. Er lag außerhalb der Hauptblickrichtung des Fahrers, war aber durch sein Format und die großen Zahlen gut abzulesen. In das runde Anzeigeinstrument waren ein Kilometerzähler, eine Tankanzeige sowie Kontrollleuchten für Zündung, Öldruck und vordere Scheinwerfer integriert.

▲ Mini Cooper    ▲ Mini Moke

▲ Mini Traveller    ▲ Mini Pick-up

Cadillac Serie 62

1959 ▪ AUTOMOBILDESIGN ▪ VERSCHIEDENE METALLE ▪ USA

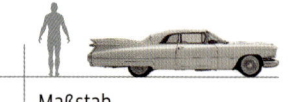

HARLEY EARL

In der ersten Hälfte des 20. Jh. etablierte sich Cadillac in den USA als Hersteller von Automobilen der Oberklasse. Cadillacs waren berühmt für ihren Luxus und Komfort, ihre Größe und Ausstattung – und für ihr auffälliges Aussehen, das sie dem Designer Harley Earl verdankten. 1959 brachte das Unternehmen die neue Modellreihe Serie 62 auf den Markt, die sich lange behauptete. Die Autos mit der langen, flachen Form und den riesigen Heckflossen waren die unverwechselbarsten Fahrzeuge, die es seinerzeit in den USA gab.

Die Serie 62 umfasste neben Limousinen auch ein zweitüriges Cabriolet mit einer beachtlichen Länge von 6,1 m. Alle Modelle waren mit Bremskraftverstärkern, Servolenkung und Zwei-Stufen-Scheibenwischern ausgestattet. Der große 6,4-Liter-Motor sorgte für die Fahrleistung, die man von einem Cadillac erwartete. Das Innere war mit verstellbaren Ledersitzen und einer auf die Lackierung abgestimmten Farbgestaltung ebenso nobel. Das Bemerkenswerteste an den Modellen von 1959 war aber das außergewöhnliche Styling der Karosserie. Die Heckflossen hatte Earl schon 1948 als Verzierung hinzugefügt. Andere Hersteller wie Chrysler zogen nach, und in den 1950er-Jahren waren Heckflossen groß in Mode. Die Cadillacs von 1959 übertrafen jedoch alle. Manche Kritiker bezeichneten das Design als übertrieben, sinnentleert oder sogar hässlich, doch die Kunden waren begeistert. Die Heckflossen, die flache, langgestreckte Form, die auffälligen Rücklichter, die gewölbte Windschutzscheibe sowie reichlich glänzender Chrom an Front und Heck machten diese Autos unverwechselbar.

Wegen der Größe des Landes, der erfolgreichen Automobilindustrie und der günstigen Benzinpreise spielte das Auto in den USA schon damals eine wichtige Rolle im täglichen Leben, doch die großen, luxuriösen Cadillacs nahmen als Traumautos eine Sonderstellung ein. Ihr Glamour trug dazu bei, dass extragroße Autos eine Generation lang das Bild auf Amerikas Straßen beherrschten.

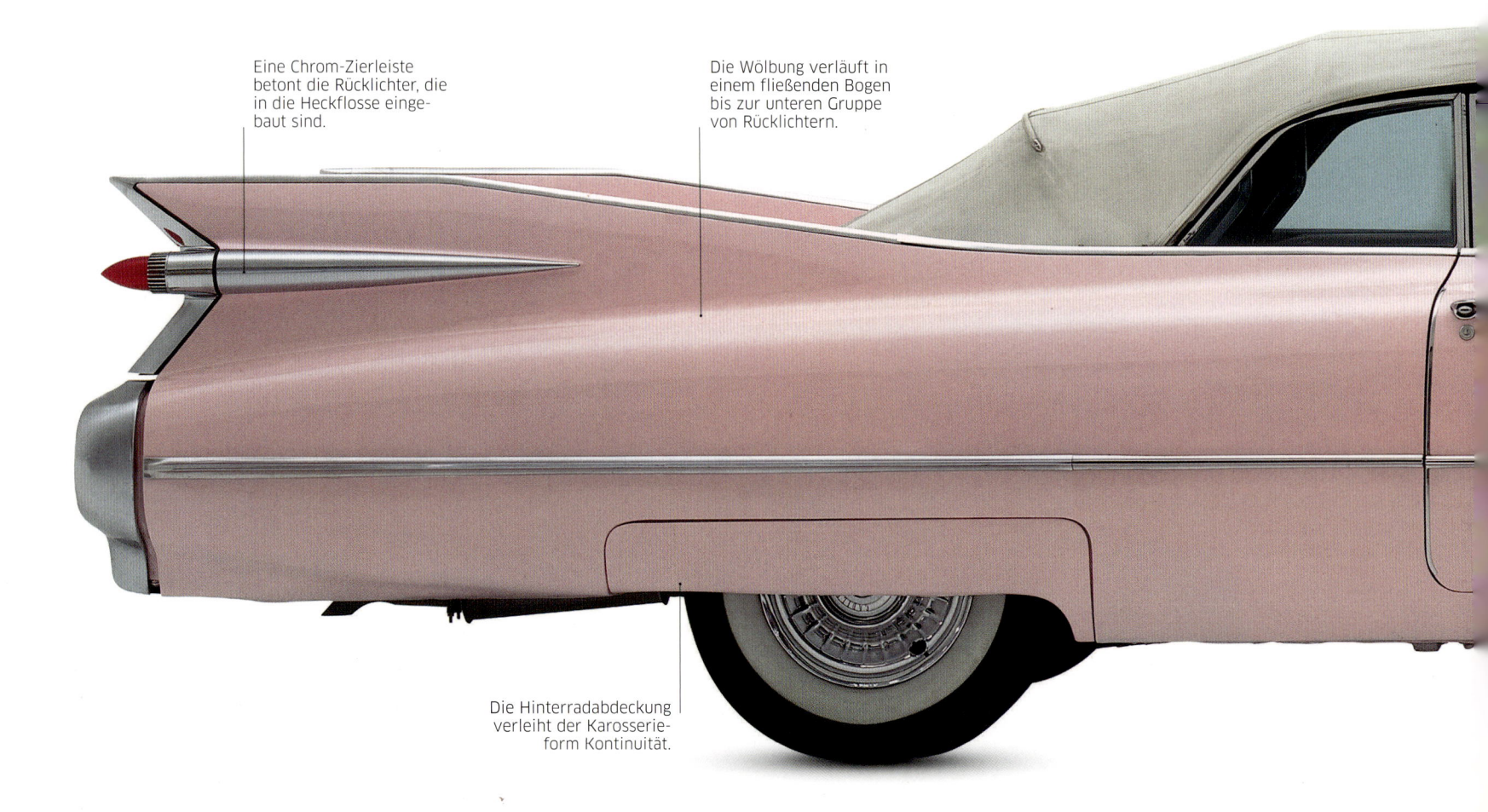

Eine Chrom-Zierleiste betont die Rücklichter, die in die Heckflosse eingebaut sind.

Die Wölbung verläuft in einem fließenden Bogen bis zur unteren Gruppe von Rücklichtern.

Die Hinterradabdeckung verleiht der Karosserieform Kontinuität.

CADILLAC SERIES 62 ■ HARLEY EARL 173

Doppel-
scheinwerfer

Spiegel auf dem
Kotflügel als Stan-
dard-Ausstattung

Doppelte
Stand-
lichter

▲ Vorderansicht

Rücklichter
und Blinker

Die hintere Zier-
blende entsprach
im Styling dem
Kühlergrill.

▲ Rückansicht

HARLEY EARL
1893–1969

Harley Earl brach sein Studium ab und trat in die Karosseriebaufirma seines Vaters ein. Er entwickelte ein Verfahren, Designs in Originalgröße aus Modelliermasse zu formen. Die Firma Cadillac wurde auf Earl aufmerksam und beauftragte ihn, das neue Modell La Salle zu entwerfen. Nach dem Erfolg dieses Projektes wurde er zum Leiter der Abteilung Art and Color bei General Motors. Earl sorgte dafür, dass die Automobilindustrie dem Styling erstmals hohe Priorität einräumte. Später wurde er zum Vizepräsidenten des Unternehmens befördert. Zu seinen erfolgreichsten Entwürfen zählen der Buick Y-Job von 1939 (das erste Konzeptauto aller Zeiten), die Cadillacs von 1948 (die ersten Modelle mit Heckflossen) und die Chevrolet Corvette von 1953. Gekrümmte Windschutzscheiben und Zweifarblackierungen zählten zu seinen bedeutendsten Innovationen. Nachdem 1958 die Entwürfe für die 1959er Cadillacs fertiggestellt waren, ging Earl in den Ruhestand.

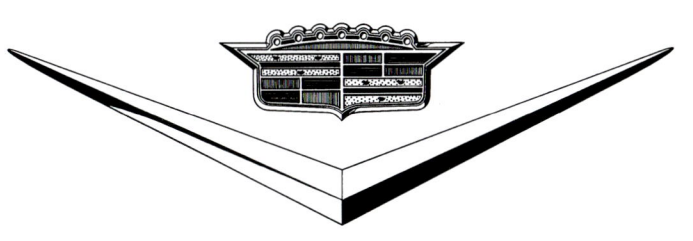

▲ **Cadillac-Emblem** Das Emblem auf den Cadillacs von 1959 besteht aus zwei Elementen. Eines ist das Wappen von Antoine de la Mothe Cadillac, der 1701 die Stadt Detroit gründete und dem Unternehmen seinen Namen gab. Das andere ist ein stilisiertes V als Symbol für die starken V8-Motoren der Cadillacs.

Weißwandreifen
waren als Extra zu
den meisten Model-
len erhältlich.

Die vordere Stoß-
stange zieht sich um
die Ecken bis zu den
Kotflügeln.

Im Detail

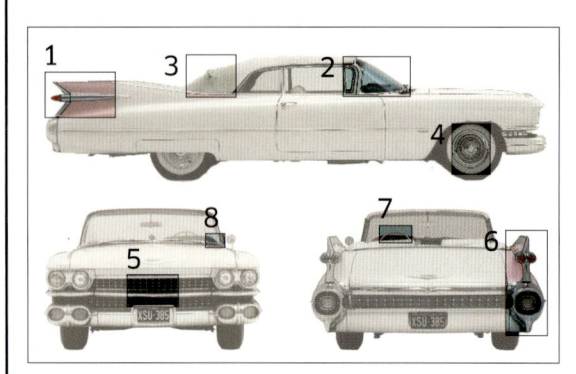

1955–1959

LEGENDE

▶ **FLOSSEN** Die Heckflossen des Cadillac erheben sich mehr als 1 m über Straßenniveau und verdoppeln damit die Heckhöhe des Wagens. Es wurde zwar spekuliert, dass die Flossen die Aerodynamik verbesserten, doch ihr Hauptzweck bestand in ihrer optischen Wirkung. Bei der Formgebung ließ Earl sich von der Heckgestaltung bei Flugzeugen inspirieren, und die zugespitzte Form deutet pfeilschnelle Geschwindigkeit an.

▲ **FRONTSCHEIBE** General Motors baute nicht nur beim Cadillac gekrümmte Windschutzscheiben ein, sondern auch bei anderen Modellen wie Buick und Chevrolet. Die durchgehende Scheibe bot dem Fahrer gute Sicht. Der geschwungene Stahlrahmen war ein optisch ansprechendes Detail.

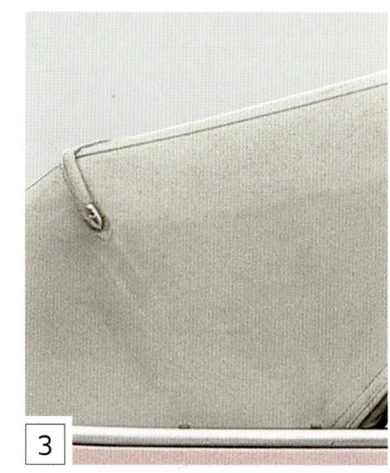

▲ **VERDECK** Das Verdeck dieses Cabriolets besteht aus cremeweißem Stoff, der gut mit der rosa Lackierung harmoniert. Auch dies war ein Detail, durch das sich das Auto von der Masse abhob, denn die meisten Cabriolets dieser Zeit hatten Verdecke aus dunklem Material.

▲ **KÜHLERGRILL** Der auffällige Kühlergrill aus verchromtem Metall bildet den Hauptblickfang der Fahrzeugfront. Sein Gittermuster wird durch eine breite, quer verlaufende Zierleiste in zwei Hälften geteilt. Weil die Kühlerfront nach vorn leicht spitz zuläuft, bildet die breitere Zierleiste ein abgeflachtes V, das dem Cadillac-Emblem ähnelt.

◀ **RAD UND REIFEN** Das geprägte Muster auf den großen Radkappen ähnelt rotierenden Radspeichen. Weißwandreifen waren in den 1950er- und 1960er-Jahren bei den Automobilkäufern beliebt, weil sie gut zu den damals modernen hellen Lackierungen passten.

CADILLAC SERIE 62 ■ HARLEY EARL

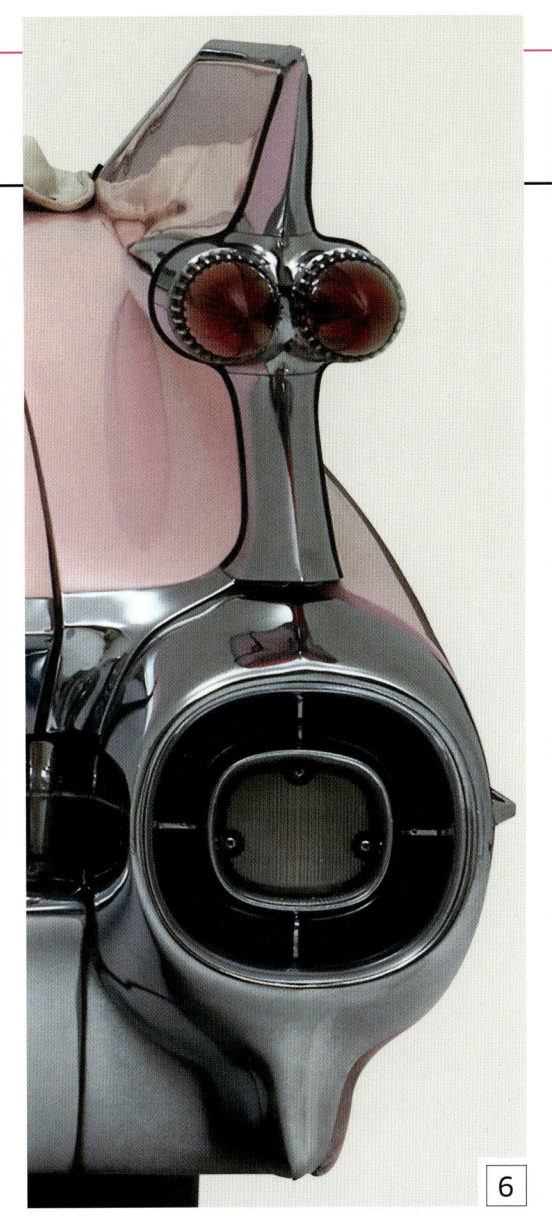

◀ LENKRAD UND ARMATURENBRETT
Auch das Innere des Wagens ist luxuriös gestaltet. Besonderer Wert wurde auf die Farbgestaltung gelegt. Hier hat das Lenkrad dieselbe Farbe wie die Karosserie. Die hellen Lederpolster sind farblich auf das Material des Verdecks abgestimmt.

▼ FENSTERHEBER
Die elektrischen Fensterheber dieses Modells werden von der Fahrertür aus bedient. Die Metallschalter sind auf einer cremefarbenen Platte montiert, die exakt zu den Farben der Sitze und der Unterseite des Armaturenbretts passt.

◀ RÜCKLICHTER
Die unteren Rücklichter sind in die hintere Stoßstange integriert. In der Mitte befindet sich ein weißer Rückfahrscheinwerfer, der von einem Ring aus roten Bremslichtern umgeben ist. Darüber befinden sich auf halber Höhe der Heckflosse Rücklicht und Blinker. Ihre Abdeckungen erinnern an die Darstellungen von Raketen- oder Düsentriebwerken in Science-Fiction-Illustrationen.

STICHWORT **DESIGN**

Die Serie 62 von Cadillac umfasste verschiedene Bauformen, darunter ein Coupé mit zwei Türen, das mit seinem schräg abfallenden Dach ganz anders aussah als das Basismodell Sedan mit dem geraden Dach. Ein äußerst begehrtes Modell war das elegante Coupé de Ville mit besonders reichhaltiger Ausstattung. Alle Modelle der Serie 62 hatten große Heckflossen mit eingebauten Rücklichtern und ähnelten sich in der langgestreckt-flachen Gesamtform. Angeblich wollte man damit Chrysler, dessen 1950er-Modelle sich nicht sonderlich gut verkauft hatten, ausstechen. Die Gestaltung der Serie 62 wird zwar Harley Earl zugeschrieben, tatsächlich war aber ein ganzes Designerteam beteiligt. Es ist denkbar, dass die Rücklichter und weitere Details von anderen Mitgliedern der Gruppe entworfen wurden.

▲ **Cadillac Coupé de Ville,** 1959

ZUM **KONTEXT**

Eine Inspirationsquelle für die Heckflossen soll das Heck des Kampfflugzeugs Lockheed P-38 Lightning gewesen sein. Ähnliche Flossen gestaltete Harley Earl bereits für die Cadillacs von 1948. Sie wurden später von Virgil Exner, der erfolgreiche Chrysler-Modelle mit größeren Flossen entwarf, übernommen. Die Heckflossen der Cadillacs von 1959 waren wiederum größer. Die Ähnlichkeit dieser Autos mit Flugzeugen war ein wichtiges Verkaufsargument. Die Kunden wählten teure Autos wie den Cadillac, weil sie luxuriös waren und für Kraft und Abenteuer standen. Wegen der Assoziation mit der Luftfahrt war der Cadillac für viele ein Traumauto – wer ihn fuhr, konnte sich der Welt der Kampfpiloten ein bisschen näher fühlen.

▲ **Lockheed P-38 Lightning,** 1941

Stuhl Panton

1959–1960 ■ MÖBEL ■ KUNSTSTOFF ■ DÄNEMARK

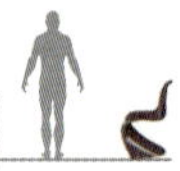

VERNER PANTON

Maßstab

Panton, der erste Stuhl aus einem einzigen Stück Kunststoff, stellte einen Wendepunkt im Design des 20. Jh. dar. Das futuristische Modell des Designers Verner Panton war eine Sensation. Panton hatte schon früher mit Stühlen aus einem Stück experimentiert und in den 1950er-Jahren, inspiriert durch Gerrit Rietveld (siehe S. 34) das Modell S aus gebogenem Schichtholz entwickelt. 1960 kam er nach dem Besuch einer Fabrik, die Eimer und Helme aus Plastik fertigte, auf die Idee, das Verfahren auf einen Stuhl zu übertragen. Sein Freischwinger-Modell orientiert sich an der menschlichen Körperform und wirkt durch die Schlangenlinienform und den nach hinten gezogenen Fuß sehr ausgewogen. Das Design war genial, aber die Herstellung war schwierig, und es war nicht einfach, das richtige Material zu finden. 1967 nahm das deutsche Unternehmen Vitra die Herausforderung an und fertigte Prototypen und eine kleine Serie aus glasfaserverstärktem Polyester. Im Folgejahr kam die erste erfolgreiche Großserie aus starrem Polyurethanschaum auf den Markt. Für folgende Serien wurden andere Kunststoffe verwendet, zuletzt Polypropylen, das ein optimales Verhältnis von Stabilität und Flexibilität aufweist.

Der Stuhl Panton wurde mit seiner originellen Form und der leuchtenden Farbe zu einem Symbol der Pop-Ära. Er verkaufte sich in den späten 1960er- und frühen 1970er-Jahren ausgezeichnet. Als 1995 ein Cover der *Vogue* das Model Kate Moss auf einem Panton-Stuhl zeigte, erwachte das Interesse an der Arbeit des Designers erneut. Der Stuhl wurde wieder produziert und gilt heute als Meilenstein des modernen Designs.

VERNER PANTON

1926–1998

Der Däne Verner Panton absolvierte seine Ausbildung in Odense und an der königlichen Kunsthochschule in Kopenhagen, wo Poul Henningsen (siehe S. 164) zu seinen Dozenten zählte. In den frühen 1950er-Jahren war er Assistent von Arne Jacobsen (siehe S. 162), dann entwarf er als freiberuflicher Designer Stücke wie den Cone Chair (1959). In den folgenden Jahren gestaltete er die ersten aufblasbaren Möbel sowie bunte Op-Art-Interieurs, die er »total environments« nannte. In den 1960er-Jahren wurde er durch seinen Umgang mit knalligen Farben und neuen Materialien zu einem Vorreiter des Pop-Designs. Er entwarf verschiedene Möbel für Vitra und Leuchten für Poulson.

Im Detail

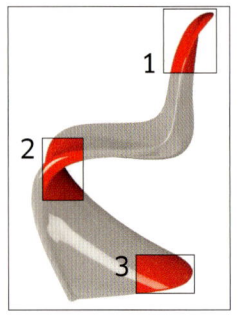

LEGENDE

▶ **RÜCKEN** Das obere Ende der Rückenlehne ist leicht nach hinten geneigt. Ihre seitlichen Kanten sind nach innen gekrümmt, sodass das obere Ende des Stuhls im Profil betrachtet sehr schmal ausläuft. Dadurch entsteht ein Eindruck von Leichtigkeit, der einen Kontrast zum eher solide wirkenden Fuß des Stuhls bildet.

▶ **GEBOGENE SEITEN** Die nach innen gebogenen Seitenkanten versteifen den Stuhl und verbessern seine Stabilität. Besonders breit sind diese Kanten in dem Bereich, wo Sitz und Rückenlehne zusammentreffen. Hier ist ein hohes Maß an Stabilität notwendig, denn dieser Bereich wird durch das Gewicht des Benutzers am stärksten beansprucht.

▲ **FUSS** Der raffiniert geformte Fuß schwingt nach hinten bis zur Tiefe der Sitzfläche aus. Der großzügige Fuß gibt dem Stuhl seine gute Standfestigkeit, und seine gerundete Rückseite passt zur Rundung der oberen Teile des Stuhls.

STUHL PANTON ■ VERNER PANTON 177

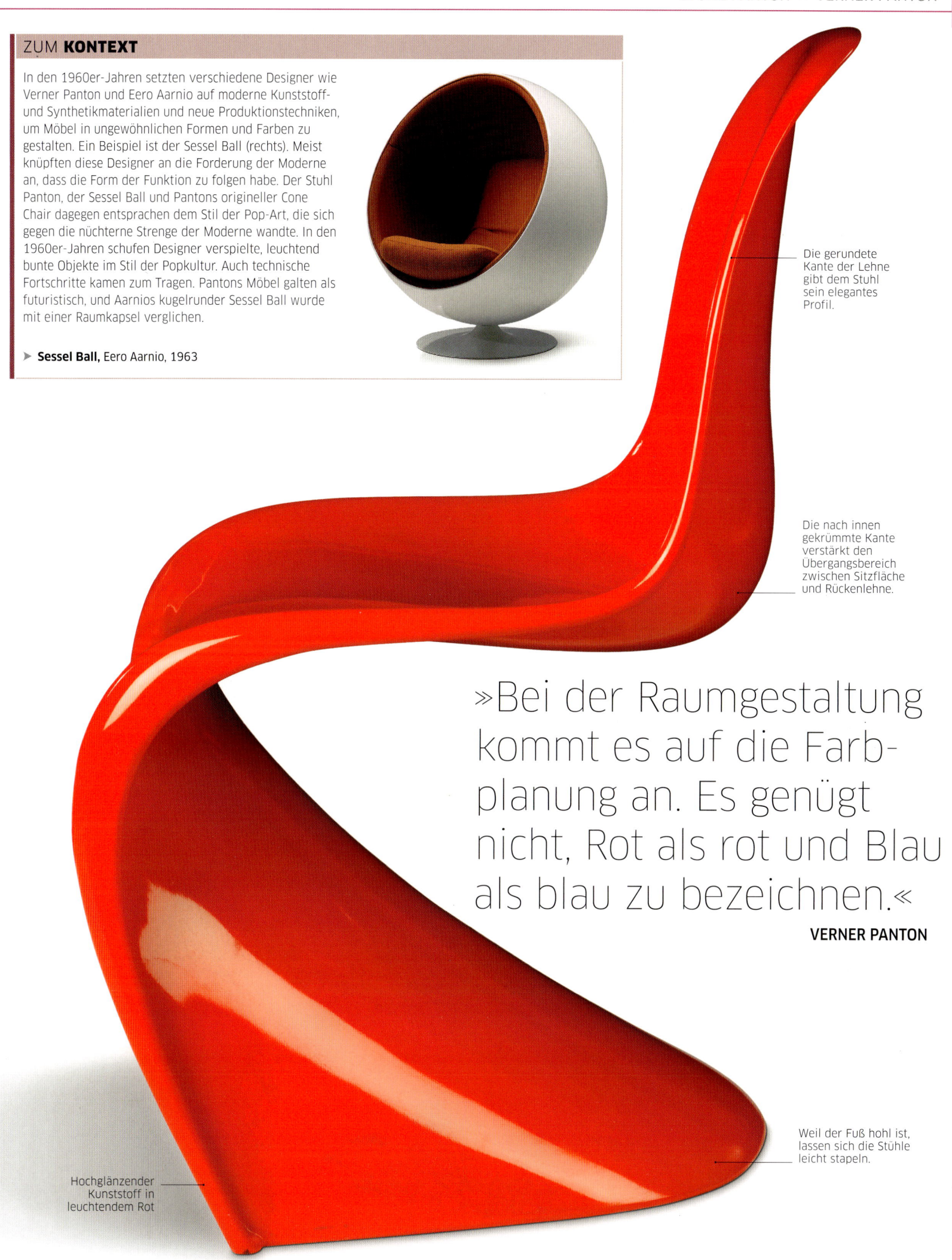

ZUM KONTEXT

In den 1960er-Jahren setzten verschiedene Designer wie Verner Panton und Eero Aarnio auf moderne Kunststoff- und Synthetikmaterialien und neue Produktionstechniken, um Möbel in ungewöhnlichen Formen und Farben zu gestalten. Ein Beispiel ist der Sessel Ball (rechts). Meist knüpften diese Designer an die Forderung der Moderne an, dass die Form der Funktion zu folgen habe. Der Stuhl Panton, der Sessel Ball und Pantons origineller Cone Chair dagegen entsprachen dem Stil der Pop-Art, die sich gegen die nüchterne Strenge der Moderne wandte. In den 1960er-Jahren schufen Designer verspielte, leuchtend bunte Objekte im Stil der Popkultur. Auch technische Fortschritte kamen zum Tragen. Pantons Möbel galten als futuristisch, und Aarnios kugelrunder Sessel Ball wurde mit einer Raumkapsel verglichen.

▶ **Sessel Ball,** Eero Aarnio, 1963

Die gerundete Kante der Lehne gibt dem Stuhl sein elegantes Profil.

Die nach innen gekrümmte Kante verstärkt den Übergangsbereich zwischen Sitzfläche und Rückenlehne.

»Bei der Raumgestaltung kommt es auf die Farbplanung an. Es genügt nicht, Rot als rot und Blau als blau zu bezeichnen.«

VERNER PANTON

Weil der Fuß hohl ist, lassen sich die Stühle leicht stapeln.

Hochglänzender Kunststoff in leuchtendem Rot

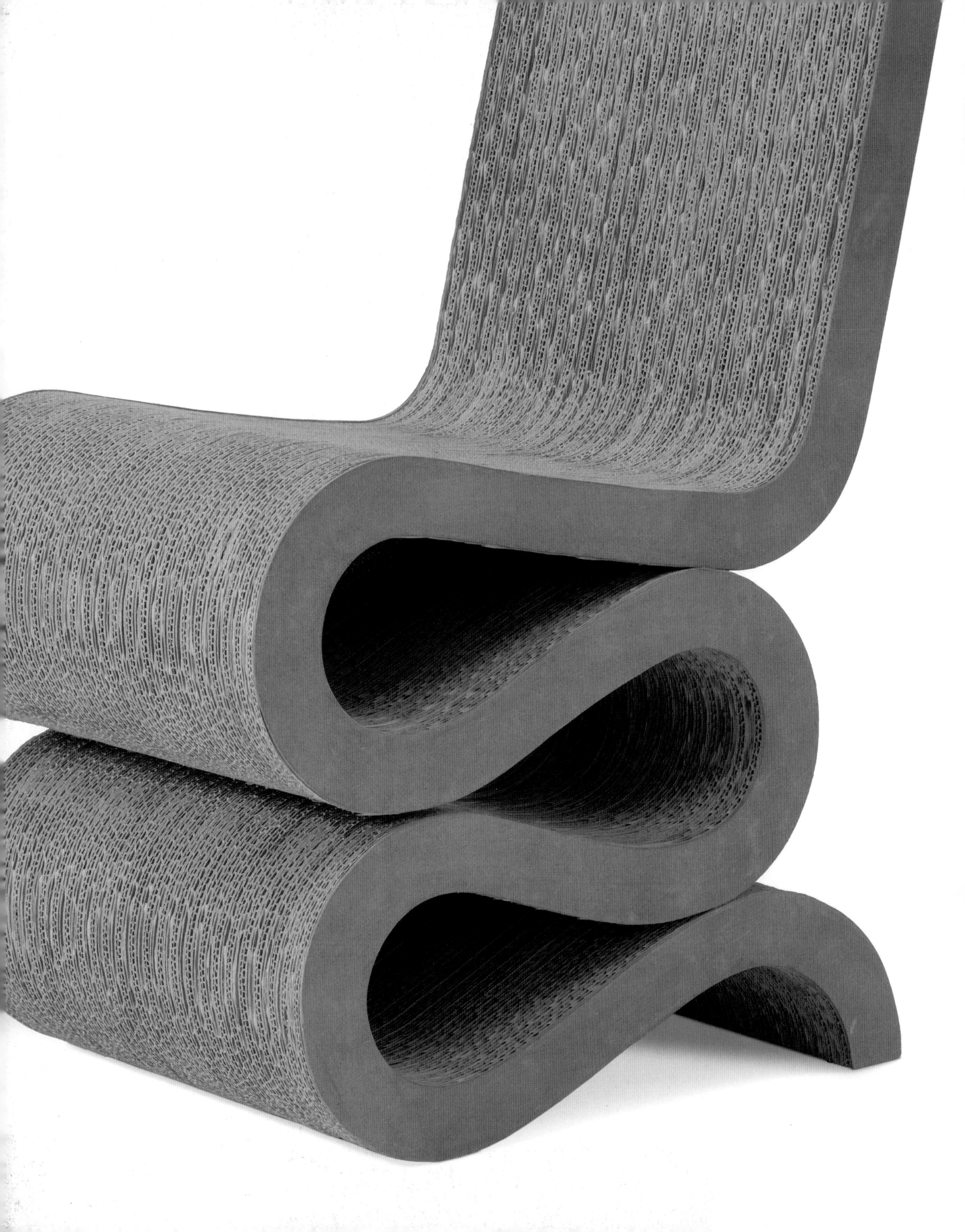

1960–1979

- **Stehleuchte Arco** Achille und Pier Giacomo Castiglioni
- **Moulton-Fahrrad** Alex Moulton
- **Stoff Unikko** Maija Isola
- **Klapptelefon Grillo** Marco Zanuso, Richard Sapper
- **Kodak Instamatic 33** Kenneth Grange
- **Schreibmaschine Valentine** Ettore Sottsass, Perry A. King
- **Revolving Cabinet** Shiro Kuramata
- **Beogram 4000** Jacob Jensen
- **Schreibtischlampe Tizio** Richard Sapper
- **Stuhl Wiggle** Frank Gehry
- **Piktogramme Olympische Spiele München** Otl Aicher
- **Geschirr Suomi** Timo Sarpaneva

Stehleuchte Arco

1962 ■ BELEUCHTUNG ■ EDELSTAHL UND MARMOR ■ ITALIEN

ACHILLE UND PIER GIACOMO CASTIGLIONI

Der berühmte italienische Designer Achille Castiglioni sah seine Aufgabe darin, auch für schwierig umsetzbare Produkte elegante und zweckmäßige Lösungen zu finden. Mit seinem Bruder Pier Giacomo überlegte er, wie man einen Tisch beleuchten konnte, ohne Löcher in die Decke zu bohren. Das Ergebnis war Arco (ital.: Bogen), eines der schlichtesten und schönsten Beispiele des Leuchtendesigns im 20. Jh.

Angeblich hatten sich die Brüder Castiglioni von Straßenlaternen inspirieren lassen, die mit ihrem hohen Mast und dem geraden oder bogenförmigen Arm eine große Fläche beleuchten. Für ihr eigenes Haus verwandelten die Brüder die funktionelle Straßenlaterne in eine hochwertige, perfekt ausgewogene Stehleuchte. Ein schlanker, senkrechter Schaft aus Edelstahl hält einen ausladenden Bogen, der 2,5 m über dem Boden schwebt und den Lampenschirm in 2 m Abstand zum Sockel hält. Wegen der Höhe und Spannweite der Leuchte ist es möglich, einen großen Esstisch darunter aufzustellen. Der Stahlarm, in dem das Kabel verläuft, beschreibt einen schwungvollen, halbkreisförmigen Bogen und ist verstellbar. Der Bogen besteht aus drei Teilen, die teleskopartig ausgezogen werden können, um die Position des Schirms der Größe von Raum oder Tisch individuell anzupassen. Ein wichtiges Element ist der Sockel, der schwer genug sein musste, um als Gegengewicht zu Bogen und Lampenschirm zu dienen.

Die Brüder Castiglioni wählten einen massiven Block aus edlem Marmor. Die Kombination aus Edelstahl und Carrara-Marmor war ungewöhnlich. Stahl ist ein industriell gefertigtes Produkt, Marmor hingegen ein Naturprodukt, das traditionell behauen wird. Beide haben jedoch makellos glatte Oberflächen, und durch den Marmor, der von den Bildhauern und Architekten der Renaissance hochgeschätzt wurde, wirkt die Leuchte nicht nur elegant, sondern geradezu erlesen. Es ist nicht verwunderlich, dass die Leuchte von anspruchsvollen Raumdesignern positiv aufgenommen wurde. Für die Firma Flos, den Hersteller der Leuchte, war sie ein kommerzieller Erfolg. Die Stehleuchte Arco verkaufte sich gut und wurde wegen ihrer schlichten Eleganz häufig kopiert. Bis heute gilt sie als eines der bekanntesten Beispiele des italienischen Designs aus den 1960er-Jahren.

Maßstab

ACHILLE UND PIER GIACOMO **CASTIGLIONI**

1918–2002, 1913–1968

Die italienischen Brüder Achille und Pier Giacomo Castiglioni studierten Architektur in Mailand. 1945 begannen sie ihre Zusammenarbeit. Pier Giacomo hatte vorher mit Livio, einem dritten Bruder, gearbeitet. Gelegentlich taten sich alle drei zusammen oder arbeiteten mit anderen Designern. Achille und Pier Giacomo zählen zu Italiens einflussreichsten und vielseitigsten Industriedesignern. Sie entwarfen verschiedene Leuchten für Flos und andere Hersteller, einen Staubsauger für Rem und Sitzmöbel für Zanotta. Zu ihren Auftraggebern zählten internationale Unternehmen wie Kartell, Knoll, Lancia und Siemens. Sie engagierten sich in der italienischen Design-Szene und gründeten die *Associazione per il Disegno Industriale* (italienischer Verband der Industriedesigner). Beide Brüder waren als Architekturdozenten tätig, und Achille wurde Leiter des Fachbereichs für Architektur an der Politecnico in Mailand, wo er selbst studiert hatte. Nach Pier Giacomos Tod arbeitete er allein weiter. Zu seinen innovativen Designs zählen Öl- und Essigflaschen mit Scharnierdeckeln für Alessi, Besteck, Glasprodukte und Möbel.

▶ **Achille** (links) **und Pier Giacomo Castiglioni** in ihrem Atelier

STEHLEUCHTE ARCO ■ ACHILLE UND PIER GIACOMO CASTIGLIONI

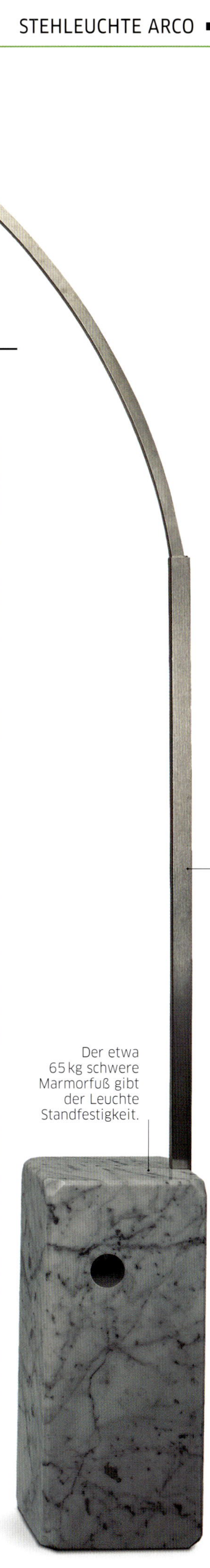

Der ausladende Arm beschreibt einen halbkreisförmigen Bogen.

Im Detail

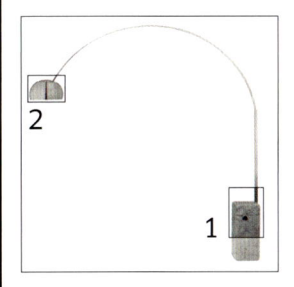

LEGENDE

▶ **FUSS** Der glatt polierte Marmorblock mit den abgeschrägten Kanten wirkt, als habe ein Bildhauer gerade begonnen, daran zu arbeiten. Der Stahlschaft der Leuchte ist einseitig in den Marmorfuß eingelassen. Das Loch etwas seitlich der Mitte ist gerade so groß, dass man einen Besenstiel hindurchschieben kann, um den schweren Fuß der Stehleuchte zu bewegen.

1

▲ **SCHIRM** Der elegante Schirm aus poliertem Edelstahl bildet einen Blickfang über dem Tisch. Sein oberer Teil ist am bogenförmigen Arm befestigt und hat Löcher, damit die Hitze der Glühlampe entweichen kann. Der äußere, als Reflektor dienende Teil ist beweglich. Seine Position und sein Winkel lassen sich leicht verändern.

2

Der etwa 65 kg schwere Marmorfuß gibt der Leuchte Standfestigkeit.

Der Schaft mit quadratischem Querschnitt besteht aus exzellent verarbeitetem Edelstahl.

STICHWORT **DESIGN**

Achille Castiglioni ließ sich gern von Alltagsobjekten inspirieren. Für seine Hocker standen Fahrradsättel oder Treckersitze Pate, für die Leuchte Arco eine Straßenlaterne. Ihm war aber klar, dass radikale Ideen allein nicht genügten, und so arbeitete er jedes Design exakt aus. Seine akkuraten Zeichnungen (unten) zeigen, wie er Form und Größe der Stahlelemente der Leuchte Arco perfektionierte. Jedes Stück musste so bemessen sein, dass es exakt ins Anschlussteil passte. An das schmalste Teil wurde der Schirm angesetzt. Castiglioni plante Arretierungen ein, mit denen sich der Arm in verschiedenen Positionen feststellen ließ, und berücksichtigte ausreichend Platz für die Kabelführung.

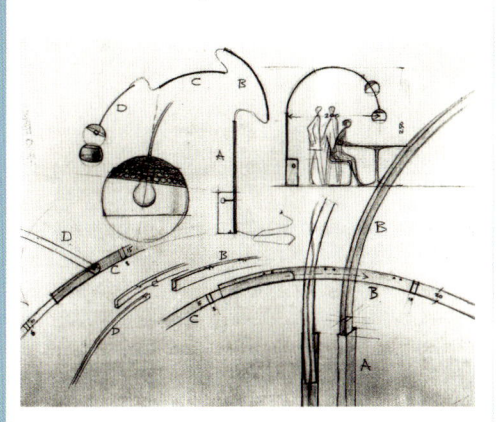

▲ **Arbeitsskizze** der Bestandteile der Leuchte Arco, 1962

»Bei Null beginnen, den Verstand einsetzen, Ziele und Mittel kennen«

ACHILLE CASTIGLIONI

Moulton-Fahrrad

1962 ▪ PRODUKTDESIGN ▪ VERSCHIEDENE MATERIALIEN ▪ GROSSBRITANNIEN

ALEX MOULTON

In den späten 1950er-Jahren sahen Fahrräder den ersten Modellen mit zwei großen Rädern, die im späten 19. Jh. erfunden worden waren, noch recht ähnlich. Die Konstruktion aus zwei Rädern mit 66 cm (26 Zoll) Durchmesser und einem rautenförmigen Rahmen schien wenig Spielraum für radikale Veränderung zu bieten. Als aber 1956 die Suez-Krise die Ölversorgung Europas gefährdete und man vom Auto abzukommen schien, war die Zeit gekommen, das Fahrraddesign neu zu durchdenken. Alex Moulton nahm die Herausforderung an. Seine Innovationen veränderten das Image des Radfahrens.

Moultons Fahrrad fiel durch zwei Merkmale auf: die kleinen Räder und den niedrigen, F-förmigen Rahmen ohne Querstange. Er wusste, dass die kleinen Räder einen höheren Widerstand hatten als konventionelle, große Räder, darum stattete er sie mit Hochdruckreifen aus, um die Fahreigenschaften zu verbessern. Aufgrund seiner Erfahrungen im Automobildesign baute Moulton bereits in den Prototypen eine Federung ein, um trotz der kleinen Räder mit harten Reifen für ausreichenden Fahrkomfort zu sorgen. Das Resultat war ein komfortables, sicheres Fahrrad, das sich für Männer und Frauen eignete.

Bei der Markteinführung 1962 waren manche Kunden befremdet, andere ließen sich von dem modernen Design überzeugen. Das Rad war ein Erfolg, und die Nachfrage überstieg die Kapazität dessen, was Moultons kleines Unternehmen liefern konnte. So gründete er unter dem Dach der British Motor Corporation, die den Mini (siehe S. 168–171) baute, eine neue Fertigungsstätte. Als auch konkurrierende Unternehmen begannen, Modelle mit kleinen Rädern anzubieten, war klar, dass Moulton die Weichen für das Fahrraddesign neu gestellt hatte.

Ein Gepäckträger für das Heck war als Zubehör erhältlich.

Reflektor

Hintere Gabel mit Gummifederung

Maßstab

ALEX **MOULTON**

1920–2012

Der britische Ingenieur Alex Moulton studierte am King's College in Cambridge, befasste sich während des Zweiten Weltkriegs mit Flugzeugdesign und trat dann ins Familienunternehmen ein, wo er Gummifederungen für Motorfahrzeuge entwickelte. Als die Firma Ende der 1950er-Jahre verkauft wurde, machte Moulton sich selbstständig und entwickelte die Federung für den Mini. Seine Erfahrungen brachte er auch ins Design von Fahrrädern ein, mit denen er bekannt wurde. Für seine Arbeit erhielt er zahlreiche Auszeichnungen, Ehrendoktorwürden und den britischen Verdienstorden CBE.

MOULTON-FAHRRAD ■ ALEX MOULTON 183

◄ **Ein Schild auf dem Rahmen** zeigte das Moulton-Logo – bei allen frühen Modellen mit F-Rahmen ein doppeltes M in Blau. Außerdem ist Moultons Heimatstadt Bradford-on-Avon genannt, wo das Fahrrad entwickelt und zuerst produziert wurde.

ZUM KONTEXT

Ursprünglich wollte Moulton den Rahmen seines Rades aus Metallblechen konstruieren, die miteinander vernietet wurden. In den späten 1950er-Jahren ließ er mehrere Prototypen bauen. Manche Zeitgenossen meinten Ähnlichkeiten zur Vespa (siehe S. 98–101) zu entdecken. Auch Anklänge ans Flugzeugdesign, mit dem Moulton sich gut auskannte, waren zu erkennen. Die Prototypen aus leichtem Aluminium sahen gut aus und schienen vielversprechend. Wegen der unangenehm lauten Fahrgeräusche entschied sich Moulton jedoch gegen die Version aus Blech und entwickelte eine Konstruktion aus starrem Stahlrohr.

Höhenverstellbarer Lenker

Halterung für eine Frontleuchte

»Das größte britische Design des 20. Jahrhunderts.«
NORMAN FOSTER

Stabiler Rahmen aus dickem Stahlrohr

Die Querstange diente auch als Tragegriff.

Der Rahmen war geformt wie ein großes F. An einer Strebe war der Lenker montiert, an der anderen der Sattel.

▲ **Prototypen aus Blech,** Alex Moulton, 1958

Hochdruckreifen

Im Detail

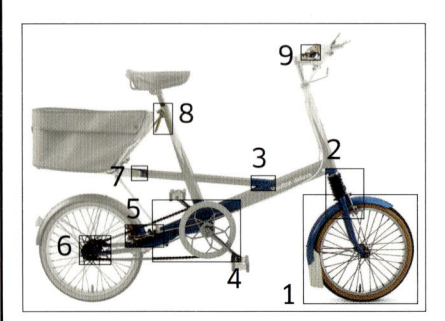

LEGENDE

▶ **RÄDER** Die Räder von Moultons Fahrrad haben mit 40,6 cm (16 Zoll) Durchmesser nur knapp zwei Drittel der Größe konventioneller Fahrradräder. Mit den Hochdruckreifen rollten sie aber besser als Standardräder. Kleine Räder beschleunigen schneller als große, sind stabiler und leichter zu steuern.

▼ **FEDERUNG** Die vordere Federung diente dazu, trotz des starren Rahmens und der kleinen Räder auch auf unebener Strecke hohen Fahrkomfort zu bieten. Moulton knüpfte an seine Erfahrung mit Autofederungen an und verwendete ein Federgummi im Inneren sowie eine Metall-Spiralfeder, die von einem Gummibalg umhüllt war.

◀ **RAHMENKONSTRUKTION** Konventionelle Fahrradrahmen bestanden aus Rohren, die mit Muffen verbunden waren. Diese Technik eignet sich vor allem für dünneres Rohr. Moultons dickere Rohre waren genietet und hartgelötet. Durch diese Methode, die aus der Flugzeugherstellung stammt, wurde der Rahmen besonders stabil.

▶ **KETTENSCHUTZ** Der Kettenschutz aus weißem Kunststoff ist eines der auffälligsten Merkmale des Moulton-Fahrrades. Er verhindert, dass die Kleidung des Fahrers mit der Kette in Berührung kommt und unterstreicht das saubere, moderne Aussehen des Fahrrades.

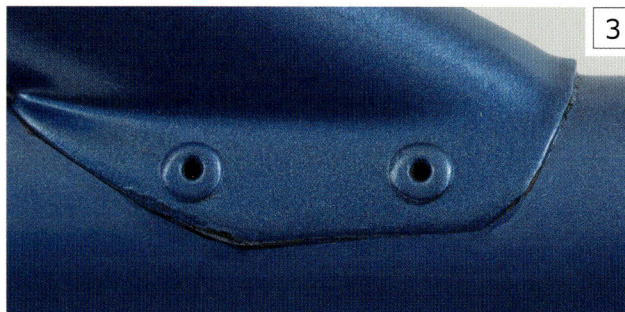

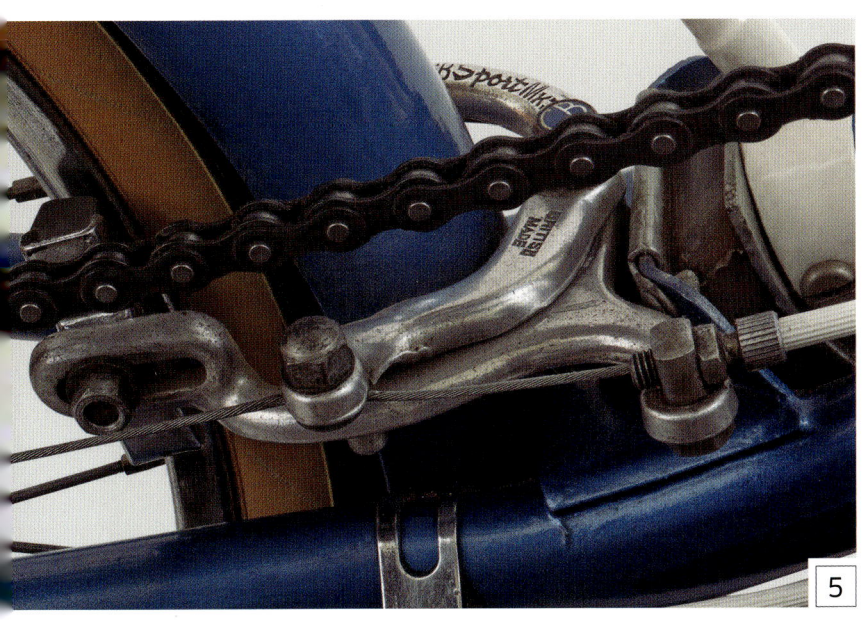

STICHWORT **DESIGN**

Der Erfolg von Moultons Fahrrad beruhte teilweise auf praktischen Aspekten und dem Fahrkomfort, aber viele Benutzer wussten auch zu schätzen, dass Moulton das Fahrraddesign revolutioniert hatte. Sein modernes Design entsprach ganz dem Geist der »Swinging Sixties« und tauchte in Filmen und Modezeitschriften auf. Die Modelle Standard, Deluxe, Speed und Stowaway wurden 1962 im Londoner Earls Court präsentiert. Drei Jahre später brachte Moulton das Speedsix auf den Markt, ein Renn- und Tourenrad mit kleinen Rädern. Es war das erste in Serie produzierte Fahrrad mit Sechsgang-Kettenschaltung.

▲ **Zerlegbarer Rahmen**

▲ **Moulton Stowaway,** Alex Moulton, 1965

▲ **HINTERRADBREMSE** Dieses Deluxe-Modell verfügt an Vorder- und Hinterrad über Backenbremsen. Bowdenzüge verbinden die Bremsbacken mit den Hebeln am Lenker. Das zerlegbare Modell Stowaway hatte eine Hinterrad-Rücktrittbremse, die ohne Bremszug auskam.

◄ **HINTERRADNABE** Beim ursprünglichen Deluxe-Modell war das Vierganggetriebe in die Hinterradnabe eingebaut. Zum Schalten musste der Radfahrer mit dem Daumen einen Hebel am Lenker bedienen.

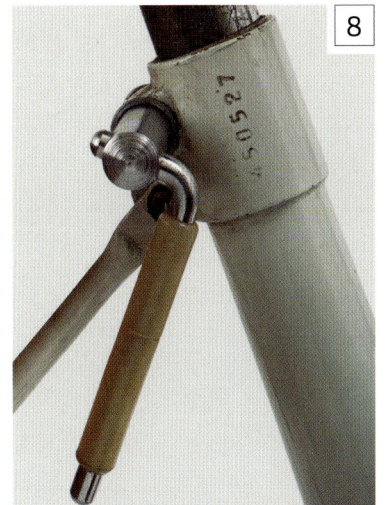

► **PUMPE** Um stets mit dem korrekten Reifendruck fahren zu können, wurden alle neuen Fahrräder mit einer Pumpe ausgeliefert. Sie war unter dem Heckgepäckträger in einer verchromten Halterung eingeklemmt.

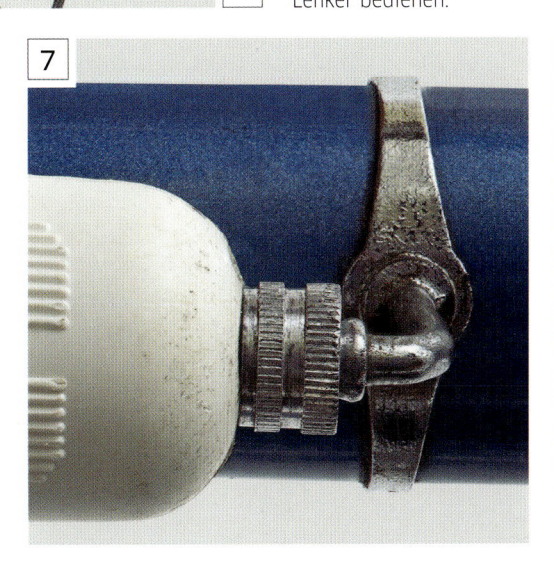

◄ **VERSTELLBARER SATTEL** Der Sattel ließ sich schnell und einfach verstellen. Durch Drehen des Hebels löste sich die Klemmvorrichtung, in der sein Schaft befestigt war, und man konnte den Sattel passend zur Körpergröße des Benutzers höher oder niedriger einstellen. Im Gegensatz zu üblichen Fahrrädern war zum Verstellen kein Schraubenschlüssel erforderlich.

▼ **KLINGEL** Die Klingel trägt das Moulton-Logo mit dem doppelten M. Betätigte man den Hebel mit dem Daumen, wurde eine Feder aktiviert, die ein lautes, klares Geräusch produzierte.

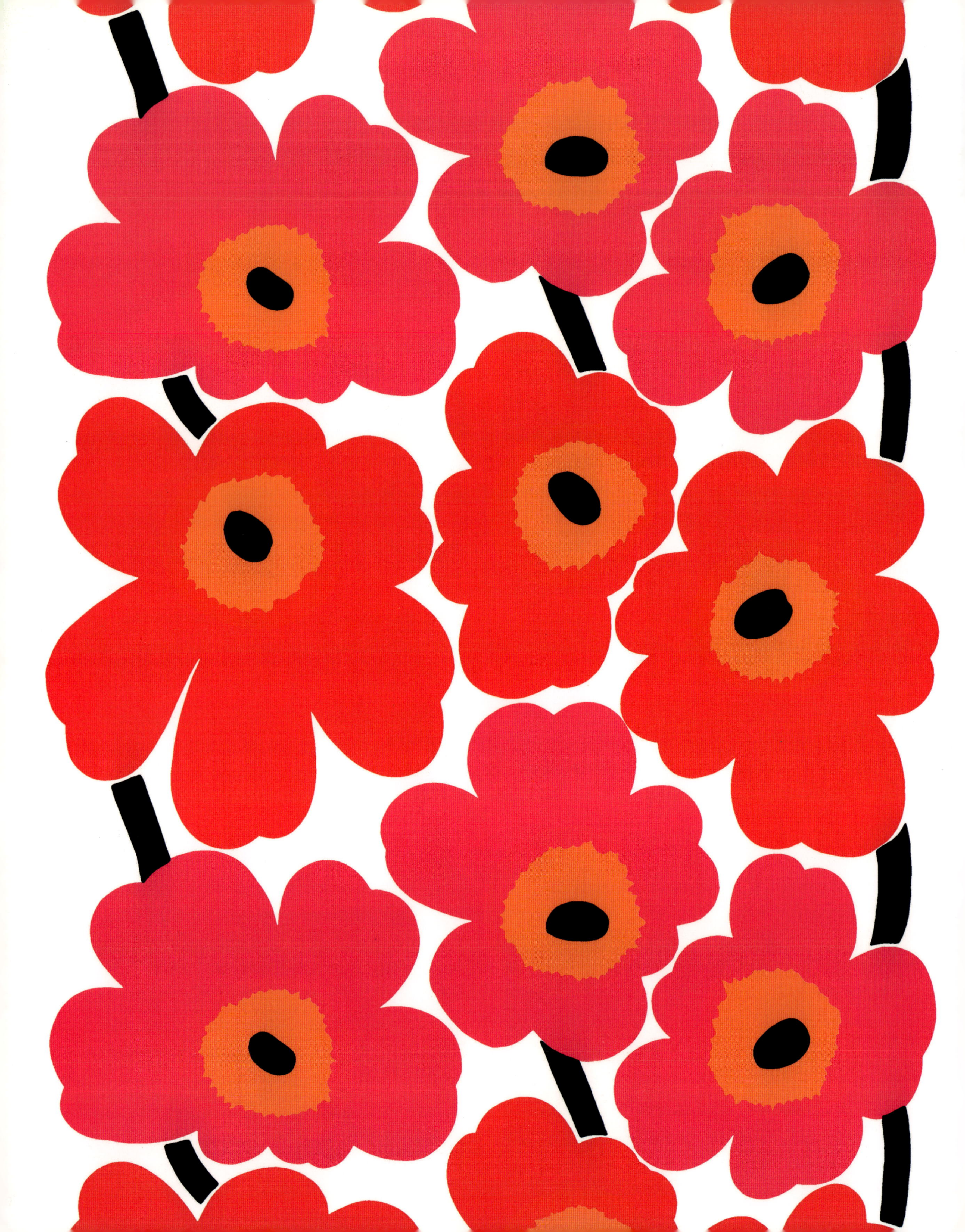

Stoff Unikko

1964 ▪ TEXTILDESIGN ▪ SIEBDRUCK AUF BAUMWOLLE ▪ FINNLAND

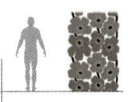

MAIJA ISOLA

Nur wenige Designs bringen den Geist einer Ära so gut zum Ausdruck wie der Stoff Unikko (Mohn), den die finnische Designerin Maija Isola 1964 für die Firma Marimekko entwarf. Obwohl einfache, stilisierte Muster typisch für die 1960er-Jahre waren, hob sich dieser Stoff mit den riesigen, leuchtenden Blumen vom Üblichen ab.

Beinahe wäre der Stoff gar nicht produziert worden. Armi Ratia, die visionäre Mitbesitzerin und Kreativchefin der in Helsinki ansässigen Firma Marimekko, mochte starke Farben. Sie entschied aber, dass das Unternehmen keine Blumenmuster produzieren sollte, weil ihrer Meinung nach Motive auf Stoff der natürlichen Schönheit von Blumen nicht gerecht wurden. Maija Isola beschloss, sich auf ihre Intuition zu verlassen und gleichwohl ein Blumenmuster zu entwerfen. Ratia gefiel das Muster und sie brachte es sofort auf den Markt, aber die Kunden reagierten zunächst zögerlich. Ratia erkannte, dass den Kunden das Potenzial des Stoffs nicht klar war. Darum ließ sie einige einfache Kleider aus dem Stoff schneidern und auf einer Modenschau vorführen. Die Reaktion war überwältigend: Die Kundinnen rissen sich um die Kleider und das Muster wurde zum Bestseller. Der Stoff wurde in verschiedenen Farbstellungen produziert und zu Taschen, Schirmen, Bettwäsche und Kleidung verarbeitet. Seitdem wird Marimekko mit modernen Stoffen in mutigen Farben gleichgesetzt. Isolas Mohnblumen sind bis heute eines der beliebtesten und bekanntesten Muster des Unternehmens.

Im Detail

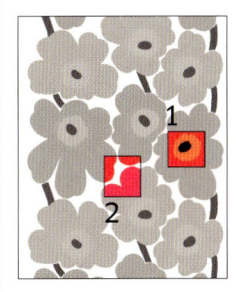

LEGENDE

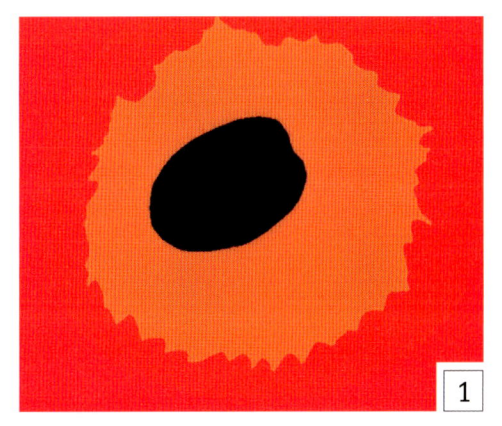

▲ BLÜTENMITTE Das Muster besteht aus plakativen Blüten ohne Details und Farbschattierungen. Die dunkle Mitte der Mohnblüte wird durch ein etwas unregelmäßiges Oval angedeutet, und die orangefarbene Fläche mit dem gezackten Rand steht für die Staubgefäße.

◀ BLÜTENBLÄTTER Großzügige Bögen, die recht dicht stehen, aber einander nicht überlappen, stellen die Ränder der Blütenblätter dar. Die gewagte Kombination aus klarem Rot und grellem Pink hebt sich grafisch vom weißen Hintergrund ab.

MAIJA **ISOLA**

1927–2001

Nach dem Kunst- und Designstudium in Helsinki trat Maija Isola 1949 in die Firma Printex ein, die Wachstuch produzierte. Sie entwarf plakative Muster, die im Siebdruckverfahren auf Stoff gedruckt wurden. 1951 wurde Printex zu Marimekko, und Isola blieb bis 1987 im Unternehmen. Während ihrer Laufbahn entwarf sie etwa 500 Muster. In den 1980er-Jahren arbeitete Isola mit ihrer Tochter Kristina zusammen, die ebenfalls Textildesignerin ist. Nach dem Tod ihrer Mutter arbeitete Kristina weiterhin für Marimekko und belebte einige von Maijas Mustern neu, indem sie neue Farbkombinationen präsentierte (rechts).

STICHWORT **DESIGN**

Maija Isola begann mit naturalistischen Designs, die sie teilweise anhand von Fotografien entwarf. Dann wandte sie sich abstrakten Mustern zu. Mit zunehmender Erfahrung und Selbstbewusstsein wurden ihre Arbeiten plakativer. Gelegentlich griff sie auch auf Motive aus historischen und traditionellen Kulturen zurück, etwa auf byzantinische Kunst, die sie auf Reisen in Südeuropa gesehen hatte. Andere knüpften an die Volkskunst Kareliens an, einer bewaldeten Region im Grenzgebiet zwischen Finnland und Russland.

▶ Farbvariante des Stoffs Unikko

Klapptelefon Grillo

1965 ■ PRODUKTDESIGN ■ ABS-KUNSTSTOFF ■ ITALIEN

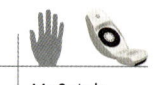

MARCO ZANUSO, RICHARD SAPPER

Mit dem Telefon Grillo brachten der italienische Designer Marco Zanuso und sein deutscher Partner Richard Sapper das Industriedesign einen großen Schritt voran. In den 1960er-Jahren standen in den meisten Haushalten Telefone im Stil des Ericsson-Modells von 1931 (siehe S. 68–69), mit einem großen Bakelitkorpus und separatem Hörer. Zanuso und Sapper hingegen brachten alle Elemente in einem einzigen Gerät unter, das dank neuester Elektronik nur halb so groß war wie herkömmliche Telefone. Die Designer entwickelten ein raffiniertes Modell nach dem Vorbild einer Muschel. Wählscheibe, Hörer und Sprechmuschel befanden sich im Inneren und wurden sichtbar, wenn man das Telefon beim Anheben öffnete. Um das Gerät möglichst kompakt zu halten, war die Klingel im Stecker eingebaut. Sie gab ein elektronisches Zirpen von sich, das wie eine Grille (italienisch *grillo*) klang. Ein weiteres Novum des Grillo war das Gehäuse aus Kunststoff, das in verschiedenen Farben wie Weiß, Rot, Orange und Blau erhältlich war. In den 1960er-Jahren setzten sich Kunststoffe in Privathaushalten zunehmend durch (Zanuso und Sapper entwarfen auch einen Kinderstuhl aus Kunststoff), denn die leuchtenden Farben und die kurvigen Formen, die mit diesem Material machbar waren, galten als Symbole der modernen Welt. Das Grillo bewies, dass ein Telefon nicht nur ein nützliches Gerät war, sondern ein begehrenswertes, attraktives und technisch raffiniertes Designobjekt.

MARCO **ZANUSO**, RICHARD **SAPPER**
1916–2001, GEB. 1932

Der Architekt Marco Zanuso entwarf zahlreiche Häuser, bevor er sich nach dem Zweiten Weltkrieg dem Industriedesign zuwendete. Von den späten 1950er-Jahren an arbeitete er mit dem deutschen Designer Richard Sapper (siehe S. 200) zusammen. Dieser hatte das Unternehmen Daimler-Benz verlassen, um in Mailand mit dem gefeierten Architekten Gio Ponti zusammenzuarbeiten. Von Zanuso und Sapper stammen einige der berühmtesten Designs der 1960er- und 1970er-Jahre, darunter ein Plastik-Stapelstuhl für Kinder für Kartell und Elektrogeräte für Brionvega. Ab etwa 1977 arbeitete Zanuso unabhängig für italienische Auftraggeber.

▲ **Marco Zanuso (links) und Richard Sapper** mit dem Telefon Grillo, 1967

Maßstab

Bündig ins Gehäuse eingebaute Wählscheibe

Ausklappbare Sprechmuschel mit Kunststoffscharnier

▲ Geöffnetes Telefon

Im Detail

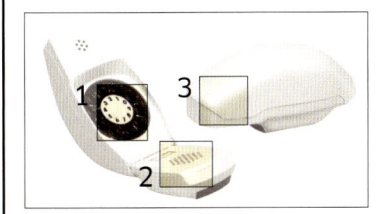

LEGENDE

▶ **WÄHLSCHEIBE** Um ein kompaktes, zusammenklappbares Gerät zu gestalten, wurde die Wählscheibe ins Oberteil eingelassen. Sie hat keinen traditionellen Anschlag. Steckt der Benutzer einen Finger in eines der Löcher, wird ein Stift aktiviert, der die Wählscheibe anhält, wenn sie die Endposition erreicht hat.

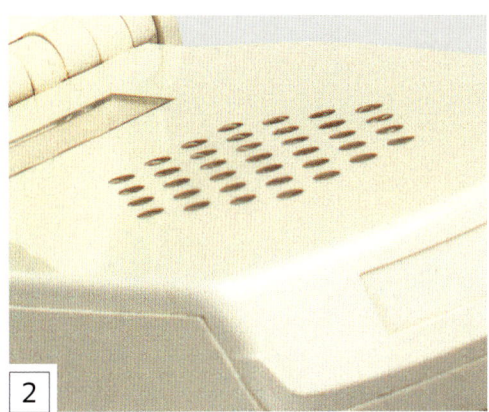

▼ **MUSCHELFORM** Zanuso und Sapper nutzen die Eigenschaften des modernen Kunststoffs für ihr Design. Das Gerät sieht mit seinem weich gerundeten Äußeren attraktiv aus, es fühlt sich angenehm glatt an und liegt gut in der Hand.

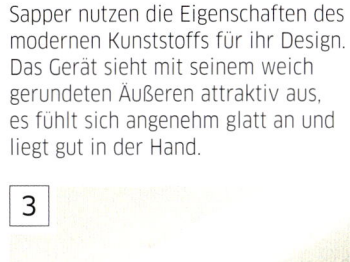

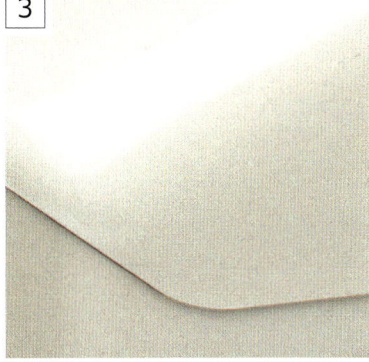

▲ **SPRECHMUSCHEL** Erst in aufgeklapptem Zustand wird die Sprechmuschel sichtbar. Das Mikrofon befindet sich unter einer sechseckigen gelochten Fläche in ihrer Oberfläche. Das raffinierte Klappdesign erwies sich als ausgesprochen einflussreich und fand in der Folgezeit Einsatz bei zahlreichen Festnetztelefonen und kompakten Mobiltelefonen.

STICHWORT **DESIGN**

Zanuso und Sapper waren bekannt dafür, dass sie die Formgebungsmöglichkeiten neuer Materialien und technische Neuerungen für ihre Designs nutzten. Radios und Fernseher beispielsweise konnten durch Transistoren kleiner gebaut werden als je zuvor. Zu ihren berühmten Gemeinschaftsprodukten gehörten innovative Geräte für den italienischen Hersteller Brionvega, darunter die Fernsehgeräte Algol und Doney. Während übliche Fernseher eine Kastenform hatten, folgte das Gehäuse des Modells Doney der abgerundeten Form des Bildschirms, der die gesamte Vorderfront einnahm. Die Schalter waren unauffällig auf der Oberseite installiert, sodass sie nicht vom Fernsehbild ablenkten. Mit ähnlich viel Sorgfalt und Einfallsreichtum gestaltete das Duo das Radio TS 502 für Brionvega. Klappte man das zweiteilige Kunststoffgehäuse auf, kamen Lautsprecher und Bedienelemente zum Vorschein. Mit solchen Designs trugen Zanuso und Sapper auch dazu bei, dass Mailand zum Zentrum innovativen und attraktiven Designs wurde.

▲ **Brionvega TS 502,** 1964

»Man muss auf seinen Instinkt hören.«
RICHARD SAPPER

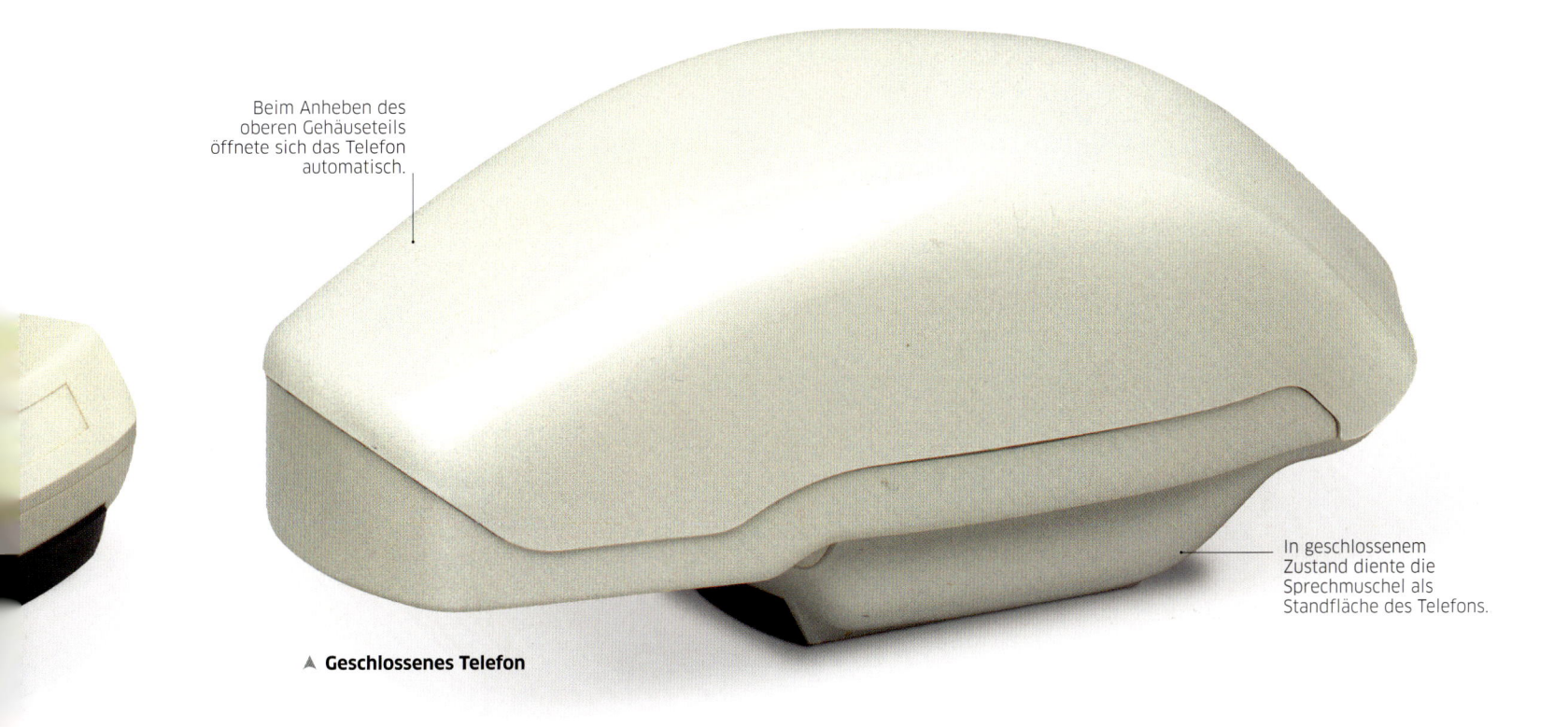

Beim Anheben des oberen Gehäuseteils öffnete sich das Telefon automatisch.

In geschlossenem Zustand diente die Sprechmuschel als Standfläche des Telefons.

▲ **Geschlossenes Telefon**

Kodak Instamatic 33

1968 ■ PRODUKTDESIGN ■ VERSCHIEDENE MATERIALIEN ■ GROSSBRITANNIEN

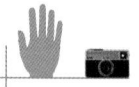

KENNETH GRANGE

Die Kodak Instamatic-Kameras der 1960er- und 1970er-Jahre wurden in aller Welt zehnmillionenfach verkauft. Sie zählen zu den erfolgreichsten Kameras in der Geschichte der Fotografie. Designer Kenneth Grange gelang es, mit der schlichten Linienführung und den verständlich beschrifteten Bedienelementen das Wesentliche dieser Kameras zu vermitteln: die einfache Handhabung. Zu den besten und beliebtesten Modellen zählte die übersichtliche, handliche Instamatic 33.

Wie alle frühen Instamatics war auch das Modell 33 für die 126er-Filmkassetten konzipiert, die einfach in die Kamera eingelegt wurden. Der Film musste weder eingefädelt noch zurückgespult werden. Zum Fotografieren stellte man das Objektiv auf sonniges oder bedecktes Wetter ein, visierte das Motiv an und drückte den Auslöser. Sucher und Auslöser waren so platziert, dass Auge und Finger sie automatisch fanden. Das rechteckige Gehäuse lag wegen der abgerundeten Ecken gut in der Hand. Die Herstellung der kompakten Kamera war preisgünstig, weil sie keinen komplexen Rückspulmechanismus enthielt und weil sie größtenteils aus Kunststoff bestand. Damit beweist die Instamatic 33, dass hervorragendes Design auch preiswerten Produkten gut bekommt und die Absatzchancen auf dem Massenmarkt deutlich verbessert.

KENNETH GRANGE

GEB. 1929

Nach dem Kunststudium in London arbeitete Kenneth Grange als Assistent eines Architekten, ehe er 1956 ein eigenes Beratungsunternehmen eröffnete. 1972 gründete er mit anderen Designern die einflussreiche Gruppe Pentagram. Das Spektrum seiner Entwürfe reicht von japanischen Nähmaschinen bis zu Parkuhren. Grange war von der Geradlinigkeit und der analytischen Herangehensweise modernen skandinavischen und deutschen Designs beeinflusst und stellte stets die Bedürfnisse des Benutzers in den Vordergrund, etwa bei Küchenmaschinen für Kenwood, Bügeleisen für Morphy Richards oder Rasierapparaten für Wilkinson Sword.

Im Detail

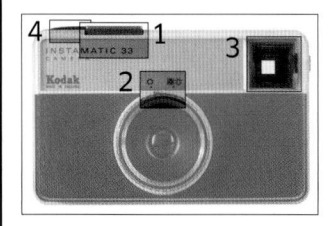

LEGENDE

▶ **AUSLÖSER** Der längliche Auslöser verläuft parallel zur Oberseite des Kameragehäuses. Die Kameratasche ist mit einem Kunststoffriegel ausgestattet, der sich unter den Auslöser schiebt und dadurch verhindert, dass er versehentlich gedrückt wird.

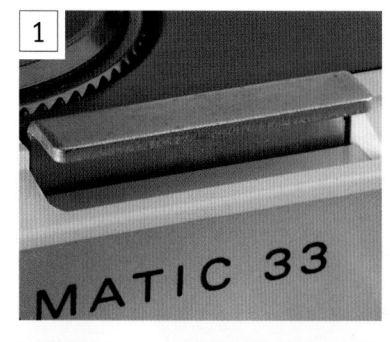

▶ **BLENDEN** Durch Drehen am silberfarbenen Ring am Objektiv kann der Benutzer zwischen nur zwei Blendeneinstellungen wählen: einer für sonniges Wetter und einer für bedeckten Himmel oder Blitz. Die Symbole sind so eindeutig, dass auch ungeübte Fotografen oder Kinder sie leicht verstehen.

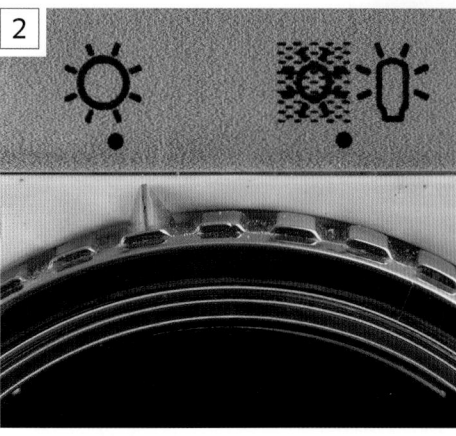

▲ **FILMTRANSPORT** Das Rad auf der Oberseite des Kameragehäuses lässt sich nur in eine Richtung drehen – und nur so weit, bis das nächste Negativ des Films in der richtigen Position ist.

◀ **SUCHERFENSTER** Der klare, helle Sucher ist quadratisch, denn dieses Format hatten auch die Bilder des 126er-Kassettenfilms. Das Anvisieren von Nahaufnahmen war wegen des seitlich positionierten Suchers etwas schwierig, aber die Benutzer gewöhnten sich bald an, dies durch eine leichte Veränderung ihres Standpunkts auszugleichen.

STICHWORT **DESIGN**

Kenneth Grange wurde zwar vor allem durch seine benutzerfreundlichen Haushaltsgeräte bekannt, aber auch durch Verkehrsmittel machte er sich einen Namen. Er verlieh dem Londoner Taxi eine neue Karosserie, ohne das Aussehen grundsätzlich zu verändern, und entwarf Englands bekanntesten Zug, den InterCity 125, der 1976 in Dienst gestellt wurde. Ursprünglich sollte er nur die Lackierung der Züge gestalten, doch letztlich arbeitete er mit den Ingenieuren zusammen und entwarf das aerodynamische Äußere der vorderen und hinteren Lokomotive sowie die Innengestaltung der Wagen. Die Züge sind bis heute auf dem britischen Schienennetz im Einsatz.

▲ **InterCity 125,** Kenneth Grange, 1976

ZUM **KONTEXT**

1972 gründeten Theo Crosby, Alan Fletcher, Colin Forbes, Kenneth Grange und Mervyn Kurlansky in London die multidisziplinäre Designgruppe Pentagram. Sie wollten als gleichberechtigte Partner eine große Bandbreite von Designprojekten betreuen, darunter Architektur, Raumdesign, Produktdesign, Corporate Identity und Grafik. Das erfolgreiche Studio präsentierte einige der bemerkenswertesten Designs des 20. Jh. und eröffnete Büros in Deutschland und den USA. Im Laufe der letzten 50 Jahre hat Pentagram für eine Vielzahl namhafter Klienten wie Nike und Tiffany, Penguin Books und Saks Fifth Avenue gearbeitet. Das Spektrum der Architektur- und Raumdesignprojekte umfasst Restaurants, Geschäfte, Banken, aber auch private Wohnhäuser. Die Gruppe hat einen wesentlichen Beitrag dazu geleistet, dass gutes Design den Massenmarkt und den privaten Haushalt erobern konnte. Kenneth Grange zog sich 1997 nach 25-jähriger Zugehörigkeit aus der Gruppe zurück.

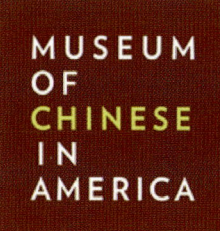

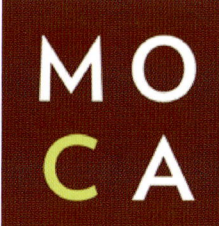

▲ **Logo des Museum of Chinese in America,** Pentagram, 2009

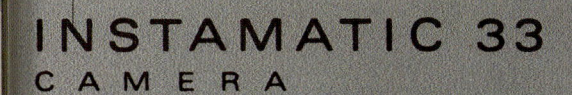

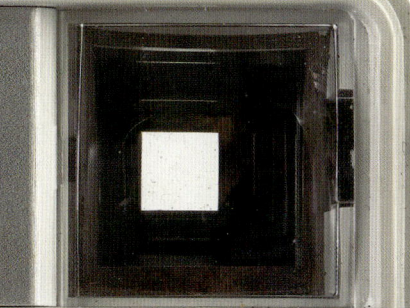

Modellbezeichnung in serifenloser Schrift mit weiten Abständen

Einfache Sonne als Symbol für die Blendeneinstellung für sonniges Wetter

Einstellung zum Fotografieren mit Blitz

Gute Griffigkeit durch einen Kunstlederstreifen auf der Vorderseite

Schreibmaschine Valentine

1969 ▪ PRODUKTDESIGN ▪ ABS-KUNSTSTOFF UND ANDERE MATERIALIEN ▪ ITALIEN

ETTORE SOTTSASS, PERRY A. KING

Maßstab

Ende der 1960er-Jahre standen Schreibmaschinen in jedem Büro und auch in vielen Privathaushalten. Die besten, darunter Modelle des designbewussten italienischen Unternehmens Olivetti, waren überaus funktionell, sahen jedoch langweilig aus. Das Modell Valentine sorgte bei seiner Markteinführung für Aufsehen. Es war farbenfroh, benutzerfreundlich und verfügte über einen praktischen Transportkoffer. Die Maschine war weniger für den Bürogebrauch konzipiert, sondern für den modernen Haushalt. Ihr ungewöhnliches Äußeres, das Ettore Sottsass zusammen mit dem in England geborenen Designer Perry A. King gestaltet hatte, brachte auch im Bürodesign einiges in Bewegung.

Die Valentine funktionierte wie alle mechanischen Schreibmaschinen dieser Zeit: Jede Taste bewegte einen Typenhebel, der auf ein Farbband schlug und so den Buchstaben auf das Papier übertrug. Neu war jedoch das Material des Gehäuses. Statt des üblichen Metalls wählten die Designer farbigen Kunststoff. Besonders bekannt waren die Modelle in Rot, es gab sie aber auch in Weiß, Grün und Blau. Außerdem entwarfen sie einen praktischen Koffer zum Verstauen und Transportieren der Maschine, an deren Rückseite ein Tragegriff angebracht war. Die Kombination aus Zweckmäßigkeit und frecher Farbe bewirkte, dass Designer und Nutzer begannen, Haushalts- und Bürogeräte unter neuen Gesichtspunkten zu betrachten.

Der Wagenrücklaufhebel lässt sich zum Verstauen einklappen.

Farbbandrollen mit leuchtend orangefarbenen Kappen

Breite Leerzeichentaste

ETTORE **SOTTSASS**

1917–2007

Ettore Sottsass wurde in Österreich geboren und studierte Architektur in Turin. Im Laufe seiner langen Karriere entwarf er Gebäude und gestaltete in seinem Studio in Mailand originelle Designs für mehr als 100 Kunden. Für Olivetti entwarf er Schreibmaschinen, Addiermaschinen, Italiens ersten elektronischen Taschenrechner, Computer und Büromöbel. Seine Arbeiten für andere Auftraggeber reichten von Keramik (beeinflusst von Reisen nach Indien) bis zu Möbeln im Stil der amerikanischen Pop-Art. Ende der 1960er-Jahre war Sottsass eine führende Figur der italienischen Anti-Design-Bewegung, die gegen die reduzierte Strenge der Moderne aufbegehrte und sich für leuchtende Farben, Verzierungen und Massenmedien einsetzte. 1981 war Sottsass Mitgründer der Designgruppe Memphis (siehe S. 211). Als sie zerfiel, arbeitete er vorwiegend als Architekt und schuf innovative, farbenfrohe und oft provokative Designs.

SCHREIBMASCHINE VALENTINE ■ ETTORE SOTTSASS, PERRY A. KING

ZUM KONTEXT

In den 1960er-Jahren entstanden in Italien zwei lebendige Design-Bewegungen: Anti-Design und Radical Design. Beide distanzierten sich von der Moderne und der Idee, Design als Marketingstrategie einzusetzen, ohne die sozialen und kulturellen Auswirkungen zu berücksichtigen. Superstudio, 1966 in Florenz gegründet, war eine der bedeutendsten Gruppen des Radical Design. Die Mitglieder befassten sich mit neuen, utopischen Lebensstilen, veranstalteten Seminare und Ausstellungen, gaben Schriften heraus und entwarfen ungewöhnliches Design wie die Leuchte Gherpe oder den Konsoltisch Quaderna aus Laminat.

▶ **Gherpe** Plexiglasleuchte, Superstudio, 1967

Die Enden des Wagens schließen exakt mit dem Gehäuse ab. So lässt sich die Maschine leicht verpacken.

Skala zum Einstellen von Rändern und Tabstopps

Der Tabulator ist die einzige rote Taste.

Flaches, kompaktes Gehäuse

Schwarze Kunststoffklammern

Der Koffer kann auch als Papierkorb verwendet werden.

▲ **Seitenansicht**

▲ **Koffer**

Im Detail

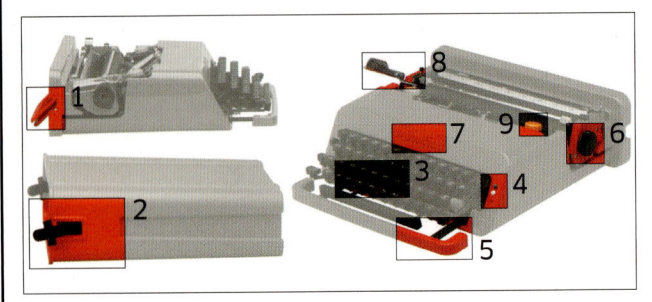

LEGENDE

▶ **TRAGEGRIFF** An der Rückseite der Maschine war ein Griff montiert, der zum Transport der Maschine in ihrem Koffer herausgeklappt werden konnte. Er hatte eine eckige Form mit abgerundeten Ecken und war stabil genug, um das Gewicht der Maschine zu tragen.

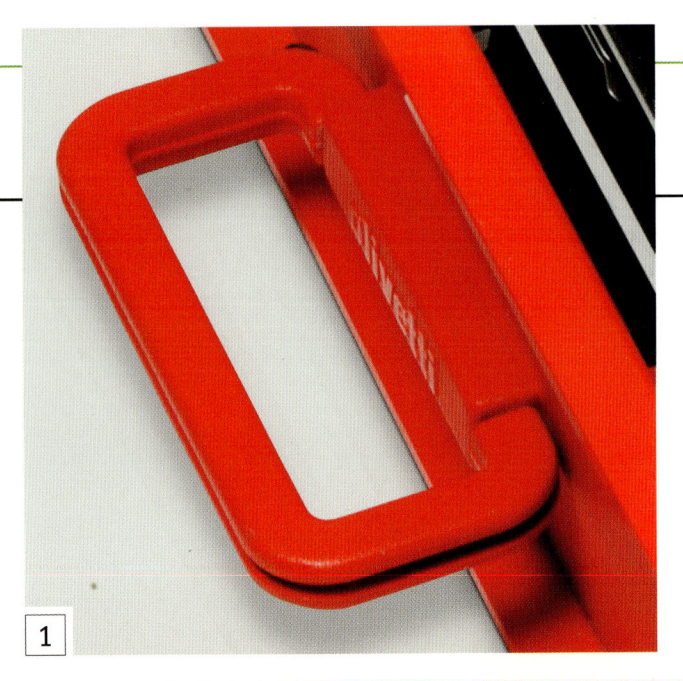

▶ **KLAMMERN** Die flexiblen Kunststoffklammern wurden am Gehäuse der Maschine befestigt, um sie sicher in ihrem Koffer zu verstauen. Die Designer wählten Schwarz, damit die Klammern ins Auge fallen. Wegen ihrer Form und Größe waren sie einfach zu handhaben.

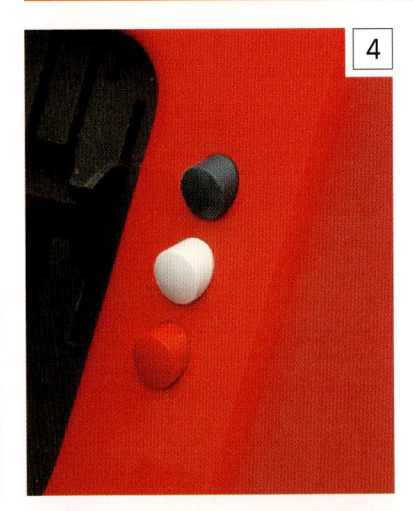

◀ **FARBWÄHLER** Wie die meisten Schreibmaschinen arbeitete auch die Valentine mit einem zweifarbigen Farbband. Die Farbe, dargestellt durch kleine Knöpfe, wurde mit einem kleinen Hebel seitlich der Tastatur gewählt. In der mittleren Einstellung (weiß) schlug der Typenhebel nicht auf das Farbband. Diese Einstellung wurde zum Beschreiben von Matrizen zur Vervielfältigung benötigt.

▲ **TASTEN** Die schwarzen Tasten waren wegen ihrer leicht konkaven Oberflächen angenehmer anzuschlagen als die flachen Tasten üblicher Schreibmaschinen. Für die Buchstaben, Ziffern und Zeichen wurde eine klare, leicht kantige Schrifttype gewählt, die gut lesbar war und modern wirkte.

▶ **VORDERE ECKE** Ein auffälliges Merkmal war das geteilte Kunststoffgehäuse im vorderen Bereich. Der rote Querriegel sieht aus wie ein zweiter Griff und diente dazu, die Maschine auf dem Tisch in die optimale Position zu rücken.

SCHREIBMASCHINE VALENTINE ▪ ETTORE SOTTSASS, PERRY A. KING

◀ PAPIEREINZUG Der Knopf am Ende des Wagens diente dazu, ein Blatt Papier um die Walze zu ziehen und in die richtige Position zu bringen. Der schlichte, runde Knopf stand geringfügig über die Seite des Gehäuses hinaus.

◀ SCHRIFTZUG Auf der Vorderseite war über der Tastatur die Modellbezeichnung eingeprägt. Die Schrift mit dem Namen Braggadocio basiert auf Schablonenschriften. Sie wirkt plakativ und modern, wurde aber schon 1930 entwickelt. Derselbe Schriftzug befand sich auch auf der Verpackung und der Bedienungsanleitung.

▲ WAGENRÜCKLAUFHEBEL Dieser Hebel diente dazu, das Papier um eine Zeilenhöhe zu verschieben und den Wagen an die erste Position der Zeile zu bewegen. Zum Verstauen der Maschine konnte der Benutzer den Hebel einklappen und den Wagen arretieren.

◀ FARBBANDSPULEN Um ein neues Farbband einzulegen, musste der Benutzer die orangefarbenen Kappen abschrauben. Bei anderen Maschinen war es nötig, zum Farbbandwechsel das gesamte obere Gehäuse abzunehmen. Die Valentine war wesentlich benutzerfreundlicher.

ZUM KONTEXT

Olivetti beschäftigte schon seit den 1930er-Jahren innovative Designer und galt, als Sottsass dort tätig war, als besonders zukunftsorientiertes Unternehmen. Sottsass' Werk wurde später durch Mario Bellini fortgeführt. Sein gelber Rechner Divisumma 18 mit der weichen Gummitastatur bewies, dass selbst profane Bürogeräte innovativ, benutzerfreundlich und witzig sein können. Das nüchternere Modell Divisumma 28 (in Grau, aber ebenfalls mit weicher Gummitastatur) und der keilförmige Rechner Logos 50/60 waren weitere Beispiele für Bellinis Beitrag zu einer interessanten Büroumgebung. Als sich in den 1960er-Jahren Arbeitsplatz-Computer allmählich durchsetzten, trugen Designs wie das Notebook Philos 33 von Sottsass oder der Laptop Echos 20 von Michele De Lucchi dazu bei, dass Olivetti im europäischen Markt als Anbieter funktioneller, gut gestalteter Produkte eine führende Stellung einnahm. Das Unternehmen produzierte auch Büromöbel wie die Serie Ephos von Antonio Citterio.

▶ **Rechner Olivetti Divisumma 18**, Mario Bellini, 1973

STICHWORT DESIGN

Olivetti baute seit 1908 Schreibmaschinen, die aber erst nach dem Zweiten Weltkrieg größere Anerkennung fanden. Modelle wie die große, kurvig-organisch aussehende Lexikon 80 (1948) aus lackiertem Aluminium trugen zum guten Ruf des Unternehmens bei. Die Lexikon 80 war eine Entwicklung von Olivettis Chefdesigner Marcello Nizzoli (siehe S. 148) und ersetzte die schwarzen, altmodischen Schreibmaschinen der Vorkriegszeit. Olivetti produzierte auch kleinere Modelle für den Privathaushalt, darunter Nizzolis Lettera 22 (1949/50). Die leichte, tragbare Schreibmaschine wurde in Hellblau und Grau angeboten und fand bei Journalisten, die viel unterwegs waren, großen Anklang. 1963 kam das Folgemodell Lettera 32 auf den Markt und verkaufte sich ähnlich gut. Beide Maschinen waren kompakt und zuverlässig und mit ihrem Koffer gut zu transportieren. Die Form der Lettera 22 und 32 wurde einige Jahre später zur Herstellung der Valentine aus Kunststoff verwendet.

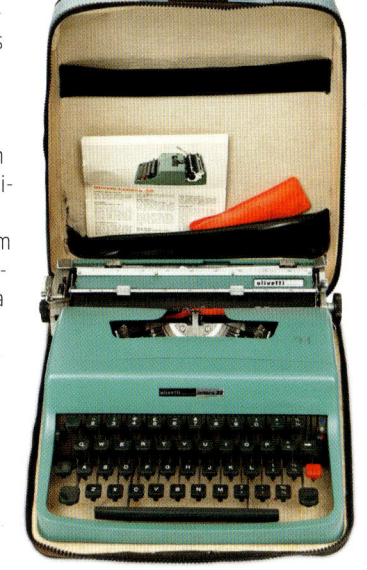

▶ **Olivetti Lettera 32**, Marcello Nizzoli, 1963

Revolving Cabinet

1970 ▪ MÖBEL ▪ KUNSTSTOFF UND STAHL ▪ JAPAN

SHIRO KURAMATA

Der japanische Designer Shiro Kuramata begann seine Laufbahn mit der Gestaltung von Boutiqueneinrichtungen. Damals sorgten japanische Modedesigner wie Rei Kawakubo (Gründerin des Labels Comme des Garçons) mit außergewöhnlicher Kleidung für Aufsehen. Kuramata schätzte die minimalistische Eleganz traditionell japanischer Interieurs, variierte sie aber mit seiner ganz eigenen, etwas subversiven Verspieltheit und schuf einige der ungewöhnlichsten und originellsten Möbel der 1970er- und 1980er-Jahre.

Für Revolving Cabinet, eines seiner bekanntesten Stücke, wählte er eine radikale Herangehensweise. Er verzichtete völlig auf das Schrankgehäuse, in das normalerweise Schubladen hineingeschoben werden. Stattdessen ordnete er die leuchtend roten Fächer in regelmäßigen Abständen frei drehbar auf einer senkrechten, zylindrischen Säule an. Die Konstruktion ist so standfest, dass die Fächer ähnlich wie in einer Kommode exakt übereinander ausgerichtet werden können, es lässt aber auch andere, kreativere Anordnungen zu. Bei unregelmäßiger Anordnung der Fächer wirkt die Konstruktion wie eine abstrakte Skulptur, und ein Schrank, den man normalerweise als kompaktes Möbelstück betrachtet, wird zu einem leichten, lockeren Gebilde. Obwohl das Aufbewahrungsmöbel aus 20 Fächern plus Sockel besteht, wirkt es so ausgewogen und harmonisch wie die traditionelle japanische Architektur, an die Kuramata anknüpft. Der Revolving Cabinet trug ihm internationale Anerkennung ein und war im Westen ebenso beliebt wie in Japan. Er wurde später von dem italienischen Unternehmen Cappellini produziert.

Maßstab

Die Ecke des Fachs verdeckt die Mittelsäule.

Die Fächer sind um 360 Grad drehbar.

Der Turm steht auf vier kleinen schwarzen Füßen.

SHIRO **KURAMATA**

1934–1991

Nach seiner Ausbildung als Tischler und Raumgestalter in Tokio war Shiro Kuramata bei einem Möbelhersteller tätig. In den 1960er-Jahren eröffnete er eine eigene Firma in Tokio und gestaltete die Einrichtung von etwa 300 Geschäften und Restaurants in Japan. Um 1970 hatte er sich auch mit seinen unkonventionellen Möbeln einen Namen gemacht. In seinen letzten 20 Lebensjahren schuf er viele Möbel, oft aus innovativen Materialien wie Acryl, Glas oder Beton. Kuramatas Designs brachten japanischen Minimalismus mit der westlichen Postmoderne in Einklang und waren sehr gefragt. Er war für viele Unternehmen tätig und arbeite mit Designgruppen wie Memphis (siehe S. 211) zusammen.

Im Detail

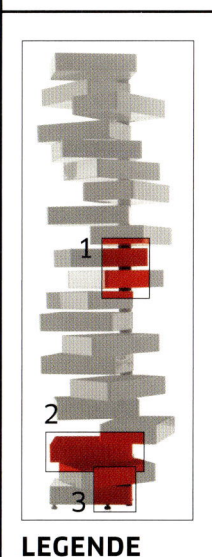

LEGENDE

▶ **STÜTZE** Die tragende Säule ist schwarz lackiert und nur in den kleinen Lücken zwischen den Fächern zu sehen. Sie gibt der Konstruktion Halt und dient als Drehachse für die einzelnen Fächer.

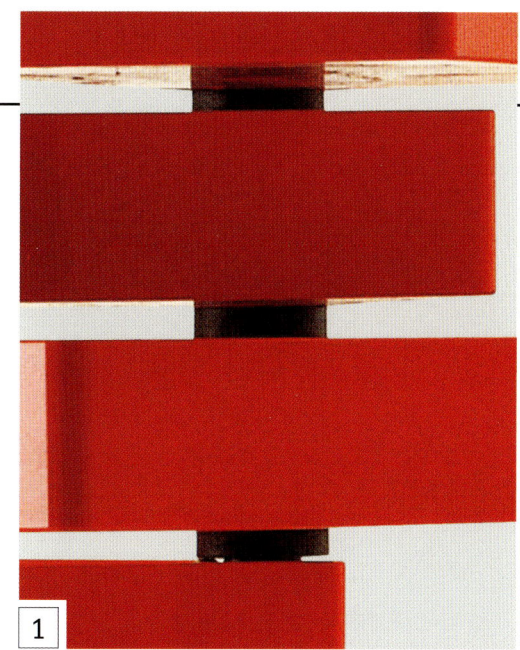

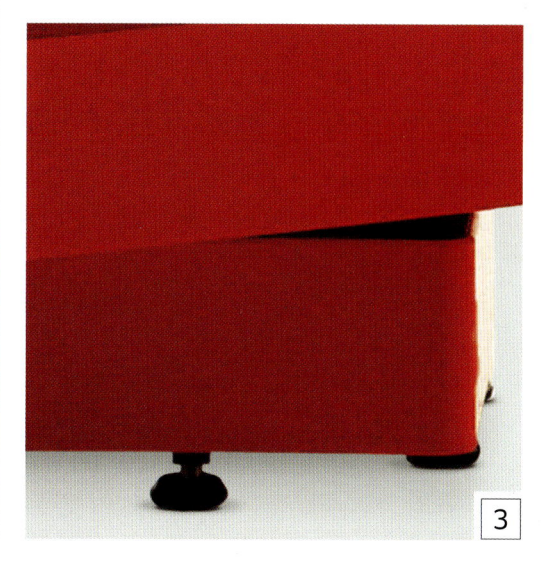

▲ **FUSS** Damit der 1,85 m hohe Turm stabil steht und nicht umkippt, ist er mit einem sehr schweren Fuß ausgestattet, der bei flüchtigem Hinsehen von den übrigen Fächern kaum zu unterscheiden ist.

◀ **FÄCHER** Die Fächer bestehen aus hochglänzendem Acryl in leuchtendem Rot. Sie zeugen von der Begeisterung für starke Farben, die Kuramata später in seiner Karriere auch in die Designgruppe Memphis einbrachte. Die Fächer sind nur 6,9 cm hoch und besitzen keine Deckel. Vielen Besitzern war aber ihr interessantes Aussehen wichtiger als ihr Fassungsvermögen.

STICHWORT **DESIGN**

Shiro Kuramata interessierte sich für die Postmoderne, vor allem für den Einsatz starker Farben, den Sinn für Humor, die kulturellen Bezüge und die originelle Neuinterpretation traditioneller Formen. Die Namen vieler seiner Entwürfe beziehen sich auf Filme oder Theaterstücke. Der Sessel Miss Blanche aus Plexiglas mit eingebetteten Rosen beispielsweise spielt auf Blanche Dubois in Tennessee Williams' Theaterstück *Endstation Sehnsucht* an: Das substanzlose Erscheinungsbild des Sessels steht für Blanches Welt der Träume und Illusionen. Gleichzeitig verweist das Möbelstück auf die Designgeschichte, denn mit den sanft gerundeten Armlehnen und dem geraden Rücken ist es eine humorvolle Neuinterpretation einer traditionellen Sesselform.

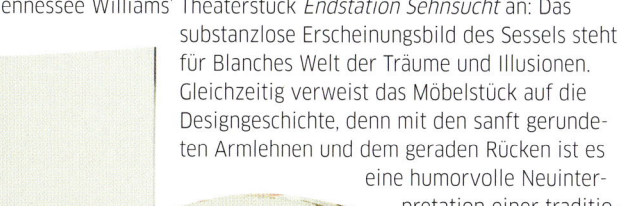

▲ **Sessel Miss Blanche,** Shiro Kuramata, 1988

ZUM **KONTEXT**

1970 präsentierte Shiro Kuramata seine Serie Furniture in Irregular Forms (Möbel in unregelmäßigen Formen) mit verwegenen Neuinterpretationen konventioneller Möbelformen, die ihm weltweite Anerkennung eintrug. Zur Serie gehörten gekrümmte, merkwürdig verzerrt wirkende Kommoden. Tatsächlich waren die minimalistischen Stücke aber perfekt gearbeitet: Die Schubladen passten exakt übereinander und liefen leicht.

Kuramatas Side 1, ein Schrank mit 18 Schubladen, hatte einen schlichten, schwarzen Korpus und einfache, zylindrische Metallgriffe. Der Schubladenschrank wirkt sehr ausgewogen und hat, wie die meisten traditionellen japanischen Möbel, harmonische Proportionen. Gleichzeitig vermittelt er einen Eindruck von Bewegung, der die Fantasie anregt und dem Möbelstück seinen ungewöhnlichen, ausdrucksvollen Charakter gibt.

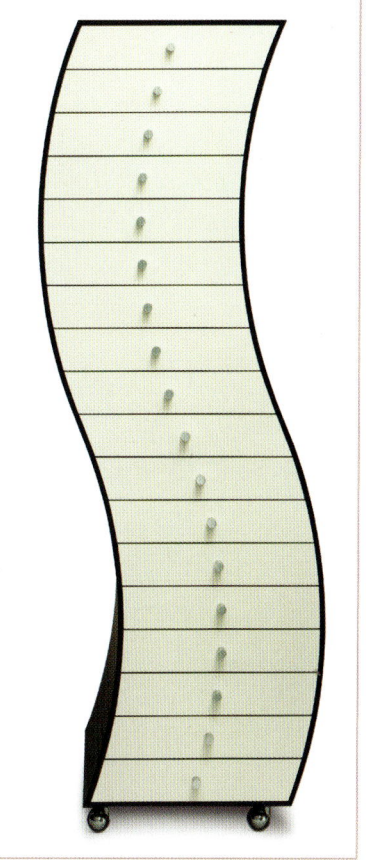

▶ **Side 1** aus der Serie Furniture in Irregular Forms, Shiro Kuramata, 1970

Beogram 4000

1972 ▪ PRODUKTDESIGN ▪ HOLZ, ALUMINIUM, EDELSTAHL, KUNSTSTOFF, GUMMI ▪ DÄNEMARK

JACOB JENSEN

Maßstab

Transparenter Kunststoffdeckel mit bremsenden Federscharnieren

In den 1960er- und 1970er-Jahren bestanden HiFi-Anlagen aus Einzelkomponenten in Metallgehäusen, die besser in ein Labor als in ein Wohnzimmer passten. Die Aufgabe der Konstrukteure bestand darin, funktionierende Schaltkreise zu gestalten. Das Aussehen der Produkte war zweitrangig. Das änderte sich, als der dänische Hersteller Bang & Olufsen in Zusammenarbeit mit dem Industriedesigner Jacob Jensen Plattenspieler auf den Markt brachte, die technisch auf allerneuestem Stand und außerdem überaus attraktiv waren.

Das Modell Beogram 4000 sah ungewöhnlich aus. Der hochmoderne Plattenteller war bündig in das Unterteil eingebaut, der Kunststoffdeckel senkte sich langsam, die Regler waren einfach zu bedienen und im Vergleich zu den damals üblichen Hebeln und Schaltern nahezu unsichtbar. Auch die Klangwiedergabe war ausgezeichnet. Jensen und die Ingenieure von Bang & Olufsen hatten einen neuen Tonarm konstruiert, der den Tonabnehmer in der Schallplattenrille führt. Übliche Tonarme waren radial gelagert, sodass sich der Winkel der Nadel zur Platte ständig veränderte – was sich auf die Klangqualität auswirkte. Der Arm des Beogram war tangential zur Platte konstruiert und bewegte sich parallel zum Plattenteller-Radius. Ein zweiter Arm mit Lichtquelle und Sensor ermittelte die Größe der Platte und stellte automatisch die richtige Drehgeschwindigkeit ein. Für Platten ungewöhnlicher Größe konnte der Benutzer die Einstellung auch manuell vornehmen. Zu den verborgenen Vorzügen zählte eine Federung, die den Plattenteller vor Erschütterungen schützte. Das technisch ausgereifte, attraktive Gerät setzte in Bezug auf Benutzerfreundlichkeit, Klangwiedergabe und Aussehen einen neuen Standard.

Schmale Teakholzleiste am Rand des flachen Unterteils

JACOB **JENSEN**

GEB. 1926

Jacob Jensen begann nach einer Polstererlehre, Möbel zu entwerfen und studierte an der Hochschule für angewandte Kunst in Kopenhagen. Er war der erste Absolvent des Studiengangs für Industriedesign, den Architekt Jørn Utzon ins Leben gerufen hatte, und fand eine Stelle in der Designfirma Bernadotte & Bjørn. Anfang der 1960er-Jahre machte er sich selbstständig, wurde zum Assistant Professor für Industriedesign an der Universität Chicago berufen und trat als Partner in eine New Yorker Designfirma ein. Sein Büro in Dänemark behielt er. Um 1970 war seine Arbeit für Bang & Olufsen gut bekannt. Jensen entwarf Bürostühle für Labofa, Spielzeug für Lego, Küchengeräte für Gaggenau sowie Grafiken für verschiedene Auftraggeber. Jacob Jensen Design ist ein Familienunternehmen.

STICHWORT **DESIGN**

Jacob Jensen arbeitete zwischen 1965 und 1991 für Bang & Olufsen. Er hat maßgeblichen Anteil an der Kombination aus minimalistisch-edler Gestaltung und technisch hoher Qualität, auf der das Renommee des Unternehmens beruht. Er entwarf Lautsprecher und Soundsysteme sowie die tragbaren Radios Beolit 600 und 400. Auch seine anderen Designs, darunter Büromöbel, Küchengeräte und sogar ein Windrad, zeichnen sich durch seinen hohen Qualitätsanspruch aus.

▶ **Lautsprecher Beovox 2500 Cube,** 1967

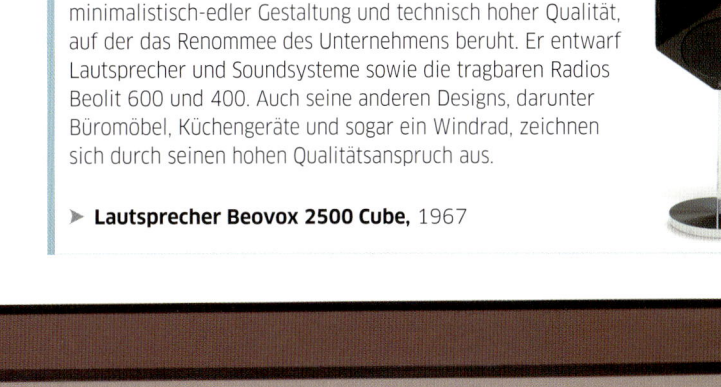

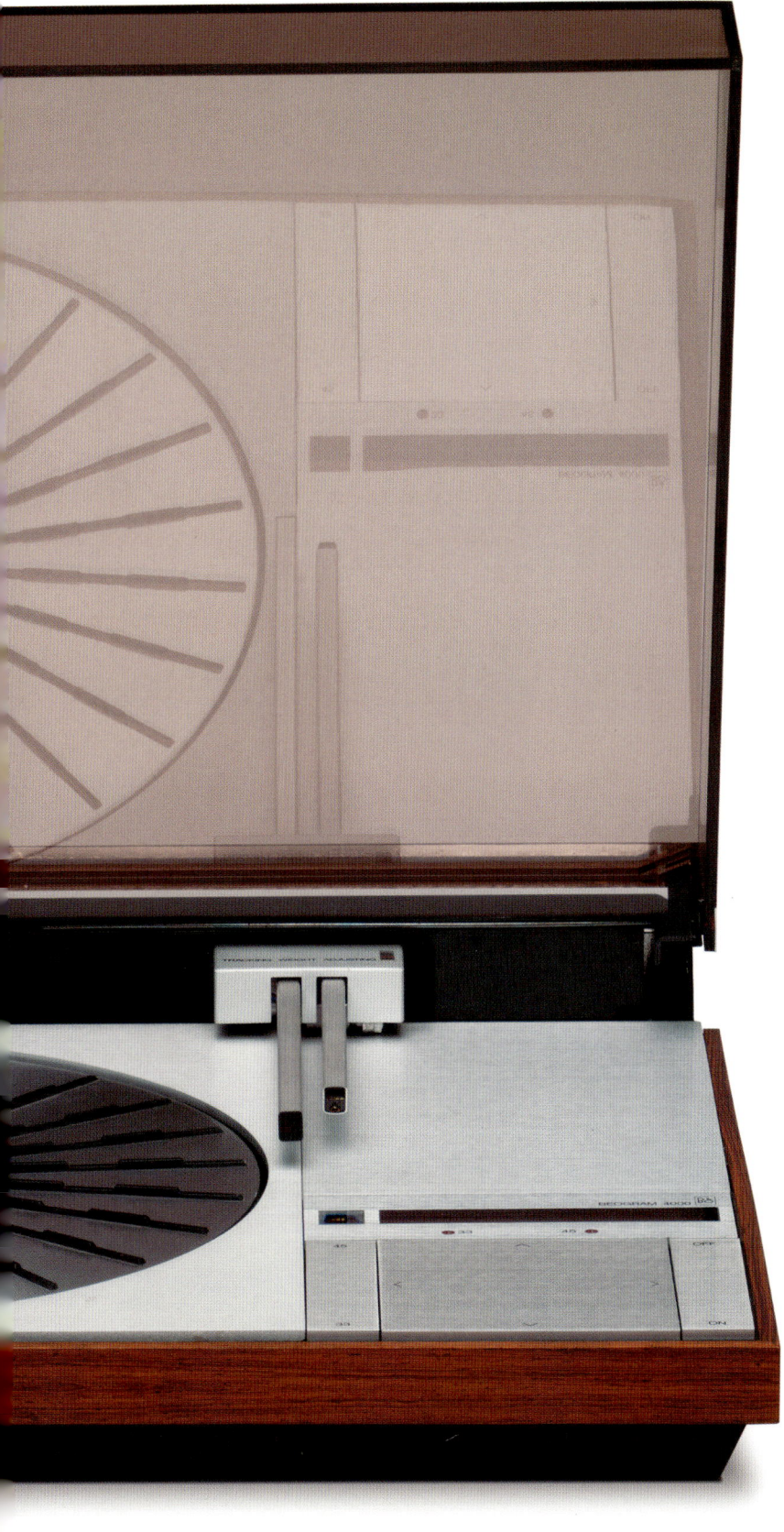

Im Detail

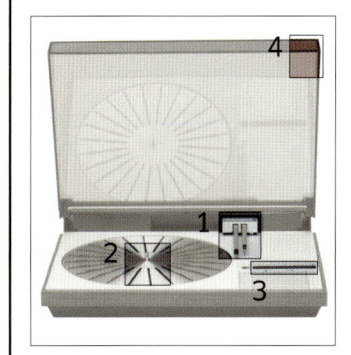

LEGENDE

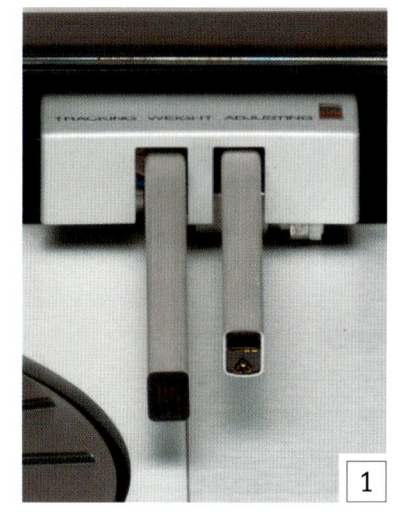

▲ **TONARM** Weil der Tonarm (rechts) sich tangential über die Platte bewegte, konnte er kurz und starr konstruiert werden. Dadurch hielt er auf einen Millimeterbruchteil genau seine Spur, was sich positiv auf die Klangqualität auswirkte.

◀ **PLATTENTELLER** Der Plattenteller aus schwerem Gussaluminium war mit strahlenförmigen, leicht erhabenen Gummistreifen besetzt, deren Größe zu den Standard-Schallplattenformaten passte.

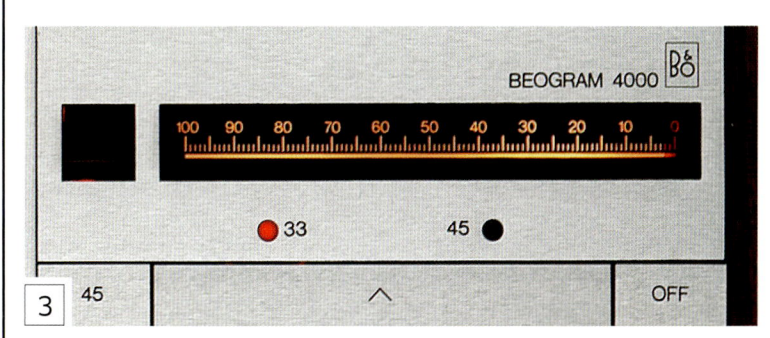

▲ **DISPLAY** Die beleuchtete Skala zeigte die genaue Geschwindigkeit des Plattentellers an. Mit einem Schraubendreher konnten audiophile Benutzer Feineinstellungen vornehmen, etwa um Aufnahmen in minimal falscher Tonhöhe zu korrigieren.

▶ **DECKEL** Der große Deckel aus rauchfarbenem Kunststoff deckte die gesamte Geräteoberfläche ab. Federscharniere sorgten dafür, dass er sich langsam öffnete und schloss, sodass laufende Schallplatten nicht erschüttert wurden.

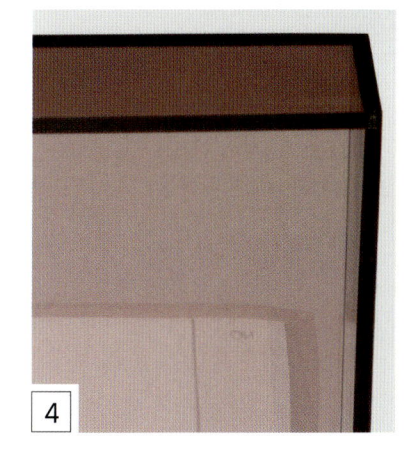

Schreibtischlampe Tizio

1972 ▪ BELEUCHTUNG ▪ ALUMINIUM UND ABS-KUNSTSTOFF ▪ DEUTSCHLAND/ITALIEN

RICHARD SAPPER

Als der deutsche Designer Richard Sapper eine neue Arbeitsleuchte suchte, fand er nichts, was seinen Anforderungen entsprach. Also entwarf er sie selbst – ein Niedervolt-Halogenmodell für die italienische Firma Artemide. Sappers interessant geformte, technisch neuartige Leuchte war eine völlig neue Form der Schreibtischlampe. Sie wurde mit mehreren internationalen Preisen ausgezeichnet und schnell zum modernen Designklassiker.

Das Hauptelement von Tizio sind zwei Aluminiumarme. Im Gegensatz zu früheren Leuchten wie der Anglepoise (siehe S. 72–73) werden sie nicht von Federn gehalten, sondern durch Gegengewichte. Diese Gewichte und der drehbare Fuß sorgen dafür, dass sich die Leuchte mit minimalem Kraftaufwand verstellen lässt. Neu ist auch, dass der elektrische Strom vom Transformator (im Fuß eingebaut) direkt durch das Metall der Aluminiumarme zur Glühlampe geleitet wird. Der Verzicht auf Kabel hat mehrere Vorteile. Die Leuchte ist leicht zusammenzubauen, und die Ausgewogenheit der dünnen Arme kann nicht durch Ungleichmäßigkeiten in Stärke und Gewicht des Kabels beeinträchtigt werden. Im Kopf der Leuchte befindet sich eine Halogen-Glühlampe, wie man sie bisher vorwiegend für Autoscheinwerfer verwendet hatte. Die geringe Größe des Leuchtmittels entsprach Sappers Wunsch nach einem kleinen Kopf. Durch all diese sorgfältig durchdachten Merkmale stellt Tizio eine gelungene Fusion von Form und Funktion dar. Die Verarbeitung ist makellos, der vogelartige Kopf ist interessant abgewinkelt, die Gegengewichte haben sanft gerundete Unterseiten und die ganze Leuchte wirkt durch die mattschwarze Lackierung mit roten Details elegant. Kein Wunder, dass man Besitzern dieser Leuchte einen sicheren Blick für allerbestes modernes Design bescheinigte.

Maßstab

Elektrizität wird direkt durch das Metall der Arme (also ohne Kabel) zum Leuchtmittel geleitet.

Das untere Gegengewicht passt zwischen die senkrechten Stützen, sodass man den Arm auch vertikal einstellen kann.

RICHARD **SAPPER**

GEB. 1932

Richard Sapper studierte Philosophie, Grafikdesign und Ingenieurwesen in München und war danach für Daimler Benz tätig, ehe er nach Italien zog, um im Studio von Gio Ponti und Alberto Rosselli mitzuarbeiten. Später gestaltete er zusammen mit dem italienischen Designer Marco Zanuso (siehe S. 188) verschiedene innovative Produkte, darunter Radios und Fernsehgeräte für Brionvega. Seit den 1970er-Jahren ist Sapper als Berater für Fiat, Pirelli und IBM tätig und hat für Alessi Geräte entworfen, die technische Raffinesse mit einem postmodernen Ansatz verbinden. Sappers charaktervolle, funktionale Entwürfe zeichnen sich stets durch Präzision und Sorgfalt im Detail aus.

SCHREIBTISCHLAMPE TIZIO ■ RICHARD SAPPER

»Ein langer Arm, ein kleiner Kopf… und sie sollte leicht beweglich sein.«

RICHARD SAPPER
über seine ideale Schreibtischleuchte

Die Arme sind mit glasfaserverstärktem Kunststoff ummantelt, der leicht und robust ist und als elektrischer Isolator fungiert.

ZUM KONTEXT

Artemide wurde 1960 in Mailand von Ernesto Gismondi und Sergio Mazza gegründet. Für die Gestaltung der hochwertigen Leuchten wurden viele Spitzendesigner engagiert. Artemide hat Designs von berühmten Architekten wie Norman Foster und Mario Botta vermarktet, aber auch von einflussreichen Künstlern wie Ettore Sottsass (siehe S. 192) und Luigi Serafini. Tizio ist das berühmteste Design des Unternehmens, dicht gefolgt von einer anderen verstellbaren Leuchte: Tolomeo, 1987 entworfen von Michele De Lucchi und Giancarlo Fassina. Die beiden Designer haben einen ganz anderen Ansatz gewählt als Sapper. Der verstellbare Kopf von Tolomeo wird durch verborgene Federn und gespannte Stahlseile in Position gehalten.

▲ **Schreibtischlampe Tolomeo,** Michele De Lucchi, 1987

Im Detail

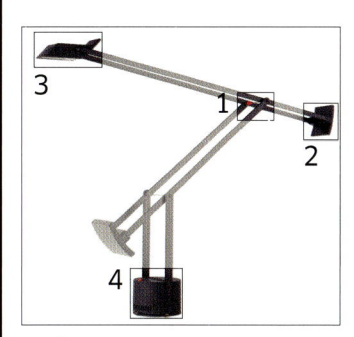

LEGENDE

▲ **GELENKE** An den Drehgelenken der Arme befinden sich verchromte Querstreben mit Isolatoren aus rotem Kunststoff. Die Hauptgelenke sind mit Klemmvorrichtungen verbunden. Falls die Leuchte einmal herunterfällt, lösen sie sich und gehen nicht zu Bruch.

◄ **GEGENGEWICHTE** Die beiden Metall-Gegengewichte sind so perfekt ausgewogen, dass sich die Arme mit einer leichten Berührung bewegen lassen. Die Gewichte sind so breit wie die zugehörigen Armpaare und passen jeweils zwischen die darunter liegenden Arme. Wenn sie ganz gestreckt sind, hat die Leuchte eine sehr große Reichweite.

▲ **LEUCHTENKOPF** Halogenleuchten erhitzen sich bei längerem Betrieb, darum ist der Kopf mit Lüftungslöchern versehen. Man kann den Kopf am hinteren Vorsprung anfassen oder mithilfe der Arme verstellen. Das Innere des Kopfes ist so geformt, dass das Licht gezielt und gleichmäßig verteilt wird.

◄ **FUSS** Der Fuß ist auf einer Scheibe drehbar gelagert und bekommt durch das Gewicht des Transformators ausreichende Standfestigkeit. Schlitze auf der Oberseite und am Boden sorgen für die Belüftung des Transformators. Am roten Ein-/Aus-Schalter können zwei Helligkeitsstufen gewählt werden.

Stuhl Wiggle

1972 ■ MÖBEL ■ WELLPAPPE UND HARTFASERPLATTE ■ USA

FRANK GEHRY

Ende der 1960er-Jahre begann der kanadische Architekt Frank Gehry mit Möbeln aus Pappe zu experimentieren. Mit den Eigenschaften von Wellpappe war er durch die Herstellung von Architekturmodellen gut vertraut. Er fand heraus, dass sich aus Wellpappe ein sehr stabiles Material herstellen ließ, indem man sie – ähnlich wie Schichtholz – in Schichten mit abwechselnder Wellenrichtung verleimte. Mit dem robusten Material, das Gehry »edge board« nannte, war das Stabilitätsproblem gelöst, das für Möbel aus Pappe bislang charakteristisch war.

Gehry bog die schichtverleimte Wellpappe und bearbeitete sie mit Handsäge und Messer, um elegant kurvige Formen zu gestalten, aus denen er seine erste Möbelserie Easy Edges entwickelte. Eines der originellsten Stücke war der Stuhl Wiggle, dessen leicht schräg stehende Lehne sich über mehreren Schleifen erhob. Der Unterbau aus Schleifen war standfest, die Lehne bot guten Halt und der ganze Stuhl war sehr stabil. Die Oberfläche fühlte sich weich, aber strapazierfähig an. Nur die Schnittkanten an den Wangen waren schwächer, darum verstärkte Gehry sie mit Hartfaserplatten.

Der unkonventionelle Stuhl Wiggle und die übrigen Stücke der Serie Easy Edges (darunter weitere Stühle, ein Hocker, Tische und ein Bettgestell) erregten Aufsehen, als sie in amerikanischen Geschäften präsentiert wurden. Wegen des günstigen Materials waren die Möbel preiswert, aber Gehry wollte sich auf die Architektur konzentrieren und vermarktete die Möbel nicht kommerziell. Heute werden frühe Wiggle-Stühle, die damals für 35 Dollar verkauft wurden, als Sammlerstücke zu hohen Preisen gehandelt.

> »Kreativität ist spielerisch. Man muss bereit sein, auf seine Intuition zu hören.«
>
> **FRANK GEHRY**

Im Detail

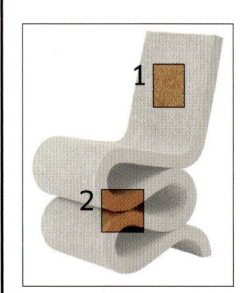

LEGENDE

▶ **OBERFLÄCHE** An der Lehne sieht man die wellige Oberfläche der Pappe, die wegen ihres samtigen Charakters mit Wildleder oder Cord verglichen wurde. Selbst unlackiert ist das Material widerstandsfähig genug für den Alltagsgebrauch.

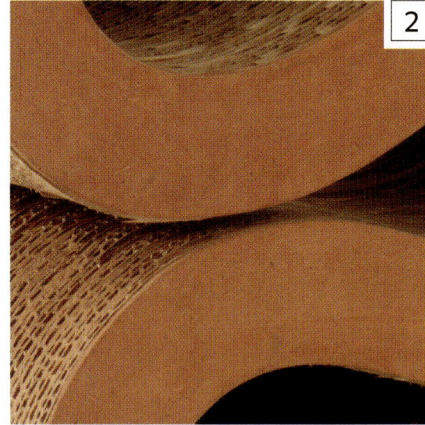

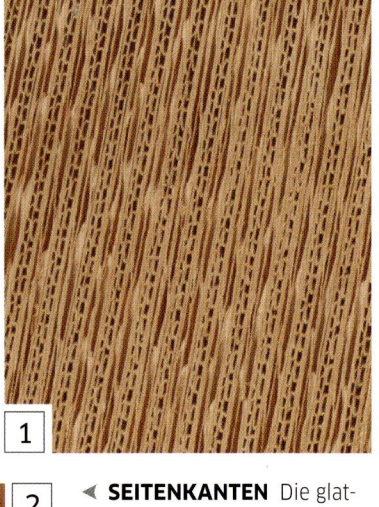

◀ **SEITENKANTEN** Die glatten Wangen des Stuhls bilden durch die Verkleidung mit lackierter Hartfaserplatte einen Kontrast zur raueren Oberfläche von Sitz und Lehne. Durch die weich geschwungene Form bekommt der Stuhl seinen organischen, skulpturhaften Charakter, der typisch für Gehrys Entwürfe ist. Er wandte sich gegen die Konvention, dass Möbel (und Gebäude) gerade Konturen besitzen müssten.

FRANK GEHRY

GEB. 1929

Nach dem Architekturstudium in Los Angeles und Harvard gründete der in Kanada geborene Frank Gehry 1962 in Kalifornien eine eigene Firma. Als einer der gefragtesten Architekten der Welt entwarf er Gebäude mit fantasievollen Formelementen. Manche enthalten figürliche Elemente, etwa einen riesigen Fisch am Eingang eines japanischen Fischrestaurants. Andere, wie das Guggenheim-Museum im spanischen Bilbao, bilden Räume durch Abfolgen unvorhersehbarer, aber schöner und durchdachter Kurven. Gehry entwarf eine zweite Kollektion aus Pappmöbeln, die er Experimental Edges nannte, sowie Stühle aus verflochtenen Schichtholzstreifen für Knoll.

STUHL WIGGLE — FRANK GEHRY

STICHWORT **ARCHITEKTUR**

Der Durchbruch gelang Gehry mit dem Haus, das er für sich selbst 1978/79 in Santa Monica (Kalifornien) baute. Für den durchdachten Bau verwendete er Materialien, die eher für Industriegebäude eingesetzt werden: Wellblech, Stahlpfosten und Drahtgeflecht wurden in verschiedenen Winkeln zusammengefügt, um einen Eindruck von Zufälligkeit zu erwecken. Mit seinem Bau nahm er die Ideen des Dekonstruktivismus voraus, einer Bewegung der 1980er-Jahre, die Architektur als Ausdrucksform für Verlagerung, Unterbrechung und Verzerrung sah. Gehry entwickelte sich später in verschiedene Richtungen, aber er nutzte weiterhin ungewöhnliche Materialien, um architektonische Formen umzusetzen.

▲ **Gehry House,** Santa Monica, 1978/79

Die wellige Oberfläche variiert infolge der Krümmungen des Stuhls.

Die nach hinten abfallende Sitzfläche ist komfortabel.

Den Wellenlinien hat der Stuhl seinen Namen zu verdanken.

Das Ende der langen Schicht-Wellpappe bildet am hinteren Ende des Stuhls einen standfesten Fuß.

Piktogramme Olympische Spiele München

1972 ■ GRAFIK ■ VERSCHIEDENE MATERIALIEN ■ DEUTSCHLAND

OTL AICHER

Grafikdesigner stehen oft vor der Herausforderung, Informationen bildlich zu übermitteln. Diese Aufgabe ist im internationalen Kontext, der ohne Worte auskommen muss, besonders schwierig zu lösen. Zu den erfolgreichsten Symbolen zur visuellen Kommunikation zählen die Piktogramme, die der Designer Otl Aicher für die Olympischen Spiele 1972 in München gestaltete. Aicher war Dozent für visuelle Kommunikation an der Hochschule für Gestaltung in Ulm (siehe S. 156) und hatte bereits einen streng reduzierten grafischen Stil mit einfachen geometrischen Formen und serifenloser Schrift entwickelt. Für die Symbole schuf er eine Reihe stilisierter Figuren auf der Basis eines Rasters, das nur senkrechte, waagerechte und diagonale Linien zuließ. Die weißen Figuren auf farbigem Grund hatten Kreise als Köpfe und abgerundete Striche als Gliedmaßen. Sportgeräte waren, falls nötig, mit dünneren Linien dargestellt. Die Schilder waren stets quadratisch mit schmalem, weißem Rand. Durch die Kombination aus Körperhaltung der Figur und Sportgerät waren die Piktogramme unzweifelhaft zu erkennen und wurden sehr positiv aufgenommen. Heute sind Aichers Piktogramme Vorbild für Gestalter von Schildern und Karten aller Art, die mit einem Minimum an Text ein Maximum an Erkennbarkeit bieten sollen.

OTL **AICHER**

1922-1991

Der deutsche Industrie- und Grafikdesigner Otl Aicher studierte einige Semester Bildhauerei und gründete 1948 ein Studio in seiner Heimatstadt Ulm. Wenig später war er Mitbegründer der Hochschule für Gestaltung, an der er in den 1950er- und 1960er-Jahren unterrichtete. Die Hochschule, deren Curriculum sich am Bauhaus orientierte, wurde zu einer der angesehensten deutschen Designschmieden. Aicher gestaltete Corporate Identities für Firmen wie Braun, die Dresdner Bank, den Frankfurter Flughafen und die Lufthansa. Er veröffentlichte zahlreiche Schriften über Design und Grafik.

Im Detail

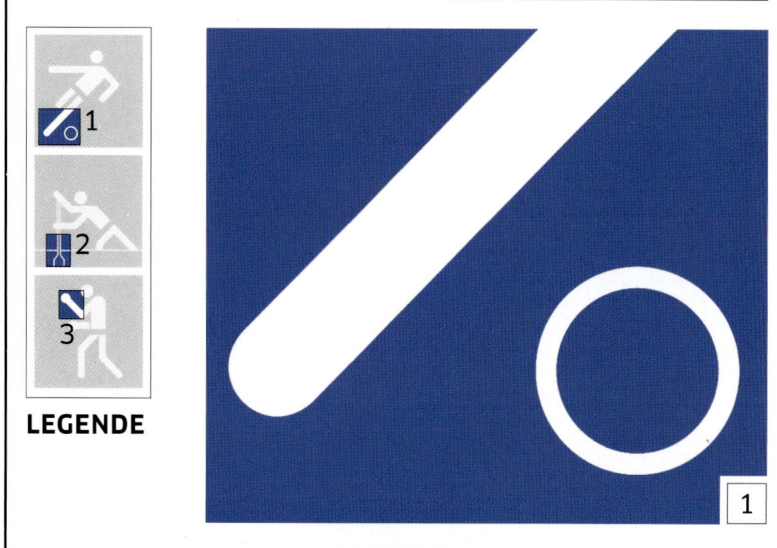

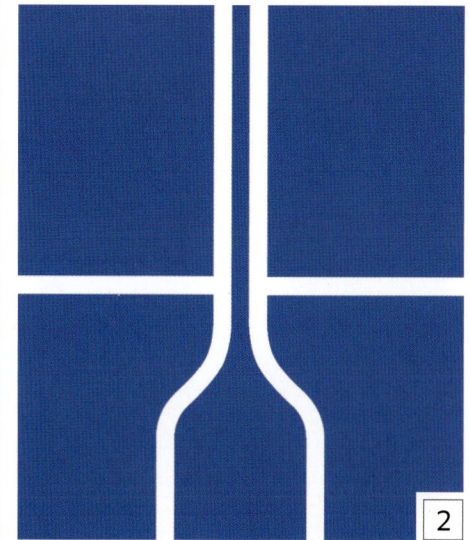

LEGENDE

[1]

▲ **FUSSBALL** Das Fußball-Piktogramm zeigt, wie durch Diagonalen Bewegung und Geschwindigkeit ausgedrückt werden. Ein einfacher Kreis, ebenso groß wie der Kopf der Figur, stellt den Ball dar. Das verkürzte Bein ist abgewinkelt und holt zum Schuss aus.

[2] ◄ **PADDELN** Anstelle des Kanus zeigt das Piktogramm nur den Umriss des Paddels. Ein waagerechter Strich stellt den Bootsrand dar, der untere Bildbereich das Wasser.

[3] ◄ **BOXEN** Aicher fügte kleine Kreise an die abgerundeten Gliedmaßen an und fand so eine einfache Methode, die Figur als Boxer kenntlich zu machen. Die diagonale Linienführung des Arms vermittelt die Bewegung: Der Boxer führt einen Aufwärtshaken aus.

PIKTOGRAMME OLYMPISCHE SPIELE MÜNCHEN ■ OTL AICHER

STICHWORT **DESIGN**

Piktogramme wurden erstmals bei den Olympischen Spielen 1948 in London verwendet, um Zuschauern und Athleten den Weg zu Veranstaltungen zu weisen. Sie tauchten auch auf Werbematerialien auf und dienten dazu, eine visuelle Identität zu schaffen. Der Stil der Symbole in Wappenform mit Strichzeichnungen war sehr traditionell. 1964 kamen in Tokio ähnliche Symbole zum Einsatz, und seitdem bei allen Olympischen Spielen. Zu den erfolgreichsten gehörten die grafischen Darstellungen von Sportgeräten auf farbigem Hintergrund, die für die Olympischen Spiele 1968 in Mexiko entwickelt wurden.

▲ **London** 1948

▲ **Mexiko** 1968

ZUM **KONTEXT**

Bei der Gestaltung der Münchener Piktogramme wurde Otl Aicher von dem österreichischen Soziologen Otto Neurath beeinflusst. Dieser hatte mit dem Grafikdesigner Gerd Arntz in den 1920er-Jahren das System der Isotypen entwickelt, um ohne Worte Information zu vermitteln. Es gab etwa 4000 einfache Symbole mit verschiedener Bedeutung, die sich vor allem zur Darstellung statistischer Daten eigneten. Zahlenmäßige Größenordnungen wurden durch die Anzahl der jeweiligen Piktogramme dargestellt. Die Symbole waren so konzipiert, dass sie auch von Personen verstanden wurden, die nicht lesen konnten. Auch Sprachbarrieren beeinträchtigten das Verständnis nicht.

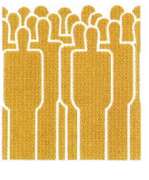

Industrie | **Bevölkerung** | **Nahrungsmittelproduktion** | **Politik**

»Design zeichnet uns als Menschen aus. Auch Tiere können kommunizieren und wahrnehmen – aber nicht designen.«

OTL AICHER

Geschirr Suomi

1976 ■ HAUSHALTSWAREN ■ PORZELLAN UND METALL ■ FINNLAND/DEUTSCHLAND

TIMO SARPANEVA

Das Geschirr Suomi (Finnland), das der renommierte finnische Designer Timo Sarpaneva für den deutschen Hersteller Rosenthal entwarf, zeichnet sich durch elegante Formen und große Sorgfalt im Detail aus. Sarpaneva ließ sich von rundlichen, glatt gewaschenen Flusskieseln inspirieren und entwickelte eine Form, die aus einem Kreis in einem abgerundeten Viereck besteht. Aufgrund dieser Form meinten manche Kommentatoren, dem Designer sei die Quadratur des Kreises gelungen. Sarpaneva arbeitete mehrere Jahre lang die genauen Formen der einzelnen Geschirrteile mithilfe von Holzmodellen aus, bis er die klare, reine Form gefunden hatte, die er anstrebte. Bei Rosenthal fand man das Service, das in reinem Weiß produziert wurde, anfangs zu schlicht, doch die Bedenken erwiesen sich als unbegründet. Suomi bringt die Präzision von Industriedesign mit den organischen Formen in Einklang, die sich auf der finnischen Handwerkstradition gründen. Das Service ist elegant, aber auch praktisch. Alle Teile liegen angenehm in der Hand, und die Details – etwa die erhöhten Ränder der Teller oder die breiten Henkel der Tassen – sind gut durchdacht. 1976 wurde das Design mit der italienischen Goldmedaille Faenza ausgezeichnet. Rosenthal produziert das Service, das zu den erfolgreichsten Studio-Lines des Unternehmens gehört, noch heute. Im Laufe der Jahre wurden mehr als 150 Künstler eingeladen, dekorierte Versionen des Geschirrs zu gestalten.

TIMO **SARPANEVA**

1926–2006

Nach dem Kunststudium in Helsinki arbeitete Timo Sarpaneva als Produkt- und Ausstellungsdesigner für den berühmten Glashersteller Iittala. Er entwarf das Firmenlogo (ein markantes »i« in einem roten Kreis, das noch heute verwendet wird) und entwickelte neue Techniken für formgeblasenes Glas. Sarpaneva entwarf auch Glasprodukte für andere führende Hersteller wie Venini in Italien und Corning in den USA. In den 1960er- und 1970er-Jahren machte er mit Textildesign auf sich aufmerksam. Er war ein vielseitiger Designer mit einem ausgeprägten Gefühl für Materialien und schätzte es, eng in den Herstellungsprozess seiner Designs eingebunden zu sein.

Der bandförmig-flache Edelstahlhenkel stellt einen Formkontrast dar.

»Schultern« als Ansatzpunkte des Henkels

Die einfache, gerade Tülle gießt gut.

▲ Kaffeekanne

GESCHIRR SUOMI ▪ TIMO SARPANEVA 207

Im Detail

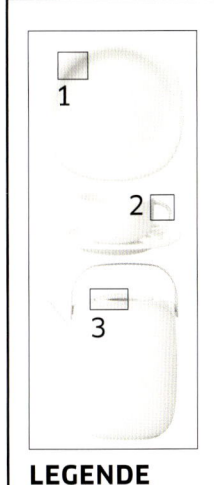

LEGENDE

▸ **TELLERRAND** Die runde Innenfläche ist von einem viereckig-abgerundeten Rand umgeben. Durch diese Formkombination ist der Rand an den Ecken breiter als in der Mitte der Seiten. Die Form sieht ungewöhnlich aus und lässt sich gut greifen.

▸ **TASSENHENKEL** Die Henkel der Suomi-Serie sind breit, haben aber ein sehr schmales Profil. Wegen ihrer Breite lassen sie sich gut halten. Die geringe Stärke korrespondiert mit den dünnen Tassenwänden und sieht elegant aus.

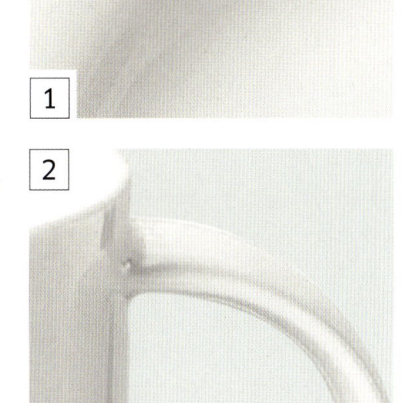

◂ **KANNENDECKEL** Der Deckel schließt bündig mit der Kannenoberseite ab und hat in der Mitte eine deutliche Vertiefung. Sein Griff, ein schmales Porzellanband ähnlich den Tassenhenkeln, beschreibt einen flachen, konvexen Bogen, der zur klaren Linienführung der Kanne passt.

STICHWORT DESIGN

Timo Sarpaneva war ein vielseitiger Designer, der mit Textilien, Holz, Metall und Keramik arbeitete. Bekannt wurde er aber vor allem durch sein Glasdesign. Zu seinen innovativsten Entwürfen zählt die Serie Finlandia, die mit Formen aus Erlenholz gestaltet wurde. Normalerweise warfen die Glasbläser die Formen weg, aber Sarpaneva verwendete sie mehrmals und ließ das heiße Glas so lange in der Form, bis die Holzoberfläche verbrannte und ein Muster im Glas erzeugte. Mit jeder Benutzung verkohlte die Holzoberfläche stärker, sodass jedes Glasobjekt ein anderes, einzigartiges Oberflächenmuster erhielt.

▲ **Finlandia Vase mit Rindenmuster,** Timo Sarpaneva, 1964

Großzügiger, griffiger Rand

Untertasse mit traditioneller, runder Vertiefung in der Mitte

▲ **Teller**   ▲ **Tasse**   ▲ **Untertasse**

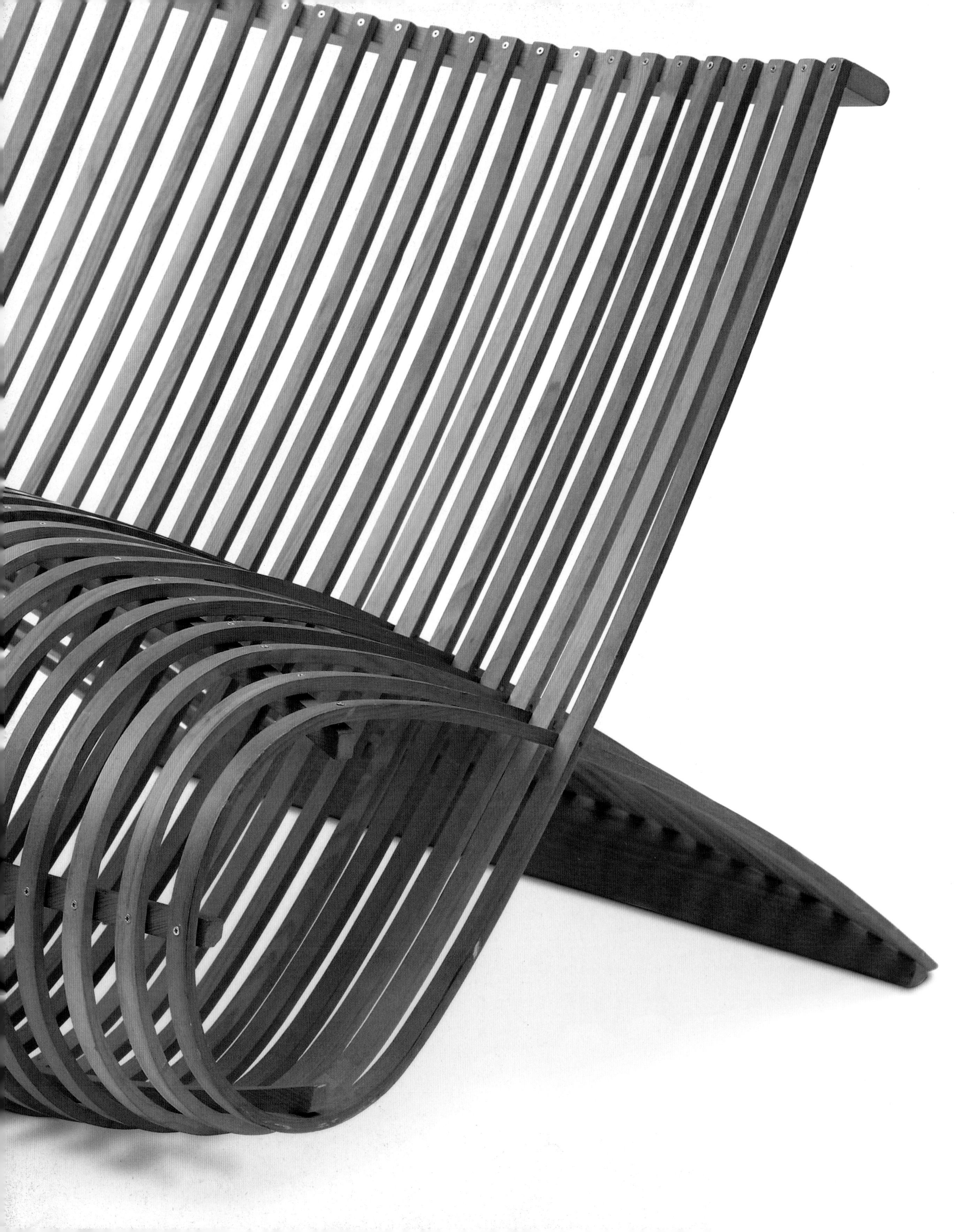

1980–1995

- **Bücherregal Carlton** Ettore Sottsass, Memphis-Gruppe
- **Zeitschrift The Face** Neville Brody
- **Wasserkessel 9093** Michael Graves
- **Sessel Wood** Marc Newson
- **Rollstuhl Carna** Kazuo Kawasaki
- **Bücherregal Bookworm** Ron Arad
- **Deckenleuchte 85 Lamps** Rody Graumans, Droog Design
- **Sessel Vermelha** Fernando und Humberto Campana
- **Staubsauger Dyson DC01** James Dyson
- **Schrifttype Verdana** Matthew Carter

1980–1995

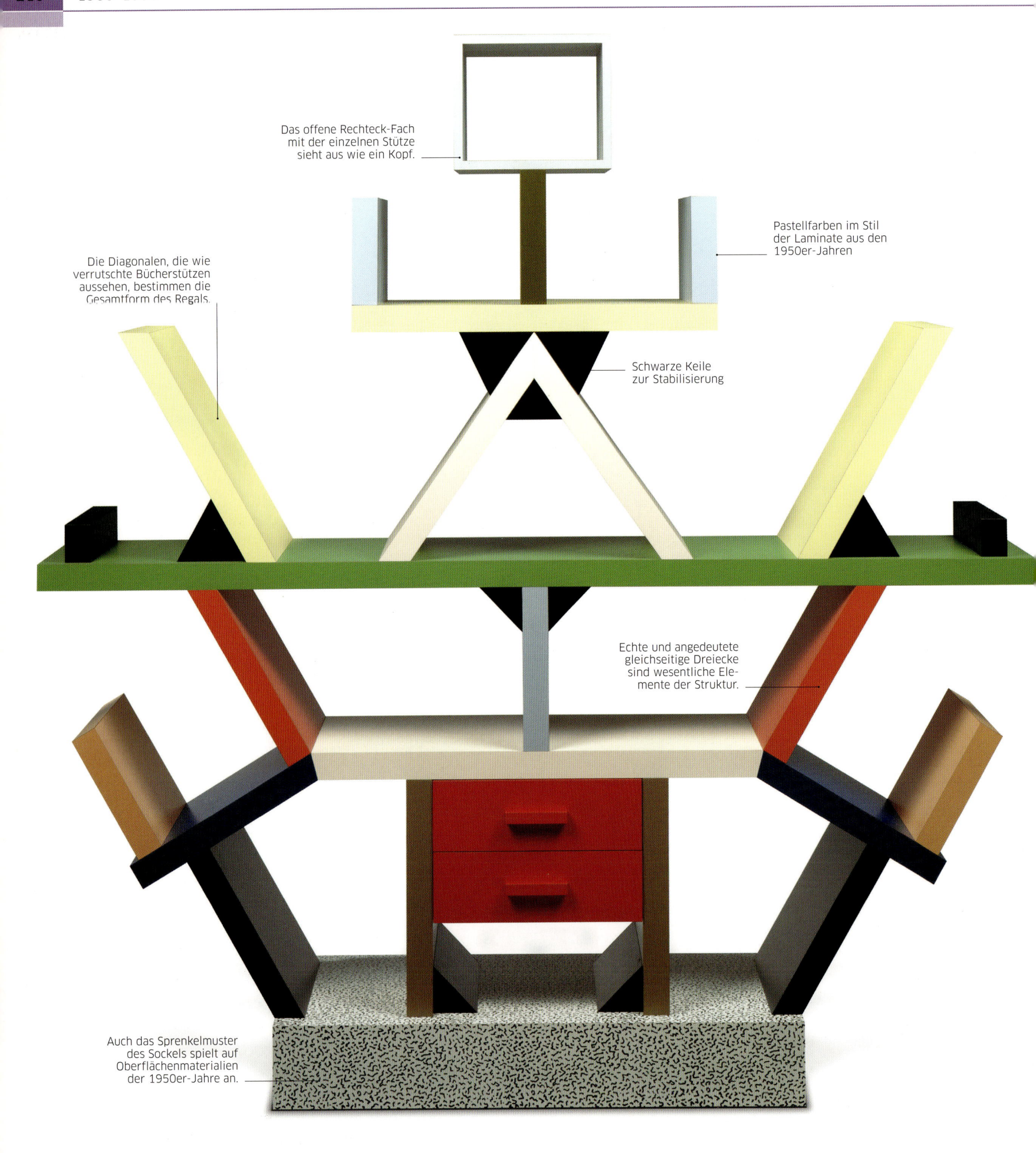

Das offene Rechteck-Fach mit der einzelnen Stütze sieht aus wie ein Kopf.

Pastellfarben im Stil der Laminate aus den 1950er-Jahren

Die Diagonalen, die wie verrutschte Bücherstützen aussehen, bestimmen die Gesamtform des Regals.

Schwarze Keile zur Stabilisierung

Echte und angedeutete gleichseitige Dreiecke sind wesentliche Elemente der Struktur.

Auch das Sprenkelmuster des Sockels spielt auf Oberflächenmaterialien der 1950er-Jahre an.

»Memphis ist nicht neu, Memphis ist überall.«
ETTORE SOTTSASS

Bücherregal Carlton

1981 ▪ MÖBEL ▪ HOLZ UND KUNSTSTOFFLAMINAT ▪ ITALIEN

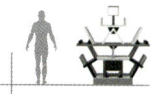

ETTORE SOTTSASS, MEMPHIS-GRUPPE

Das Bücherregal Carlton ist eine außergewöhnliche Konstruktion mit dynamischen Diagonalen, unüblichen Formen und leuchtenden Farben. Es zählt zu den bekanntesten Stücken der Memphis-Gruppe, die Ettore Sottsass (siehe S. 192) als Gegenbewegung zur Moderne gründete. Während das beste Design des 20. Jh. bislang geschmackvoll, rational und zurückhaltend gewesen war, setzte die Memphis-Gruppe auf bunte Farben, Theatralik und Verspieltheit. Das Bücherregal Carlton besitzt nur entfernte Ähnlichkeit mit traditionellen Möbeln und wurde wegen seiner Form auch mit einem Cartoon-Insekt verglichen. Es zeigt, wie Sottsass und andere Vertreter der Postmoderne (siehe S. 214) an die Zeitkultur anknüpften. Die Pop-Ästhetik des bunten, seltsam geformten Regals wird noch dadurch verstärkt, dass es aus preiswertem Holz und Kunststofflaminat besteht, statt, wie die meisten Designermöbel, aus edlen und kostspieligen Hölzern. Wie viele Designs der Postmoderne verkörpert das Regal aber auch Widersprüche. Einerseits spielt es auf die billigen, knallig-bunten Plastikprodukte der Popkultur an, andererseits ist es hervorragend verarbeitet und für den gehobenen Markt gedacht. Die Form mag irrational wirken, aber die Konstruktion auf der Basis gleichseitiger Dreiecke ist genau durchdacht. Es wird selten für Bücher benutzt, sondern wird von Sammlern eher als moderne Skulptur geschätzt.

MEMPHIS-GRUPPE

AKTIV 1981–1988

Die einflussreiche Memphis-Gruppe fand sich im Dezember 1980 zusammen. Der Name knüpft an einen Song von Bob Dylan an: »Stuck Inside of Mobile with the Memphis Blues Again«, und an die Tatsache, dass Memphis sowohl eine Stadt im alten Ägypten als auch ein Zentrum der amerikanischen Blues- und Soulmusik war. In der ersten Ausstellung (1981) wurden bunte und gemusterte Möbel, Keramik, Glas, Textilien und Leuchten in ungewöhnlichen Kombinationen aus billigen und luxuriösen Materialien gezeigt. Viele bedeutende Designer gehörten der Gruppe an, die sich 1988 auflöste.

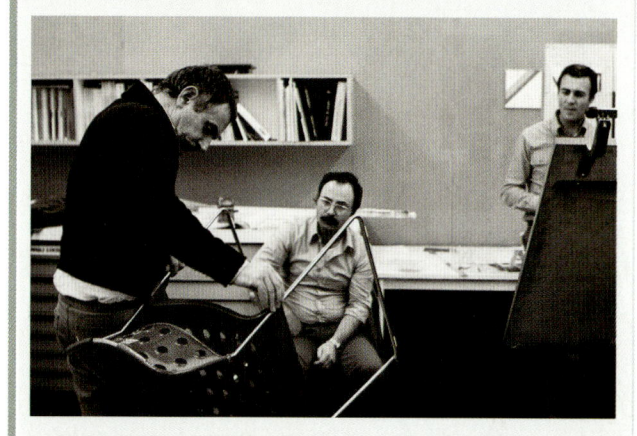

▲ **Ettore Sottsass** (links) und Kollegen, Mailand, 1979

Im Detail

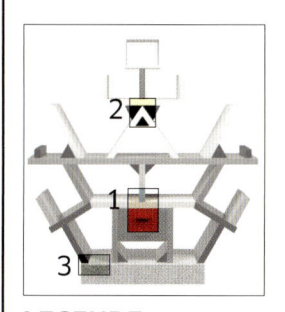

LEGENDE

▶ **SCHUBLADENFRONT**
Die beiden Schubladen haben konventionelle Fronten: einfache Rechtecke mit schlichten Holzgriffen. Die zweckmäßige Form folgt der Ästhetik der Moderne – nicht jedoch die auffällige, leuchtende Primärfarbe Rot.

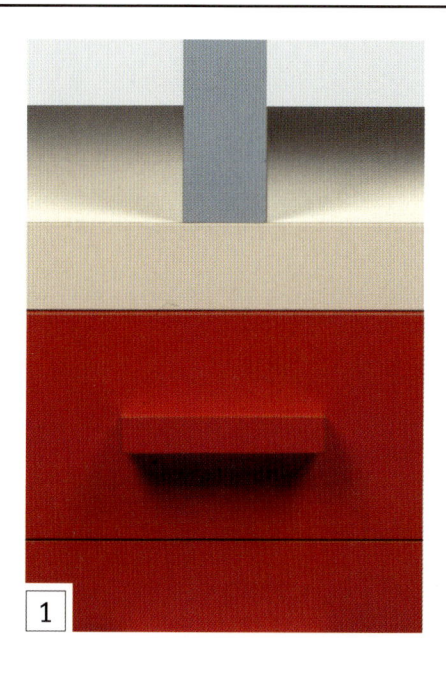

◀ **DREIECKIGE STÜTZE**
Schwarze Dreiecke, davon mehrere im mittleren Bereich, stabilisieren und verstärken die Konstruktion. Sie fallen ins Auge, weil sie durch ihre schwarze Oberfläche einen starken Kontrast zu den bunten Farben der Regalböden bilden.

◀ **UNTERE ECKVERBINDUNG**
Ein bemerkenswertes Detail des Regals sind die unsichtbaren Beschläge, mit denen die Teile miteinander verbunden sind. Weil keinerlei Befestigungselemente zu sehen sind, wirkt das Regal leicht und seine schiefen Ebenen scheinen mühelos aufeinander zu stehen.

Zeitschrift The Face

1981–1986 ■ GRAFIK ■ DRUCK AUF PAPIER ■ GROSSBRITANNIEN

NEVILLE BRODY

The Face erschien erstmals 1980 und etablierte sich schnell in der britischen Mode-, Kultur- und Musikjournalismus-Szene. Der Erfolg beruhte maßgeblich auf dem unkonventionellen Umgang mit der Typografie und dem innovativen Layout. Neville Brody, Grafikdesigner und Art Director der Zeitschrift, legte den Schwerpunkt auf die Typografie. Er setzte auf die Blickfangwirkung von auffälligen, handgezeichneten, oft hohen und kantigen Buchstaben, kombinierte fette und magere Schriften, enge und weite Abstände oder hohe und niedrige Buchstaben. Die Schrift fiel ins Auge, ohne von den ausdrucksvollen Coverfotos abzulenken. Brody integrierte Buchstaben und Zeichen ins Design, ließ sie bis an den Rand des Papiers laufen und verwendete gelegentlich sogar Schriften, die größer als die markante Titelzeile der Zeitschrift waren. Sein grafischer Stil war ungewöhnlich, aber klar und gut lesbar – genau richtig für eine stylische, moderne Zeitschrift, die sich ständig dem Zeitgeist anpasste. *The Face* hob sich durch Brodys Kreativität visuell von der Konkurrenz ab. Brodys Schaffen ermutigte andere Designer, sich von etablierter Typografie zu lösen, und bewirkte so einen Wandel im Aussehen von Zeitschriften, Plakaten und anderen grafischen Produkten.

NEVILLE **BRODY**
GEB. 1957

Neville Brody studierte am Hornsey College of Art und am Londoner College of Printing. Er entwarf Cover für Musikalben, ehe er von 1981 bis 1986 als Art Director von *The Face* weite Anerkennung für seine Arbeit erwarb. Bemerkenswert sind auch sein Design für die Zeitschrift *Arena* sowie Albumcover für Cabaret Voltaire. Brody war Mitgründer von FontWorks und entwarf eine Reihe von Schrifttypen. Sein eigenes Unternehmen Research Studios besitzt Büros in mehreren Ländern. Er ist Dekan der School of Communication am Londoner Royal College of Art.

Im Detail

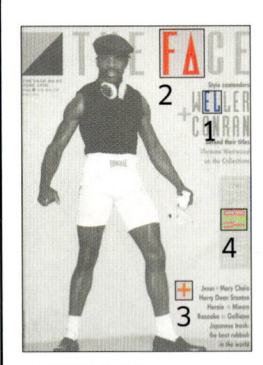

LEGENDE

▶ **EXTREM HOHE BUCHSTABEN** Schlanke, oft farbige Buchstaben tauchten häufig in der Zeitschrift auf. Sie gaben dem Cover sein unverwechselbares Aussehen und boten dem Designer die Möglichkeit, große Schrift auf dem engen Raum neben dem Titelfoto unterzubringen.

▶ **TITELZEILE** Die Titelzeile von *The Face* wurde gelegentlich verändert, enthielt aber fast immer das auffällige Dreieck. Die großen, kantigen Buchstaben und die weiten Abstände erinnern an den Stil von Konstruktivisten wie Rodtschenko und Stepanowa (siehe S. 44) und sorgten für den hohen Wiedererkennungswert der Titelzeile.

▲ **PLUS-ZEICHEN** Handgezeichnete Symbole wie Plus-Zeichen oder Sterne, oft in leuchtenden Farben, tauchten auf vielen Titelseiten auf. Hier wird das Plus anstelle des konventionellen Et-Zeichens verwendet, um auf das Titelthema hinzuweisen.

◀ **FARBIGER KASTEN** Ungewöhnliche Farben, vertikal laufende Schrift und farbig unterlegte Kästen wurden sparsam eingesetzt, meist nur für ein oder zwei Wörter, um einen Namen oder Begriff besonders hervorzuheben.

THE FACE

THE FACE No.62
JUNE 1985
85p ● US $2.75
GERMANY 5.80 DM

Style contenders

WELLER + CONRAN

defend their titles

Vivienne Westwood
on the Collections

BULLY BEEF!

+ Jesus + Mary Chain
Harry Dean Stanton
Heroin ● Miners
Bazooka ● Galliano
Japanese trash:
the best rubbish
in the world

Photo Jamie Morgan/Ray Petri

Wasserkessel 9093

1985 ■ PRODUKTDESIGN ■ STAHL UND KUNSTSTOFF ■ USA/ITALIEN

MICHAEL GRAVES

Maßstab

Als der italienische Hersteller Alessi den Architekten Michael Graves mit dem Design eines neuen Wasserkessels beauftragte, formulierte die Firma zwei Anforderungen. Der Kessel für den Herd sollte Wasser schnell zum Kochen bringen und amerikanisch aussehen. Graves war klar, dass sich die schnelle Kochzeit durch die richtige Form erreichen ließ: vom breiten Boden nach oben schmaler zulaufend. Das Aussehen war die größere Herausforderung. Er erinnerte sich an die Sommerferien seiner Kindheit, als er auf einer Farm in Indiana beim Aufwachen Wasser kochen und einen Hahn krähen hörte. So stattete er den Kessel mit einem roten Kunststoffvogel aus, der pfiff, wenn heißer Dampf durch die Tülle entwich.

Diese witzige Anspielung auf die Vergangenheit war typisch für die Postmoderne, die in den 1970er- und 1980er-Jahren den Stil von Architektur und Design prägte. Während die Vertreter der klassischen Moderne die Form der Funktion untergeordnet hatten, griffen die Designer der Postmoderne auf frühere Stile und die Volkskultur zurück. Sie setzten leuchtende, manchmal grelle Farben oder drastisch veränderte Proportionen ein, um gängige Vorstellungen darüber, wie Dinge auszusehen hätten, infrage zu stellen. Sie wollten dem Design wieder mehr Charakter und Witz geben und schufen Wolkenkratzer im Stil von Stuhllehnen aus dem 18. Jh. oder Kaffeekannen, die wie Gebäude aussahen. Der Wasserkessel 9093 mit dem pfeifenden, roten Vogel und dem blauen Griff folgte diesem Trend. Er zählt bis heute zu Alessis meistverkauften Produkten und hat sich als Design-Ikone der 1980er-Jahre einen Platz in Millionen Küchen weltweit erobert.

MICHAEL **GRAVES**

GEB. 1934

Michael Graves wurde in Indianapolis geboren. Er studierte Architektur in Cincinnati, Ohio, und Harvard und zog dann nach Rom, wo er maßgeblich durch Kunst und Architektur beeinflusst wurde. Graves arbeitet in den USA als Architekt und Architekturdozent und gehörte in den 1970er-Jahren einer Gruppe von postmodernen Architekten an. Sein Public Services Building in Portland, Oregon, war eines der Werke dieser Bewegung, die international berühmt wurden. In den 1980er-Jahren war Graves als Produktdesigner tätig. Neben der erfolgreichen Zusammenarbeit mit Alessi entwarf er Möbel, Keramik und Teppiche und eröffnete sogar ein eigenes Einzelhandelsgeschäft. In Anerkennung seines umfangreichen Schaffens wurde Graves 2012 mit dem renommierten Driehaus-Preis ausgezeichnet.

WASSERKESSEL 9093 ■ MICHAEL GRAVES 215

Der Henkel mit den Griffmulden liegt gut in der Hand.

Der Deckel mit dem großen, runden Knauf lässt sich leicht abnehmen.

Der Deckel setzt die gerundete Form des Korpus nahtlos fort.

Im Detail

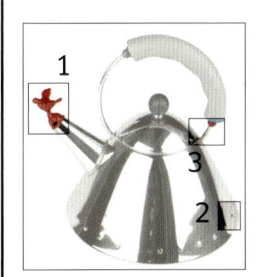

LEGENDE

▶ **VOGEL** Der rote Kunststoffvogel pfeift, wenn das Wasser kocht. Er ist eine Anspielung auf Graves' Kindheitserinnerungen und ähnelt Spielzeugpfeifen. Zum Ausgießen des Wassers muss er abgenommen werden.

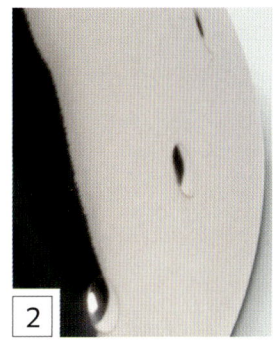

▲ **DEKOR** Die glänzende Oberfläche ist dicht über dem Boden mit einer Reihe kleiner, erhabener Punkte verziert. Solche Dekorationen sind typisch für den Stil der Postmoderne, die sich von der Schlichtheit der Moderne absetzen wollte.

▲ **HENKEL UND VERBINDUNG** Der schlichte, runde Metallhenkel würde auch an einem nüchternen Design der klassischen Moderne nicht deplatziert wirken. Die roten Plastikkugeln am Übergang zum himmelblauen Isoliergriff hingegen wirken verspielt. Die kräftigen Farben der Kunststoffelemente fallen ins Auge, und ihre matte Oberfläche bildet einen deutlichen Kontrast zum glänzenden Edelstahl.

STICHWORT **DESIGN**

In den frühen 1980er-Jahren lud Alessi Michael Graves und andere führende Architekten und Designer zur Teilnahme an einem Projekt ein, das Tea and Coffee Piazza hieß. Die Aufgabe lautete, Tee- und Kaffeeservice für kulturelle Institutionen zu gestalten. Graves' Entwürfe hatten architektonische Formen: postmoderne Gebäude im Miniaturformat, komplett mit Türmchen und spitzen Dächern. Mit diesem Projekt begann die Zusammenarbeit von Alessi und Graves, während derer der Wasserkessel 9093, die Thermoskanne Euclid und andere Designs entstanden.

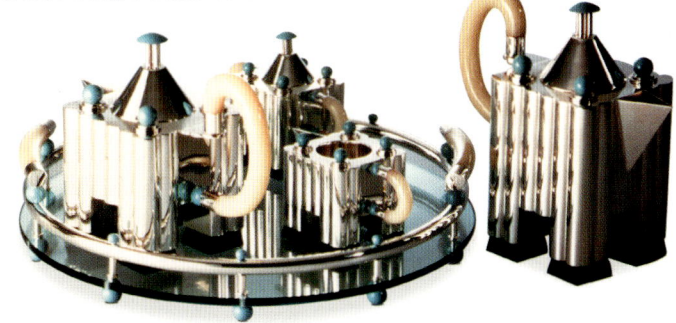

▲ **Tee- und Kaffeeservice Piazza**, Michael Graves, 1983

Sessel Wood

1988 ▪ MÖBEL ▪ HOLZ ▪ AUSTRALIEN

MARC NEWSON

Maßstab

Der Sessel Wood besteht aus Bugholz, das auf innovative Weise verarbeitet wurde. Während die ersten Bugholzstühle von Thonet (siehe S. 14-15) traditionelle Formen hatten, wurde hier eine fließende, organische Form gestaltet. Der Sessel besteht aus 24 parallelen, in gleichmäßigen Abständen angeordneten Holzstreifen, die zu einer eleganten Schleife mit zwei geraden Enden gebogen sind. Die Schleife bildet den Sitz, der schräg aufwärts gerichtete Rücken ist leicht gebogen, und das konvexe, durch eine Querstrebe verstärkte Unterteil gibt dem Sessel festen Stand. Fünf waagerechte Holzleisten halten die Bugholzstreifen zusammen.

Das Design sieht täuschend schlicht aus. Viele Hersteller hielten es für unmöglich, diese Kurven zu biegen, doch Newson fand schließlich einen Handwerker in Tasmanien, dem die Herstellung aus tasmanischem Pinienholz gelang. Der Designer präsentierte den Sessel auf der internationalen Wanderausstellung House of Fiction, die 1988 vom New South Wales Crafts Council veranstaltet wurde. Der elegant geschwungene Sessel, der den organischen Formen anderer Stücke von Newson ähnelte, beeindruckte die Kritiker, zumal er wegen der nachgiebigen Holzstreifen auch bequem war. Vier Jahre später übernahm die italienische Firma Cappellini die Herstellung. Dadurch stieg Newsons Bekanntheit in Europa und Bugholzmöbel wurden in einem neuen Licht gesehen.

Die Rückenlehne ist leicht gekrümmt.

Der Sessel ist bequem, weil die Bugholzstreifen wie Federn nachgeben.

MARC **NEWSON**

GEB. 1963

Marc Newson studierte an der Kunsthochschule seiner Heimatstadt Sydney Schmuckdesign und setzte die dort gelernten Kenntnisse der Metallverarbeitung auch für die Möbelgestaltung ein. Ende der 1980er-Jahre zog er nach Tokio und machte sich mit innovativen, organisch geformten Möbeln aus unterschiedlichsten Materialien wie Aluminium und Filz einen Namen. Seitdem hat er verschiedenste Produkte entworfen, von Uhren über Möbel bis zu Autos. Bekannt wurde er auch für seine Arbeit für die Flugzeugindustrie, darunter die Innengestaltung von Flugzeugen für Qantas.

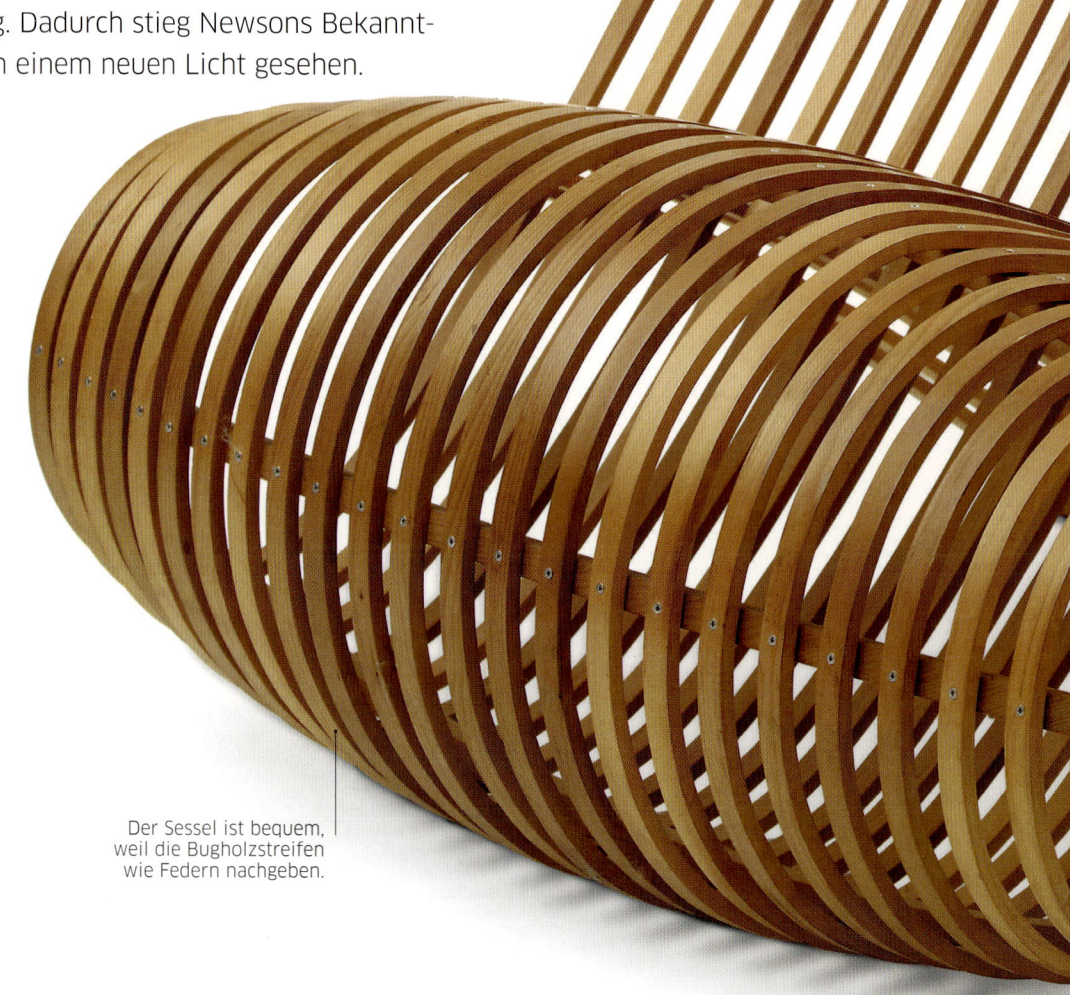

SESSEL WOOD ■ MARC NEWSON

STICHWORT **DESIGN**

Marc Newson wurde durch seine Sitzmöbel bekannt. Viele, darunter der Sessel Embryo, haben kurvige, biomorphe Formen. Interessant ist am Sessel Embryo nicht nur seine gerundete Form, sondern auch der Bezugsstoff. Dem begeisterten Surfer Newson gefielen die konventionellen Möbelstoffe nicht, darum wählte er stattdessen Neopren, das für Surfanzüge verwendet wird. Das Material ist in Schwarz, aber auch in leuchtenden Farben wie Gelb oder Grün erhältlich. Es fühlt sich ungewöhnlich an und gibt dem Sessel seinen besonderen Charakter.

◂ **Sessel Embryo,** Marc Newson für Idée, Japan, 1988

Der ursprüngliche Sessel bestand aus tasmanischem Pinienholz. Heute werden die Sessel aus Buche gefertigt.

Die Sitzfläche fällt zu den Seiten hin leicht ab.

Eine Querleiste am hinteren Ende sorgt für sicheren Stand.

Im Detail

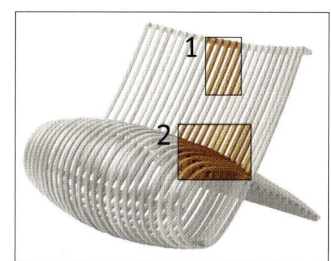

LEGENDE

▸ **OBERKANTE** Die waagerechte Leiste an der Oberkante der Lehne hält die Holzstreifen zusammen und gibt dem Sessel Stabilität. Die Holzstreifen sind mit 24 Metallschrauben an der Leiste befestigt.

▴ **SITZ UND LEHNE** Der Stuhl besticht durch das Zusammenspiel von Kurven und Geraden. Die Schleifenform des Sitzes bildet einen dramatischen Kontrast zu den klaren Diagonalen von Lehne und hinterer Stütze. Jeder Bugholzstreifen unterscheidet sich in der Länge geringfügig von seinen Nachbarn, darum ist bei der Herstellung äußerste Präzision erforderlich.

ZUM **KONTEXT**

Marc Newsons Möbel wurden meist nur in kleinen Serien gefertigt, doch er hat auch Stücke für die Massenproduktion entworfen, darunter Haushaltswaren für Alessi und Leuchten für Flos.

Mit Uhren hat sich Newson zu Beginn seiner Laufbahn intensiv beschäftigt. 1986 entwarf er die erste Armbanduhr für die Firma Pod, im Folgejahr kam eine limitierte Kollektion seiner Uhren auf den Markt. Alle Uhren sind minimalistisch. Sie haben schlichte, polierte Rahmen und Zifferblätter – meist ohne Ziffern – aus Metall. Auch sie zeichnen sich, wie die meisten Arbeiten von Newson, durch schlichte, runde Formen, Sorgfalt im Detail und hervorragende Verarbeitung aus.

▸ **Armbanduhr Pod,** Marc Newson, 1986

Rollstuhl Carna

1989 ■ ROLLSTUHL ■ TITAN, ALUMINIUMBLECH UND GUMMI ■ JAPAN

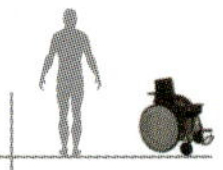

KAZUO KAWASAKI

1977 wurde der japanische Designer Kazuo Kawasaki durch einen Autounfall an den Rollstuhl gefesselt. Dieses Ereignis veränderte sein Leben und die Richtung seiner Arbeit: Er entwarf den zusammenklappbaren Rollstuhl Carna, benannt nach der römischen Göttin des Herzens und der Gesundheit. Kawasaki entwarf den Rollstuhl vorrangig für sich selbst, hoffte aber, dass er auch von anderen genutzt würde. Er wollte einen praktischen, verstellbaren Rollstuhl gestalten, der nicht so trist und langweilig aussah wie die üblichen Modelle.

Um das Gewicht gering zu halten, wählte Kawasaki für das Gestell Titan, das auch im Flugzeugbau und zur Herstellung von Sportgeräten wie Rennräder verwendet wird. Die großen Räder bestehen aus leichtem, stabilem Aluminium-Wabenblech, das ebenfalls im Flugzeugbau zum Einsatz kommt. Durch Verarbeitung dieser Materialien gelang es Kawasaki, einen Rollstuhl zu entwerfen, der nur 6 kg wog und leicht zu manövrieren war. Da Sitz und Rückenlehne herausgenommen werden können und der ganze Rollstuhl sich klein zusammenklappen lässt, ist er einfach zu transportieren und zu verstauen. Der Rollstuhl ist praktisch und sieht mit seinen weichen Gummi-Sitzpolstern und den leuchtend rot lackierten Rädern außerdem attraktiv aus. Er ist, wie Kawasaki angestrebt hatte, ebenso attraktiv wie ein brandneues Paar trendiger Sportschuhe.

KAZUO **KAWASAKI**

GEB. 1949

Kazuo Kawasaki studierte Industriedesign am Kanazawa College of Art und war danach bei Toshiba in der Abteilung Audio-Produkte tätig. Von den späten 1970er-Jahren an arbeitete er selbstständig und entwarf verschiedene Produkte, darunter Brillen mit auswechselbaren Teilen, eine Uhr und einen gefeierten, drehbaren Flachbild-Computermonitor. Kawasaki war als Berater für Apple tätig und an der Gründung des erfolgreichen Takefu Knife Village beteiligt, wo Messer in modernem Design mit traditionellen Handwerksmethoden hergestellt werden. Er hat sich als Dozent einen Namen gemacht, setzt sich für humanitäres Design ein und hat ein Impfset produziert, das in schwer zugänglichen Gebieten aus der Luft abgeworfen werden kann.

Im Detail

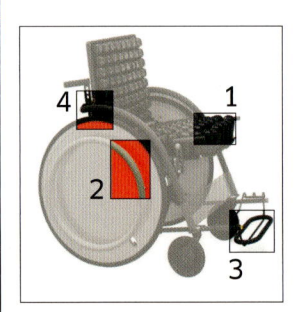

LEGENDE

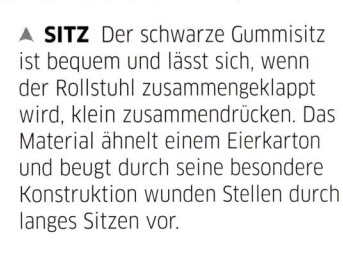

▲ **SITZ** Der schwarze Gummisitz ist bequem und lässt sich, wenn der Rollstuhl zusammengeklappt wird, klein zusammendrücken. Das Material ähnelt einem Eierkarton und beugt durch seine besondere Konstruktion wunden Stellen durch langes Sitzen vor.

◄ **RAD** Die großen Hinterräder sorgen dafür, dass sich der Rollstuhl Carna leicht in Bewegung setzen lässt und erschütterungsarm läuft. Die leuchtend roten Platten verdecken den leichten, aber stabilen Kern aus Aluminium-Wabenblech.

▲ **FUSSSTÜTZE** Die kompakte Fußstütze aus Metall ist zweckmäßig und leicht. Sie passt zur abgerundeten Form des Rollstuhlgestells. Durch solche Sorgfalt im Detail wirkt das Design stimmig und wie aus einem Guss.

▲ **ARMLEHNE** Die gepolsterten Armlehnen folgen im oberen Bereich der Rundung der Hinterräder, dann gehen sie in die gerade Verbindung zu den Vorderrädern über. Sie sind so breit, dass der Benutzer nicht mit den rotierenden Rädern in Berührung kommen kann.

ROLLSTUHL CARNA ■ KAZUO KAWASAKI

»Als visionärer Designer gestalte ich Produkte zuerst für mich selbst.«

KAZUO KAWASAKI, 1977

ZUM KONTEXT

In den 1980er-Jahren, als Kawasaki seinen Rollstuhl entwarf, wandelte sich das japanische Design beträchtlich. Viele Designer waren in großen Unternehmen beschäftigt, aber einige beschritten andere Wege. Shiro Kuramata (siehe S. 196) entwarf Möbel aus Plexiglas oder Stahlgittern, andere setzten sich für die Idee der *kawaii* (niedlichen) Produkte ein, etwa Lautsprecher in rundlicher Blasenform, wieder andere setzten auf traditionelles Handwerk. Diese Vielfalt der Formen und Objekte sowie der von Kuramata initiierte Trend zu ungewöhnlichen Materialien setzte sich fort, nachdem die japanische Wirtschaft in den 1990er-Jahren eine Krise erlitt, die Macht der Großunternehmen schwand und immer mehr Designer freiberuflich tätig waren.

▶ **Sessel How High the Moon,** Shiro Kuramata, 1986

Handgriff aus leichtem Metall

Das Material der Armlehnen ähnelt in Farbe und Textur den Reifen.

Tiefer Sitz aus weichem, flexiblem Gummi

Kleine Akzente in Gelb bilden einen starken Kontrast zu den roten Rädern und dem schwarzen Rahmen.

Bücherregal Bookworm

1993 ■ MÖBEL ■ FEDERSTAHL ODER THERMISCH GEFORMTES PVC ■ GROSSBRITANNIEN

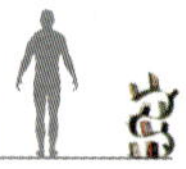

RON ARAD

1993 präsentierte der in England lebende Designer und Architekt Ron Arad auf der Mailänder Möbelmesse ein völlig neues Bücherregal. Es hatte nicht die übliche Rechteckform, sondern bestand aus einem langen Streifen Federstahl. Elf Winkel hielten die Bücher an ihrem Platz. Das Regal hatte keine vorgegebene Form. Der Benutzer konnte es selbst nach Belieben biegen und an der Wand montieren. Die kurvige, wandelbare Gestalt des Regals stellte eine grundlegende Neuerung im Möbeldesign dar. Der italienische Möbelhersteller Kartell wurde auf das Design aufmerksam und wollte die Produktion übernehmen, allerdings aus thermisch geformtem PVC, das preiswerter und für den Benutzer leichter zu handhaben war. Kartell vermarktete den Bookworm in verschiedenen Farben und Längen, blieb mit den Serienprodukten aber Arads Idee treu: Jeder Benutzer konnte die Kurvenform entsprechend den Raumverhältnissen oder dem geplanten Inhalt selbst gestalten. Arad hatte sich in der Design-Szene mit seinen individuell gefertigten, handgeschweißten Möbeln aus Metallblech und Leuchten mit postindustrieller Ästhetik bereits einen Namen gemacht. Der Bookworm war sein erstes Design für die Massenproduktion. Er wird wegen des großen Erfolgs bis heute hergestellt. Mit seinen Möbelentwürfen für Kartell, Vitra und andere Firmen sowie seinem Gesamtwerk und seiner originellen Denkweise hat sich Arad eine große Anhängerschaft erworben.

RON **ARAD**

GEB. 1951

Ron Arad wurde in Tel Aviv geboren, besuchte die Kunstakademie in Jerusalem und zog dann nach London, um an der Architectural Association zu studieren. 1981 gründete er mit Caroline Thorman One Off im Londoner Covent Garden, eine Firma für Design, Produktion und Verkauf handgefertigter Objekte, darunter der Sessel Rover. In den 1990er-Jahren arbeitete er mit namhaften Herstellern wie Kartell und Alessi zusammen, entwarf die Einrichtung zahlreicher Geschäfte sowie des Foyers des Opernhauses in Tel Aviv. Er war Architekt des Design Museum Holon (Israel), das 2010 eröffnet wurde.

STICHWORT **DESIGN**

Ron Arad erregte schon in den frühen 1980er-Jahren mit dem kreativen Recycling »gefundener« Materialien Aufsehen. Eines seiner bekanntesten frühen Produkte ist der Sessel Rover aus alten Auto-Ledersitzen und runden Stahlrohr-Gestellen. Aerial, eine Leuchte auf einer Auto-Antenne, entstand um die gleiche Zeit. Die Materialien und die Industrieästhetik von Arads Objekten passten gut zum damals modernen Hightech-Design. Durch die Wiederverwendung gebrauchter Komponenten unterschieden sie sich allerdings von der edlen Verarbeitung und den speziell gefertigten Bestandteilen aus Edelstahl und Glas, die für damaliges Design oft zum Einsatz kamen.

▲ **Rover Chair**, Ron Arad, 1981

Im Detail

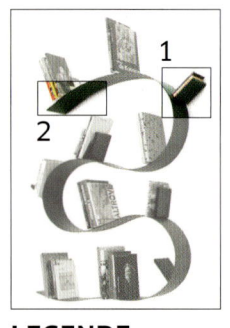

LEGENDE

▶ **DURCHBLICK** Kartell produziert das Regal in einigen Farben aus leicht durchscheinendem PVC, durch das man die Winkel (und die Bücher) erkennen kann. Dadurch und durch die intensiven Farben wirkt das Regal visuell vielschichtiger als andere Bücherregale oder Wanddekorationen. Das Stahlblech, das Arad ursprünglich verwendet hatte, wies diese Transparenz nicht auf.

▶ **WINKEL** Die Winkel, die in regelmäßigen Abständen am Bookworm befestigt sind, haben zwei Funktionen. Sie dienen als Bücherstützen und zugleich zur Wandbefestigung. Ihre Positionen an der Wand bestimmen, welche Form der Bookworm bekommt.

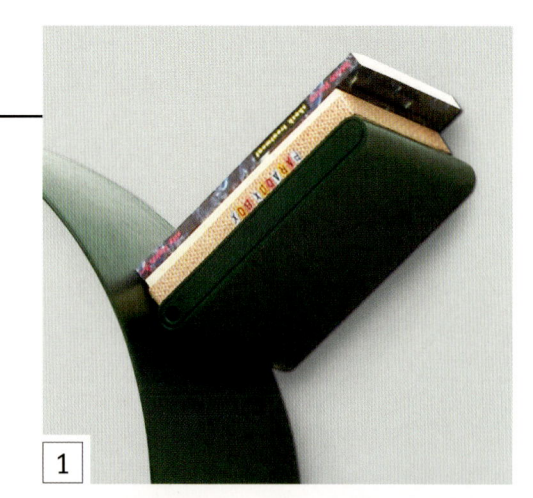

BÜCHERREGAL BOOKWORM ■ RON ARAD   221

»Ich möchte Neues schaffen.«
RON ARAD

Auf dem 20 cm tiefen Regal finden auch etwas größere Buchformate Platz.

Die Winkel sind etwas schmaler als das Regal selbst. Dadurch wird die kurvige Kontur nicht unterbrochen.

Seitlich abstehende Winkel können mehrere Bücher oder ein anderes Objekt tragen.

Das Regal hat eine natürliche Neigung, sich zu biegen. Es wird aufgerollt in einem Karton verkauft.

Das Regal wird in verschiedenen Farben angeboten: Silber und Weiß (undurchsichtig) sowie Schwarz, Kobaltblau und Weinrot (opal).

Deckenleuchte 85 Lamps

1993 ■ BELEUCHTUNG ■ VERSCHIEDENE MATERIALIEN ■ NIEDERLANDE

RODY GRAUMANS, DROOG DESIGN

Mit der Leuchte 85 Lamps hat der niederländische Designer Rody Graumans das Konzept des Kronleuchters auf das absolute Minimum reduziert. Die ursprüngliche Version bestand lediglich aus 85 Standard-Glühlampen mit ihren Plastik-Lampenfassungen und Kabeln, die oben gebündelt waren. Durch diese ungewöhnliche Kombination alltäglicher Objekte gab die Leuchte Anlass, ihre einzelnen Bestandteile wieder genauer wahrzunehmen und beispielsweise die schöne Form und die zweckmäßige Gestaltung einer normalen Glühlampe zu erkennen. Zahlreiche niederländische Designer befassten sich in den 1990er-Jahren mit Konzepten oder Produkten, die als altmodisch oder überholt galten, und verhalfen ihnen zu neuer Blüte. Dabei experimentierten sie mit Recycling-Ideen und schufen Objekte, die witzig waren oder zum Nachdenken anregten.

85 Lamps wurde 1993 auf der Möbelmesse in Mailand im Rahmen einer Ausstellung mit Arbeiten junger niederländischer Designer präsentiert. Wie die anderen Exponate verkörperte der stilisierte Kronleuchter die Schlichtheit und den trockenen Humor, der den Gründern der Designergruppe den Anstoß für die Namenswahl gab (Droog ist das niederländische Wort für trocken). Die Ausstellung kam gut an, nur ein Kritiker wandte ein, dass die 85 Glühlampen (trotz der geringen Wattzahl) viel Energie bräuchten. Darum wurde die neueste Version nun mit sparsamen LEDs ausgestattet. Auch das passt zum Ansatz von Droog, alte Ideen zu recyceln und etwas Neues daraus zu gestalten.

DROOG **DESIGN**

GEGR. 1993

Die Idee von Droog Design entstand 1993, als Produktdesigner Gijs Bakker und Designhistorikerin Renny Ramakers bei einer Ausstellung auf der Mailänder Möbelmesse zusammenarbeiteten. Im Folgejahr gründeten sie die Stiftung Droog Design und schlossen einen Vertrag mit einem Herstellungs- und Vermarktungsunternehmen. Es folgten weitere Ausstellungen mit Beiträgen unabhängiger Designer, deren Arbeiten zu Droogs originellen, klaren Konzepten und der humorvollen, unverschnörkelten Herangehensweise passten. 2003 gründete die Gruppe eine eigene Produktions- und Vertriebsfirma, wenig später wurde eine Galerie mit Geschäft in Amsterdam eröffnet. Inzwischen befassen sich die Designer von Droog auch mit Laden- und Küchendesign. Zu ihren Auftraggebern zählen Unternehmen wie Levi Strauss und British Airways. Droog veranstaltet Ausstellungen und Seminare. Auch durch zahlreiche Veröffentlichungen stellt die Gruppe sicher, dass ihre innovativen Ideen in der Designszene gebührend wahrgenommen werden.

> »Weniger und mehr in einem Produkt vereint.«
>
> DROOG DESIGN

Die ursprüngliche Leuchte war mit 15-Watt-Glühlampen bestückt. Heute werden stattdessen 1,5-Watt-LEDs eingebaut.

STICHWORT **DESIGN**

Droog Design steht für Lowtech-Design und für die erfindungsreiche Verarbeitung preiswerter, standardisierter oder recycelter Materialien. Neben der Leuchte 85 Lamps zählen zu den frühen Stücken von Droog Tejo Remys Kommoden aus zusammengebundenen alten Holzschubladen sowie seine »Lumpensessel« (Rag) aus Schichten von Alttextilien, die mit Verpackungsstahlband verschnürt waren. Mit dieser Kombination aus gehobenem Design und bescheidenen Materialien ist die Gruppe auch in Entwicklungsländern aktiv. Die Vasen von Nadine Sterk und Lonnie van Rijswijck bestehen aus recycelten Plastikbehältern, eingebettet in Holzformen, die von Handwerkern in São Paulo hergestellt werden und diesen ein Einkommen verschaffen.

▶ **Sessel Rag,** Tejo Remy, 1991

DECKENLEUCHTE 85 LAMPS ■ RODY GRAUMANS, DROOG DESIGN   223

Lüsterklemmen aus Plastik, die normalerweise versteckt installiert werden, bilden hier einen Blickfang am Kopf der Leuchte, wo die Lampenkabel zusammenlaufen.

Durch die gebündelten Lampenkabel bekommt die Leuchte eine Kegelform.

Im Detail

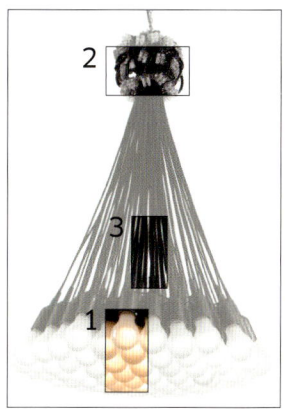

LEGENDE

▶ **GLÜHLAMPEN** Weil die Glühlampen nicht von einem Schirm verborgen sind, kann man ihre klare Form ganz aus der Nähe betrachten. Von unten gesehen bildet die Masse der runden, leuchtenden Formen eine einzige Lichtquelle und zugleich einen eindrucksvollen Blickfang.

▲ **BÜNDELUNG** Im Gegensatz zur geordneten Klarheit des unteren Teils der Leuchte wirkt das obere Ende wie ein wirres Bündel aus Kabeln und Lüsterklemmen. Das Gewirr bildet einen annähernd runden Knoten, der entfernte Ähnlichkeit mit einer Kreuzblume hat.

▶ **KABEL** Leuchten mit mehreren Glühlampen verfügen normalerweise nur über ein Kabel, das zum Deckenanschluss führt, während die übrigen Kabel in der Konstruktion verborgen sind. Bei 85 Lamps ist jede Glühlampe mit einem eigenen Kabel ausgestattet, denn die Designer von Droog legen Wert darauf, dass die Konstruktion ihrer Objekte leicht zu verstehen ist.

Sessel Vermelha

1993 ■ MÖBEL ■ ALUMINIUM, STAHL UND BAUMWOLLE ■ BRASILIEN

FERNANDO UND HUMBERTO CAMPANA

Als 1993 der Sessel Vermelha (portugiesisch = rot) präsentiert wurde, sorgte er für Aufsehen. Mit Hunderten von Schlaufen aus dickem, rotem Seil sah er völlig anders aus als andere Sitzmöbel. Der Prototyp wurde im Rahmen einer Ausstellung in São Paulo (Brasilien) gezeigt, und viele Besucher hielten ihn für ein bizarres Kunstwerk, aber nicht für ein Möbelstück. Seine Designer, die Brüder Fernando und Humberto Campana, erläuterten die symbolische Bedeutung des Sessels. Sie beschrieben ihn als Darstellung des chaotischen Schmelztiegels, als den sie ihr Heimatland sahen.

Die Hersteller waren hinsichtlich des Produktionsverfahrens für den Sessel unsicher, doch schließlich nahm die italienische Firma Edra die Herausforderung an. Die Grundkonstruktion besteht aus drei Beinen, einer Platte für den Sitz sowie einigen aufrechten Streben. Das Seil wird erst wie ein Korbgeflecht um diese Streben geschlungen, dann werden mehrere Lagen von Schlaufen um Lehne und Sitz gearbeitet. Die Anordnung der Schlaufen sieht wie zufällig aus, ist aber genau kalkuliert und nimmt pro Sessel etwa 50 Stunden Handarbeit in Anspruch. Durch die vielschichtigen Schlaufen ist der Sessel robust und bequem. Wahrscheinlich ist aber eher sein ungewöhnliches, etwas surreales Aussehen dafür verantwortlich, dass er zum meistverkauften Produkt der Brüder Campana und zum Symbol für den Einfallsreichtum brasilianischen Designs wurde.

Im Detail

LEGENDE

▶ **SEILE** Die Polsterung aus lockeren Schlaufen wird von Hand gefertigt. Sie besteht aus etwa 500 m Seil mit einem Acrylkern und einer Ummantelung aus roter Baumwolle. Durch diese Materialkombination ist der Sessel stabil und weich.

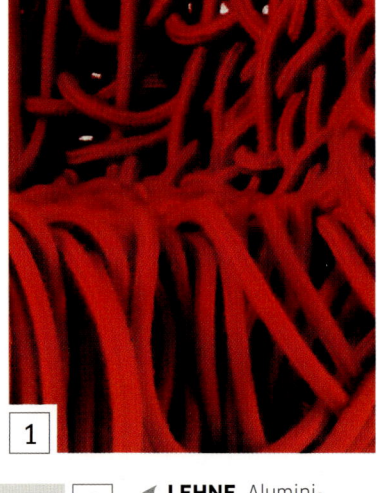

◀ **LEHNE** Aluminiumstreben, die an der Sitzplatte befestigt sind, bilden die Unterkonstruktion der Lehne. Ihre Enden ragen über die Seilschlaufen hinaus. Sie korrespondieren mit den glänzenden Beinen und lassen die zugrunde liegende Konstruktion erahnen.

FERNANDO UND HUMBERTO CAMPANA

GEB. 1961, GEB. 1953

Nach seinem Architekturstudium in den frühen 1980er-Jahren eröffnete Fernando Campana mit seinem älteren Bruder, dem Juristen Humberto, ein Studio. Sie begannen, eine Reihe von Stühlen zu entwickeln, die hauptsächlich aus Abfall- und Recyclingmaterialien bestanden. Zuerst war ihre Arbeit außerhalb Brasiliens kaum bekannt, doch das änderte sich mit dem Sessel Vermelha und einer Ausstellung im New Yorker Museum of Modern Art (1998). Heute sind sie für ihr Produktdesign und ihre Skulpturen berühmt.

STICHWORT DESIGN

Pappe, Stoffreste und Gummischläuche gehören zu den preiswerten oder recycelten Materialien, aus denen die Brüder Campana Möbel entwerfen. Ihre Arbeiten lassen sich keiner Kategorie zuordnen, und obwohl viele wie zufällig zusammengeschustert wirken, sind sie exakt durchdacht und akkurat gefertigt. Der Sessel Favela (1991) aus Holzverschnitt spielt auf brasilianische Großstadtslums an, Banquete (2002) besteht aus Kuscheltieren. Der Hocker Sushi (2002) aus Stoffresten sieht aus wie ein Korb voller Zuschnitte für ein Patchwork.

▶ **Hocker Sushi,** Fernando und Humberto Campana, 2002

SESSEL VERMELHA ■ FERNANDO UND HUMBERTO CAMPANA   225

Mehrlagige, einander überlappende Schlingen bilden die dichte Polsterung.

▲ **Seitenansicht**

»Materialien zeigen uns, wie sie umgeformt werden können und wollen.«

HUMBERTO CAMPANA

Durch die herabhängenden Schlaufen wird das lässige Erscheinungsbild des Sessels betont.

Auf den schräg stehenden Beinen ruht die verborgene Sitzplatte.

▲ **Vorderansicht**

Staubsauger Dyson DC01

1993 ■ PRODUKTDESIGN ■ KUNSTSTOFF UND METALL ■ GB

JAMES DYSON

1978 stellte der britische Designer und Erfinder James Dyson fest, dass die Saugkraft seines Staubsaugers nachließ. Er öffnete ihn und sah, dass das Gerät Staub von Luft trennte, indem es die Luft durch die Wände eines porösen Beutels saugte, der den Staub zurückhielt. Die Poren im Beutel verstopften aber schnell und die Saugkraft ließ nach. Bei der Besichtigung eines Sägewerks sah Dyson ein anderes Verfahren: die Zyklontechnik. Um einen zentralen Kegel herum wurde ein Luftwirbel erzeugt, der durch Zentrifugalkraft den Sägestaub aus der Luft entfernte. Dyson erkannte, dass ein Staubsauger mit Zyklontechnik ohne Staubbeutel auskam und folglich kein Saugkraftverlust auftreten konnte.

1985 kam in Japan nach jahrelanger Arbeit der erste von Dyson entworfene, beutellose Staubsauger in den Handel. Das Modell namens G-Force verschaffte Dyson die finanziellen Mittel, seine Idee weiterzuentwickeln. 1993 kam in England das Modell DC01 auf den Markt, eine verbesserte Version des ersten Zyklonstaubsaugers. Die Kunden waren nicht nur von seiner Leistung beeindruckt, sondern auch von seinem Aussehen. Dysons Gerät mit dem grau-gelben, teilweise transparenten Gehäuse sah völlig anders aus als damalige Staubsauger. Das Design war nicht nur praktisch, sondern auch ein Kaufanreiz. Der Dyson DC01 kam auf den Markt, als sich die britische Wirtschaft von einer Rezession erholte. Er wurde bald zum meistverkauften Staubsauger des Landes und zum Symbol des Aufschwungs durch Innovation und Design.

Maßstab

▲ **Seitenansicht**

Integrierter Tragegriff

Gute Lenkbarkeit durch tief liegenden Schwerpunkt

Zylinder aus robustem ABS-Kunststoff

Der Staub sammelt sich in dem transparenten Zylinder.

Saugöffnung bis an die Seiten des Bürstenkopfes sorgt für gute Kantenreinigung.

JAMES **DYSON**

GEB. 1947

James Dyson studierte Möbeldesign und Innenarchitektur am Royal College of Art in London und begann seine Berufslaufbahn mit der Gestaltung von Interieurs und Möbeln für Geschäfte, Theater und den Flughafen Heathrow. In den 1970er-Jahren gründete er ein Unternehmen zur Entwicklung von Produkten wie Ballbarrow, einer innovativen Schubkarre mit einer Kugel als Rad. Seit der Markteinführung seiner Staubsauger hat Dyson viele andere Produkte entworfen, die innovative Technik mit modernstem Design vereinen, darunter Waschmaschinen, Ventilatoren sowie verschiedene Airblade-Händetrockner.

Im Detail

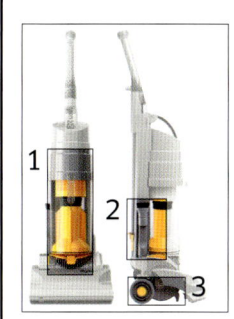

LEGENDE

▶ **ZYLINDER** Marktforscher rieten von dem transparenten Zylinder ab, weil die Kunden den Staub unappetitlich finden könnten. Dyson bestand jedoch darauf, weil der wirbelnde Staub den Benutzern die Funktion des Geräts veranschaulicht. Außerdem ist auf einen Blick zu sehen, wann der Behälter geleert werden muss.

▶ **ZUBEHÖR** Als der DC01 auf den Markt kam, war es nicht selbstverständlich, dass das Zubehör direkt am Gerät aufbewahrt wird. Die Halterungen des Dyson sind übersichtlich angeordnet. Die Bürste und andere Teile bestehen aus Kunststoff im gleichen Grau wie der Staubsauger und sind ähnlich futuristisch geformt.

◀ **FARBE** Alle beweglichen Teile des Staubsaugers sind leuchtend gelb. Dadurch brachte Dyson praktische Aspekte und markantes Design in Einklang. Die ungewöhnliche Kombination aus Grau und Gelb sprach die Kunden an und fand viele Nachahmer.

STICHWORT **DESIGN**

James Dyson nimmt sich für die Entwicklung seiner Produkte viel Zeit. Statt direkt am Computer zu planen, beginnt er mit Bleistiftzeichnungen. Anhand der Skizzen werden dann Modelle und Prototypen gebaut. Für den beutellosen Staubsauger entstanden mehr als 5000 Prototypen, von denen keiner die Ansprüche des Designers voll erfüllte. Dyson sieht solche Probleme positiv: »Fehler sind wertvoll, weil man daraus lernen kann. Ich mache jeden Tag viele.« Seine frühen Fehler musste er allein bewältigen. Heute arbeitet ein großes Forschungs- und Entwicklungsteam an seinen neuen Designs.

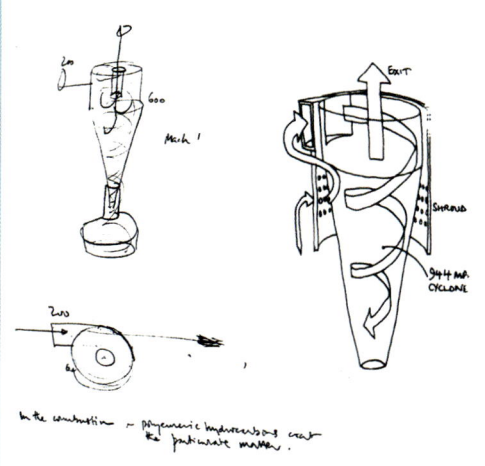

▲ **Skizzen** zeigen die Entwicklung der Root Cyclone™-Technologie, James Dyson, 1980er-Jahre

»Ich will nur, dass Dinge ordentlich funktionieren.«

JAMES DYSON

ZUM **KONTEXT**

Die auffällige Kombination aus transparentem Zylinder, grauem Kunststoffgehäuse und beweglichen Teilen in Gelb war lange ein Erkennungszeichen der Dyson-Sauger. Spätere Modelle, Bodenstaubsauger ebenso wie Bürstsauger, waren in ähnlichen Farben gestaltet. Die neueste Serie von Handstaubsaugern schlägt aber in gestalterischer und technischer Hinsicht andere Wege ein. Mit dem DC44 Digital Slim kam 2012 ein schnurloser Akkusauger mit ausgewogener Gewichtsverteilung und einem leuchtend blauen Aluminium-Saugrohr in den Handel, der nur 2,3 kg wog. Durch Veränderungen der Konstruktionsweise ermöglichen diese Handstaubsauger, nicht nur den Fußboden abzusaugen, sondern Flächen in jeder Höhe, einschließlich der Zimmerdecke, komfortabel zu reinigen.

▲ **DC02**, 1995   ▲ **DC08**, 2002   ▲ **DC25**, 2008   ▲ **DC44**, 2012

Schrifttype Verdana

1996 ■ GRAFIK ■ GROSSBRITANNIEN/USA

MATTHEW CARTER

Bis zum Ende des 20. Jh. war die Typografie das Metier der Druckindustrie, die Zeitungen und Bücher auf Papier produzierte. Mit der zunehmenden Verbreitung von Personal Computern in den 1980er- und 1990er-Jahren wandelte sich die Branche drastisch. Nicht alle traditionellen Schriften waren auf einem Bildschirm gut lesbar, darum bestand Bedarf an neuen Schriften speziell für Monitore. 1994 beauftragte Virginia Howlett von Microsoft den britischen Typografen Matthew Carter mit der Gestaltung eines Fonts. Er arbeitete mit dem Schriftengestalter Thomas Rickner zusammen und präsentierte zwei Jahre später die Schrift Verdana. Die Schrift eignete sich für Bildschirme, für zahlreiche verschiedene Sprachen und auch zum Ausdrucken in geringer Größe und Auflösung. Durch die großen Buchstabenabstände war sie gut lesbar. Aufgrund ihrer Einbindung in Computer-Betriebssysteme ist Verdana heute eine der weltweit meistbenutzten Schriften und wird von Softwareentwicklern wie Web-Designern gleichermaßen geschätzt. Auch für konventionelle Grafik wird sie gelegentlich verwendet. 2009 beschloss die schwedische Möbelfirma Ikea, Verdana (die bereits auf der Website verwendet wurde) auch für den gedruckten Katalog zu benutzen. Die Wahl einer eigentlich für Monitore gedachten Schrift war umstritten. Sie zeigt aber, dass Verdana durch das inzwischen selbstverständlich gewordene Internet allgegenwärtig ist.

ABCDEFGHIJKL
MNOPQRSTUVW
XYZabcdefghijk
lmnopqrstuvwx
yz0123456789

MATTHEW **CARTER**

GEB. 1937

Der gebürtige Londoner Matthew Carter lernte während eines Praktikums in einer Schriftgießerei in den Niederlanden die Herstellung traditioneller Metalltypen und Matrizen kennen. Nach seiner Rückkehr nach London war er als Typograf tätig und entwarf zahlreiche Schriften für Linotype sowie das Logo für die Zeitschrift *Private Eye*. 1981 gründete er mit anderen die Schriftfirma Bitstream Inc., die digitale Schriften herstellte. Zehn Jahre später eröffnete er ein weiteres Unternehmen, Carter & Cone. Matthew Carter hat eine Vielzahl von Fonts für Computer entwickelt, aber auch Schrifttypen für Publikationen wie *Washington Post*, *Boston Globe*, *New York Times* und *Wired*.

STICHWORT **DESIGN**

Die ersten Schriften für Computer entstanden vor einigen Jahrzehnten. Arial wurde als Schrift für Bürodrucker 1982 von IBM eingeführt. Sie war von einem Team bei Monotype unter der Leitung von Robin Nicholas und Patricia Saunders entwickelt worden. Arial ähnelt der Helvetica (siehe S. 158), hat aber weichere Rundungen, und einige Buchstaben enden mit einem schrägen Abschluss. Die Serifenschrift Georgia wurde 1993 von Matthew Carter für Bildschirme entwickelt. Sie ähnelt der Times New Roman, hat aber eine größere x-Höhe, weitere Abstände, etwas breitere Buchstaben und breitere, stumpfe Serifen. Comic Sans, 1994 von Vincent Connare entwickelt, spielt auf Comic-Schriften an und war als informelle Schriftart konzipiert.

abcdefghijklmnopqrs
tuvwxyz1234567890

▲ **Georgia,** Matthew Carter, 1993

abcdefghijklmnopqr
stuvwxyz1234567890

▲ **Arial,** Robin Nicholas/Patricia Saunders, 1982

abcdefghijklmnopqrs
tuvwxyz1234567890

▲ **Comic Sans,** Vincent Connare, 1994

Im Detail

ABCDEFGHI[1]JKL
MNOPQRSTUVW
XYZ[2]b[3]gfghijk
lmnop[4]qrstuvwx
yz0123456789

LEGENDE

▶ **KLEINBUCHSTABE B** [2]
Matthew Carter stattete die Buchstaben der Verdana mit einer großzügigen Mittellänge aus (die Höhe des Kleinbuchstabens x bzw. des Bauchs des Kleinbuchstabens b). Auch die Abstände zwischen den Buchstaben sind recht groß. Dadurch lassen sie sich in der Bildschirmdarstellung leichter unterscheiden.

◀ **GROSSBUCHSTABE J** [1]
Das Risiko der Verwechslung ähnlicher Buchstaben wurde sorgfältig vermieden. Ein kurzer waagerechter Strich am oberen Ende des J unterscheidet diesen Buchstaben vom Großbuchstaben I und von der Ziffer 1.

▲ **KLEINBUCHSTABE Q** [4] Das kleine q sieht mit seiner einfachen, geraden Unterlänge sehr schlicht aus. Erst bei genauem Hinsehen erkennt man die kunstvolle Kombination aus geraden Strichen und Kurven sowie die feinen Variationen der Strichstärke. Solche Sorgfalt im Detail beweist Carters typografisches Geschick.

◀ **KLEINBUCHSTABE G** [3] Die meisten Kleinbuchstaben sind relativ breit. Das fällt besonders beim kleinen g auf, dessen Bauch deutlich breiter ist als die Unterlänge.

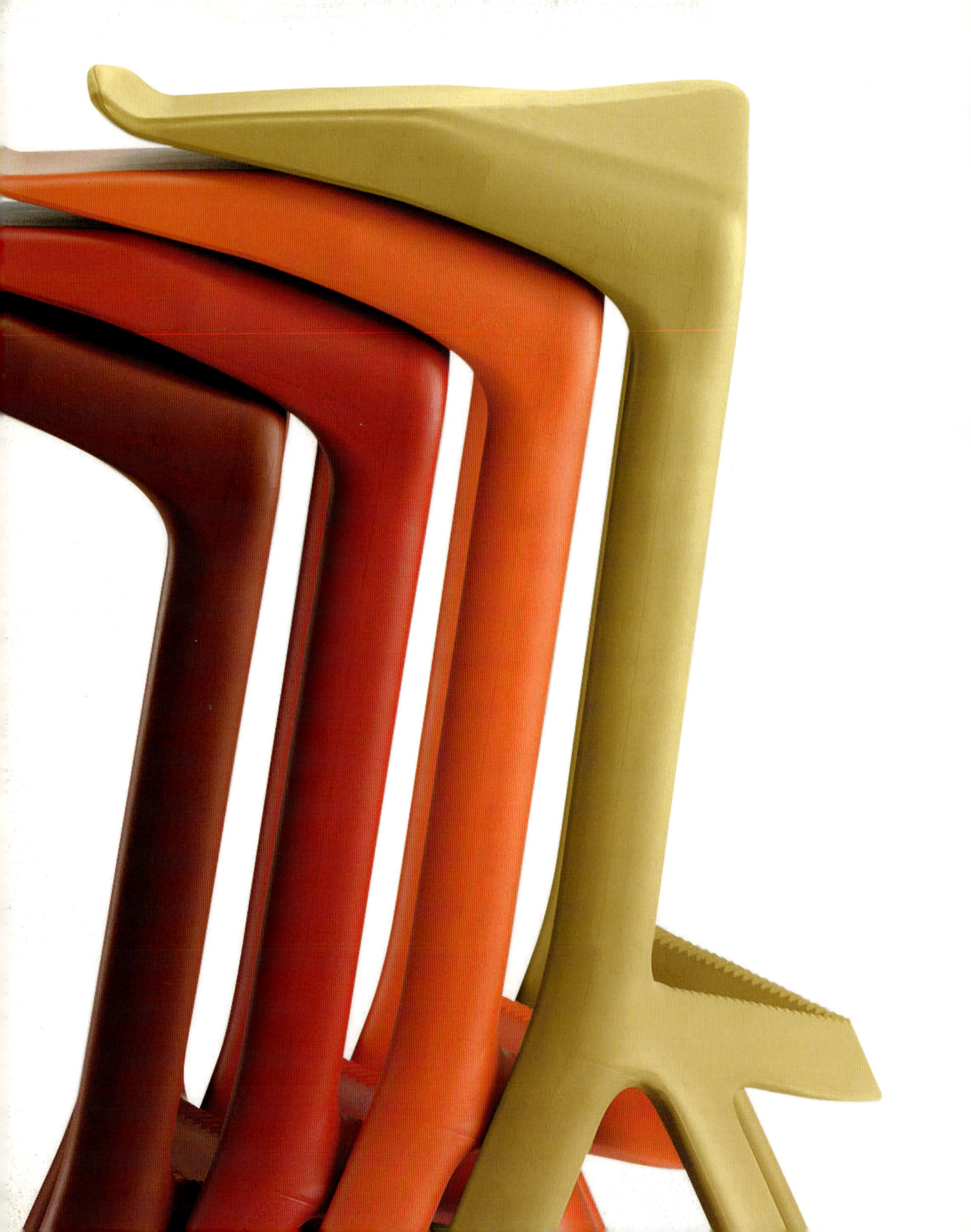

1996–heute

- **Regalsystem Brick** Ronan und Erwan Bouroullec
- **Sessel Fjord Relax** Patricia Urquiola
- **Leuchte Garland** Tord Boontje
- **Sofa Lover** Pascal Mourgue
- **Stapelhocker Miura** Konstantin Grcic
- **Tischleuchte Evolute** Matali Crasset
- **Stuhl Spun** Thomas Heatherwick
- **Apple iPad** Jonathan Ive, Apple Industrial Design
- **Stuhl Masters** Philippe Starck

Regalsystem Brick

2000 ▪ MÖBEL ▪ POLYSTYROL ODER MDF ▪ FRANKREICH

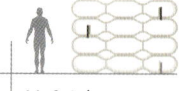

RONAN UND ERWAN BOUROULLEC

Im Jahr 2000 erhielten die französischen Designer Ronan und Erwan Bouroullec den Auftrag zur Mitarbeit am Design für eine Schuhausstellung im Rahmen des Festival International des Arts de la Mode in Hyères in Südfrankreich. Auf der Suche nach einem geeigneten Präsentationsmöbel kamen sie auf die Idee, eine Reihe standardisierter Elemente zu entwickeln, die leicht zusammenzubauen und an verschiedene Ausstellungsorte anzupassen waren. So entstand ihr geniales Regalsystem Brick, dessen Module wie Mauersteine aufeinandergesetzt und mit Klammern verbunden werden, um eine offene Regalwand zu gestalten. Durch Anfügen weiterer Module lässt sich die Regalwand vergrößern.

Die Brüder Bouroullec entschieden sich aus zwei Gründen, das Regal aus Polystyrol fertigen zu lassen: Das Material hat die gewünschte glatte Oberfläche und kann mit Laser geschnitten werden. Design und Herstellung erfolgen mit digitaler Technik, die von den Bouroullecs mit einem dreidimensionalen Ausdruck verglichen wurde: »Der Laser übernimmt die Rolle eines großen Druckers. Die Dateien werden aus unserem Studio verschickt, der Hersteller erledigt den Zuschnitt und die Lieferung der Teile.« Der Prozess nahm das 3-D-Druckverfahren voraus, das heute zunehmend Verbreitung findet.

Die Brüder erkannten bald, dass sich das wandlungsfähige Präsentationsmöbel, für das sie eine neuartige Produktionsmethode entwickelt hatten, auch als Regal oder Raumteiler für private Wohnungen eignete. Die italienische Firma Cappellini produziert das System seit 2001. Die fließenden, organischen Rundungen, das praktische Design und die Vielseitigkeit fanden positive Resonanz bei Kunden, die für dekorative Objekte einen passenden Rahmen suchten. Wegen seines klaren Äußeren wurde es auch als Raumteiler mit variabler Höhe für moderne Wohnungen mit offenem Grundriss gut angenommen.

Maßstab

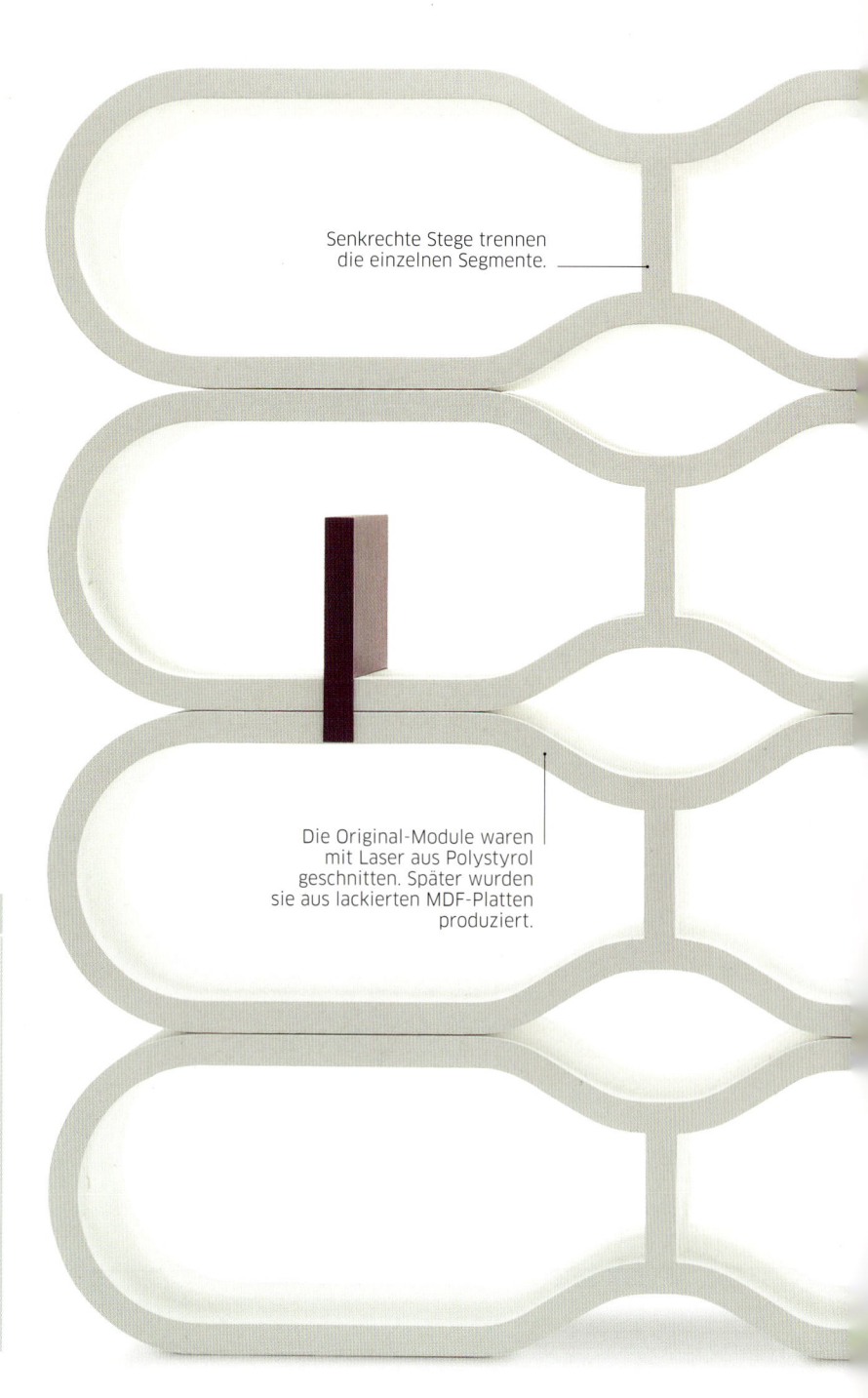

Senkrechte Stege trennen die einzelnen Segmente.

Die Original-Module waren mit Laser aus Polystyrol geschnitten. Später wurden sie aus lackierten MDF-Platten produziert.

RONAN UND ERWAN **BOUROULLEC**

GEB. 1971, GEB. 1976

Die Brüder Bouroullec kamen in Quimper zur Welt. Ronan studierte Industrie- und Möbeldesign in Paris, Erwan besuchte die École Nationale Supérieure d'Arts de Paris in Cergy. Zu ihren ersten gemeinsamen Projekten zählten eine Schmuckkollektion für SMAK, Geschirr für Habitat sowie Leuchten und Keramik für Cappellini. Die Brüder arbeiten bis heute zusammen. Ihre Arbeiten wurden weltweit ausgestellt, und auf der Liste ihrer Auftraggeber stehen Firmen wie Vitra, Ligne Roset, Alessi und Flos.

Im Detail

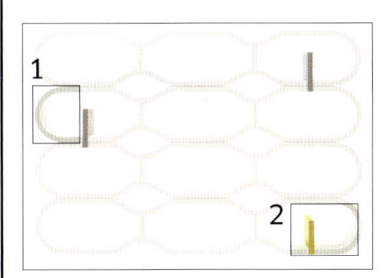

LEGENDE

▶ **REGALENDEN** Ein Merkmal, durch das sich Brick von üblichen Regalen unterscheidet, sind die abgerundeten Enden. Polystyrol und MDF eignen sich gut, um die Module mit den fließenden, kurvigen Konturen an Enden, Ober- und Unterseiten herzustellen.

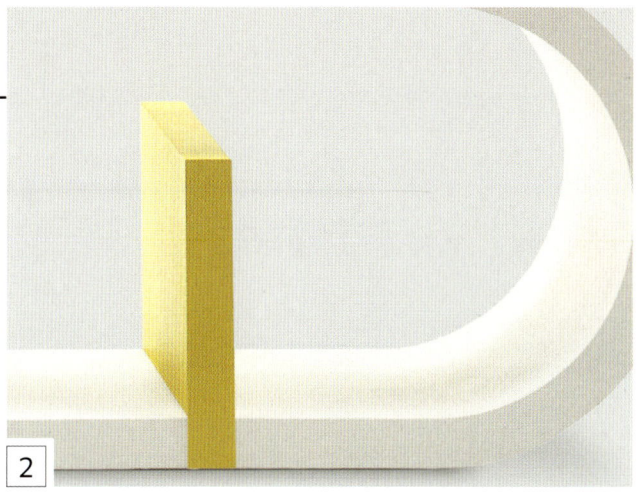

▲ **STÜTZEN** Da Brick zunächst als Präsentationsmöbel für Ausstellungen konzipiert war, sollte es eine klare, neutrale Oberfläche haben, die nicht von den Exponaten ablenkte. Das weiße Polystyrol bot sich dafür an. Aufgelockert wird es durch die farbigen Stützen, die einige Module unterteilen und durch ihre Akzentwirkung das reine Weiß noch betonen.

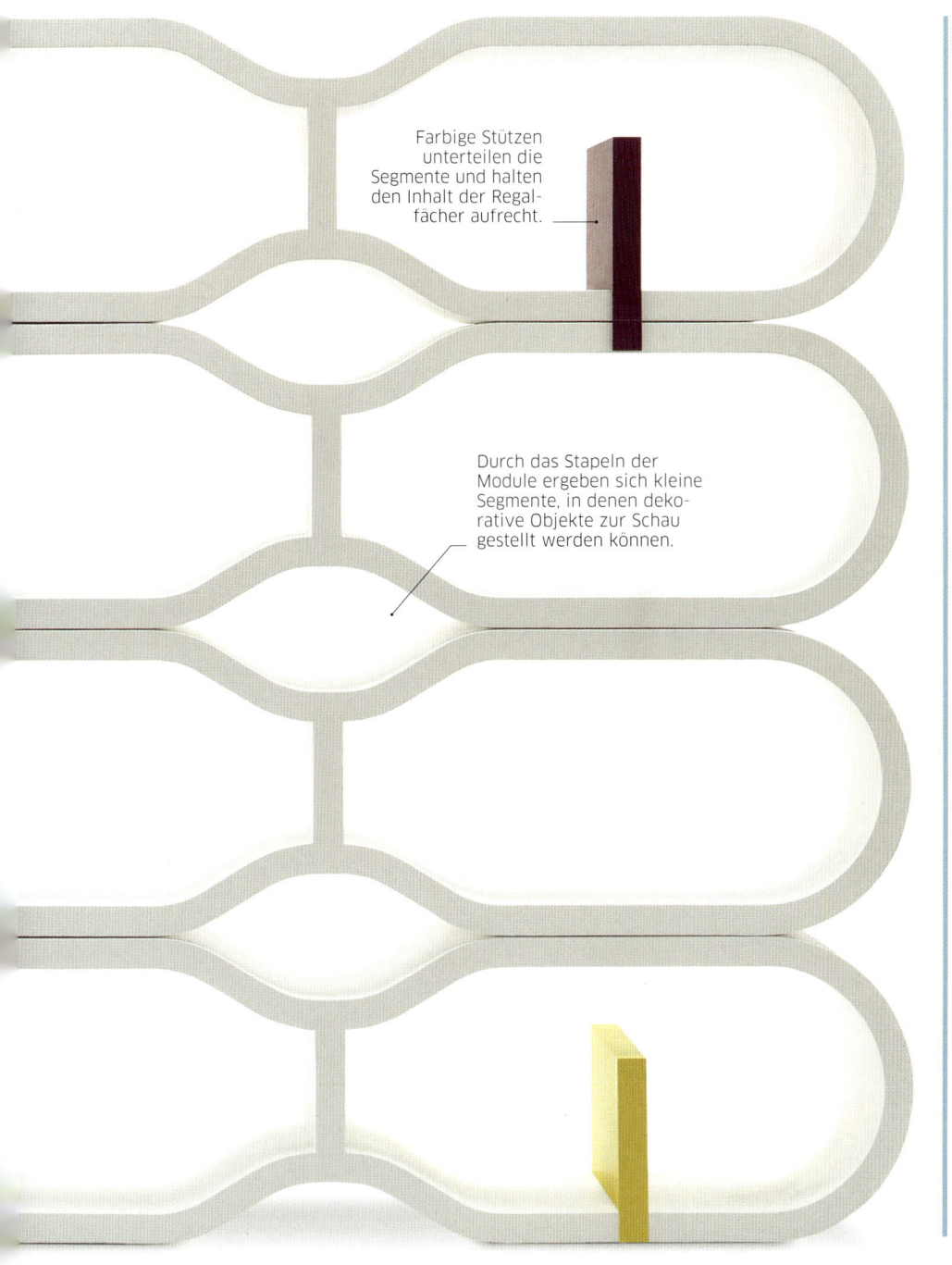

Farbige Stützen unterteilen die Segmente und halten den Inhalt der Regalfächer aufrecht.

Durch das Stapeln der Module ergeben sich kleine Segmente, in denen dekorative Objekte zur Schau gestellt werden können.

STICHWORT **DESIGN**

Viele Arbeiten der Brüder Bouroullec bestehen aus Elementen, die auf verschiedene Weise zusammengesetzt werden können, beispielsweise die Vases Combinatoires, die Ronan Bouroullec schon 1997 entwarf. Diese Vasen aus Polypropylen wurden als Achter-Set gefertigt und konnten zu Gefäßen verschiedener Formen und Größen zusammengefügt werden. Mit dem Regalsystem Brick setzten die Brüder dieselbe Idee in größerem Maßstab um. Auch das Regalsystem Cloud besteht aus kleinen, kombinierbaren Modulen. Noch ambitionierter ist das Polystyrene House: verschiedene Polystyrol-Streifen und Holzsegmente, die zu einem Haus zusammengesteckt werden können. Mit solchen Designs zeigen die Brüder ihr ausgeprägtes Interesse am architektonischen Aspekt des Produktdesigns. Sie möchten die Benutzer anregen, darüber nachzudenken, wie sie Dinge in ihrer Umgebung nutzen und mit ihnen interagieren.

▲ **Regalsystem Cloud,** Ronan Bouroullec, 2004

Sessel Fjord Relax

2002 ▪ MÖBEL ▪ STAHL, POLYURETHANSCHAUM UND STOFF ▪ ITALIEN

PATRICIA URQUIOLA

Die spanischstämmige Designerin Patricia Urquiola war auf einer Reise nach Skandinavien vom dortigen modernen Möbeldesign beeindruckt. Besonders begeisterte sie das berühmte Ei von Arne Jacobsen (siehe S. 162–163). Urquiola wählte diesen Sessel als Inspiration für einen eigenen Entwurf, variierte aber die beschützend gerundete Form und brachte Anspielungen auf die dramatische skandinavische Landschaft in ihr Design ein.

Ihr Sessel hat, wie das Ei, gerundete Konturen, aber in der Rückenlehne einen tiefen Einschnitt, der für die Fjorde Norwegens steht. Er hat Urquiolas Sessel und den passenden Stühlen, Hockern und Fußhockern ihren Namen gegeben. Die leichte Stahl-Unterkonstruktion, mit Polyurethanschaum gepolstert und mit Stoff oder Leder bezogen, hat eine ausgeprägt asymmetrische und zugleich organische Form, die allenfalls einem zerbrochenen Ei ähnelt. Urquiola war sich dessen bewusst. Sie wollte die Schönheit des Unvollständigen zum Ausdruck bringen, die sich beispielsweise in zerbrochenen Muscheln oder ausgewaschenen Kieseln findet. Sie bedachte außerdem, dass die Menschen heute lässiger sitzen als in den späten 1950er-Jahren, als Jacobsen sein Ei entwarf. In Urquiolas Sessel kann man zwanglos lümmeln, ein Bein über die Armlehne hängen und es dennoch bequem haben. Bei der Gestaltung des Fjord-Sessels arbeitete Urquiola zum wiederholten Mal mit ihrer Kollegin Patrizia Moroso zusammen, deren kompetente Möbelbauer garantieren, dass die Verarbeitung der auffälligen Sessel höchsten Ansprüchen genügt.

PATRICIA URQUIOLA
GEB. 1961

Patricia Urquiola wurde in Oviedo (Spanien) geboren, studierte Architektur in Madrid und setzte die Ausbildung in Mailand fort. Ihre Examensarbeit wurde von Achille Castiglioni (siehe S. 180) betreut, der ihr Interesse am Produktdesign weckte. Urquiola war Assistenzdozentin in einigen von Castiglionis Seminaren und gestaltete als Mitarbeiterin einer Architekturfirma Geschäfte und Restaurants. 1996 übernahm sie die Leitung der Mailänder Designgruppe Lissoni Associati, arbeitete aber auch unabhängig. Neben Möbeln entwarf sie Keramik, Textilien und Leuchten.

Im Detail

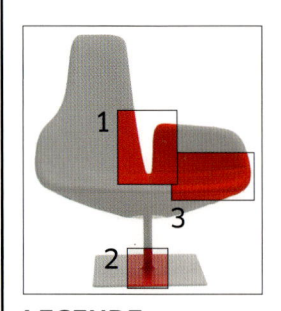

LEGENDE

▶ **KERBE** Der tiefe Einschnitt in der Rückenlehne ist das Erkennungsmerkmal des Sessels Fjord. Der Einschnitt verkleinert zwar die Fläche der Rückenlehne, doch durch die Rundung im unteren Bereich, die in die Armlehne übergeht, wird die Lendenwirbelsäule gut gestützt.

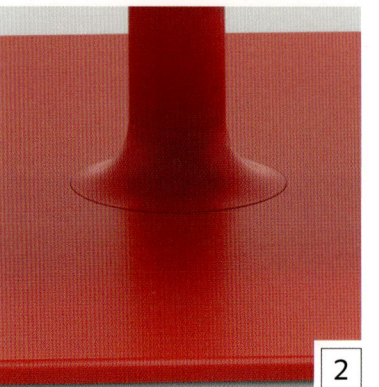

▲ **BEZUG** Die sichtbaren Nähte sind ein modernes Detail des Bezugs. Einfarbige Bezüge sind zwar beliebt, aber der Sessel Fjord wird auch zweifarbig mit unterschiedlichen Bezügen für Innen- und Außenseite angeboten.

◀ **FUSS** Die tragende Metallstütze ist stabil, aber schlank. Dadurch wirkt der Sessel, als würde er in der Luft schweben. Auch dies trägt zu seinem ungewöhnlichen Aussehen bei.

SESSEL FJORD RELAX ▪ PATRICIA URQUIOLA 235

ZUM KONTEXT

Patricia Urquiola vereint in ihrer Arbeit traditionelles Handwerk mit modernen Materialien, avantgardistisches Design mit Komfort und praktischer Nutzbarkeit. Ihre Möbel sehen einladend aus, bieten aber auch Überraschungen. Ein gutes Beispiel ist die Chaiselongue Antibodi, die Urquiola für Moroso entworfen hat. Sie hat ein konventionelles Edelstahlgestell und einen wendbaren Bezug, dessen eine Seite einem Quilt ähnelt. Die andere Seite ist mit wattierten, rasterartig angeordneten »Blütenblättern« aus Stoff besetzt (siehe unten). Der unkonventionelle Charakter dieser Bezugsseite wird durch den Farbkontrast zwischen den Blütenblättern und dem Hintergrundstoff noch betont.

▲ **Chaiselongue Antibodi,** Patrica Urquiola, 2006

Die sichtbaren Nähte betonen Höhe und Form des Sessels.

Der tiefe, rundliche Sitz lädt zum Entspannen ein.

Fuß und Stütze haben eine Hochglanzlackierung, die farblich auf den Bezug abgestimmt ist.

»Sei leidenschaftlich und neugierig!«
PATRICIA URQUIOLA

Leuchte Garland

2002 ▪ BELEUCHTUNG ▪ VERNICKELTES MESSING ▪ NIEDERLANDE/FRANKREICH

TORD BOONTJE

Viele Arbeiten des niederländischen Designers Tord Boontje zeigen, dass zeitgemäße Herangehensweisen und neueste Technologien nicht gleichbedeutend mit kaltem, minimalistischem Design sein müssen. Eines der besten Beispiele ist seine sinnlich-verspielte Leuchte Wednesday, eine Girlande aus Blüten und Blättern, die über eine Glühlampe gehängt wird. Boontje entwarf die Leuchte kurz nach der Geburt seiner Tochter, die ihm den Anstoß gab, sich mit »femininen« Themen zu befassen.

Die ursprüngliche Leuchte Wednesday bestand aus dünnem Edelstahlblech, aus dem das kunstvolle Blatt- und Blütenmuster ausgestanzt war. Drapierte man sie über eine Glühlampe, warf sie beim Einschalten ein vielgestaltiges Licht-und-Schatten-Muster in den Raum. Der Designer spielte damit auf die Lichtspiele in Laubwäldern und das Glitzern von Eis und Kristallen an, die er sehr liebt. Als die Leuchte 2001 auf den Markt kam, sorgte sie für Aufsehen, und Boontje beschloss, eine preiswertere Version für den Massenmarkt zu entwickeln. Die Leuchte Garland aus vernickeltem Messing wurde flach verpackt verkauft. Weil die Benutzer sie selbst in Form biegen mussten, wurde jede Leuchte zum Unikat. Es ist sogar möglich, mehrere Girlanden zu einem größeren Lichtobjekt zu verbinden. Die Leuchte beweist, dass großartiges Design durch kreative Ideen und moderne Herstellungstechniken auch für Kunden mit schmalem Budget erschwinglich sein kann.

Maßstab

Der Hauptstiel mit zahlreichen Bögen und Windungen bildet das tragende Gerüst der Leuchte.

Selbst die unteren Elemente reflektieren das Licht in den Raum.

Den unteren Abschluss bildet eine zarte Girlande aus zierlichen, kleinen Blüten und Blättern.

TORD **BOONTJE**

GEB. 1968

Tord Boontje studierte an der Design Academy Eindhoven Industriedesign und erwarb den Master am Royal College of Art, London. Er lebte eine Zeit lang in London, dann in Frankreich, und kehrte 2009 nach London zurück, um eine Stelle als Dozent für Produktdesign am Royal College of Art anzutreten. Er hat Möbel, Stoffe, Leuchten und Glasobjekte für renommierte Kunden wie Alexander McQueen, Moroso und Swarovski entworfen. Seine Designs sind in zahlreichen Museen und Sammlungen zu sehen und wurden mit vielen Preisen ausgezeichnet.

Im Detail

LEGENDE

◀ **BLÜTE** Blüten bilden eines der Hauptmotive der Girlande. Sie tauchen in verschiedenen Größen auf, und ihre Blütenblätter verbreitern sich zum Rand hin. Die größeren Exemplare tragen zwischen den Blütenblättern schmale Strahlen. Auf den ersten Blick sehen die Blüten aus, als hätten sie sechs Blütenblätter. Tatsächlich sind es nur fünf. Den Platz des sechsten nimmt der Stiel ein, der die Verbindung zum Hauptzweig darstellt.

▲ **BLATT** Ähnlich wie die Blüten wiederholen sich auch die schlichten, stilisierten Blattformen in verschiedenen Größen. Jedes Blatt sitzt an einem schlanken Stiel. Einige der Stiele verzweigen sich weiter und münden in dünnere Stiele mit kleineren Blättchen.

▲ **LICHTSPIEL** Die Leuchte besteht aus einem einzigen Material – vernickeltes Messing – mit einheitlicher Oberfläche. Durch die unterschiedliche Stellung zum Leuchtmittel werden manche Teile hell angestrahlt, während andere im Schatten liegen. Dadurch entsteht auf der Metallgirlande ein reizvolles Lichtspiel.

▲ **LEUCHTMITTEL** Die Blüten und Blätter aus Metall verdecken die Lichtquelle nicht vollständig. Aus manchen Blickwinkeln kann man Teile von Glühlampe oder Fassung erkennen, aber im glitzernden Gewirr der Blüten und Blätter fallen diese nicht störend auf.

STICHWORT **DESIGN**

Tord Boontje bewegt sich oft im Grenzgebiet zwischen Handwerk und Design. Er entwirft Objekte aus Recyclingmaterialien, beispielsweise Glasgefäße aus alten Wein- und Bierflaschen. Als Inspirationsquelle dient ihm das zeitgenössische Handwerk, seine Arbeiten sind meist schlicht und zeichnen sich durch achtsamen Umgang mit den Materialien aus. Zur Leuchte Wednesday erklärt er: »Sie sollte nicht zu perfekt oder zu modisch werden ... Sie ist ganz normal – wie ein Mittwoch.«

Für Arbeiten wie die Leuchten Wednesday und Garland nutzt er das präzise Fotoätzverfahren, das in den letzten Jahrzehnten entwickelt wurde. Solche Verfahren, die eine direkte Verbindung zwischen Design und Produktion herstellen, sprechen Designer wie Boontje an. Für ihn besitzt der Herstellungsvorgang eine besondere Faszination. Seit der Gestaltung der Leuchte Wednesday hat Boontje in zunehmendem Maß neue Technologien eingesetzt.

Sein Interesse an Materialien wird an Stücken wie dem Kronleuchter Blossom deutlich, einer zeitgemäßen Neuinterpretation des Kronleuchters im Auftrag der Firma Swarovski. Boontjes Version besteht aus Gruppen von Kristallen, die wie Blüten zusammen mit energiesparenden LEDs an einem Zweig angeordnet sind: eine gelungene Fusion aus Alt und Neu.

▶ **Kronleuchter Blossom,** Tord Boontje, 2002

Sofa Lover

2003 ■ MÖBEL ■ MEMORY-SCHAUMSTOFF UND EDELSTAHL ■ FRANKREICH

PASCAL MOURGUE

Beim Entwurf des Sofas Lover und anderer Modelle aus der Lover-Serie studierte der französische Designer Pascal Mourgue die Art, wie sich eine menschliche Hand zur Faust ballt und wieder öffnet. Die Möbel, die anschließend entstanden, ähneln in ihrer organischen Beweglichkeit der Hand und bieten einen Komfort, den man von einem Design auf Grundlage der menschlichen Anatomie erwarten kann.

Möglich wurde die innovative Herangehensweise durch die Verwendung von Memory-Schaumstoff. Das Hightech-Material wird heute für Matratzen verwendet, wurde aber ursprünglich im Forschungszentrum der NASA für Flugzeugsitze entwickelt. Memory-Schaumstoff verändert durch Einwirkung von Druck und Wärme durch den menschlichen Körper seine Form. Manche Arten kehren in die Ursprungsform zurück, wenn der Druck nachlässt, andere halten die veränderte Form lange. Morgue verwendete für seine Sofas und Sessel den zweiten Typ, damit der Benutzer ihre Form teilweise selbst beeinflussen konnte. Das Sofa hat eine geteilte Rückenlehne, deren beide Hälften wie Kissen aufgerollt oder senkrecht gestellt werden können. Mourgue entwarf später ein Bett mit einem hohen Kopfteil aus Memory-Schaumstoff. Die Kollektion Lover wird für Ligne Roset produziert und beweist, wie gut sich moderne Materialien mit innovativem Design vertragen.

◀ **Chaiselongue** Das Kopfende der Chaiselongue Lover kann aufgerollt werden, sodass es ein bequemes Stützkissen für den Nacken des Benutzers bildet.

Der Bezugsstoff, ein Mischgewebe aus Wolle und Acryl, wird eigens für diese Serie produziert.

PASCAL **MOURGUE**

GEB. 1943

Pascal Mourgue wurde in Neuilly-sur-Seine geboren, studierte an der École Boulle Bildhauerei und besuchte die École Nationale Supérieure des Arts Décoratifs In den frühen 1960er-Jahren war er als Künstler tätig, begann aber auch, Möbel zu entwerfen. Allmählich verlagerte sich sein Schwerpunkt von Büromöbeln zu Wohnmöbeln. Während seiner langen Zusammenarbeit mit dem Möbelunternehmen Ligne Roset entwarf er die Serien Lover, Calin, Sala und andere. Sein umfangreiches Portfolio umfasst außerdem Keramik, Leuchten, Segelboote sowie zahlreiche Gemälde und Skulpturen.

Im Detail

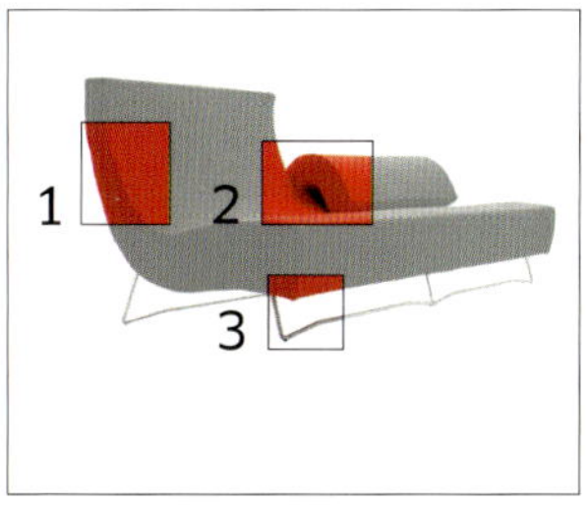

LEGENDE

▶ **AUFRECHTE LEHNE** Der Schaumstoffkorpus verjüngt sich im hinteren Bereich der Sitzfläche, wo er in die Rückenlehne übergeht. In aufrechter Position schirmt die Rückenlehne den Benutzer zum Raum hin ab und bildet eine bequeme Stütze.

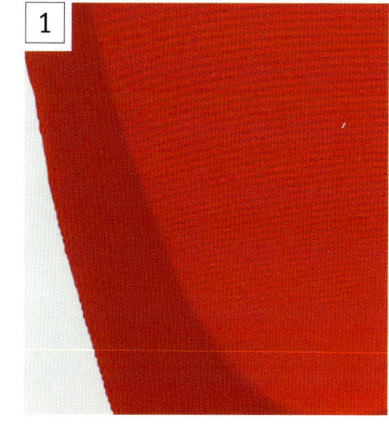

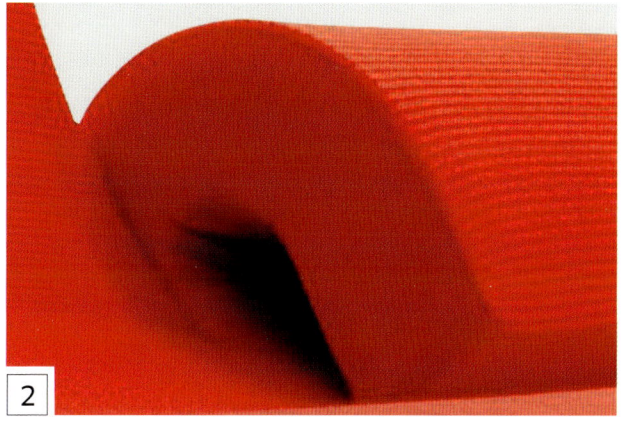

▲ **KISSEN** Rollt man die Lehne nach vorn, wird sie zu einem stützenden Kissen, das sich wegen der besonderen Eigenschaften des Schaumstoffs der Körperform anpasst. Die runde Kissenform ist äußerst bequem. Optisch erinnert sie an die barocken Schwünge, mit denen im 18. und 19. Jh. Sofas und Chaiselongues verziert waren.

▲ **FÜSSE** Beine und Füße des Sofas bestehen aus gebürstetem Edelstahl und sind unsichtbar am Rahmen befestigt. Sie lenken nicht vom Hauptelement des Designs – Sitz und Lehne in leuchtendem Rot – ab.

STICHWORT **DESIGN**

Vielen von Pascal Mourgues Möbelentwürfen ist anzusehen, dass er ausgebildeter Bildhauer ist. Sitze, Rückenlehnen, Polster und Stützen seiner Sessel und Sofas haben oft skulpturhaften Charakter. Sie zeugen von seinem kreativen Umgang mit dem Raum und von Offenheit gegenüber den Sitz- und Entspannungsgewohnheiten der Menschen. Die Serie Downtown verfügt über Rückenlehnen mit verschiedenen Einstellmöglichkeiten, teilweise auch rechtwinklig zueinander, sodass die Benutzer ihre Sitzpositionen je nach Tätigkeit oder Bedürfnis selbst bestimmen können. Passende Kissen dienen bei Bedarf als zusätzliche Stützen. Die gerundeten Formen und die weichen Konturen tragen zur skulpturhaften Wirkung bei und laden ein, die attraktiven Möbel zu berühren.

▲ **Sofa Downtown,** Pascal Mourgue, 2006

Wegen der hohen Dichte des Schaumstoffs behält das Polster seine aufgerollte Form.

Aufgrund der niedrigen Beinkonstruktion befindet sich die Sitzfläche dicht über dem Boden.

Das Sofa wird in Rot und in sechs weiteren Farben produziert.

»Wenn man es aufrollt, kann man in seiner Umarmung entspannen.«

PASCAL MOURGUE

Stapelhocker Miura

2005 ▪ MÖBEL ▪ GLASFASERVERSTÄRKTES POLYPROPYLEN ▪ DEUTSCHLAND/ITALIEN

Maßstab

KONSTANTIN GRCIC

Als das italienische Designunternehmen Plank den deutschen Designer Konstantin Grcic mit dem Entwurf eines Kunststoff-Barhockers beauftragte, nutzte er diese Gelegenheit, um sich von der harten Liniensprache seiner früheren Designs zu entfernen. Der Hocker sollte für Privatgebrauch und Gewerbe geeignet sein. Seine Konturen sind weich, die Form hat etwas Skulpturhaftes. Durch das verstärkte Polypropylen ist er sehr stabil, für den Innen- und Außenbereich geeignet und außerordentlich leicht.

Weil viele Barhocker hart und unbequem sind, legte Grcic großen Wert auf den Sitzkomfort. Die Sitzfläche steigt hinten leicht an und fällt an beiden vorderen Ecken ab, ähnlich wie bei einem Sattel. Die Querstrebe, Fußstütze und Stapelhilfe zugleich, fällt ebenfalls leicht nach vorn ab und korrespondiert dadurch mit dem Sitz. Das ergonomische Design ist der Körperform gut angepasst und das Polypropylen passt sich dem Gewicht des Benutzers an. Das interessante Zusammenspiel der Ebenen und gerundeten Kanten verleiht dem Hocker ein ausgewogenes Profil.

> »Design braucht eine klare Existenzberechtigung.«
> **KONSTANTIN GRCIC,** 1994

Im Detail

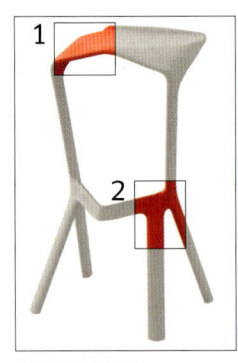

LEGENDE

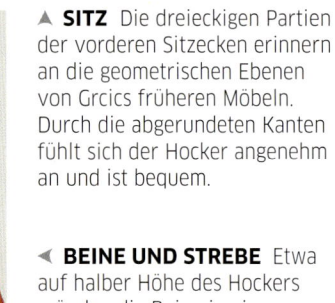

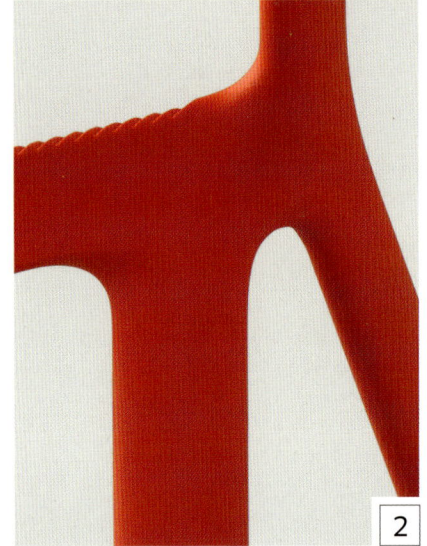

▲ **SITZ** Die dreieckigen Partien der vorderen Sitzecken erinnern an die geometrischen Ebenen von Grcics früheren Möbeln. Durch die abgerundeten Kanten fühlt sich der Hocker angenehm an und ist bequem.

◄ **BEINE UND STREBE** Etwa auf halber Höhe des Hockers münden die Beine in eine Querstrebe, an die sich die senkrechten Stützen des Sitzes anschließen. Die ungewöhnliche Konstruktion sieht stimmig aus, weil sich alle Elemente in weichen Bögen an ihre Nachbarn anschließen. Dadurch wirkt der Hocker organisch und wie aus einem Guss.

KONSTANTIN **GRCIC**

GEB. 1965

Konstantin Grcic wurde in München geboren, lernte in England die Tischlerei und absolvierte einen Master-Studiengang am Londoner Royal College of Art. Er arbeitete ein Jahr im Studio des Designers Jasper Morrison, ehe er sich in München selbstständig machte. Der Durchbruch gelang ihm mit Chair One aus Druckgussaluminium für Magis. Ihm folgte eine Vielzahl von Möbel- und Produktdesigns für Unternehmen wie Cappellini, Flos, Lamy, Muji und Krups. Grcics Arbeiten wurden vielfach ausgestellt, und der Designer wurde mit zahlreichen Preisen ausgezeichnet.

ZUM **KONTEXT**

Konstantin Grcic hat eine Vielzahl einfacher, multifunktionaler Produkte entworfen. Die Leuchte Mayday für Flos besitzt einen Haken zum Aufhängen und einen Kunststoffschirm, der das Licht streut (als Raumlicht) oder reflektiert (als Arbeitslicht). Jet, entworfen für Agape, ist ein Badezimmerspiegel mit einem raffinierten drehbaren Stauraum-Element. Und die Kleiderbügelbürste ist eine pfiffige Kombination aus Bügel und Kleiderbürste.

► **Kleiderbügelbürste,** Konstantin Grcic, 2004

STAPELHOCKER MIURA ■ KONSTANTIN GRCIC 241

Eine leichte Erhöhung verhindert, dass der Benutzer zu weit hinten sitzt.

Der vordere Sitz und die Querstrebe sind in ähnlichen Winkeln abgeschrägt.

Das stabile Material und die ausgewogene Konstruktion erlauben, dass der Sitz nur von schlanken Stützen getragen wird.

Die Querstrebe, an der die vorderen Beine des Hockers ansetzen, dient als Fußstütze und als Gegengewicht.

Gespreizte Beine sorgen für gute Standfestigkeit.

STICHWORT DESIGN

Für Grcic, der ausgebildeter Tischler ist, spielt die tatsächliche Herstellung eine wichtige Rolle. Beim Gestalten arbeitet er abwechselnd am Computer und mit 3-D-Modellen – zunächst aus Pappe, später aus Schaum. Grcic lackiert das Modell und fertigt schließlich einen Prototyp aus den vorgesehenen Materialien. Er erklärt, dass ihm die abwechselnde Arbeit am Computer und am Modell dabei hilft, die Komplexität des Designs zu verstehen und alle Elemente, von den Materialien bis zu den Bedürfnissen des Benutzers, zu bedenken, um so zu Lösungen zu kommen, die mit CAD allein nicht zu finden wären.

▲ **Stuhl Myto,** Prototyp und fertiges Möbel, 2008

▲ **Stapeln** Die Hocker lassen sich leicht stapeln. Das ist vor allem für Gastronomen ein Vorteil, die unter Umständen zahlreiche Hocker auf kleinem Raum unterbringen müssen.

Tischleuchte Evolute

2004 ▪ BELEUCHTUNG ▪ VERCHROMTER STAHL UND AHORN ▪ FRANKREICH/ITALIEN

MATALI CRASSET

Die französische Designerin Matali Crasset ist bekannt dafür, Objekte aus einem neuen Blickwinkel zu sehen und die Menschen durch innovative Designkonzepte anzuregen, ihre Umgebung anders wahrzunehmen. Ihr ist daran gelegen, die Umgebung zu verändern, und sie interessiert sich dafür, wie Objekte ihre Form verändern können, vor allem von flächigen zu voluminösen Ausmaßen. Sie erklärt: »Ich liebe Dinge, die sich durch ihre Faltung verwandeln und eine unerwartete Metamorphose durchlaufen können.«

Als das italienische Unternehmen Danese neue, flach verpackte Leuchten auf den Markt bringen wollte, lag es nahe, Crasset mit dem Design zu beauftragen. Überraschend war jedoch, dass Crasset Holz als Material für den Lampenschirm wählte. Dünnes Ahornfurnier ist exakt so zugeschnitten, dass es, gebogen und mit einfachen Klammern fixiert, einen kugelähnlichen Schirm ergibt. Zusammen mit dem minimalistischen Fuß aus verchromtem Stahl ergibt der Schirm eine schön proportionierte Leuchte. Schaltet man sie ein, scheint das Licht durch das hauchdünne Holz und macht dessen natürliche Maserung sichtbar. Das Holz streut das Licht und gibt ihm eine warme Färbung. Die Form der Leuchte lässt an Origami denken, doch die ungewöhnliche Idee und das zarte, elegante Aussehen zeugen von Crassets durchdachter, künstlerischer Herangehensweise. Das warme Licht und die weiche Form des Schirms, von denen jeder eine einzigartige Maserung besitzt, vertragen sich gut mit dem kühlen Glanz des Metallfußes: ein überaus elegantes und sinnliches Design.

MATALI CRASSET

GEB. 1965

Matali Crasset begann eine Marketing-Ausbildung, sattelte um und studierte Design an der École Nationale Supérieure de Création Industrielle in Paris. Nach dem Abschluss arbeitete sie in Mailand mit dem Designer Denis Santachiara zusammen, später in Paris mit Philippe Starck und danach für Thomson Multimedia. Seit 1998 gestaltet sie im eigenen Studio Leuchten, Möbel und Keramik sowie private und kommerzielle Interieurs. Für das vorübergehende Quartier des Stedelijk Museum in Amsterdam entwarf sie Gebäude, Einrichtung, Website und Corporate Identity.

Im Detail

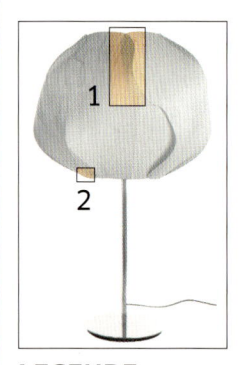

LEGENDE

▶ **ÜBERSCHNEIDUNGEN** Der Ahornschirm ist mit einer Reihe paarweise angeordneter Löcher versehen. Um die flach verpackten Holzbögen in einen gerundeten Schirm zu verwandeln, bringt man diese Löcher in Deckung und verbindet sie mit einer Klammer. An den Verbindungsstellen überlappen die Holzbögen einander geringfügig, sodass hier weniger Licht durchscheint.

◀ **GESTELL** Eine Konstruktion aus Metallstreben trägt den Schirm und ist nur an dessen unterem Rand zu sehen. Weil der Schirm so leicht ist, genügen dünne Metallstäbe. Die ganze Lampe erinnert mit ihrer leichten und zarten Wirkung an ein Origami-Faltkunstwerk.

TISCHLEUCHTE EVOLUTE ■ MATALI CRASSET   243

ZUM KONTEXT

Zu Matali Crassets berühmtesten Interieurs gehört das Hotel HI in Nizza (Frankreich). Crasset betrachtet Hotels als ideales Experimentierfeld, denn hier können die Gäste für eine begrenzte Zeit das Leben in einer neuen Umgebung ausprobieren. Ihr ging es nicht darum, allen Elementen im Raum einen einzigen, festen Zweck zuzuweisen. Stattdessen hat sie im HI neun verschiedene Konzepte umgesetzt, die jeweils auf einer anderen Art von Raumorganisation beruhen. Jede ist so konzipiert, dass sie den Gästen verschiedene Möglichkeiten für Entspannung, Konversation, Arbeit und Vergnügen bietet. Ein Raum etwa spielt mit riesigen Pixeln und einer animierten Lichtbox auf die Cyber-Kultur an, ein anderer ähnelt einer bepflanzten Holzterrasse unter Dach.

▲ **HI Hotel,** Nizza, Matali Crasset, 2003

Durch die Einzigartigkeit der Holzmaserung ist jede Leuchte ein Unikat.

STICHWORT DESIGN

Typisch für Matali Crassets innovative Innenraumgestaltung ist eine Reihe von Designs mit dem Namen Update/3, die sie für den deutschen Küchen- und Badezimmerhersteller Dornbracht entworfen hat. Crassets fantasievolle Badezimmerkonzepte sollen ein völlig neues Badeerlebnis bieten. Bei Energiser, einem in warm-gelbes Licht getauchten Raum, geht es ihr um die Schönheit von Licht und seine Wirkung auf unser Wohlbefinden. Phytolab hat »lebende Wände« mit Pflanzen, die in kleinen Wohnungen mit offenem Grundriss dem Bad Sichtschutz geben. Einen Spiegel gibt es nicht. Statt um visuelle Wahrnehmung geht es um das Erleben des Badegenusses durch den Geruchs- und den Tastsinn.

> »Vor dem Bild kommt immer der Gedanke.«
>
> **Matali Crasset**

Ein schlankes Stahlrohr trägt den Leuchtenschirm und die Birne.

Der glänzende Fuß reflektiert einen Teil des von oben abstrahlenden Lichts und verstärkt so die Wirkung der Leuchte.

▲ **Phytolab,** Matali Crasset, 2002

Stuhl Spun

2009 ▪ MÖBEL ▪ METALL ODER KUNSTSTOFF ▪ GROSSBRITANNIEN

THOMAS HEATHERWICK

Der britische Designer Thomas Heatherwick wurde durch seine originellen Entwürfe bekannt, zu denen auch die Fackel der olympischen Spiele 2012 in London zählt. Oft wurden seine Ideen durch Herstellungsverfahren angeregt, so auch beim Schaukelstuhl Spun, der zuerst im Formdrückverfahren aus Metall produziert wurde. Normalerweise wird diese Methode, bei der ein Blechzuschnitt an eine Form gepresst und beides in Rotation versetzt wird, zur Herstellung von Kochtöpfen und anderen Gefäßen eingesetzt. Heatherwick fand heraus, dass auch Kesselpauken, die man aus Orchestern kennt, so hergestellt werden.

Heatherwick produzierte die Prototypen seiner Spun-Stühle aus Stahl- oder Kupferblechen, die zu einer runden Form mit Wespentaille, schlankem Fuß, breitem unterem Rand und konkavem Oberteil verschweißt oder verlötet wurden.

Aufrecht stehend ähnelt der Stuhl einer dekorativen Urne. Neigt man ihn so, dass er auf Fuß und unterem Rand ruht, steht die obere Wölbung im idealen Winkel, um als Sitz zu fungieren. Der Benutzer kann still sitzen, den Stuhl drehen oder auf ihm schaukeln. Die seitlichen Ränder der oberen Wölbung dienen als Rücken- und Armlehnen. Nachdem die Prototypen auf einer Ausstellung in London gut angekommen waren, ging Heatherwick eine Zusammenarbeit mit dem Möbelhersteller Magis ein, der sie in größerer Stückzahl aus Kunststoff im Rotationsgießverfahren herstellte. Beide Versionen haben viel positive Resonanz gefunden und bestätigen Heatherwicks Fähigkeit, traditionelle Objekte in verblüffender Weise neu zu erfinden.

Maßstab

Der Korpus hat aufgrund des Rotationsgießverfahrens eine lebhafte Struktur.

Die nach innen gewölbte Oberseite dient als Sitzfläche.

THOMAS **HEATHERWICK**

GEB. 1970

Der gebürtige Londoner Thomas Heatherwick studierte Design an der Manchester Polytechnic und am Royal College of Art (RCA). Bald nach seinem Abschluss erhielt er einen Preis für eine vorübergehende Installation an der Fassade des renommierten Kaufhauses Harvey Nichols. 1994 gründete er ein multidisziplinäres Studio, das heute den Namen Heatherwick Studio trägt. Seitdem ist er in verschiedenen Bereichen von Architektur, Design und Bildhauerei tätig. Ob ein Strandcafé in Littlehampton oder Ateliers im Aberystwyth Arts Centre, ob ein neuer Bus für London oder eine Handtasche für Longchamp: Sein Design zeichnet sich immer durch beeindruckende Originalität und einen scharfen Blick für Form und Funktion aus.

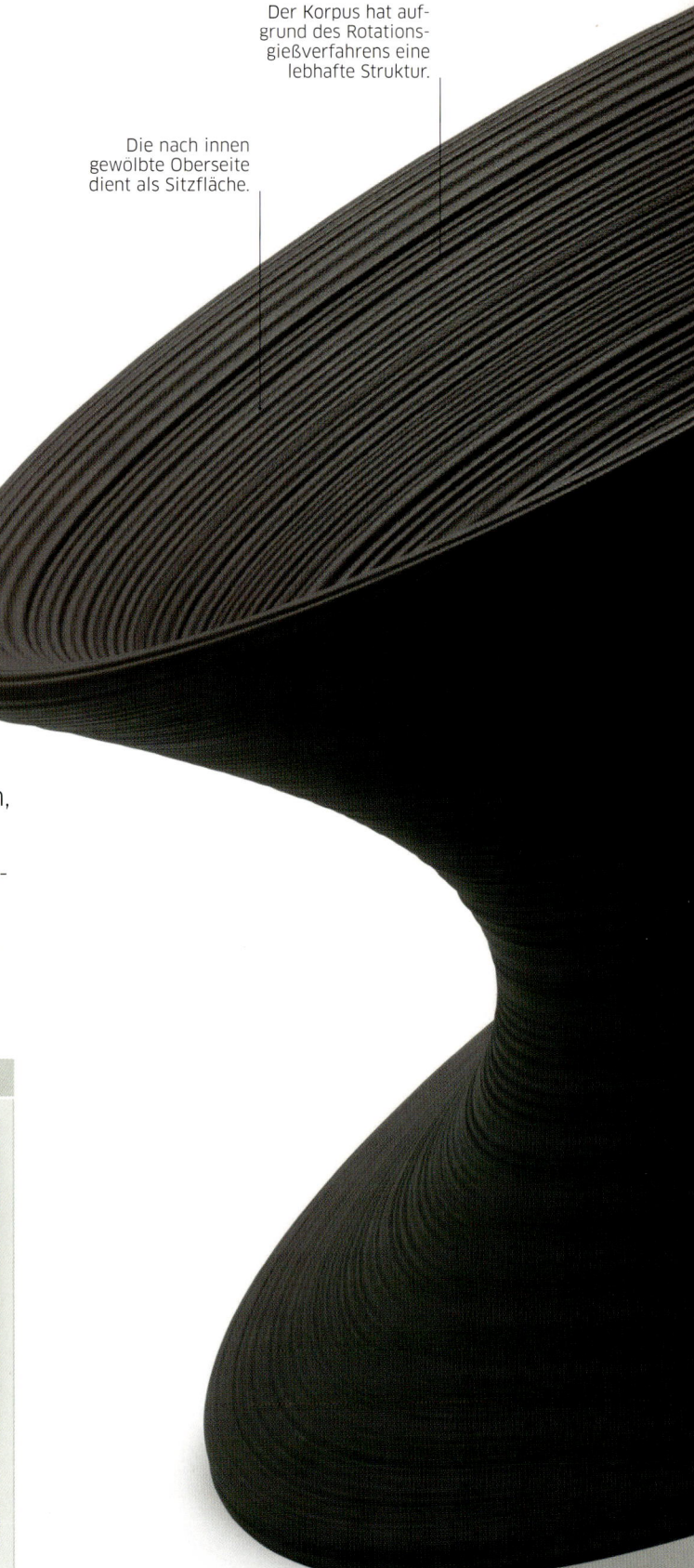

STUHL SPUN ■ THOMAS HEATHERWICK   245

Im Detail

LEGENDE

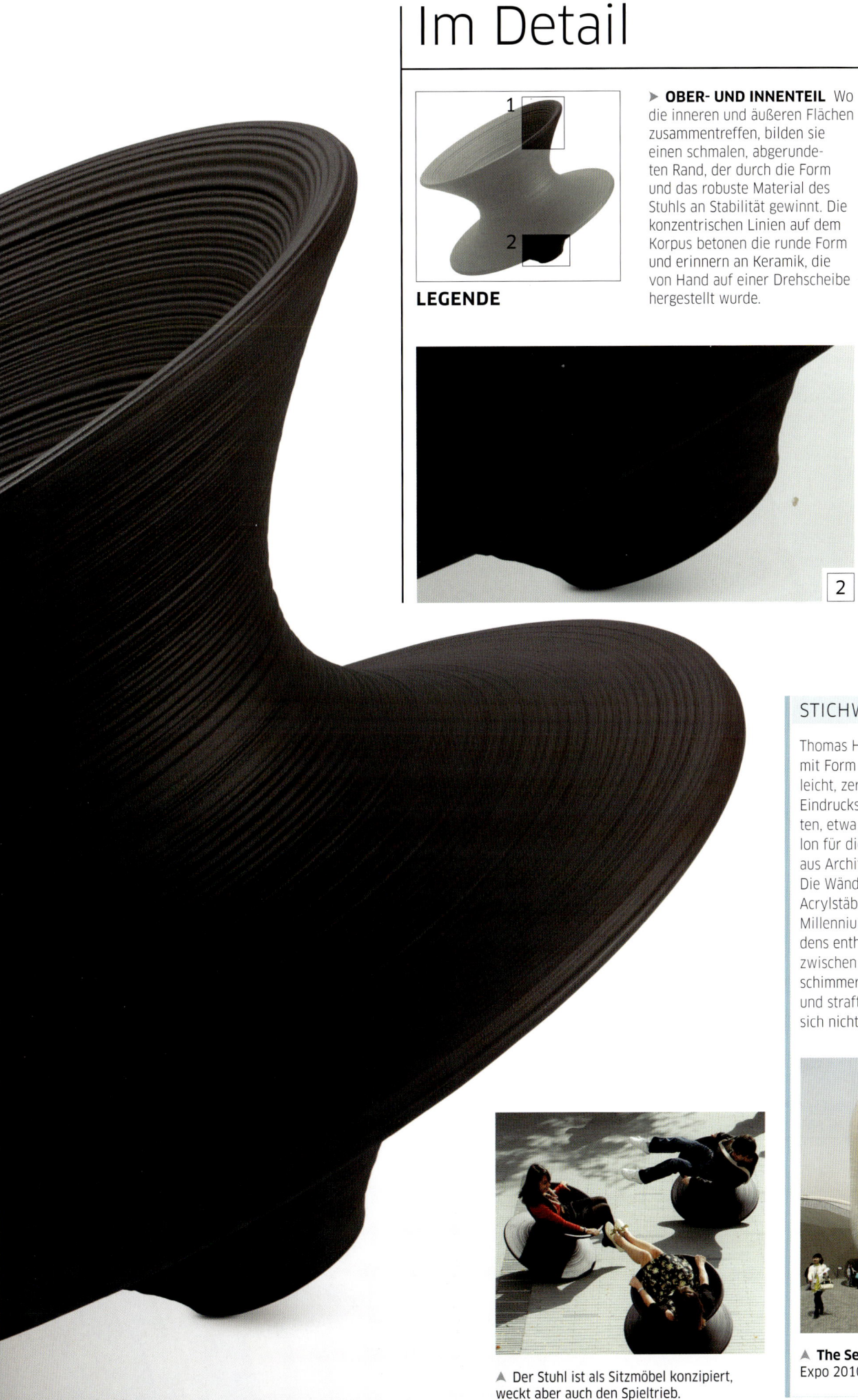

▶ **OBER- UND INNENTEIL** Wo die inneren und äußeren Flächen zusammentreffen, bilden sie einen schmalen, abgerundeten Rand, der durch die Form und das robuste Material des Stuhls an Stabilität gewinnt. Die konzentrischen Linien auf dem Korpus betonen die runde Form und erinnern an Keramik, die von Hand auf einer Drehscheibe hergestellt wurde.

◀ **FUSS** Mit dem kleinen Mittelfuß und dem ausladenden unteren Rand ähnelt der Stuhl einem altmodischen Kinderkreisel. Der Fuß ist so geformt, dass der Stuhl aufrecht stehen oder, wie auf dem Foto, geneigt werden kann.

STICHWORT **DESIGN**

Thomas Heatherwick spielt in seiner Arbeit oft mit Form und Masse und lässt kompakte Objekte leicht, zerbrechlich oder substanzlos erscheinen. Eindrucksvolle Beispiele sind seine größeren Bauten, etwa die Seed Cathedral, der britische Pavillon für die Expo 2010 in Shanghai, der Elemente aus Architektur und Bildhauerei in sich vereinte. Die Wände waren mit 60 000 transparenten Acrylstäben gespickt, die Pflanzensamen aus der Millennium-Samenbank der Londoner Kew Gardens enthielten. Diese Stäbe ließen die Grenzen zwischen Bauwerk und Himmel verschwimmen, schimmerten in der Sonne, wiegten sich im Wind und straften die Vorstellung Lügen, dass Gebäude sich nicht verändern oder bewegen können.

▲ Der Stuhl ist als Sitzmöbel konzipiert, weckt aber auch den Spieltrieb.

▲ **The Seed Cathedral (britischer Pavillon),** Expo 2010, Shanghai (China)

Apple iPad

2010 ▪ PRODUKTDESIGN ▪ VERSCHIEDENE MATERIALIEN ▪ USA

JONATHAN IVE, APPLE INDUSTRIAL DESIGN

Im Frühling 2010 brachte Apple das iPad auf den Markt, ein tragbares Gerät, das Internet, E-Mails, Fotos, Musik und viele andere Funktionen auf Fingertipp bereitstellt. Apple nahm sich für die Entwicklung mehrere Jahre Zeit, um wesentliche Verbesserungen gegenüber frühen Tablet-Computern umzusetzen. Diese waren relativ schwer, nur für eine begrenzte Zahl von Anwendungen geeignet und mussten meist mit einem unhandlichen Eingabestift bedient werden. Mit dem Touchscreen, dem geringen Gewicht und der großen Auswahl von Anwendungen ging das iPad einen großen Schritt voran. Sein Erfolg beruhte aber in hohem Maß auf seinem eleganten, reduzierten Aussehen, für das Apples talentierter Produktdesigner Jonathan Ive verantwortlich zeichnet. Sein Team hatte bereits mit dem iPod und dem iPhone eine klare, zweckmäßige Ästhetik präsentiert, die an den Stil des deutschen Designers Dieter Rams (siehe S. 144) erinnert. Die Front des iPad ist übersichtlich: Es gibt nur einen Schalter, den Großteil der Fläche nimmt der Bildschirm ein. Die abgeschrägten Ränder betonen die schlanke Form des Gehäuses, dessen glatte Konturen gut in der Hand liegen. Durch das schlichte Design richtete sich das Augenmerk auf den Bildschirm mit seinen Icons. Sie sind vielen Benutzern bereits durch andere Apple-Produkte bekannt und wurden so gestaltet, dass auch Personen, die nie ein Apple-Gerät benutzt haben, sie sofort verstehen. Icons, Touchscreen und das schlanke Gehäuse bilden ein elegantes, benutzerfreundliches Gerät, das die landläufigen Vorstellungen über Computer verändert hat.

JONATHAN IVE
GEB. 1967

Der britische Designer Jonathan Ive studierte Industriedesign in Newcastle und war Mitgründer der Industriedesign-Agentur Tangerine. Er war beratend für Apple tätig, ehe er fest ins Unternehmen eintrat. Sein erstes Projekt für Apple war die Überarbeitung des Newton MessagePad, eines frühen Handheld-Computers. Unter Firmenmitgründer Steve Jobs entwickelte Ives Team den preisgekrönten iMac (1998). Später, als Senior Vice President des Unternehmensbereichs Industriedesign, wandte er sich von den lebhaften Farben ab und setzte bei iPhone und iPad auf elegante Geradlinigkeit und eine eher nüchterne Farbpalette.

STICHWORT DESIGN

1998 brachte Apple den ersten iMac auf den Markt, eines von Jonathan Ives berühmtesten Designs. Während gängige Computer damals neutrale Kästen in Weiß oder Beige waren, hatte der iMac ein Gehäuse aus farbigem, durchscheinendem Kunststoff. Das Gerät sah benutzerfreundlich aus und konnte nach dem Auspacken sofort in Betrieb genommen werden. Zum Herstellen einer Internet-Verbindung waren nur zwei Schritte nötig. Der erste iMac kam bei den Kunden großartig an und wurde, wie seine ähnlich farbenfrohen Nachfolger, in großen Stückzahlen verkauft. Vor Einführung des iMac ging es der Firma Apple schlecht. Seitdem hat sie sich zu einer designorientierten Marke von Weltrang entwickelt.

▲ **Apple iMac »Bondi Blue«,** Jonathan Ive, 1998

Im Detail

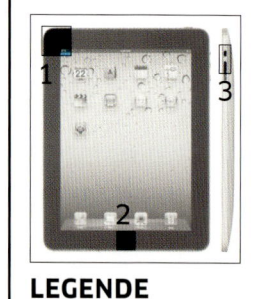

LEGENDE

▶ **SCHALTER** Der einzelne Schalter auf der Vorderseite des iPad zeigt ein Bildschirmsymbol. Er aktiviert den Monitor, wenn sich das Gerät im Energiesparmodus befindet, und schaltet auf den Startbildschirm um, wenn eine Anwendung läuft.

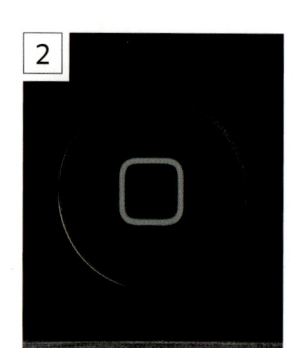

▶ **BILDSCHIRM UND RAND** Der schwarze Rand des Glasmonitors hebt das farbige Display hervor, ohne von ihm abzulenken. Das Metallgehäuse des Rückens umschließt auch die Seiten des Geräts und schützt so die Kanten des Bildschirms.

▲ **REGLER** Mit dem langen Wippschalter an der rechten Kante des iPad lässt sich die Lautstärke von Musik und Videos regulieren. Darüber befindet sich ein kleiner Schiebeschalter, der zum Stummstellen oder zum Abschalten der Display-Drehfunktion verwendet wird.

APPLE iPAD ■ JONATHAN IVE, APPLE INDUSTRIAL DESIGN

»Anders zu sein ist einfach,
besser zu sein sehr schwierig.«

JONATHAN IVE

1996 BIS HEUTE

Stuhl Masters

2009 ▪ MÖBEL ▪ POLYPROPYLEN ▪ FRANKREICH

PHILIPPE STARCK

Maßstab

Beim Gestalten eines vertrauten Objekts, etwa eines Stuhls, ignorieren viele Designer bewusst historische Vorbilder und versuchen, etwas ganz Neues, Originelles zu schaffen. Vertreter der Postmoderne (siehe S. 214) hingegen wählen einen anderen Ansatz. Im Bewusstsein der Designgeschichte beziehen sie Elemente von Vorläufermodellen in ihr neues Design ein. Der Stuhl Masters des französischen Designers Philippe Starck ist ein Beispiel für die zweite Herangehensweise.

PHILIPPE STARCK

GEB. 1949

Der französische Designer Philippe Starck gründete sein erstes Studio in Paris im Alter von 19 Jahren. Seine Karriere erlebte einen Aufschwung, als er 1982 das Interieur der Privatwohnung des französischen Präsidenten François Mitterand gestaltete. Bald folgten Aufträge für renommierte Hotels, Cafés und Clubs. Seitdem ist Starck als Raum- und Produktdesigner erfolgreich. Er hat zahlreiche Möbel entworfen, aber auch Haushaltsgegenstände, Computerzubehör, ein Motorrad und sogar eine kleine Windkraftanlage für Privatgrundstücke.

Starck hat sein Modell auf den vermeintlich widersprüchlichen Formen dreier Designklassiker aufgebaut: den flach ausladenden Stuhl Tulip von Eero Saarinen, den höheren Stuhl Eiffel von Charles und Ray Eames sowie die Flügelform der Serie 7 von Arne Jacobsen. Starck hat die drei sehr verschiedenen Lehnenformen in seinem Design zu etwas Neuem vereint. Ihre Linien überschneiden und kreuzen sich im Bereich von Rücken und Armlehnen in weichen Bögen, ehe sie in Sitz und Beine münden.

Der Stuhl Masters hat ein stimmiges, neues Design, zu dem jedes seiner Vorbilder ein wesentliches Element beigetragen hat: die Armlehnen, die Flügel und die obere Kontur der Stuhllehne. Das Design ist komplex, wirkt aber durch das schwarze Polypropylen und den einheitlichen Durchmesser aller drei Formelemente nicht kompliziert. Der Stuhl ist so praktisch und bequem wie ein Thonet-Bugholzstuhl aus dem 19. Jh. (siehe S. 14–15), dem Starcks Entwurf ebenfalls entfernt ähnelt. Ursprünglich war der Stuhl nur in Schwarz und Weiß erhältlich, inzwischen wird er auch in anderen Farben hergestellt. Mit seinen Anspielungen auf frühere Designklassiker wirkt er wie eine Zusammenfassung der Geschichte des modernen Stuhldesigns.

Im Detail

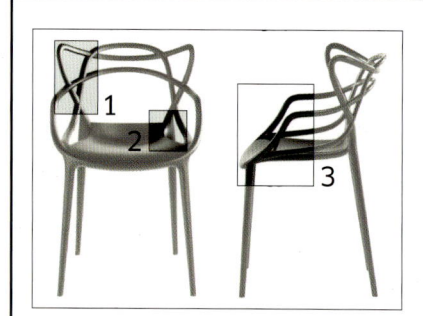

LEGENDE

▶ **KREUZUNGEN** Der besondere Charakter des Stuhls Masters beruht auf dem interessanten geometrischen Muster, in dem sich die Linien der drei Vorbilder kreuzen. Diese Formen sind nicht nur dekorativ, sondern sorgen auch für Stabilität und guten Sitzkomfort.

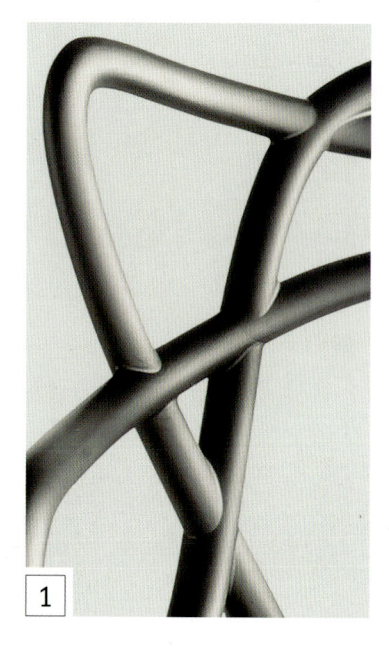

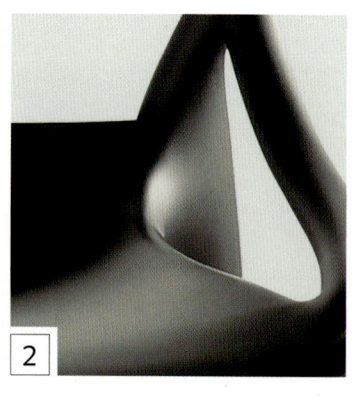

▲ **SITZ** Der geformte Sitz ist äußerst bequem. Sein hinterer Rand ist leicht hochgezogen und bildet zusammen mit den hinteren Diagonalen und Beinen eine fließende Linie. Die Erhöhung stützt gleichzeitig den Lendenwirbelbereich des Benutzers.

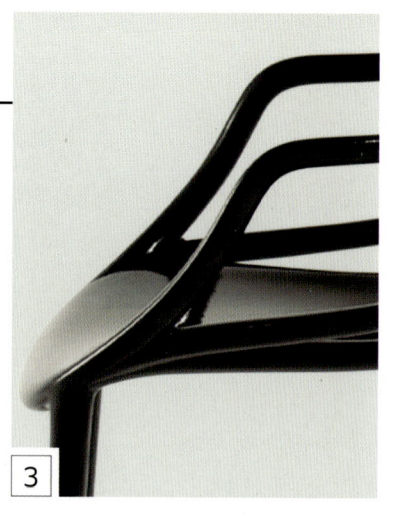

▲ **ARMLEHNE** Starck nutzte die Formbarkeit von Polypropylen, um die weichen Rundungen der Armlehnen zu gestalten. Jede Armlehne besteht aus zwei Bögen. Einer orientiert sich am Modell von Eames, der andere am Stuhl von Saarinen.

STUHL MASTERS ■ PHILIPPE STARCK   249

Die seitlichen Flügel basieren auf der Kontur des Jacobsen-Stuhls.

Dieser Bereich der Rückenlehne entspricht der Kontur des Eames-Stuhls.

Dieser Teil der Armlehne knüpft an Saarinens Stuhl Tulip an.

Die hinteren Beine münden in einer fließenden Linie in die Flügel.

Die Beine sind aus Stabilitätsgründen im oberen Bereich leicht verstärkt.

▲ **Seitenansicht**

STICHWORT **DESIGN**

Starcks Designs haben oft klare, fließende Formen und sind gleichzeitig fantasievoll oder witzig. Die Zitronenpresse Juicy Salif mit dem stromlinienförmigen Körper steht auf dünnen Spinnenbeinen wie ein skurriles Tier. Ähnlich biomorph wirken die Badezimmerarmaturen, die Starck für Axor entworfen hat. Ihre Elemente verzweigen sich wie Äste eines Baums. Zu Starcks eher geradlinigen, geometrischen Entwürfen zählen neben einem kastenförmigen Hightech-Digitalwecker für Telefunken auch Uhren mit rechteckigem Zifferblatt für Fossil. Wegen der Verschiedenartigkeit seiner Entwürfe haben manche Kritiker ihm vorgeworfen, kein Design zu produzieren, sondern exklusive Skulpturen. Dass Starck hingegen demokratisches Design am Herzen liegt, beweisen seine zahlreichen originellen Entwürfe, die sich für die Massenproduktion eignen und daher preiswert angeboten werden können.

»Überlagerte, sich kreuzende historische Linien ergeben ein organisches, körperfreundliches Design.«

PHILIPPE STARCK

▶ **Zitronenpresse Juicy Salif,** Philippe Starck, 1990

Register

A

Aalto, Aino 76
Aalto, Alvar 76-77
Aarnio, Eero 177
Aberystwyth Arts Centre 244
AEG 32, 33
AGA-Herd 42
Agape 240
Aicher, Otl 161, 204-205
Air-France-Büros 56
Alessi 200, 214, 215, 217, 220, 232
Alexander McQueen 236
American Institute of Decorators 110
Anspitzer, Raymond Loewy 70-71
Anti-Design-Bewegung 192, 193
Apple 218
   iPad 246-247
Apple Industrial Design 246
Arabia 118, 119
Arad, Ron 220-221
Architectural Association 220
Arena, Zeitschrift 212
Ariel, Technik 143
Armbanduhr, Pod Wristwatch 217
Arntz, Gerd 205
Art Déco 38-41, 62, 63, 73, 74, 78, 79, 92
Art Directors' Club of New York, Ausstellung (1934) 92
Art Students League, New York 78
Artemide 200, 201
Arts & Architecture, Zeitschrift 155
Arts-and-Crafts Bewegung 19, 30, 40, 46
Ashbee, C.R. 19
Associazione per il Disegno Industriale 180
Ästhetizismus 26
Athélia 92
Austin Seven Mini 168-171, 182
Autos 191
   Austin Seven Mini 168-171, 182
   Cadillac Series 62 172-175
   Citroën DS 138-141
   Volkswagen Käfer VW 38 80-83, 168
Auxiliary Territorial Service (ATS) 115
Avedon, Richard 92, 94
Axor 249

B

Badezimmer 243
Badezimmerspiegel, Jet 240
Badovici, Jean 50, 51
Baekeland, Leo 74
Bakker, Gijs 222
Ballets Russes 92
Bang & Olufsen 198, 199
Barcelona, Weltausstellung 1929, deutscher Pavillon 58
Barnack, Oskar 128
Barnsley, Sidney 19

Bass, Saul 136-137
Bauhaus 45, 50, 58, 59, 85, 102, 134, 156, 204
   Plakat 46-49
Bayer, Herbert 49, 92-95
Beaton, Cecil 92
Beck, Harry 64-67
Behrens, Peter 32-33, 58, 59
Bel Geddes, Norman 90-91
Bellini, Mario 195
Benney, Gerald 123
Bernadotte & Bjørn 198
Bernadotte, Sigvard 41
Berthold 158
Bertoia, Harry 120-121, 150
Bertoni, Flaminio 138-141
Besteck
   Chinese Ivory 123
   Embassy 122
   Josef Hoffmann/Wiener Werkstätte 30-31
   Konge (Acorn) 40
   Minimal 123
   Mono 166, 167
   Pride 122-123
   Studio 123
   Thrift, Edelstahl-Serie 122
Bialetti, Alfonso 62-63
Bialetti, Renato 62
Bianconi, Fulvio 106, 107
Biennale Venedig 1954, holländischer Pavillon 34
Bill, Max 156-157, 161
Bing & Grøndahl 41
Bitstream Inc. 229
Bjerknes, Christian 68-69
BMW, Mini Hatch 168
BOAC Super VC10, Flugzeug 113
Bonet, Antonio 86-87
Boontje, Tord 236-237
Boston Globe, Zeitung 229
Botta, Mario 201
Bouroullec, Ronan und Erwan 232-233
Brancusi, Constantin 104, 105
Brandt, Marianne 46
Braun 144, 145, 147, 166, 204
Breuer, Marcel 46, 50, 59, 75
Briefbeschwerer, Antelope 39
Brionvega 188, 189, 200
British Motor Corporation (BMC) 168, 182
Brodowitsch, Alexei 92-95
Brody, Neville 212-213
Brosche 41
Brûlé, Tyler 161
Bücher, Penguin Taschenbuch-Cover 102-103
Bücherregale
   Bookworm 220-221
   Carlton 210-211
Buckminster Fuller, Richard 108
Buick 173-174
Bus, Greyhound Scenicruiser 71
Byzantinische Kunst 187

C

Cadillac, Antoine de la Mothe 173
Cadillac, Serie 62 172-175
Campana, Fernando 224-225
Campana, Humberto 224-225
Campari 149
Cappellini 196, 216, 232, 240
Carter & Cone 229
Carter, Matthew 228-229
Carwardine, George 72-73
Case Study Program 155
Cassandre, A.M. 54-55
Cassina 56
Castiglioni, Achille 180-181, 234
Castiglioni, Livio 180
Castiglioni, Pier Giacomo 180-181
Chevrolet 173, 174
Chrysler 172, 175
Citroën 138-141
Citroën, André 138
Citterio, Antonio 195
Coates, Wells 74-75
Cocktailshaker 41
Compagnie des Wagon-Lits 55
Connare, Vincent 229
Conservatoire des Arts et Métiers, Paris 52
Coty, François 38
Cranbrook Academy of Art, Michigan 120, 121, 150, 152
Crasset, Matali 242-243

D

D'Ascanio, Corradino 98-99, 100
D'Orsay 38
Daimler Benz 188, 200
Dalén, Gustaf 42-43
Danese 242
Dänische Nationalbank, Kopenhagen 162
Day, Lewis F. 17
Day, Lucienne 110-113
Day, Robin 110, 113
De Lucchi, Michele 195, 201
De Ponti, Luigi 62
De Prée, D.J. 108
de Stijl 34, 35
Deberny & Peignot, Schriftgießerei, Paris 158
Dekonstruktivismus 203
Dell, Christian 46
Design Academy Eindhoven 236
Design Centre 110
Design in Scandinavia, Ausstellung 142
Design Laboratory 92, 94
Design Museum Holon, Israel 220
Deutscher Werkbund 32
Dobrolet, Luftfahrtgesellschaft 44
Dornbracht 243
Dresser, Christopher 20-21
Driscoll, Clara 26-27

Droog Design Foundation 222–223
DuPont 78, 96
Dyson, James 226–227

E

E.K. Cole (Ekco) 74
Eames House 155
Eames, Charles und Ray 109, 113, 120, 121, 132, 150, 152–155, 248, 249
Earl, Harvey 172–175
Eastman Kodak Company 79
École National Supérieure de Création Industrielle, Paris 242
École Nationale Supérieure d'Arts de Paris, Cergy-Pontoise 232
École Nationale Supérieure des Arts Décoratifs, Paris 238
Edra 224
Eindhoven, Design Academy 236
Ekco 74
El Lissitsky 9, 45
Electrisk Bureau 68
Elsener, Karl 22–23
Embassy Court, Wohnungen, Brighton 75
Emerson 90, 91
Ericsson 68
Espressomaschine Moka Express 62–63
Euclid, Thermoskanne 215
Exner, Virgil 175
Exposition Internationale des Arts Décoratifs et Industriels Modernes (Paris, 1925) 38, 39, 162, 165
  Pavillon de l'Esprit Nouveau 56

F

Facetti, Germano 103
Fadenglas 107
Fahrräder, Moulton 182–185
Fallingwater, Pennsylvania 86
Faulkner, Kate 19
Favrile, Glas 26, 27
Fender Stratocaster 124–127
Fender, Leo 124–127
Fernseher 189
Festival International des Arts de la Mode, Hyères, Südfrankreich 232
Festival of Britain (1951) 9, 110, 113
  Symbol 114–115
Flakons
  L'Élégance, Parfüm 38–39
  Telline, Parfüm 39
Flos 180, 217, 232, 240
Flugzeuge 113, 175
FontWorks 212
Foster, Norman 183, 201
Foto-Ätzverfahren 236, 237
Franck, Kaj 118–119
Frank, Josef 84–85
Frutiger, Adrian 158
Furniture in Irregular Forms (Kuramata) 197
Futurismus 148

G

Games, Abram 114–115
Ganz, Josef, Maikäfer 83
Garzanti 106
Gehry House, Santa Monica 203
Gehry, Frank 202–203
General Motors 90, 91, 173, 174
Gerrit Rietveld Academie, Amsterdam 34
Geschirr
  Kilta 118–119
  Suomi 206–207
Gestetner, Vervielfältigungsmaschine 70
Gießkanne 21
Gill, Eric 102
Gimson, Ernest 19
Gismondi, Ernesto 201
Gitarre, Fender Stratocaster 124–127
Glas
  Finlandia, Serie 207
  Tapio, Serie 117
  Turned Leaf, Schale 117
  Ultima Thule, Serie 117
Glasgow Four 28
Glasgow School of Art 28, 29
Glasgow Tearooms 28, 29
Globus, Kaufhaus, Zürich 158
Government School of Design, London 20
Grange, Kenneth 73, 190–191
Graumans, Rody 222–223
Graves, Michael 214–215
Gray, Eileen 50–51
Grcic, Konstantin 240–241
Greyhound Scenicruiser, Bus 71
Gris, Juan 55
Gropius, Walter 32, 46
Grupo Austral 86
Gugelot, Hans 144–147
Guggenheim Museum, Bilbao 202
Guild of Handicraft 19
Guimard, Hector 25

H

Haas 158, 166
Habitat 232
Hackman 116
Hald, Edward 143
Händetrockner, Airblade 226
Hardoy, Jorge Ferrari 86–87
Harper, Irving 108
Harper's Bazaar, Zeitschrift 92–95
Harvey Nichols, Kaufhaus 244
Heal's, Einrichtungshaus, London 110
Heatherwick Studio 244
Heatherwick, Thomas 244–245
Heiberg, Jean 68–69
Helsingborg (1955), Ausstellung 142
Helsinki, College für angewandte Kunst 118
Helsinki, Hochschule für Kunst und Design 187
Henningsen, Poul 164–165, 176
Herbert Terry and Sons 73
Herman Miller 104, 108, 109, 152, 155
Hessische Metallwerke 166
HI-Hotel, Nizza 243
HiFi-Geräte, Beogram 4000 198–199
Hill House bei Glasgow 28, 29
Hitchcock, Alfred 134
Hochschule für Gestaltung Ulm 144, 147, 156, 166, 204
Hocker
  Butterfly 132–133
  Miura Stapelhocker 240–241
  Elephant Stapelhocker 132
  zum Lounge Chair 670 152
Hoffmann, Eduard 158
Hoffmann, Josef 30–31
Holzschnitte 17, 19
Honeyman and Keppie 28
Hornsea College of Art, London 212
Horta, Victor 25
House of Fiction, Wanderausstellung 216
Howard Miller Clock Company 108
Howlett, Virginia 228
Humber, Autos 168

I

Idée 217
Iittala Glaswerke 116, 117, 118, 206
Ikea 228
Inchbold, Peter 122
Innocenti, Fernando 99
Intercity 125 Zug 191
Isokon 74, 75
Isola, Maija 186–187
Issigonis, Alec 158, 168–171
Ive, Jonathan 246–247

J

Jacob Jensen Design 198
Jacobsen, Arne 162–163, 176, 234, 248, 249
James Dixon & Sons, Sheffield 20
Japan Industrial Designers' Association 132
Japanische Möbel 29
Japanisches Design 20, 28
Japanisches Volkskunstmuseum, Tokio 132
Jeanneret, Pierre 56–57
Jensen, Georg 40, 41
Jensen, Jacob 198–99
Jerusalem, Akademie der Künste 220
Johnston, Edward 66, 67
Jugendstil 15, 24, 25, 26, 32, 40, 41, 52

K

Kaffeebereiter Moka Express 62–63
Kameras
  Kodak Bantam Special 78–79
  Kodak Brownie 78
  Kodak Instamatic 33 190–191
  Leica 129
  M3 Sucherkamera 128–131
Kanazawa, Kunsthochschule 218
Kandinsky, Wassily 46, 59
Kannen 40–41

Karelien, historische Landschaft 187
Karhula und Iittala 76
Kartell 180, 188, 220
Kaufmann, Edgar, Jr. 86
Kawaii (»niedliche« Produkte) 219
Kawakubo, Rei 196
Kawasaki, Kazuo 218-219
Kazan Kunstschule 45
Keler, Peter 49
Kelmscott Press 17
Kepes, Gyorgy 136
Kerzenhalter 41
   Knuten 84-85
King, Perry A. 192-195
Klaarhamer, P.J.C. 34
Klassizismus, nordischer 162
Klee, Paul 46
Kleiderbügelbürste 240
Klimt, Gustav 30, 31
Klotz, Mme B.J. 39
Knoll 104, 120, 150, 180
Knuten Kerzenhalter 84-85
Kodak
   Bantam Special 78-79
   Brownie 78
   Instamatic 33 190-191
Königliche Hochschule der Künste,
   Kopenhagen 176
Konstruktivismus 8, 44, 45, 161, 212
Kopenhagen, Hochschule für
   angewandte Kunst 198
Koppel, Eva und Nils 164
Kronleuchter
   85 Lamps 222-223
   Blossom 237
Krups 240
Kubismus 51, 55, 148
Kuramata, Shiro 196-197, 219
Kurchan, Juan 86-87

L

L'Élégance, Parfümflakon 38-39
Labofa 198
Lalique, René 38-39
Lamy 240
Langelinie Pavilion, Kopenhagen 164
Laptop, Echos 20 195
Lawn Road, Wohnungen, London 75
Le Corbusier 14, 32, 51, 52, 56-57, 74, 86,
   108, 156, 162
Leica Camera AG 128-131
Leitz, Ernst 128, 130, 131
Leuchten
   Akari 105
   Anglepoise® 72-73, 200
   Arco 180-181
   Evolute, Tischleuchte 242-243
   Floor Lamp Nr. 24 33, 85
   Garland 236-237
   Gherpe 193
   Mayday 240
   PH 1924 165
   PH Artischocke 164-165
   PH Contrast 165
   Tischleuchte 49
   Tiffany-Leuchten 26-27
   Tizio 200-201
   Tolomeo 201
   Wednesday 236
Linotype 158, 229
Lissoni Associati 234
Littlehampton, West Sussex, Strandcafé 244
Lockheed P-38 Lightning, Kampfflugzeug 175
Loewy, Raymond 8, 70-71
Logos
   Emerson 91
   Fender 127
   Iittala 206
   Lufthansa 161
   Moulton 183, 185
Lokomotiven, S1 71
London College of Printing 65, 212
London Passenger Transport Board 66
London Press Exchange 115
London Transport 65
London Underground, Übersichtsplan 64-67
Longchamp 244
Lord, Leonard 169
Lubs, Dietrich 144
Lufthansa 204
   Logo 161
Lundin, Ingeborg 142-143
Lunning Prize 142

M

Macdonald, Frances 28
Macdonald, Margaret 28, 29
Mackintosh, Charles Rennie 28-29
Magis 240, 244
Mailand, Messe (1946) 98
Mailand, Möbelmesse 220, 222
Mailand, Polytechnikum 180
Mailand, Triennale 110, 116, 142
Maison la Roche, Paris 56
Malinowski, Arno 41
Marber, Romek 103
Marimekko 187
Matisse, Henri 68
Mazza, Sergio 201
McNair, Herbert 28
Mellor, Corin 123
Mellor, David 122-123
Memphis Group 192, 196, 197, 210-211
Metropolitan Museum Art School, New York 26
Meyer, Hannes 46
Microsoft 226
Miedinger, Max 158-161
Mies van der Rohe, Ludwig 32, 46, 52, 58-59
Millennium Samenbank, Kew Gardens 245
Mingei-Bewegung 132
Mini (Auto) 168-171
Minimalismus 196, 199
Miró, Joan 94, 113
Möbel
   Calin, Serie 238
   Co/Struc System 109
   Easy Edges, Serie 202
   Ephesos, Serie 195
   Experimental Edges 202
   japanische 29
   Eichen-Sideboard 19
   Büromöbel 109, 195
   Papp, Serie 166
   Revolving Cabinet 196-197
   Sala, Serie 238
   Sessel *siehe* Stühle und Sessel
   Stühle *siehe* Stühle und Sessel
   Tische *siehe* Tische
Model, Lisette 94
Moderne, klassische 20, 34, 40, 41, 51, 52,
   56-59, 65, 74, 75, 76, 85, 86, 92, 102,
   104, 108, 110, 132, 147, 150, 158, 161,
   162, 177, 190, 192, 193, 211, 214, 215
Moët & Chandon, Plakat 24-25
Moholy-Nagy, László 46
Mondrian, Piet 34, 35, 155
Monotype 229
Moroso, Patrizia 234, 235, 236
Morris 168
Morris, Marshall, Faulkner & Co. (später
   Morris & Co.) 17
Morris, May 19
Morris, William 16-19, 30
Morrison, Jasper 240
Moser, Koloman 30, 31
Moskau, Metro, Übersichtsplan 67
Motorroller
   Cushman 98
   Vespa 98-101, 183
Moulton, Alex 169, 182-185
Mourgue, Pascal 234-235
Mucha, Alphonse 24-25
Muji 240
Müller-Brockmann, Josef 161
Murano, Glaswerke 106, 107
Museum of Chinese in America 191
Museum of Modern Art, New York 86, 104,
   150, 152, 224

N

Nähmaschine Mirella 148-149
Nash, Arthur J. 27
Nationalsozialismus 18, 46, 84, 102
Necchi 148, 149
Nelson, George 104, 108-109
Nemoy, Maury 136
Neue Grafik, Zeitschrift 156
Neurath, Otto 65, 205
New South Wales Crafts Council 216
New Typography 46
New York Times, Zeitung 229
New York, Weltausstellung (1939), General
   Motors Pavillon 90, 91
Newson, Marc 216-217
Nicholas, Robin 229
Nielsen, Harald 41
Nike 191
Nizzoli, Marcello 148-149, 195
Noguchi, Isamu 104-105, 108, 109

Nord Express, Plakat 54-55
Norwegische Akademie der Künste 68
Nuutajärvi-Notsjö, Glaswerk 118-119

O

Olbrich, J.M. 31
Olivetti 148, 192-195
Olympische Spiele 132, 205, 244
   London, Fackel (2012) 244
   München, Piktogramme (1972) 204-205
One Off 220
Op Art 176
Orrefors, Glaswerk 142, 143

P

Paimio Sanatorium, Finnland 76
Panton, Verner 176-177
Papst, Walter 147
Parfümflakons 106
   L'Élégance 38-39
   Telline 39
Paris, Automobilausstellung 141
Paris, Métro 25, 65
Paris, Weltausstellung (1937), finnischer
   Pavillon, 77
Parma, Akademie der schönen Künste 148
Penguin Books 191
   Taschenbuch-Cover 102-103
Penn, Irving 94
Pennsylvania Railroad, S1 Lokomotive 71
Pentagram 190, 191
Perriand, Charlotte 56-57
Philadelphia Museum School of Industrial Art 92
Phonosuper SK4 Plattenspieler 144-147
Piaggio 98, 99, 100, 101
Piaggio, Enrico 98
Piazza, Tee- und Kaffeeservice 215
Picasso, Pablo 55
Pick, Frank 65
Piktogramme 156
Plakate
   Bauhaus 46-49
   Blonde Bombshell (Blonde Granate) 115
   Dobrolet 44-45
   Der Mann mit dem goldenen Arm 136-137
   Mailand Tourismus 149
   Moët & Chandon 24-25
   Nord Express 54-55
   Verkehrssicherheit 161
   Zodiac 25
Plank 240
Platte, Birkenholz 116-117
Plattenspieler und Transistorradio, tragbar
   (Modell TP1) 145
Plattenspieler, Phonosuper SK4 144-147
Polystyrene House 233
Ponti, Gio 106, 188, 200
Pop Art 176, 177, 192, 211
Popova, Liubov 45
Porsche 356, Sportwagen 81
Porsche, Ferdinand 80, 81, 83
Postmoderne 196, 197, 200, 211, 214, 215, 248

Präraffaeliten 17
Printex 187
Pritchard, Jack 75
Private Eye, Zeitschrift 229
Propst, Robert 109
Prouvé, Jean 52-53, 56
Przyrembel, Hans 46
Public Services Building, Portland, Oregon
   214

R

Raacke, Peter 166-167
Radical Design, Bewegung 193
Radio Nurse, Bakelit-Babyphon 104
Radios
   Beolit 400 199
   Brionvega TS 502 189
   Ekco AD65 74-75
   Emerson Patriot 90-91
   tragbarer Plattenspieler mit Transistorradio
      (Modell TP1) 145
Ramakers, Renny 222
Rams, Dieter 144-147, 148, 246
Ratia, Armi 187
Rationalismus 148
Ray, Man 95
Regalsysteme
   Brick 232-233
   Cloud 233
Rem 180
Remy, Tejo 222
Renaissance 180
Research Studios 212
Rickner, Thomas 228
Rietveld, Gerrit 34-35, 176
Robsjohn-Gibbings, T.H. 104
Rodtschenko, Alexander 44-45, 212
Rohde, Gilbert 109
Rohde, Johan 40-41
Rollstuhl Carna 218-219
Ronchamp, Kapelle 57
Rosenthal 110, 116, 206
Rosselli, Alberto 200
Round Building, Derbyshire 123
Royal College of Art, London 122, 212, 226,
   236, 240, 244
Ruskin, John 17, 19

S

Saarinen, Eero 150-151, 152, 248, 249
Saarinen, Eliel 150
Saint Laurent, Yves 55
Saks Fifth Avenue 191
Santachiara, Denis 242
Sapper, Richard 188-189, 200-201
Sarpaneva, Timo 206-207
SAS Royal Hotel, Kopenhagen 162
Saunders, Patricia 229
Savoy-Restaurant, Helsinki 76
Scarpa, Carlo 106
Schale, Turned Leaf Glasschale 117
Schaukelplastik 147

Schlemmer, Oskar 48
Schmidt, Joost 46-49
Schmoller, Hans 103
Schränke, Revolving Cabinet 196-197
Schreibmaschinen 148, 195
   Valentine 192-195
Schriften
   Akzidenz-Grotesk 156, 158, 160, 161
   Arial 229
   Bodoni Ultra Bold 102
   Braggadocio 195
   Comic Sans 229
   Didone 95
   Futura 228
   Georgia 229
   Gill Sans 102
   Helvetica 158-161, 229
   Horizontal 158
   Neue Haas Grotesk 158
   Pro Arte 158
   Sabon 102
   Times New Roman 229
   Univers 158, 161
   Universal 49
   Verdana 228-229
Schröder-Haus, Utrecht 34, 35
Schröder-Schräder, Truss 35
Schubkarre Ballbarrow 226-227
Schule von Nancy 52
Schweizer Armeemesser 22-23
Schweizer Stil 161
Schweizerischer Messerschmiedverband 22
Seagram Building, New York 58
Secession, Wiener, Plakat zur 8. Ausstellung
   28
Seed Cathedral (englischer Pavillon),
   Weltausstellung Shanghai 2010 245
Seibel, Herbert 166
Serafini, Luigi 201
Sert, Josep Lluis 86
Shanghai, Weltausstellung 2010,
   Seed Cathedral (englischer Pavillon) 245
Sideboards, Eiche 19
Skulpturen, Orpheus 105
Slade School, London 51
Slawisches Epos 24
SMAK Design 232
Snow, Carmel 92
Society of Industrial Designers 78
Sofas
   Antibodi 235
   Downtown 239
   LC4 56-57
   Lover 238
Sottsass, Ettore 192-195, 201, 210-211
St. Catherine's College, Oxford 162
St. Louis Gateway Arch 150
Starck, Philippe 242, 248-249
Staubsauger Dyson 226-227
Stedelijk Museum, Amsterdam 242
Stepanowa, Warwara 44-45, 212
Sterk, Nadine 222
Stölzl, Gunta 46
Stratocaster, Fender 124-127

Studebaker 70
Studio-2-System 144
Stühle und Sessel
  Ant, Stuhl 162
  Argyle, Stuhl 29
  Armchair Nr. 31, Sessel 77
  B3 (Wassily), Stuhl 59
  Ball, Sessel 177
  Banquete, Sessel 224
  Barcelona, Sessel 58-59
  B.K.F. Chair, Sessel 86-87
  Chair One, Stuhl 240
  Kinder-Stapelstuhl aus Plastik 188
  Cité, Sessel 52-53
  Cone, Sessel 176, 177
  Diamond, Sessel 120-121
  Ei, Sessel 9, 162-163, 234
  Eiffel, Stuhl 248, 249
  Embryo, Sessel 217
  Favela, Sessel 224
  Fjord Relax, Sessel 234-235
  Hill House, Stuhl 28-29
  How High the Moon, Sessel 219
  Klappsessel 87
  Lounge Chair 670, Sessel 8, 132, 152-155
  Lover, Sofa 238
  Masters, Stuhl 248-249
  Miss Blanche, Sessel 197
  Myto, Stuhl 241
  Panton, Stuhl 176-177
  Rag, Sessel 224
  Rot-blauer Stuhl 34-35
  Rover, Sessel 220
  S-Chair, Stuhl 176
  Schaukelstuhl 155
  Serie 7, Stuhl 248, 249
  Snake, Sessel 164
  Spun, Stuhl 244-45
  Sushi, Polsterhocker 224
  Swan, Sessel 162
  Thonet Model 14, Bugholzstuhl 14-15, 210
  Thonet Model 7500, Schaukelstuhl 15
  Tripolina, Klappsessel 87
  Tulip, Stuhl 150, 248, 249
  Vermelha, Sessel 224-225
  Wiggle, Sessel 202-203
  Willow, Stuhl 29
  Womb, Sessel 150
  Wood, Sessel 216-217
Superstudio 193
Surrealismus 55, 92, 94, 104
Svenskt Tenn 84, 85
Swarovski 236
Swedish Gas Accumulator Ltd. 42
Swiss International Airlines (Swissair) 161
Symbole, internationale 156

T

Takefu Knife Village 218
Tangerine 246
Tapeten 17, 19
Taschenrechner 195
Tatlin, Vladimir, Monument der Dritten
  Internationale (Tatlin-Turm) 45
Tatra 80, 82, 83
Teague, Walter Dorwin 78-79
Teekannen 20-21, 122
Tee- und Kaffeeservice Piazza 215
Tel Aviv, Opernhaus, Israel 220
Telefone
  Ericsson DHB 1001 68-69, 188
  Grillo Klapptelefon 188-189
Textilien
  Calyx Möbelstoff 110-113
  Flotilla 113
  Herb Antony 113
  Isosceles 113
  Unikko 186-187
The Face, Zeitschrift 212-213
Thermoskanne Euclid 215
Thonet 14-15
Thonet, Michael 14-15
Thorman, Caroline 220
Tiffany Glass Company 26, 191
Tiffany, Louis Comfort 25, 26-27
Tische
  Coffee, Couchtisch 104-105
  E1027, Beistelltisch 50-51
  Quaderna, Konsole 193
  Tulip, Tisch 150-151
Tripolina, Klappsessel 87
Tschichold, Jan 102
Tugendhat, Villa, Brünn, Tschechien 58
Tupper, Earl Silas 96-97
Tupperware 96-97
TWA Terminalgebäude, New York 150
Typografie 156

U

Uhren
  Asterisk 109
  Atomic, Wanduhr 108-109
  Digitalwecker 249
  Pod 217
  Sunburst 109
  Wanduhr 156-157
Unité d'Habitation, Marseille 56
Urquinaona Tower, Barcelona 86
Urquiola, Patricia 234-235
Utzon, Jørn 198

V

Van Gogh Museum, Amsterdam 34
van Rijswijck, Lonnie 222
Vasen
  Apple 142-143
  Ariel Nr. 534 143
  Birnenform 41
  Dolphin 39
  Fazzoletto 106-107
  Finlandia Rindenmuster 207
  Melon 142
  Murrine 107
  Pezzato 107
  Profiles 143
  Savoy 76-77
  Vases Combinatoires 233
Venini 116, 206
Venini, Paolo 106-107
Ver Sacrum, Zeitschrift 31
Vespa, Motorroller 98-101, 183
Victorinox 22, 23
Viipuri-Bibliothek, Wyborg, Russland 76
Villa Savoye, Poissy, Frankreich 57
Viners of Sheffield 123
Vitra 176, 220, 232
Vitsoe 144
Vogue, Zeitschrift 94, 176
Volkswagen 80
  Käfer VW 38 80-83, 168
Voysey, C.F.A. 19

W

Wagenfeld, Wilhelm 46, 49
Walker & Hall 122
Wanddekoration, Tapete mit Früchten 16-19
Washington Post, Zeitung 229
Wasserhahn/Händetrockner, Airblade 226
Wasserkessel
  9093 214-215
Wasserkocher, elektrischer 32-33
Webb, Philip 17
Weltausstellung (1851) 115
Weltempfänger T1000 144
Wenger 23
Wiener Akademie 31
Wiener Ringtheater 24, 25
Wiener Secession 28, 30, 31
Wiener Werkstätte 30-31
Winkreative 161
Wired, Zeitschrift 229
Wirkkala, Tapio 116-117
Wolf, Herbert, 94
Worthington, Tom 110
Wright, Frank Lloyd 86

Y

Yanagi, Soetsu 132
Yanagi, Sori 132-133
Young, Edward 102-103

Z

Zanotta 180
Zanuso, Marco 188-189, 200
Zeitschriften
  Arena 212
  Arts & Architecture 155
  The Face 212-213
  Harper's Bazaar 92-95
  Neue Grafik 156
  Private Eye 229
  Ver Sacrum (Heiliger Frühling) 31
  Vogue 94, 176
Zenith 104
Zitronenpresse Juicy Salif 249
Züricher Kunstgewerbeschule 158

Dank

Dorling Kindersley dankt: Hannah Bowen, Georgina Palffy und Satu Fox für die Mitarbeit im Lektorat; Diana Le Core für das Zusammenstellen des Registers; Jane Ewart und Steve Woosnam-Savage für die Mitarbeit am Layout; Gary Ombler und Sabrina Robert für zusätzliche Fotos; Liz Moore und Julia Harris-Voss für die Bildrecherche; David Barton und Steve Crozier für die digitale Bildbearbeitung.

Der Verlag bedankt sich für die Bereitstellung von Objekten für die Fotografien: Michael Woolf von Moulton Preservation; Sarah McCauley, Marketing-Koordinatorin des Aram Store, London; Helen Palao, Geschäftsführerin von Cassina S.p.A, London; Simone John, Pressesprecherin des Conran Shop, London; Jenny Hodge und Clare Lingfield von Leica Camera Ltd, London.

Der Verlag bedankt sich für die Genehmigung zum Abdruck von Bildmaterial:
o = oben; u = unten; M = Mitte; a = außen; l = links; r = rechts

1 Dorling Kindersley: The Conran Shop: Fachhändler und. Tel: 0844 848 4000; www.conranshop.co.uk. **2–3 Dorling Kindersley:** Aram Store: Fachhändler und Foto-Location (Sessel Diamond von Harry Bertoia). **4 The Bridgeman Art Library:** Privatsammlung / Christie's Images (or). **5 The Bridgeman Art Library:** Privatsammlung / Nachlass Raymond Loewy (ol). **Dorling Kindersley:** Judith Miller / Lyon und Turnbull Ltd. (or/Vase Savoy). **Photo SCALA, Florenz:** Museum of Modern Art (MoMA), New York (ol). **6 akg-images:** Mucha Trust (Mr). **The Bridgeman Art Library:** Privatsammlung / The Stapleton Collection (ol). **Dorling Kindersley:** Archivio Storico Piaggio, Pontedera (ul); Judith Miller / David Rago Auctions / © ADAGP, Paris und DACS, London 2013 (uM). **Edra Spa:** (c). **Etsy, Inc.:** (ur). **Marimekko:** (or). **7 Dorling Kindersley:** Le Corbusier, Jeanneret, Perriand – LC4 – Cassina I Maestri Collection. Cassina ist seit 1964 (zu Lebzeiten des Architekten) als weltweit einziges Unternehmen berechtigt, diesen Liegesessel zu produzieren. Es besteht eine enge Zusammenarbeit mit der Le Corbusier-Stiftung in Paris und Pernette Perriand-Barsac. So war es durch engagierte und aufmerksame philologische Rekonstrution möglich, das Wissen des Architekten zu erforschen und zu veröffentlichen./© FLC / ADAGP, Paris und DACS, London 2013 (ol). **© MOURON. CASSANDRE. Lic 2013-19-02-05 www.cassandre-france.com:** (ul). **8 Alamy Images:** Interfoto (or). **The Bridgeman Art Library:** Privatsammlung / The Stapleton Collection (ol); Tiffany & Co./Privatsammlung (Mr). **Decophobia.com:** G. Reboul (Ml). **Dorling Kindersley:** Aram Store: Fachhändler und Foto-Location (ur); Judith Miller / Lyon und Turnbull Ltd (ul). **11 Edra Spa:** (ul). **Courtesy of Marc Newson Ltd:** (ur). **Photo SCALA, Florenz:** Metropolitan Museum of Art, New York / Art Resource (Mr); Museum of Modern Art (MoMA), New York (Ml). **V&A Images / Victoria und Albert Museum, London:** Stiftung Robin und Lucienne Day (or). **12 Photo SCALA, Florenz:** Museum of Modern Art (MoMA), New York. **13 The Bridgeman Art Library:** Privatsammlung / The Stapleton Collection. **14 akg-images:** (b). **14–15 Photo SCALA, Florenz:** Museum of Modern Art (MoMA), New York (Hauptfoto). **15 Photo SCALA, Florenz:** Museum of Modern Art (MoMA), New York (ul). **Thonet GmbH:** (ur). **16 The Bridgeman Art Library:** Privatsammlung / The Stapleton Collection. 17 **Getty Images:** Rischgitz/Hulton Archive (Mru). **V&A Images / Victoria und Albert Museum, London:** (uM). **18–19 The Bridgeman Art Library:** Privatsammlung The Stapleton Collection (Hauptfoto). **19 The Bridgeman Art Library:** Kelmscott Manor, Oxfordshire (Mro); Privatsammlung (uM). **20–21 Michael Whiteway:** (Hauptfoto). **21 Photo SCALA, Florenz:** Museum of Modern Art (MoMA), New York (tc). **22–23 PHOTOPRESS / Victorinox:** (alle Fotos). **24 The Bridgeman Art Library:** Mucha Trust (uM). **24–25 akg-images:** Mucha Trust (Hauptfoto). **25 akg-images:** Mucha Trust (ur). **Corbis:** Gavin Hellier / Robert Harding World Imagery (ul). **26 Photo SCALA, Florenz:** Metropolitan Museum of Art, New York (Mro). **26–27 The Bridgeman Art Library:** Tiffany & Co. / Privatsammlung (Hauptfoto). **27 Dorling Kindersley:** Judith Miller / James D. Julia Inc. (ol). **28 Alamy Images:** Pictorial Press Ltd (uM). **28–29 National Trust for Scotland:** (Hauptfoto). **29 Alamy Images:** V&A Images (ur). **Corbis:** Thomas A. Heinz (ul). **30 Getty Images:** Imagno / Hulton Archive (ul). **30–31 Photo SCALA, Florenz:** Museum of Modern Art (MoMA), New York (Hauptfoto). **31 akg-images:** Erich Lessing (uM). **32 akg-images:** Ullstein Bild (ul). **32–33 Alamy Images:** Interfoto (Hauptfoto). **33 Electrolux:** (ur / AEG logos). **34 Centraal Museum, Utrecht:** RietveldSchröderArchief / Pictoright / © DACS 2013 (Mlu). **34–35 Photo SCALA, Florenz:** Museum of Modern Art (MoMA), New York / © DACS 2013 (Hauptfoto). **35 Alamy Images:** Richard Bryant / Arcaid Images / © DACS 2013 (uM). **36 Dorling Kindersley:** Aram Store: Fachhändler und Foto-Location. **37 © MOURON. CASSANDRE. Lic 2013-19-02-05 www.cassandre-france.com. 38 Getty Images:** Albin Guillot / Roger-Viollet (Mlu). **38–39 Dorling Kindersley:** Judith Miller / David Rago Auctions / © ADAGP, Paris und DACS, London 2013 (Hauptfoto). **39 Corbis:** Philip Spruyt / Stapleton Collection (ur). **Dorling Kindersley:** Judith Miller / David Rago Auctions / © ADAGP, Paris und DACS, London 2013 (gul, ul, uM). **40 The Royal Library, Kopenhagen:** (ul). **40–41 Photo SCALA, Florenz:** Metropolitan Museum of Art, New York/Art Resource (Hauptfoto). **41 Dorling Kindersley:** Judith Miller / The Silver Fund (Mro, ul, ur, gur); Judith Miller / Von Zezschwitz (fbl). **42–43 AGA Rangemaster Group PLC. 44–45 akg-images:** © Rodtschenko & Stepanowa Archive, DACS, RAO, 2013 (Hauptfoto). **45 Alamy Images:** ITAR-TASS Photo Agency (ul). **The Bridgeman Art Library:** Privatsammlung (ur). **46 Bauhaus-Archiv Berlin:** (ur). **Getty Images:** Apic / Hulton Archive / © DACS (or). **47 Photo SCALA, Florenz:** Museum of Modern Art (MoMA), New York/© DACS. **48–49 Photo SCALA, Florenz:** Museum of Modern Art (MoMA), New York /© DACS (Hauptfoto). **49 Bauhaus-Archiv Berlin:** © DACS 2013 (or). **Photo SCALA, Florenz:** Museum of Modern Art (MoMA), New York (Mru). **TECTA:** (uM). **50–51 Dorling Kindersley:** Aram Designs Ltd., Weltweiter Rechteinhaber für Eileen Gray-Designs. Fachhändler und Foto-Location: Aram Store (Hauptfoto). **51** Bild bereitgestellt von Aram Designs Ltd., weltweiter Rechteinhaber für Eileen Gray-Designs. Fachhändler und Foto-Location: Aram Store: (ur). **Abdruck dieses Fotos mit freundlicher Genehmigung des National Museum of Ireland:** Berenice Abbott (cla). **V&A Images / Victoria und Albert Museum, London:** Abdruck dieses Fotos mit freundlicher Genehmigung des National Museum of Ireland (Mro). **52 Photo SCALA, Florenz:** BI, ADAGP, Paris (Mr). **52–53 Sammlung des Vitra Design Museum:** © ADAGP, Paris und DACS, London 2012 (Hauptfoto).
53 RMN: Centre Pompidou, MNAM-CCI, Dist. RMN-Grand Palais / Jean-Claude Planchet / Georges Meguerditchian / © ADAGP, Paris und DACS, London 2012 (or). **54–55 © MOURON. CASSANDRE. Lic 2013-19-02-05 www.cassandre-france.com:** (Hauptfoto). **55 Getty Images:** Gaston Paris / Roger-Viollet (Mro). **56 ADAGP: Banque d'Images, Paris 2012:** © ADAGP, Paris und DACS, London 2013 (ul). **56–57 Dorling Kindersley:** Le Corbusier, Jeanneret, Perriand – LC4 – Cassina I Maestri Collection. / © FLC ADAGP, Paris und DACS, London 2013 (Hauptfoto). **57 Alamy Images:** Schütze / Rodemann / Bildarchiv Monheim GmbH / © FLC / ADAGP, Paris und DACS, London 2013 (ur).
58–59 Dorling Kindersley: Aram Store: Fachhändler und Foto-Location (Hauptfoto). **58 Corbis:** Bettmann (Mlu). **59 Alamy Images:** G. Jackson/Arcaid Images (ur). **61 V&A Images / Victoria und Albert Museum, London. 63 Bialetti Industrie S.p.A.:** (uM, ur). **64–65 Sammlung des London Transport Museum:** Reproduktion der Übersichtskarte aus der Sammlung des London Transport Museum © Transport for London. Das Logo der Underground ist ein eingetragenes Markenzeichen (®) von Transport for London (Hauptfoto). **65 © 1965 Ken Garland:** (ur). **66–67 Sammlung des London Transport Museum:** Reproduktion der Übersichtskarte aus der Sammlung des London Transport Museum © Transport for London. Das Logo der Underground ist ein eingetragenes Markenzeichen (®) von Transport for London. (Hauptfoto). **67 The Bridgeman Art Library:** Victoria & Albert Museum, London / The Stapleton Collection / © Transport for London (Mro). **68 Gerson Lessa / Flickr:** (ur/Sprechmuschel). **68–69 Photo SCALA, Florenz:** DeAgostini Picture Library (Hauptfoto). **69 Holger Ellgaard:** (or). **70–71 The Bridgeman Art Library:** Privatsammlung / Nachlass Raymond Loewy.
70 Corbis: Condé Nast Archive (uM). **71 akg-images:** (ur). **72–73 The Bridgeman Art Library:** Privatsammlung / Christie's Images (Hauptfoto). **73 Mit freundlicher Genehmigung von Anglepoise®:** (or); (ur). **74–75 V&A Images / Victoria und Albert Museum, London:** (Hauptfoto). **75 Alamy Images:** Arcaid (ur). **76 Alamy Images:** Pictorial Press Ltd. (ul). **76–77 Dorling Kindersley:** Judith Miller / Lyon und Turnbull Ltd. (Hauptfoto). **77 Alvar Aalto Museum, Finnland:** Iittala (www.iittala.com) / © DACS 2013 (uM). **Dorling Kindersley:** Judith Miller / Wiener Kunst Auktionen – Palais Kinsky (ur). **78 Walter Dorwin Teague Papers, Special Collections Research Center, Bibliothek der Universität Syracuse:** (ul).
78–79 RMN: Centre Pompidou, MNAM-CCI, Dist. RMN-Grand Palais / Bertrand Prévost (Hauptfoto).
79 Getty Images: Science & Society Picture Library (ur). **RMN:** Centre Pompidou, MNAM-CCI, Dist. RMN-Grand Palais / Bertrand Prévost (o/geschlossenes Gehäuse und Nahaufnahmen). **81 Getty Images:** Heinrich Hoffmann / Hulton Archive (Mro). **83 Corbis:** Sammlung Hulton-Deutsch (ur).
Technické muzeum Tatra: (Mro). **84 Getty Images:** Imagno / Hulton Archive (c). **84–85 Svenskt Tenn:** (Hauptfoto). **85 Svenskt Tenn:** (or). **86–87 Photo SCALA, Florenz:** Museum of Modern Art (MoMA), New York (Hauptfoto). **86 akg-images:** Album / Documenta (clb). **87 Getty Images:** Martin & Osa Johnson Archive (ur). **88 Dorling Kindersley:** Aram Store: Fachhändler und Foto-Location. **89 V&A Images / Victoria und Albert Museum, London:** Stiftung Robin und Lucienne Day. **90 Corbis:** Bettmann (ul). **90-91 Decophobia.com:** G. Reboul (Hauptfoto). **91 Decophobia.com:** G. Reboul (or).
Harry Ransom Center, The University of Texas (Austin, USA): The Edith Lutyens und Norman Bel Geddes Foundation Inc. (ol). **92 Getty Images:** Walter Sanders /Time & Life Pictures (ur). **93-95 Paper Pursuits Fashion & Design Print Collectibles:** Harper's Bazaar (Hearst) / © DACS 2013. **94 Alamy Images**: Pictorial Press Ltd./ Harper's Bazaar (Hearst) / © The Richard Avedon Foundation (uM). **Paper Pursuits Fashion & Design Print Collectibles:** Harper's Bazaar (Hearst) / © The Richard Avedon Foundation (ur). **95 Iconofgraphics.com:** Harper's Bazaar (Hearst) / © Man Ray Trust / ADAGP, Paris und DACS, London 2013 (ur). **96–97 Photo SCALA, Florenz:** Museum of Modern Art (MoMA), New York (uM/Behälter). **96 Press Association Images:** AP (uM). **Photo SCALA, Florenz:** Museum of Modern Art (MoMA), New York (Mr, or). **97 Photo SCALA, Florenz:** Museum of Modern Art (MoMA), New York (ol/2, oM, ol/Shaker, Mlo/Stapelbecher, or, ol/3, ol/1, oM). **Science Museum / Science & Society Picture Library:** (ur). **98–101 Dorling Kindersley:** Archivio Storico Piaggio, Pontedera (Hauptfoto + Details).
99 Archivio Piaggio »Antonella Bechi Piaggio«: (or). **101** Getty Images: Popperfoto (ur).**102 Alamy Images:** The Art Archive (ul). **102–103 PENGUIN und das Penguin-Logo sind Warenzeichen von Penguin Books Ltd.:** (Hauptfoto). **103 Corbis:** Robert Estall / PENGUIN und das Penguin-Logo sind Warenzeichen von Penguin Books Ltd.. (Mro). **PENGUIN und das Penguin-Logo sind Warenzeichen von Penguin Books Ltd.:** (ur/Buchcover). **104 Getty Images:** Eliot Elisofon / Time & Life Pictures / © The Isamu Noguchi Foundation and Garden Museum / ARS, New York und DACS, London 2013 (uM).
Herman Miller: (or/Maßstab). **104–105 Dorling Kindersley:** Aram Store: Fachhändler und Foto-Location (Hauptfoto). **105 Corbis:** Nathan Benn/Ottochrome / © The Isamu Noguchi Foundation und

Garden Museum / ARS, New York und DACS, London 2013 (Mro). **The Noguchi Museum:** © The Isamu Noguchi Foundation und Garden Museum / ARS, New York und DACS, London 2013 (ur). **106 Archivio Fotografico VENINI S.p.A.:** (uM/Porträts). **106–107 Sammlung des Gemeentemuseum Den Haag:** (Hauptfoto). **107 Getty Images:** A. Dagli Orti / De Agostini (uM, ur). **108–109 The Bridgeman Art Library:** Privatsammlung / Christie's Images (Hauptfoto). **108 Corbis:** Grigsby Cassidy / Condé Nast Archive (Ml). **109 Dorling Kindersley:** Judith Miller / Wallis und Wallis (Mro). Herman Miller: (ur). **110 Designarchiv der Universität Brighton (Großbritannien):** (ur). **111 V&A Images / Victoria und Albert Museum, London:** Stiftung Robin und Lucienne Day. **112–113 V&A Images / Victoria und Albert Museum, London:** Stiftung Robin und Lucienne Day (Hauptfoto). **113 British Airways Speedbird Centre:** (ur). **V&A Images / Victoria und Albert Museum, London:** Stiftung Robin und Lucienne Day (Mo, Mro). **114 V&A Images / Victoria und Albert Museum, London:** Mit freundlicher Genehmigung, Nachlass Abram Games. **115 Getty Images:** Hulton Archive (Mr). **V&A Images / Victoria und Albert Museum, London:** mit freundlicher Genehmigung, Nachlass Abram Games (b). **116–117 Photo SCALA, Florenz:** Museum of Modern Art (MoMA), New York (Hauptfoto). **116 Wirkkala archives:** Foto Martti Ounamo (ul). **117 Dorling Kindersley:** Judith Miller / Bonhams, Bayswater (Mro). **118–119 Design Museum, Finnland:** Rauno Träskelin (Hauptfotos). **118 Design Museum Finland:** Rauno Träskelin (1). **Fiskars:** Indav Oy / Timo Kauppila (uM). **119 Dorling Kindersley:** Judith Miller / Jeanette Hayhurst Fine Glass (or). **120 Press Association Images:** AP /WFA/ © ARS, NY und DACS, London 2013 (ul). **120–121 Dorling Kindersley:** Aram Store: Fachhändler und Foto-Location (Hauptfoto). **121 Knoll Inc.:** © ARS, NY und DACS, London 2013 (ur). **122–123 David Mellor Design:** (Hauptfoto). **122 Guzelian Photographers:** Steve Forrest (Mro). **123 David Mellor Design:** (Mro). **Dorling Kindersley:** Judith Miller / Graham Cooley (ur). **124–125 The Bridgeman Art Library:** Privatsammlung / Christie's Images (Hauptfoto). **124–127** FENDER®, STRATOCASTER® und das typische Kopfdesign vieler Fender-Gitarren sind eingetragene Warenzeichen der Fender Musical Instruments Corporation. Verwendung von Bildmaterial mit ausdrücklicher schriftlicher Genehmigung. Alle Rechte vorbehalten. FMIC steht in keinerlei Beziehung zu Autor oder Verlag. **125 Getty Images:** Jon Sievert / Michael Ochs Archives (Mro). **126–127 The Bridgeman Art Library:** Privatsammlung / Christie's Images (Hauptfoto). **127 Foto mit freundlicher Genehmigung der Fender Musical Instruments Corporation:** (ur). Getty Images: Nigel Osbourne / Redferns (ul/Rhinestone). **129 Alamy Images:** Hire Image Picture Library (Mro). **132–133 Photo SCALA, Florenz:** Museum of Modern Art (MoMA), New York (Hauptfoto). **132 Press Association Images:** AP / Kyodo News (uM). **134 akg-images:** Sotheby's. **136–137 The Bridgeman Art Library:** Privatsammlung / Christie's Images / Nachlass Saul Bass (Hauptfoto). **136 Foto von Harrie Verstappen – www.thelooniverse.com:** (ul). **139 © Citroën Communication:** (Mro). **141 Rex Features:** Sipa Press (ur). **142–143 akg-images:** Sotheby's (Hauptfoto). **143 Dorling Kindersley:** Judith Miller / Bukowskis (ul). **Heritage Auctions:** (ur). **144–145 Photo SCALA, Florenz:** Museum of Modern Art (MoMA), New York (Hauptfoto). **144 Mit freundlicher Genehmigung des Vitsœ Archive:** Photo von Abisag Tüllmann (uM). **145 Photo SCALA, Florenz:** Museum of Modern Art (MoMA), New York (or). **146 Photo SCALA, Florenz:** Museum of Modern Art (MoMA), New York (or/Schrankdetail, ol, Details). **147 Mit freundlicher Genehmigung von Dieter Rams:** (Mro). **Photo SCALA, Florenz:** Museum of Modern Art (MoMA), New York (ol, ul). Wilkhahn: (ur). **148–149 Photo SCALA, Florenz:** Museum of Modern Art (MoMA), New York (Hauptfoto). **148 Photo Ugo Mulas © Ugo Mulas Heirs. Alle Rechte vorbehalten:** (Mlu). **149 Photo SCALA, Florenz:** Museum of Modern Art (MoMA), New York (ol, Nadelmechanismus, Schalter und Namensschild). **150 Corbis:** Oscar White (ul). Dorling Kindersley: Judith Miller / Freeman's (ur). **150–151 Dorling Kindersley:** Judith Miller / Lyon and Turnbull Ltd. (Hauptfoto). **152 Corbis:** John Bryson / Condé Nast Archive (ul). **152–153 Photo SCALA, Florenz:** Museum of Modern Art (MoMA), New York (Hauptfoto, oM/Maßstab und Vorderansicht). **153 Herman Miller:** (tc). **154 Herman Miller:** (ol/Legende – Rücken). **Photo SCALA, Florenz:** Museum of Modern Art (MoMA), New York (Legende – vorn). **155 The Bridgeman Art Library:** Saint Louis Art Museum, Missouri, USA / Schenkung von Mrs. Charles Lorenz (ur). **Getty Images:** Peter Stackpole / Time & Life Pictures (Mro). **156 akg-images:** Imagno (ul). **Photo SCALA, Florenz:** Museum of Modern Art (MoMA), New York / © DACS 2013 (ur). **156–157 Photo SCALA, Florenz:** Museum of Modern Art (MoMA), New York (Hauptfoto). **161 Deutsche Lufthansa AG:** (Mro). **Getty Images:** Tim Boyle (Mo). **Photo SCALA, Florenz:** Museum of Modern Art (MoMA), New York/© DACS 2013 (ur, gur). **162 Getty Images:** Reg Birkett (uM). **162–163 Dorling Kindersley:** The Conran Shop: Fachhändler und Foto-Location. Tel: 0844 848 4000 – www.conranshop.co.uk (Hauptfoto). **164–165 Photo SCALA, Florenz:** Museum of Modern Art (MoMA), New York (Hauptfoto). **164 Scanpix Denmark:** Per Pejstrup (ur). **165 Vintage Gallery Denmark:** (ur). **166 Roman Raacke:** (ur). **166–167 Mono ist eine Marke von Seibel Designpartner:** (Hauptfoto). **167 Photo SCALA, Florenz:** Museum of Modern Art (MoMA), New York (ur). **168 Getty Images:** Derek Berwin (ul). **169 British Motor Industry Heritage Trust:** (Mro). **171 BMW AG:** (Mru, ur, gur). Wikipedia: Bull-Doser (Mgru). **173 Getty Images:** Joseph Scherschel / Time & Life Pictures (or). **Mit freundlicher Genehmigung von GM Media Archives:** (Mr). **175 Alamy Images:** Scott Germain / Stocktrek Images, Inc. (ur); Motoring Picture Library (ul). **176–177 V&A Images / Victoria und Albert Museum, London:** (Hauptfoto). **176 Verner Panton Design:** (ul). **177 Adelta International:** (tc). **178 Photo SCALA, Florenz:** Museum of Modern Art (MoMA), New York. **180–181 Dorling Kindersley:** Aram Store: Fachhändler und Foto-Location (Hauptfoto). **180 © Foundation Achille Castiglioni:** (ur). **181 © Foundation Achille Castiglioni:** (Mro). **182 Getty Images:** Keystone / Hulton Archive (uM). **183 Moulton Bicycle Company:** (Mro). **186–187 Marimekko:** (Hauptfoto). **187 Design Museum, Finnland:** (uM). **Marimekko:** (ur). **188–189 Photo SCALA, Florenz:** Museum of Modern Art (MoMA), New York (Hauptfoto). **188 Mit freundlicher Genehmigung von Richard Sapper:** (ul). **189 Alamy Images:** INTERFOTO (Mro). **190 Press Association Images:** PA Archive (Mro). **191 Getty Images:** Science & Society Picture Library (cla). **Pentagram Design:** (Mro).

192 Getty Images: Keystone-France (clb). **Photo SCALA, Florenz:** Museum of Modern Art (MoMA), New York (or). **192–193 Photo SCALA, Florenz:** Museum of Modern Art (MoMA), New York (Hauptfoto). **193 The Bridgeman Art Library:** Privatsammlung / Photo © Bonhams, London (or). **Photo SCALA, Florenz:** Museum of Modern Art (MoMA), New York (ur). **194 Photo SCALA, Florenz:** Museum of Modern Art (MoMA), New York (Mlo, ol/Tasten – Seitenansichten, ol/Taste – 3/4 schräger Blickwinkel, ur). **V&A Images / Victoria und Albert Museum, London:** (or). **194–195 Etsy, Inc.:** (Logo und Tasten). **VintageEuroDesign:** Anouschka. **195 Alamy Images:** Marc Tielemans (ur). **Photo SCALA, Florenz:** Museum of Modern Art (MoMA), New York (clb). **V&A Images / Victoria und Albert Museum, London:** (ul, ol). **www.vintagecalculators.com:** (Mro). **196 akg-images:** CDA / Guillemot (uM). **196–197 Cappellini Design Spa:** (Hauptfoto). **197 Photo SCALA, Florenz:** Museum of Modern Art (MoMA), New York (ul, ur). **198–199 Photo SCALA, Florenz:** Museum of Modern Art (MoMA), New York (Hauptfoto). **198 Jacob Jensen Brand ApS:** (ur). **199 Bang & Olufsen UK Ltd:** (Mru, oM/Beovox 2500 Lautsprecher). **Photo SCALA, Florenz:** Museum of Modern Art (MoMA), New York (Mr, or, ur). **200–201 The Bridgeman Art Library:** The Israel Museum, Jerusalem, Israel (Hauptfoto). **201 akg-images:** (ul). **202 Corbis:** Roger Ressmeyer / Fish & Furniture © Frank Gehry & New City Editions (ur). **202–203 Photo SCALA, Florenz:** Museum of Modern Art (MoMA), New York (Hauptfoto). **203 Alamy Images:** Natalie Tepper / Arcaid Images (ol). **204 Press Association Images:** Sven Simon / DPA (uM). **204–205 © 1976 by ERCO GmbH:** (Hauptfoto). **205 Foundation Gerd Arntz Estate:** © DACS 2013 (or/isotypes). **Designer der Piktogramme für die olympischen Spiele Mexico 1968:** Lance Wyman, Beatrice Colle & Manuel Villazon: (Mlo/Mexiko 1968). **206 Sarpaneva Design Oy:** Markku Luhtala (ul). **206–207 © Rosenthal GmbH GERMANY:** (ur/Geschirr Suomi). **207 Dorling Kindersley:** Judith Miller / The Glass Merchant (Mro). **208 Mit freundlicher Genehmigung der Marc Newson Ltd. 209 Photo SCALA, Florenz:** Metropolitan Museum of Art, New York/Art Resource. **210–211 Photo SCALA, Florenz:** Metropolitan Museum of Art, New York /Art Resource (Hauptfoto). **211 eyevine:** Contrasto (Mro). **212 Getty Images:** Andy Short / Computer Arts Magazine (Mro). **212–213 Alamy Images:** Antiques & Collectables / Bauer Media / Fotografie Jamie Morgan, Styling Ray Petri für Buffalo. Model Lindsey Thurlow (Hauptfoto). **214 Corbis:** Christopher Felver (ur). **214–215 V&A Images/Victoria und Albert Museum, London. 215 Courtesy of Michael Graves Design Group:** (ur). **216–217 Mit freundlicher Genehmigung der Marc Newson Ltd.:** (Hauptfoto). **216 Mit freundlicher Genehmigung der Marc Newson Ltd.:** Brett Boardman (ul). **217 Mit freundlicher Genehmigung der Marc Newson Ltd.:** (ur); Fabrice Gousset (ol). **218–219 Photo SCALA, Florenz:** Museum of Modern Art (MoMA), New York / Kazuo Kawasaki Direction, Ouzak Design Formation (Hauptfoto). **218 Kazuo Kawasaki Direction, Ouzak Design Formation:** (ul). **219 Photo SCALA, Florenz:** Museum of Modern Art (MoMA), New York (or). **220 Alamy Images:** Steve Speller (Mr). **Ron Arad Associates:** (ul). **220–221 V&A Images / Victoria und Albert Museum, London:** (Hauptfoto). **222–223 Droog Design:** (Hauptfoto). **222 Droog Design:** (ul). **224–225 Edra Spa:** (Hauptfoto). **224 Campana Design Ltda EPP:** Fernando Laszlo (uM). Edra Spa: (ur). **226–227 Dyson:** (alle Abbildungen). **229 Getty Images:** S. Byun / The Boston Globe (Mlo). **230 © KGID. 231 Studio Tord Boontje. 232 Alamy Images:** Danny Nebraska (uM). **232–233 Cappellini Design Spa:** Ronan & Erwan Bouroullec (Hauptfoto). **233 Ronan et Erwan Bouroullec:** (ur). **234 Getty Images:** Tullio M. Puglia (Mro). **234–235 Photo SCALA, Florenz:** Museum of Modern Art (MoMA), New York (Hauptfoto). **235 Moroso S.p.A.:** Alessandro Paderni (or).**236–237 Studio Tord Boontje:** (Hauptfoto). **236 Studio Tord Boontje:** Phil Sayer (uM). **237 Studio Tord Boontje:** (ur). **238–239 Ligne Roset:** (alle Abbildungen). **240 Corbis:** Tibor Bozi (uM). **© KGID:** (ur). **240–241 Photo SCALA, Florenz:** Museum of Modern Art (MoMA), New York (Hauptfoto). **241 © KGID:** (ur). **Photo SCALA, Florenz:** Museum of Modern Art (MoMA), New York (Mgro). **242–243 Danese, Milano:** © ADAGP, Paris und DACS, London 2013. **242 Danese, Milano:** © ADAGP, Paris und DACS, London 2013 (uM). **Getty Images:** Bertrand Rindoff Petroff / French Select (ul). **243 Corbis:** Sergio Pitamitz / © ADAGP, Paris und DACS, London 2013 (or). **Dornbracht:** Uwe Spoering/© ADAGP, Paris und DACS, London 2013 (ur). **244–245 Photo SCALA, Florenz:** Museum of Modern Art (MoMA), New York (Hauptfoto). **244 Corbis:** Colin McPherson (uM). **245 Getty Images:** View Pictures / UIG (ur). **Susan Smart Photography:** (uM). **246 Corbis:** Patrick Fraser (Mr). **Getty Images:** Bloomberg (ul). **248–249 Kartell Spa:** (Hauptfoto). **248 Alamy Images:** Ludovic Maisant / Hemis (Ml). **249 Kartell Spa:** (or). **Photo SCALA, Florenz:** Museum of Modern Art (MoMA), New York (ur).

Alle anderen Abbildungen © Dorling Kindersley
Weitere Informationen unter www.dkimages.com